D1731708

Hansjörg Küster
Geschichte des Waldes

Hansjörg Küster

Geschichte
des Waldes

Von der Urzeit bis zur Gegenwart

Verlag C. H. Beck München

Mit 53 Abbildungen, davon 47 in Farbe

Die Deutsche Bibliothek – CIP-Einheitsaufnahme
Küster, Hansjörg:
Geschichte des Waldes : von der Urzeit bis zur Gegenwart / Hansjörg
Küster. – München : Beck, 1998
ISBN 3 406 44058 4

ISBN 3 406 44058 4

© C. H. Beck'sche Verlagsbuchhandlung (Oscar Beck), München 1998
Gesamtherstellung: Kösel, Kempten
Gedruckt auf säurefreiem, alterungsbeständigem Papier
(hergestellt aus chlorfrei gebleichtem Zellstoff)
Printed in Germany

Inhaltsverzeichnis

Vorwort

Man hält den Wald für einen Inbegriff von Natur, die vom Menschen nicht beeinflußt wurde, er scheint unwandelbar zu sein, die wilde Gegenwelt zur Zivilisation, die äußere Begrenzung des Geltungsbereiches von Kultur. Dies sind verbreitete Ansichten, vor allem in Mitteleuropa. So naheliegend diese Meinungen auch sind: Sie sind nicht richtig. Viele Wälder, vor allem die in der Nähe der Zentren der Zivilisation, sind intensiv von Menschen beeinflußt; sie sind somit ein Teil der Kultur, und dies meist schon seit Jahrhunderten oder gar Jahrtausenden. Tatsächlich ist Wald keineswegs unwandelbar; er ist ein Ökosystem mit Tieren und Pflanzen, die sich, weil sie leben, wandeln, weshalb sich auch der Wald als Gesamtheit verändert.

Wälder gibt es seit sehr langer Zeit, sie besaßen aber immer wieder ein anderes Aussehen, in ihnen wuchsen bald diese, bald jene Pflanzen, und es lebten unterschiedliche Tiere darin. Auch in der Zukunft wird Wald anders aussehen als heute. Dieser Wandel ist etwas, was Natur ausmacht; im Gegenteil: ein in Annäherung starres, konstantes Aussehen von Wald ist nur durch die Einwirkung oder Kultur des Menschen zu erreichen. Nicht nur ein einziger Waldtyp mit einer ganz spezifischen Baumartenzusammensetzung hat an einer bestimmten Stelle seine Existenzberechtigung; aus der historischen Sicht auf Waldökosysteme wird klar, daß es immer auch anders geartete Wälder gibt, die an Stelle der aktuell vorhandenen stehen könnten und genauso „natürlich" sind. Nur einer dieser Waldtypen kann zur Zeit ausgeprägt sein. Auch dann, wenn er vielleicht nicht „natürlich" zu nennen ist, so ist es doch derjenige, der das Resultat seiner individuellen Geschichte ist. Durch „natürliche" Einflüsse und durch seine Geschichte hat er seine Identität erhalten.

Die Darstellung, wie sich der Wald im Lauf der Zeit veränderte, steht im Zentrum dieser Geschichte des Waldes. Doch soll damit nicht nur gezeigt werden, wie das heutige Bild des Waldes entstanden ist. Viel wichtiger ist es, mit einer historischen Darstellung darauf zu verweisen, daß das Bild des Waldes sich ständig veränderte. Damit ist zu begründen, daß es sich auch heute verändert und in Zukunft immer wieder verändern wird: Dies ist es, was aus der Geschichte des Waldes ablesbar sein soll.

Der Mythos vom natürlichen, wilden, unwandelbaren und den Horizont begrenzenden Wald beeinflußt das Denken der Menschen seit langer Zeit; er prägte ihr Verhältnis zum Wald, und dies wiederum in Mitteleuropa besonders stark, denn dort pflanzte man Wälder, wenn es sie nicht ohnehin dort schon gab, direkt an den Rand der Gemarkungen, so daß sie „draußen vor der Tür" zu liegen kamen und nicht so weit entfernt waren wie der Yellowstone-Park, die Kulisse vom Dschungelbuch und die Heimat des Santa Claus. Diese Wälder können mit mehr Berechtigung als die mitteleuropäischen natürlich genannt werden, denn sie sind noch – in Teilen wenigstens – echte Wildnisse. Gleichwohl werden die künstlichen Wälder Mitteleuropas auch als Wildnisse aufgefaßt, sie sollen genauso wie Yellowstone Nationalparks sein. Die mitteleuropäische Geisteskultur hat sie mit zahlreichen Figuren der Wildnis bevölkert, mit Riesen, Zwergen, wilden Jägern, Bären, Wölfen und anderen Wesen, von denen Märchen, Mythen und andere Geschichten berichten. Aber nicht nur dies: Viele Biologen und Forstwissenschaftler gehen davon aus, daß es möglich sei, Wälder wieder zu stabilen Wildnissen zu machen, in deren Struktur der Mensch in Zukunft nicht mehr eingreifen darf. Es ist die Rede von Bannwäldern, man spricht von Schlußwald-Gesellschaften und Klimax-Wäldern, die sich als die einzig „wahren" Waldtypen an bestimmten Standorten einstellen, unveränderbar und „natürlich" sein sollen. Diese Gedanken sind aus der Wissenschaft heraus populär gemacht worden. Vor allem in Deutschland gehen zahlreiche Menschen auf die Barrikaden, wenn sich Zeichen für eine Veränderung oder gar Zerstörung des Waldes zeigen. Eigentümlicherweise ist der Protest lauter, wenn erkannt wird, daß Saurer Regen den Wald schädigt als wenn die Luftverunreinigung unsere eigene Gesundheit bedroht. Die Gründe dafür liegen in der Geschichte.

Will man zu einer Versachlichung der Diskussion über den Schutz der Natur beitragen, muß man sich aus historischer Sicht damit auseinandersetzen, wie der besondere Mythos vom Wald aufkam und wie er die Behandlung des Waldes durch den Menschen beeinflußte. Dies scheint nicht nur für die Naturschutzdiskussion in Deutschland und in einigen seiner Nachbarländer, in denen darüber ähnlich gedacht wird, entscheidend zu sein, sondern auch, weil es notwendig ist, die Ansichten über den Schutz der Natur grenzübergreifend einander anzupassen. Besonders weitreichend scheinen sich die kulturellen Bedeutungen von Wald im englischen und deutschen Sprachraum voneinander zu unterscheiden. Dies tritt unter anderem in einer Geschichte zu Tage, die in meiner Familie immer wieder erzählt wurde: Mein Großvater, der Hamburger Buchhändler Kurt Saucke, war kurz nach dem Zweiten Weltkrieg mit einem englischen Verbindungsoffizier über deutsche Literatur ins Gespräch gekommen, die der demokratischen Umerziehung der Deutschen dienen sollte. Dabei wurden auch Grimms Märchen erwähnt. Der Kommentar des Engländers zu diesem Vorschlag: „Oh no, that's too much wood!" Er wollte nicht, daß sich die Phantasie der Deutschen (wieder) in die Wälder begab. Warum aber wurden Grimms Märchen so populär, und warum war (und ist) dies einem Engländer suspekt?

Einerseits läßt sich das besondere Verhältnis der Deutschen zu „ihrem" Wald belächeln, andererseits erwuchsen gerade hieraus wirtschaftliche Werte. Aufforstung, also die Begründung künstlicher Wälder, ist eine mitteleuropäische

„Erfindung", und in der Forstwissenschaft gehören die Deutschen zu den darin führenden Nationen. Und schließlich prägt der Wald die Landschaft Mitteleuropas in besonderer Weise.

Der Wandel als ein Charakteristikum für belebte Systeme, wie es der Wald ist, die mit der Zeit zunehmende Beeinflussung der Wälder durch den Menschen und die Entstehung des Mythos vom Wald, der ein besonderes Verhältnis zu den Wäldern nach sich zog – diese Themen vor allem sollen in diesem Buch dargestellt werden. Es ist dagegen kein Handbuch zur Waldgeschichte, führt also nicht alle schriftlichen Nachrichten auf, die es über den Wald gibt, sondern nur die, die den Hauptzielen dieses Buches dienen, nämlich Wandel, menschliche Beeinflussung und Mythos-Entstehung klar zu machen. Nicht nur schriftliche Quellen sollen herangezogen werden, denn wirklich historisch zu nennende Nachrichten über den Wald gibt es erst seit einigen Jahrhunderten. Versteinerungen, Holzreste, Pollenkörner und die Überreste prähistorischer Siedlungen haben als Dokumente für die Geschichte des Waldes mindestens eine ebenso wichtige Bedeutung wie schriftliche Nachrichten, die stets mehr oder weniger stark vom subjektiven Empfinden ihrer Schreiber geprägt sind. Allerdings ist auch dem Verfasser dieses Buches bewußt, daß seine eigene Darstellung subjektiv ist.

Der Wald ist also nicht nur Inbegriff von Natur, er ist auch ein Erzeugnis der Kultur, der Menschen, die ihn durch ihre Bewirtschaftung prägten, pflegten und pflanzten. Er ist sowohl wilde Gegenwelt zur Zivilisation als auch ein Teil der zivilisierten Welt; ohne Holz als Rohstoff hätten sich Zivilisationen nicht entwickeln können. Er liegt außerhalb des eigentlichen Einflußbereiches bäuerlicher Kultur, und von vielen Standpunkten aus begrenzt er unseren Horizont, aber dies ist nicht naturgegeben, sondern entstanden durch Kultur, durch Trennung von bäuerlich und forstlich bewirtschaftetem Land, letztlich durch Landesplanung. „Wald" ist in vieler Hinsicht ein doppelbödiger Begriff, besonders in Mitteleuropa, ähnlich wie „Landschaft" oder „Natur": Er ist das Objekt der Betrachtung und das Subjektive, das im Menschen über ihn geprägt wird, in Gedanken, Worten und Taten, wodurch sich das Objekt der Betrachtung verändert. Auch dies ist ein historischer Prozeß; er gewinnt immer mehr Einfluß auf die Entwicklung der Wälder. Dies zu erkennen ist wichtig, gerade dann, wenn darüber diskutiert wird, ob die Bewirtschaftung der Wälder in eine Sackgasse führt oder ob das „Sich-Selbst-Überlassen" von Wäldern ein „Holzweg" ist.

Zu allen diesen aktuellen Diskussionen möge eine historische Sicht auf Wälder einen Beitrag leisten.

Herzlich danke ich vielen Diskussionspartnern und meinem Vater Götz Küster für die Durchsicht des Textes.

Grafenhausen im Schwarzwald, im Januar 1998   Hansjörg Küster

1. Die ersten Bäume, die ersten Wälder

In den Wäldern wuchsen im Zeitraum von Jahrmillionen immer wieder andere Pflanzen. Die Wälder der Erde, die sich im Lauf der Zeit bildeten und wieder zu Grunde gingen, hatten und haben daher kaum Gemeinsamkeiten: Stets bestanden sie aus dicht beieinander stehenden dauerhaften Holzgewächsen, die eine Höhe von einigen Metern bis zu maximal etwa einhundert Metern erreichten. Während der Erdgeschichte bildeten immer wieder andere Gewächse innerhalb der Wälder diese baumförmige Wuchsform aus. In jedem Wald, der im Lauf der Zeit entstand, sammelte sich so eine große Biomasse an. Unter den Bäumen entwickelten sich Schatten und ein eigentümliches lokales Klima; beides prägte das Ökosystem Wald stets in besonderer Weise.

Das komplexe Ökosystem Wald gab es in den frühen Entwicklungsstadien der Erde noch nicht. Wenn man verstehen will, wie es sich erstmals bildete, muß man ein wenig ausholen und sich zunächst klar machen, wie das Leben, insbesondere pflanzliches Leben, auf der Erde entstanden ist und wie es dazu kam, daß zum ersten Mal Landpflanzen auftraten.

Die ursprünglich heiße Erdoberfläche kühlte sich erst allmählich so weit ab, daß überhaupt Leben auf ihr möglich wurde. Die Abkühlung der Atmosphäre führte zunächst zur Kondensation von Wasser; es bildeten sich die Meere. Die Wassermassen der Meere wirkten stabilisierend auf die Temperatur der Atmosphäre ein, weil sie große Temperaturschwankungen abpufferten. Die Erdtemperatur ging nun gleichmäßig zurück, während dies zuvor mit größeren Schwankungen erfolgt war. In den Meeren selbst waren besonders gleichmäßige Temperaturbedingungen gegeben; unter anderem deswegen konnte sich das Leben eher im Wasser als außerhalb davon entwickeln. Die komplizierten Kohlenwasserstoffe der Organismen, zum Beispiel Eiweißmoleküle, verändern sich bei starken Temperaturschwankungen, so daß sie ihre Funktionen verlieren, was zum Absterben des Organismus führen kann. Gleichmäßige Temperaturen halten die komplizierten Moleküle in einem stabilen Zustand.

Die Atmosphäre der Erde hatte zur Zeit der Entstehung des Lebens auf der Erde eine andere Zusammensetzung als heute. Namentlich fehlte ihr Sauerstoff, der den chemischen Prozeß der Atmung ermöglicht, also der Reaktion von Sauerstoff mit Kohlenwasserstoffen, wobei Energie frei wird und für den Ablauf anderer Prozesse gewonnen werden kann. Als sich Sauerstoff in der Atmosphäre anreicherte, führte dies zu einer weiteren Senkung der Temperatur.

Die ersten Lebewesen der Erde waren keine Tiere, die zum Leben Sauerstoff aus der Atmosphäre benötigt hätten, sondern Pflanzen, und sie entstanden nicht auf dem Land, wo stärkere Temperaturgegensätze herrschten, sondern im Wasser unter gleichmäßigeren thermischen Bedingungen. Pflanzen bauen ihre Körper unter Ausnutzung der Photosynthese auf. Sie brauchen dazu Kohlendioxid, das in der Atmosphäre der Erde stets verfügbar war, und Wasser, das die Pflanzen in den Meeren umgab, sowie die Energie der Sonnenstrahlen. Im Verlauf der Photosynthese entstehen einerseits die Kohlenwasserstoffe, aus denen die Körper der Pflanzen aufgebaut sind, und andererseits als „Abfallprodukt" der Sauerstoff, der an das Wasser und an die Atmosphäre abgegeben wird. Zunächst änderte sich die Zusammensetzung der Atmosphäre durch die Photosynthese und die damit verbundene Freisetzung von Sauerstoff noch nicht, denn der Sauerstoff reagierte mit Eisen; Eisenoxid sank auf den Grund der Meere. Erst als kein freies Eisen mehr verfügbar war, änderte sich die Zusammensetzung des Luftmantels der Erde. Sein Gehalt an Sauerstoff stieg. Je mehr Sauerstoff in der Atmosphäre enthalten war, desto stärker kühlte sie sich ab. Im Lauf der Zeit wurde als Folge der Photosynthese nicht nur Sauerstoff zu einem weiteren wichtigen Bestandteil der Atmosphäre; die Pflanzen verbrauchten Kohlendioxid, so daß die Konzentration dieses „Treibhausgases" in der Atmosphäre abnahm. Auch in den Bereichen außerhalb der Meere sank die Temperatur an der Erdoberfläche nun auf ein Niveau, das pflanzliches Leben ermöglichte – das Leben auf dem Land.

Zunächst aber war die Evolution der Organismen noch strikt an das Wasser gebunden. Es entwickelten sich zahlreiche Pflanzenarten, vor allem aus der Gruppe der Algen. Es gab beispielsweise recht ansehnliche Gewächse, die aus zahlreichen Zellen bestanden und unserem heutigen Tang geähnelt haben, der ja zu den Braunalgen gehört. Sie kamen vor allem dicht an der Wasseroberfläche vor, wo sie in den Meeren drifteten. Der Auftrieb im Wasser sorgte dafür, daß sich die Pflanzenkörper trotz ihres Gewichtes dicht an der Wasseroberfläche hielten. Dort konnte Sonnenenergie am besten für die Photosynthese ausgenützt werden. Wasser und Kohlendioxid erreichten jede Zelle der Pflanzen. Es gab auch recht bald Gewächse im Wasser, die sich am Boden mit wurzelähnlichen Organen festhielten und in der Nähe des Ufers überflutete Rasen bildeten; sie hatten ein ähnliches Erscheinungsbild wie heute das Seegras.

Ganz wesentliche Voraussetzungen für ein Leben an Land gab es aber bei allen diesen Pflanzen der Meere nicht: Da der Auftrieb im Wasser ihre Lage stabil hielt, war eine andersartige Stabilisierung ihrer Struktur und Lage nicht erforderlich. Und die frühen Wasserpflanzen benötigten auch kein Wasserleitungssystem, über das Wasser als der eine wichtige „Rohstoff" der Photosynthese in jede Zelle der Pflanze transportiert werden konnte; bei den Gewächsen der Meere hatte ja jede Pflanzenzelle direkten Zugang zum Wasser.

Wichtige „technische Voraussetzungen" für ein Pflanzenleben an Land konnten nur in sehr komplexen Prozessen der Evolution erfüllt werden: Landpflanzen mußten einen festen Körper haben, und es mußte sichergestellt sein, daß überall in der Pflanze Wasser verfügbar war, damit die Photosynthese ablaufen konnte.

Für den „Schritt" der Pflanzen aufs Land war günstig, daß die meisten Gewächse dicht an der Wasseroberfläche vorkamen. Immer wieder konnte es geschehen, daß einzelne Pflanzen von der Brandung aufs feste Land gespült wurden oder daß bei einer Wasserstandsschwankung das Stück Meeresgrund, an dem sich die seegrasähnlichen Gewächse festhielten, trocken fiel. Die meisten Pflanzen, die plötzlich außerhalb des Wassers lagen, verwelkten sofort und starben ab, weil in ihnen kein Wasser mehr für die Photosynthese verfügbar war, diese aber weiterhin ablief, weil die Pflanzen der Sonne ausgesetzt waren.

Außerhalb des Wassers waren jedoch nicht alle Voraussetzungen für die Photosynthese ungünstiger. An Land herrschten bei Sonnenschein höhere Temperaturen, die den Ablauf der Photosynthese beschleunigten, und die Sonnenenergie ließ sich deshalb besser ausnutzen. War einer der unvermittelt an Land geratenen pflanzlichen Organismen dort zum Überleben in der Lage, so hatte er einen Überlebensvorteil. Aber nach den Gesetzen der Evolution konnte ein solcher Organismus nicht in dem Moment die Eigenschaften einer Landpflanze annehmen, in dem er sich erstmals auf dem Land befand. Seine genetische Konstitution dafür mußte er durch Mutationen schon zuvor, also noch im Meer erlangt haben. Daß die Bedingungen dafür nicht gerade günstig waren, wird klar, wenn man zusammenfaßt, was die Voraussetzungen für das Leben einer Pflanze an Land waren: Die Pflanze mußte eine gewisse Stabilität und Elastizität ihres Körpers haben; Wasser mußte in jede photosynthetisch aktive Zelle gebracht werden, die keinen anderen direkten Kontakt zum Wasser hatte; und es mußte verhindert werden, daß das Wasser durch die Zellwände hindurch sofort verdampfte, bevor es in die Photosynthese eingebracht wurde.

Tatsächlich gab es in den geologischen Perioden des oberen Silur und des unteren Devon, also etwa vor 400 Millionen Jahren, die ersten Landpflanzen. Über Wurzeln nahmen sie Wasser auf, das in röhrenförmigen Zellen, den Wasserleitbahnen der Stengel, in bodenferne Zellen transportiert wurde. Die Wasserleitzellen hatten eine innere Versteifung aus Lignin, ohne das sie ihre Form nicht hätten halten können. Das Lignin, chemisch gesehen der „Baustoff" des Holzes, stabilisierte aber nicht nur die Wasserleitzellen, sondern auch die ganze Pflanze; sie hatte also einen festen Sproß. Auf der Oberfläche der Pflanzen befand sich eine dünne Schicht aus Wachs, das Cutin, die das Austreten des Wassers erschwerte. Nur an speziellen Stellen, den Spaltöffnungen, konnte Wasser die Pflanze durch deren Oberfläche verlassen, ihre Organe außen benetzen und damit die Temperatur um das Gewächs herum möglichst konstant halten.

Es ist nicht schwer, die Entstehung der ersten Landpflanzen aus technischer Sicht zu beschreiben. Man erkennt dann, daß es einige wesentliche „Erfindungen" waren, die pflanzliches Leben außerhalb der Meere ermöglichten: die „Erfindungen" der Wasserleitbahnen mit ihren festen Wänden aus Lignin und der Wachsschichten aus Cutin, dazu die Spaltöffnungen. Die erste Landpflanze wurde allerdings nicht auf einmal konstruiert. Im Verlauf der Evolution vollzog sich die Entwicklung vom Leben im Meer zum Leben auf dem Land sehr langsam. Erst nach vielen Entwicklungsschritten war endlich ein Pflanzenindividuum in der Lage, außerhalb des Wassers zu existieren.

Die ersten Landpflanzen waren krautige Gewächse. In ihnen gab es schon das Lignin, den Stoff, aus dem Holz aufgebaut ist, das Material also, aus dem die Bäume bestehen. Daher beginnt die eigentliche Vorgeschichte der Wälder bereits am Ende des Silur, vor mehr als 400 Millionen Jahren, als es zum ersten Mal Landpflanzen auf der Erde gab.

Die Pflanzen vermehrten sich und bildeten allmählich eine Vegetationsdecke. Dabei veränderten sie die Oberfläche der Erde. Während auf einer unbewachsenen Erdoberfläche kleine lose Gesteinspartikel von Wasser und vom Wind frei herum bewegt werden, wird dies von einer Vegetationsdecke verhindert. Lose Gesteinspartikel, vor allem Sand und Ton, werden von Pflanzen und ihren Wurzeln festgehalten. Abgestorbene Pflanzen und Pflanzenteile sowie die daraus durch Verwesung entstehende organische Substanz vermischen sich mit den festgehaltenen anorganischen Teilchen; eine Bodenbildung setzte ein, in deren Verlauf an der Oberfläche der Erde ein Gemisch aus anorganischen und organischen Stoffen entstand: der Boden oder die Pedosphäre. Der Boden begann, Wasser festzuhalten, und es wurden in ihm Nährstoffe für die auf ihm wachsenden Pflanzen gespeichert und bereitgestellt. Es gelangte immer mehr Sauerstoff in die Atmosphäre; es konnte eine Atmung stattfinden, bei der Energie durch Oxidation von Kohlenwasserstoffen, also deren Reaktion mit Sauerstoff, gewonnen wurde. Nun konnten auch Tiere auf der Erde leben.

Weil sich das Sonnenlicht auf dem Land besser ausnutzen ließ als im Wasser, entwickelten sich die Landpflanzen vorzüglich. Die Vegetationsdecke wurde immer dichter, und war zunächst genug Platz für die Ausbreitung aller Gewächse vorhanden, so entwickelte sich bald in immer stärkerem Maße ein Konkurrenzkampf der Pflanzen um die besten Wuchsorte. Die höher emporwachsenden unter ihnen kamen an mehr Sonnenlicht heran als andere, die niedriger blieben und daher beschattet wurden. Die höher emporwachsenden Pflanzen waren diejenigen, in deren Stengeln genügend Wasser durch ein möglichst langes und stabiles Leitbahnensystem in möglichst große Höhen transportiert werden konnte. Die Stabilität dieser Gewächse wurde durch eine möglichst große Zahl von Zellen erreicht, in deren Wänden das Lignin eingelagert war. Einen großen Vorteil hatten Pflanzen mit blattartigen Auswüchsen, in denen die Photosynthese in größerem Umfang ablaufen konnte als in Gewächsen, die diese Auswüchse nicht hatten. Im Lauf der Zeit entwickelten sich immer großblättrigere Pflanzen, deren Stengel immer höher und fester wurden und in denen immer mehr Wasser transportiert werden konnte. Aus mehreren Zellen mit Einlagerungen von Lignin, die nebeneinander lagen, bildete sich erstmals

Holz. Aus Holz wurden nach einer wiederum sehr langen Zeitspanne die ersten richtiggehenden Stämme von Gehölzen aufgebaut, die Baumkronen mit Blättern trugen: baumförmige Farne, Schachtelhalme und Bärlappe. Die Sporen, mit denen sich diese Gewächse vermehrten, flogen vor allem in der Nähe der schon bestehenden Bäume auf den Boden, und es wuchsen daraus junge Bäume neben den alten empor; die ersten Wälder entstanden. Wo immer dies möglich war, blieben Bäume nicht isoliert stehen, sondern der Wald schloß sich. Die Geschichte der Wälder ist also genauso lang wie die Geschichte der Bäume oder des baumförmigen Wuchses von Pflanzen.

In den Wäldern kamen Bäume mit hochreichenden Baumkronen an das meiste Sonnenlicht heran, während das Wachstum niedriger, krautiger Pflanzen unterdrückt wurde. Nur noch solche Kräuter konnten in den Wäldern wachsen, die sich an das dortige Leben angepaßt hatten, also mit wenig Licht auskamen und dennoch Photosynthese betreiben konnten. Oder sie mußten lange Zeit als Sporen überdauern und „abwarten", bis ein Loch in der dichten Decke der Baumkronen entstanden war; dann konnten sie zu wachsen beginnen, weil das Sonnenlicht auf die Lichtung am Boden flutete und sich nun auch dort optimal zur Photosynthese und damit zum Wachstum ausnutzen ließ, bis Bäume den Kampf um das Licht wieder gewannen, die Lücke schlossen und erneut das Wachstum der lichthungrigen Kräuter unterdrückten. Denn auch die jungen Bäume wuchsen dann besonders gut, wenn über ihnen eine Lücke im Blätterdach entstanden war.

Im Wald bildete sich ein eigentümliches Klima heraus, in dem große Temperaturschwankungen fast so stark wie in den Meeren abgepuffert wurden. Längst nicht die gesamte Sonneneinstrahlung, die den Wald erreichte, heizte die Temperatur in seinem Inneren auf. Viel Sonnenenergie wurde für die Photosynthese im Blätterdach der Bäume „verbraucht", und vor allem drang nicht viel Sonnenwärme an den beschatteten Grund des Waldes vor. Bei Sonneneinstrahlung herrschten also im Wald immer geringere Temperaturen als außerhalb. Andererseits verhinderte die Blätterkrone der Bäume eine Abstrahlung der Wärme, die sich im Waldesinneren gesammelt hatte, wenn außerhalb des Waldes geringere Temperaturen vorherrschten. Dann war es im Wald wärmer. Das Waldklima war von Anfang an also dadurch ausgezeichnet, daß die Temperatur am Tag recht niedrig, in der Nacht relativ hoch war; auch die jahreszeitlichen Temperaturschwankungen waren im Wald nie so stark wie außerhalb davon. Darauf konnten sich die Gewächse des Waldes einstellen; sie lebten zwar in einem schattigen Milieu, aber auch unter recht gleichmäßigen klimatischen Bedingungen.

Solange es Bäume und daher auch Wälder gibt, besteht auch eine Konkurrenz zwischen Bäumen und Kräutern. Nicht überall waren die Bäume und Wälder überlegen; gerade die ersten Wälder, die vor etwa 320 Millionen Jahren, am Ende des Devon und im sich anschließenden Karbon entstanden, konnten nur an speziellen Orten wachsen. Ihr Wasserleitungssystem war nicht so leistungsfähig wie bei heutigen Holzgewächsen, daher standen die ersten Bäume nur dort, wo im Boden Wasser in Hülle und Fülle verfügbar war, also in Sümpfen. Auch waren die ersten Bäume wegen ihrer Anatomie nicht in der Lage, eine jährliche Frostperiode zu überstehen. Wo es also weniger Wasser gab oder eine kalte Jahreszeit, waren die Kräuter gegenüber den Gehölzpflanzen im Vorteil. In ihren Stengeln mußte es nicht die hohen Saugkräfte für Wasser geben, die für die Existenz von hohen Bäumen essentiell waren, und viele Kräuter ließen im Winter ihre oberirdischen Teile absterben, während Sporen oder Wurzeln und Rhizome im Boden die Kälte überdauerten.

So alt wie die Wälder ist damit auch der Gegensatz zwischen Wäldern und waldoffenem Land. Zwischen diesen beiden „Polen" in der Landschaft entstanden aber keine strikten Grenzen, sondern allmähliche Übergänge oder Gradienten: Ständig versuchten junge Bäume am Rande des Waldes, ins Offenland vorzudringen, so daß in den Randbereichen der Wälder immer kleine Gehölzpflanzen zu sehen waren. Es gab daher allmähliche Übergänge zwischen Wald und Nicht-Wald. Diese Übergänge lagen nicht dort, wo wir sie heute erwarten würden. Da die ersten Bäume auf sehr viel feuchtere Standorte angewiesen waren als viele heutige Holzgewächse, war das Areal des Waldes zunächst stärker eingeengt.

Die ersten Bäume waren viel anfälliger gegen eine Beschädigung durch den Wind als viele heutige Holzpflanzen. Das hing mit der Art ihres Wachstums zusammen. Bei den ältesten Bäumen gab es nur ein sogenanntes „primäres Dickenwachstum", bei dem sich die Zellen an der Spitze des Baumes teilen, so daß sich nur ausgehend von dort der Sproß oder Stamm verlängern kann. Bäume, bei denen es dieses primäre Dickenwachstum gibt, finden sich noch heute: Bei den Palmen entsteht fast von Anfang ihres Wachstums an ein hohler „Stamm" von einigen Dezimetern Dicke, der im Lauf der Zeit immer höher, aber nicht mehr dicker wird. So ein Baum hat nur eine ganz eng begrenzte Wachstumszone an seiner Spitze. Die Palmen und andere Holzpflanzen, die nur durch primäres Dickenwachstum höher werden, haben extrem biegsame und zähe Stämme; nur Exemplare, die dadurch vor möglichen Windschäden verschont blieben, konnten überleben. Hatten auch die ersten Bäume, die ähnlich in die Höhe wuchsen, schon so flexible, zähe Stämme?

Sehr bald gab es Gehölze, deren Wachstum anders verlief. Ausgehend von den Wasserleitbahnen bildete sich bei ihnen ein Ring von Zellen aus, der sich teilte: Nach außen hin entstanden Rindenzellen, und zur Mitte des Stammes zu bildeten sich von diesem Ring aus Zellen, die durch Einlagerung von Lignin verholzt waren. Dadurch wuchs der Baum in die Breite. Diese Form des Wachstums wird „sekundäres Dickenwachstum" genannt. Ein Baum, der zu sekundärem Dickenwachstum in der Lage ist, wird nicht nur an seiner Spitze höher, sondern seine sämtlichen Stämme, Äste und Zweige sowie die verholzten Wurzeln wachsen in die Breite bzw. Dicke. Wird ein solcher Baum beispielsweise durch den Wind beschädigt, indem seine Spitze abbricht, wird der Baum zwar verletzt, doch kann er weiter wachsen, und aus den Wachstumszonen in seinen vielen Zweigen kann ein neuer Wipfel hervorgehen.

Sekundäres Dickenwachstum ist bereits für Bäume nachgewiesen, die in der ersten eigentlichen Phase der Landpflanzen und auch der Wälder wuchsen, nämlich im Devon (vor etwa 320 bis 400 Millionen Jahren). Nach und nach setzten sich solche Baumarten durch, und mit der Zeit entstanden immer neue Baumarten und -gattungen. Zur Zeit des Karbon kam es zu einer ersten bedeutenden Entfaltungsphase der Wälder. Wie die Pflanzen dieser Wälder aussahen, läßt sich recht genau ermitteln, denn aus ihren Überresten bildete sich die Steinkohle, und in der Steinkohle sind zahlreiche Fossilien von Karbon-Pflanzen gefunden worden, die so gut erhalten sind, daß man unter dem Mikroskop noch ihren Zellenaufbau genau studieren kann! Die fossilen Pflanzenreste liegen aber in so großer Menge kreuz und quer übereinander, daß es in vielen Fällen schwerfällt, Bruchstücke von Wurzeln, Stämmen, Ästen, Blättern, Sporen, Früchten und Samen so zueinander in Beziehung zu setzen, daß daraus eine komplette Pflanze rekonstruiert werden kann. Welcher Stamm gehörte zu welchen Blättern, und welche Früchte reiften an diesem Gewächs?

Besonders häufig waren im Zeitalter des Karbon baumförmige Schachtelhalme und Bärlappgewächse. Zu letzteren zählten die Siegel- und Schuppenbäume, die bis zu 30 Meter hoch wurden und deren Stämme einen Durchmesser von über zwei Meter erreichten. Die größte Formenvielfalt bestand unter den farnähnlichen Gewächsen. Manche von ihnen hatten Wedel, die denen heutiger Farne sehr ähnlich sahen, so etwa diejenigen des Königsfarns oder des Frauenhaarfarns. Manche Bäume mit farnartigen Blättern waren aber gar keine echten Farne im heutigen Sinne, weil sie sich nämlich nicht, wie bei normalen Farnen üblich, durch Sporen vermehrten, sondern es reiften Samen an ihnen heran. Diese Bäume mit Farnwedeln waren also eigentlich frühe Samenpflanzen, Nacktsamer, die in den Verwandtschaftskreis heutiger Nadelbäume gehören.

Die üppigen Wälder der Karbonzeit wuchsen wie die ersten Wälder, die es auf der Erde gegeben hatte, an Standorten, an denen das Grundwasser direkt an der Bodenoberfläche oder unmittelbar darunter stand, also in ausgedehnten Sümpfen. Ihre Wasserleitungsbahnen waren noch nicht leistungsfähig genug, um den Bäumen ein Wachstum an grundwasserferneren Orten zu ermöglichen. Ihre Blätter sahen aus wie heute diejenigen von Bäumen in Trockengebieten: Sie hatten eine lederige Blattoberfläche, die das übermäßige Austreten von Wasser aus den Blättern verhinderte. Aus heutiger Sicht ist es eigenartig, daß Pflanzen, die in Sümpfen wuchsen, morphologische Eigentümlichkeiten von Gewächsen trockenen Klimas zeigten. Daraus aber läßt sich schließen, daß Wasser zwar am Boden massenweise vorhanden war, daß aber nur gerade so viel Wasser durch die Leitbahnen in die Blätterkronen der Bäume gelangte, um dort die Photosynthese am Laufen zu halten. Ohne die lederige Blattoberfläche wären die Pflanzen vertrocknet.

Vielleicht gab es Bäume aber auch schon an den trockeneren Plätzen, und vielleicht wissen wir nur deshalb nichts von ihnen, weil an trockenen Wuchsorten das Holz abgestorbener Bäume sofort zersetzt wurde und nicht in Form von Fossilien erhalten blieb.

In den Beschreibungen der Paläobotaniker wird immer wieder auf eine weitere Eigenheit der Karbonwälder hingewiesen: In ihnen muß eine fast gespenstische Stille geherrscht haben, denn es existierten wohl nur wenige Tiere, die Laute von sich gaben. Die meisten Tiere lebten im Wasser, nur einzelne Lurche verließen es gelegentlich; außerhalb des Wassers gab es die ersten Reptilien, die wahrscheinlich stumm waren. In den Wäldern kamen aber zahlreiche Insekten vor, darunter Libellen mit einer Flügelspannweite von 35 Zentimetern und heuschreckenähnliche Wesen. Deren Zirpen und das gelegentliche Aufschlagen von Wassertropfen, die von den Blättern der Bäume fielen, sind wohl die einzigen Geräusche gewesen, die in einem Wald des Karbon zu vernehmen waren. Vögel und Säugetiere gab es damals noch nicht, also auch keinen Vogelgesang.

In den Sümpfen wurden abgestorbene Bäume oder Teile von ihnen vom Wasser bedeckt, oder sie versanken im Morast, so daß sie nicht von Mikroorganismen zersetzt werden konnten. Aus den abgestorbenen Pflanzen bildete sich Torf. Die Torflager vergrößerten sich und nahmen riesige Ausmaße an. Durch andere Gesteinsschichten, die sich später über den Torf legten, wurden die abgestorbenen Pflanzenreste stark zusammengepreßt und verfestigt. Aus dem Torf entstand Steinkohle, das Sediment, dessen Versteinerungen uns so genau über die Karbonwälder informieren: Steinkohle ist nichts anderes als der Überrest der Wälder aus Farnen, Schachtelhalmen, Bärlappen und den ersten Samenpflanzen aus dem Karbon. Sie konservierte die Pflanzenteile als Fossilien.

Wie entstand aus Torf die Steinkohle? Im Karbon lief erstmals im Verlauf der Erdgeschichte die Photosynthese in großem Umfang. Der Gehalt an Kohlendioxid in der Atmosphäre nahm dadurch erheblich ab, und der Gehalt an Sauerstoff in der unmittelbaren Umgebung der Erde stieg an. Kohlenstoff, der ursprünglich aus dem Kohlendioxid der Atmosphäre stammte, wurde in den Bäumen der Karbonwälder festgelegt. Nachdem diese Bäume abgestorben waren, zersetzte sich das Holz nicht, weshalb nicht wieder Kohlendioxid entstand; in dem sich bildenden Sediment wurden die organischen Stoffe vielmehr durch Druck inkohlt, wobei Wasser entwich, aber der fast reine Kohlenstoff zurückblieb. Auf diese Weise bildete sich ein riesiger Speicher fossiler Brennstoffe.

Es ist möglich, daß der Entzug von Kohlendioxid aus der Atmosphäre auch damals Auswirkungen auf das Klima der Erde hatte; möglicherweise sank die Temperatur der Atmosphäre besonders weit ab. Am Ende der Karbonzeit kam es wohl zu einer weltweiten Abkühlung des Klimas, zu einer globalen Eiszeit, deren Spuren von den Geologen beobachtet wurden. Es ist möglich, daß diese

1 Rekonstruktion des Steinkohlewaldes im Field-Museum in Chicago.

Eiszeit ausgelöst wurde durch die Abnahme des Treibhausgases Kohlendioxid und eine Zunahme an Sauerstoff in der Atmosphäre, wenngleich dies nicht bewiesen ist und auch häufig bezweifelt wird. Viele Pflanzenformen der Karbonwälder verschwanden wieder (durch Abkühlung des Klimas?), aber das Ökosystem Wald blieb in der Folgezeit trotz aller grundsätzlichen Veränderungen erhalten. Tiere und Kräuter des Waldes konnten immer wieder einen Lebensraum unter dem Schatten von baumförmigen Gewächsen finden. Für ihr Überleben war es unerheblich, ob Farne, Bärlappe oder Blütenpflanzen ihre Blätterkronen über ihnen schlossen. Viele baumförmige Farne, Schachtelhalme und Bärlappe starben am Ende der Karbonzeit vor etwa 270 Millionen Jahren aus, ihnen waren die Samenpflanzen überlegen, die sich in der Folgezeit differenzierten und besonders gut entwickelten.

2. Die Entstehung von Nadel- und Laubwäldern

Die Steinkohlewälder der Karbonzeit hatten auf die Dauer also keinen Bestand. Offenbar konnte es sie nur unter ganz besonderen ökologischen Bedingungen geben, bei sehr großer Feuchtigkeit und bei gleichmäßig hoher Temperatur, in einem Tropenklima. Damit sich weiträumig Steinkohlewälder entwickeln konnten, mußte das Gelände eben sein und seine Oberfläche unmittelbar über dem Wasserspiegel haben, damit die Bäume an genügend Wasser kamen. Die Sumpfwälder gingen zugrunde, weil ihnen andere Gewächse überlegen waren, weil es kälter oder weil es trockener wurde. Das Kälterwerden des Klimas könnte mit der massenhaften Festlegung von Kohlenstoff und der Freisetzung großer Mengen von Sauerstoff in Verbindung gestanden haben. Das Klima über der Landmasse, die heute Mitteleuropa ist, wurde möglicherweise deswegen trockener, weil sich die Kontinente aus dem äquatornahen Tropengürtel der Erde in einen subtropischen Bereich bewegten; wir wissen, daß die Kontinentalmassen auf der Erde ihre Lage im Verlauf undenkbar langer Zeiten veränderten.

Zur gleichen Zeit wie die Steinkohlewälder hatten sich noch andere Wälder auf der Erde entwickelt. Südlich der Tropen, in denen die Bäume der Karbonzeit in die Höhe wuchsen, lag ein Meer, das Thetys genannt wird, und südlich an die Thetys grenzte ein weiterer Kontinent, das sogenannte Gondwanaland auf der Südhalbkugel der Erde. Zu diesem Kontinent gehörten weite Teile vom heutigen Südamerika, Afrika, Indien, Australien und die Antarktis. Auch im Gondwanaland wuchsen Wälder, aber solche, die an ein Jahreszeitenklima der gemäßigten Zonen angepaßt waren. Sie konnten nicht das ganze Jahr über wachsen wie Tropenwälder, sondern nur in der günstigen warmen und feuchten Jahreszeit. Dann wurden die Pflanzen größer und dicker, das heißt, es bildeten sich durch sekundäres Dickenwachstum neue Zellen. In der ungünstigen, kühlen Jahreszeit stellten die Bäume ihr Wachstum ein. Im Holz eines Baumes, der nur zeitweise im Jahr wächst, bilden sich Jahresringe. In fossilen Hölzern aus der Steinkohlezeit vom Gondwanaland hat man tatsächlich Jahresringe nachweisen können! Dort wuchsen Gymnospermen oder Nacktsamer, die unseren heutigen Nadelbäumen ähnlich sahen, daneben sogenannte Zungenfarne (Glossopteriden), Schachtelhalm- und Bärlappgewächse. Im Gondwanaland gab es Gletscher als Zeugen für eine zeitweilige Vereisung. In den Kältephasen, in denen die Gletscher sich bildeten, müssen die Bäume weiträumig zurückgedrängt worden sein. Die Flora des Gondwanalandes erhielt sich aber merkwürdigerweise wohl besser als die Flora der Steinkohlewälder über eine sehr lange Zeit der Erdgeschichte.

Die Urkontinente zerrissen, stießen aneinander, verbanden sich miteinander und zerfielen erneut. Hingen die Kontinentalmassen zusammen, konnten sich die Pflanzen und Tiere auf ihnen einheitlich entwickeln, waren sie voneinander getrennt, entstanden auf jedem Teil der Erde andere Tier- und Pflanzenarten. Weil die Kontinentalmassen in unermeßlich langen Zeiträumen durch die verschiedenen Klimazonen der Erde „drifteten", waren im Lauf der Zeiten immer wieder andere Typen von Lebewesen bevorzugt. In jeder Klimazone waren die Voraussetzungen für die Bildung von Wäldern anders. Bäume mit primitiven Wasserleitbahnen in ihren Stämmen, z.B. die Bäume der Steinkohlewälder, konnten nur im gleichmäßig warmen und feuchten Tropenklima überdauern. Stand weniger Wasser für das Leben der Bäume zur Verfügung, starben diejenigen Bäume sofort ab, die nicht in der Lage waren, einen zeitweisen Wassermangel zu überdauern. Nur in den Tropen war und ist ein ganzjähriges Wachstum von Bäumen möglich. Im subtropischen Klima gibt es alljährliche Trockenzeiten, in denen die Bäume vertrockneten, wenn dann die Photosynthese abliefe. Um dies zu verhindern, speichern Bäume der Subtropen viel Wasser in ihrem Inneren, oder sie verlieren in der Trockenzeit ihre Blätter. In den sich nach Norden und Süden anschließenden Klimazonen der Erde besteht eine Ruhephase der Bäume nur scheinbar aus anderen Gründen: Dort ist es im Winter zu kalt. Das Wasser erstarrt zu Eis und ist ebenso wie anderswo in der Trockenzeit für die Photosynthese nicht verfügbar. Daher ist die kalte Jahreszeit der gemäßigten Zonen für den Baum eigentlich eine besondere Form der Trockenzeit.

Bei der Bewegung der Erdmassen durch verschiedene Klimazonen entstanden immer wieder andere Bedingungen für die Selektion von Gewächsen. Veränderten sich die klimatischen Bedingungen von eher tropischen zu eher subtropischen Verhältnissen, überlebten nur diejenigen Pflanzen, die schon zuvor in der Lage gewesen waren, sich trockenen Phasen anzupassen, in denen sie die Photosynthese einschränkten oder ganz einstellten. In solchen Phasen wuchsen die Pflanzen aber auch nicht weiter, da ja in der Ruhephase der Photosynthese auch keine organische Substanz aufgebaut wurde. Die Trockenphase konnte kürzer oder länger währen. Wurde sie länger, starben einige Arten oder Typen von Pflanzen aus, und nur diejenigen überlebten, die danach eine nächste kürzere feuchte Phase so gut ausnutzen konnten, daß sie dennoch am Ende der Vegetationsperiode neue Biomasse produziert hatten. Natürlich war es für das Überleben der Organismen günstig, wenn die klimatischen Bedingungen nicht zu sehr von Jahr zu Jahr schwankten, sondern im langjährigen Durchschnitt etwa ähnlich blieben. Veränderte sich das Klima, so geschah dies beinahe unmerklich, zeigte sich jedoch daran, daß die eine oder die andere Pflanzenart zu einem bestimmten Zeitpunkt einging.

Möglicherweise waren die Bäume, die im Gondwanaland wuchsen, besser auf sich ändernde klimatische Bedingungen eingestellt als die Bäume der Steinkohlewälder. In der Folgezeit kamen Bärlappbäume immer seltener vor, während sich baumförmige Schachtelhalme und Farne noch hielten. Immer wichtiger wurden die Nadelbäume. In den Gesteinsschichten des Rotliegenden, deren Bildung vor etwa 270 Millionen Jahren einsetzte, fand man Versteinerungen einer Pflanze, die ähnlich ausgesehen hat wie unsere heutige „Zimmertanne" oder Araukarie.

In Schichten des Kupferschiefers aus der Zechsteinzeit, die um einige Jahrmillionen jünger sind, entdeckte man neben den Überresten von Nadelbäumen auch Blätter von Verwandten des Ginkgobaumes. Damals war das Klima über der Kontinentalmasse, die heute Europa ist, so trocken oder gar wüstenähnlich, daß sich wohl nur an wenigen Stellen Bäume oder gar Wälder ausbilden konnten. Allenfalls kamen damals Gebüsche vor, was die Paläobotaniker daran erkennen, daß die fossilen Zweige von Nadelgehölzen sehr stark verzweigt waren, so stark, wie man dies üblicherweise heute bei Sträuchern beobachten kann.

Etwas höher emporgewachsen waren die Pflanzenbestände im unteren Keuper, vor etwa 200 Millionen Jahren: Weit übermannshohe Schachtelhalme standen damals dicht gedrängt nebeneinander. Auch als versteinerte Formen findet man noch Reste dieser Schachtelhalme dicht übereinander. Das Gestein, in dem sich die Überreste dieser Schachtelhalme fanden, nannte man den Schilfsandstein, weil man die Stengel der Schachtelhalme zunächst irrtümlich für Schilfreste hielt.

Im Lauf der Jahrmillionen entwickelten sich Wälder nicht nur auf relativ feuchten Böden, sondern auch in trockeneren Gegenden. Vor allem aus Nadelbäumen konnten Wälder dort entstehen, wo das Grundwasser nicht direkt an der Erdoberfläche anstand. Solche Bereiche gab es auf der Erde in immer größerer Ausdehnung, denn die Bewegungen der Erdschollen ließen immer mehr Gebirge emporwachsen. Wälder, die im wesentlichen aus Nadelbäumen bestanden, waren insgesamt wenig abwechslungsreich, einförmig grün und braun gefärbt. Es fehlten Gewächse mit bunten Blüten, und auch die vielen Insekten (Schmetterlinge, Käfer, Bienen), die sich zur gleichen Zeit mit den Blütenpflanzen entwickelten und mancherlei Symbiosen mit ihnen eingingen, schwirrten noch nicht durch die Wälder.

In der Mitte der Kreidezeit, die etwa vor 140 Millionen Jahren begann und vor 70 Millionen Jahren endete, kam es zu einem sehr weitreichenden Umbau der Flora. Aus der Sicht der Geologen gab es „plötzlich" auch Versteinerungen von zahlreichen Angiospermen, von Blütenpflanzen. Wie „plötzlich" dieser Wechsel vonstatten ging, ist nicht klar, wahrscheinlich vollzog er sich im Verlauf von einigen Millionen Jahren, was bei der enormen Länge der Erdgeschichte immer noch ein relativ kurzer Zeitabschnitt ist. Die auf uns gekommenen Teile von Blütenpflanzen aus der Oberkreide erinnern an die Teile von Platanen sowie an Eichen, Eßkastanien, Weiden und den Gagelstrauch. Möglicherweise waren die damaligen Gewächse Vorfahren dieser Pflanzen, die heute bei uns wachsen, doch läßt sich dies nicht mit Bestimmtheit sagen, weil immer wieder ähnliche

Blattformen bei Gewächsen entstanden, die nicht nahe miteinander verwandt sind, z.B. bei Bergahorn und Platane oder Esche und Vogelbeere.

Wo und wann die ersten Blütenpflanzen und zahlreiche Baumarten heranwuchsen, ist ein vieldiskutiertes Problem der Paläobotanik. Möglicherweise hatten sie sich schon zuvor in trockenen Regionen entwickelt, in denen sie als Fossilien nicht erhalten bleiben konnten. Indizien dafür sind Pollenkörner, die vom Winde dorthin verfrachtet wurden, wo sich Sedimente bildeten, also in die feuchte Senken hinein, was von anderen Paläobotanikern wiederum bezweifelt wird. Auf jeden Fall hatten Bäume der Angiospermen einen großen Vorteil gegenüber anderen Gehölzen. In ihrem Holz gab es besonders gut entwickelte Leitbahnen für den Transport von Wasser und anderen Substanzen von den Wurzeln zu den Blättern. Durch die leistungsfähigeren Leitgewebe konnte sehr viel mehr Wasser im Baumstamm transportiert werden. Auch Bäume mit großen Blattflächen konnten genug Wasser aus dem Boden aufnehmen, wenn die Photosynthese voll im Gang war. In tropischen und warmgemäßigten Zonen wuchsen großblättrige Blütenpflanzen auf trockenem Boden schneller als Nadelholzgewächse, deren Blattflächen immer recht klein waren und aus denen nur wenig Wasser verdunstete. Im Stamm eines Nadelbaumes konnte und kann einfach nicht genug Wasser nachgeliefert werden, um große Blätter mit ausreichend Wasser zu versorgen. Wachs auf den Nadeln vieler Pflanzenarten schränkt die Verdunstung zusätzlich ein.

In den oberen Schichten der Kreidegesteine findet man Versteinerungen, die beweisen, daß damals auch nahe der Küsten, auf feuchtem Boden, die Blütenpflanzen besser wuchsen als andere Pflanzen. Und nicht nur auf dem Land standen Bäume, sondern auch im Flachwasserbereich der Meere. An den Rändern des oberkreidezeitlichen Meeres bildete sich der Flysch, ein Sedimentgestein, das die Geologen für eine Ablagerung aus der Mangrovenzone halten. Im Sediment einer Mangrove herrscht allgemein starke Fäulnis, weshalb nur wenige erkennbare Fossilien im sich absetzenden Schlamm erhalten bleiben, der eine blaugraue bis -schwarze Färbung annimmt, genau die Farbe, durch die sich das Flyschgestein auszeichnet.

An die Kreidezeit schloß sich die erdgeschichtliche Phase des Tertiär an. Zahlreiche Pflanzenarten entwickelten sich in dieser Zeit, und gerade in Mitteleuropa findet man sehr viele Überreste der Gewächse aus dem Tertiär, ähnlich wie aus der Steinkohlezeit. Wieder bildeten sich in Mitteleuropa ausgedehnte Kohlelagerstätten, etwa solche der Braunkohle, in denen Fossilien in Massen erhalten blieben. Weitere Erkenntnisse über die Flora der damaligen Zeit kann man aus der Untersuchung von Bernstein gewinnen, der ebenfalls im Tertiär entstand. Andere Sedimente, die sich im Tertiär bildeten, sind die Schichten der Molasse, eines Kalksteines, der sich am Grund eines Meeres absetzte, das damals im heutigen Alpenraum lag.

Am Beginn des Tertiär kamen Hunderte von verschiedenen Gehölzarten in

Mitteleuropa vor. Darunter waren viele mit Blättern, die eine sogenannte Träufelspitze hatten. Blätter mit Träufelspitze sind besonders charakteristisch für Pflanzen in tropischen Regenwäldern. Daraus schließt man, daß Europas Wälder damals unter tropischen Bedingungen wuchsen; die Erdmasse Europa lag also wieder in der Nähe des Äquators. Dies läßt sich auch daraus folgern, daß man Überreste von Palmen in den Tertiär-Schichten Mitteleuropas fand, von Gewächsen also, in denen nur ein primäres, nicht aber ein sekundäres Dickenwachstum vorkommt. Diese Gewächse bilden natürlich auch keine Jahresringe, sie sind also nicht in der Lage, sich auf unterschiedliche Jahreszeiten einzustellen. Nur dort, wo es immer gleichmäßig warm ist, können Palmen wachsen; hält man sie heute bei uns, muß man sie im Winter vor der Kälte schützen.

Obwohl also Mitteleuropa in den Tropen lag, bildeten sich zunächst mächtige Torflagerstätten aus der humosen Substanz abgestorbener Pflanzen und Pflanzenteile. Eigentlich bleibt in tropischen Zonen humose Substanz nicht in größerer Menge unzersetzt erhalten, weil bei den dort herrschenden hohen Temperaturen alle abgestorbenen Pflanzenteile sofort verwesen und sich Humus nicht dauernd am Boden absetzt. Dies geschieht nur dort, wo sumpfige Verhältnisse vorherrschen, sich also Wasser in einem flachen Becken sammelt und nicht abfließen kann. Dies mußte damals auch in Mitteldeutschland und in der Ville, im Gebiet zwischen den heutigen Städten Aachen und Köln, der Fall gewesen sein.

Zu Beginn des Tertiär kamen im heutigen Mitteleuropa unter den Laubbäumen nicht nur die Vorfahren oder andere nahe Verwandte von Eiche, Walnuß, Ahorn und Stechpalme vor, sondern auch jetzige Gewächse der Tropen und Subtropen: Lorbeergewächse, darunter der Zimtbaum, Apfelsinen- und Zitronenbäume. Auch die Überreste vieler Nadelbäume fand man in den Braunkohleschichten, neben Kiefern Sumpfzypressen und Mammutbäume, Lebensbäume und Scheinzypressen. Eine besondere Kiefernart hatte im Norden große Bedeutung: die Bernsteinkiefer, aus deren Harztropfen der Schmuckstein des heutigen Ostseeraumes entstand. Bernstein bildete sich im Umkreis seiner heutigen Fundorte, die vor allem in der Ostsee und an deren Küsten liegen, aber nicht unmittelbar dort. Man kann vielen Bernsteinstücken ansehen, daß sie von rasch fließenden Bächen transportiert wurden. Bernstein entstand demnach in Gebirgen, von wo aus Bäche ihn mit sich trugen und in das Meer spülten; dort kann man den Bernstein heute finden.

Während die Wälder, aus deren Überresten die mitteldeutsche Braunkohle wurde, in einem tropischen oder subtropischen Klima wuchsen, herrschte im Ostseegebiet, wo es Bernsteinkiefern gab, eher ein Savannenklima mit Trockenzeiten. Demnach muß man annehmen, daß in Mitteldeutschland damals dichte Wälder, im Ostseeraum aber allenfalls sehr lichte Gehölze standen. Vor allem weiß man über die Wälder der Bernsteinkiefern nur sehr wenig. Kamen diese Pflanzen in Reinbeständen oder gemischt mit anderen Gehölzen vor? In Süd-

2 Im Tertiär kam die Magnolie nicht nur in Ostasien vor, sondern auch in Mitteleuropa.

deutschland lagen ausgedehnte Sumpfgebiete, die ihrem Charakter nach vielleicht dem heutigen Delta des Mississippi geähnelt haben dürften. An der Stelle der heutigen Alpen befand sich das tiefe Molassemeer. Auf jeden Fall gab es im Zeitalter des Tertiär eine ganze Reihe verschiedener Wälder: Sumpfwälder, Wälder, die vom tropischen Tageszeitenklima geprägt waren, andere, in deren Umgebung subtropisches Jahreszeitenklima herrschte. An den Südhängen der Gebirge kamen Wälder vor, die längere Trockenphasen aushalten mußten als solche an den Nordhängen derselben Bergländer. In den Bergländern wuchsen daher am Südhang Laub- und Mischwälder, an den Nordhängen eher Nadelgehölze. In anderen Trockengebieten waren die räumlichen Abstände zwischen den einzelnen Holzgewächsen recht groß.

In den späteren Perioden des Tertiär sind in Mitteleuropa nicht nur Vorläufer oder Verwandte sämtlicher Baumarten vorgekommen, die heute noch natürlicherweise dort wachsen, sondern auch fast alle anderen Arten, die heute nur in anderen Bereichen der gemäßigten Zonen der Erde zu finden sind und die man in den letzten Jahrhunderten in hiesigen Parks und Gärten als Exoten angepflanzt hatte. Da gab es Pappeln und Weiden neben Ahorn und Schneeball, Zürgelnuß, Spindelbaum, Tulpenbaum und Magnolie, Linden neben Erdbeerbäumen, Götterbaum und Feigenbaum neben den Buchen, Eichen, Ulmen und Hainbuchen.

Im Lauf des Tertiär nahm die Anzahl von Holzgewächsen mit Blättern ab, an denen eine Träufelspitze zu erkennen war, und es breiteten sich Pflanzenarten mit gefiederten, geteilten und gesägten Blättern aus, die man im allgemeinen für typische Gewächse der gemäßigteren Breiten hält. Daraus läßt sich schließen, daß das Klima im Lauf der Zeit in Mitteleuropa etwas kühler wurde; mutmaßlich bewegte sich der europäische Kontinent aus dem äquatornahen Bereich allmählich in Richtung Nordpol. Später nahmen vorübergehend nochmals Pflanzenarten mit den Kennzeichen tropischer Gewächse an Bedeutung zu; dann behielten die Gewächse gemäßigter Breiten endgültig die Oberhand. Damals war es in Mitteleuropa aber immer noch erheblich wärmer als heute, so daß dort auch am Ende der Tertiär-Periode noch Magnolien, Ginkgobäume, Sumpfzypressen und Tulpenbäume wuchsen. Frost gab es selten in diesen Breiten.

Die Kontinente erhielten mehr und mehr ihre heutige Lage und ihre heutigen Umrisse. Europa und Amerika hatten sich voneinander getrennt, Eurasien war mit Teilen des früheren Gondwanalandes verschmolzen, in Europa und Asien bildeten sich die Hochgebirge Alpen und Himalaja. Ein Florenaustausch zwischen Amerika auf der einen, Eurasien und Afrika auf der anderen Seite war fortan weitgehend unterbunden. Besonders weit auseinander drifteten die tropischen Bereiche der Kontinentalmassen. In arktischen Bereichen konnten Samen oder Früchte leichter über die Meerengen schwimmen, oder ein Vogel konnte sie mit sich nehmen, so daß eine Pflanze aus den hohen Breiten der Alten Welt Nachfahren in der Neuen bekam oder umgekehrt. Aber insgesamt entwickelten sich die Floren dieser beiden Welten nun getrennt voneinander: In Amerika bildeten sich andere Tier- und Pflanzenarten heraus als in Eurasien und Afrika. Doch große Unterschiede gibt es zwischen den Arten von Lebewesen in der Neuen und in der Alten Welt auch heute noch nicht. Dies ist ein Beleg dafür, daß sich die Kontinentalmassen erst relativ spät voneinander getrennt hatten. Die eurasiatischen Hochgebirge entwickelten sich mehr und mehr zu einer Abgrenzung zwischen den Tropen und Subtropen im Süden und der gemäßigten Zone im Norden. Diese strikte Trennung entstand in Nordamerika und Ostasien nicht; dort blieb ein allmählicher Übergang zwischen den Subtropen und der gemäßigten Zone bestehen wie in Europa im Tertiär, als Pflanzen der gemäßigten Zone und der Subtropen, ja sogar der Tropen gemeinsam in Mitteleuropa vorkamen.

Aber nicht nur die Umrisse der Kontinente und der Gebirge wurden den heutigen immer ähnlicher, sondern auch die Pflanzenformen. Am Ende des Tertiär waren die Pflanzenformen mit den heutigen nahezu identisch, so daß die Paläobotaniker den fossilen Blättern und Früchten, Pollenkörnern und Samen die Artnamen von Gewächsen der heutigen Flora zuordnen. Sie halten die Fossilien und die heutigen Gewächse für Vertreter des gleichen Typs. Ob das bedeutet, daß man eine Buche von heute und eine Buche, die am Ende des Tertiär gewachsen war, fruchtbar miteinander kreuzen könnte, wissen wir aber nicht. Dies müßte so sein, wenn die Pflanze des Tertiär und das heutige Gewächs Angehörige derselben Pflanzenart wären. Die Meinung, sie gehörten der gleichen Art an, gründet sich aber nicht auf das Kriterium der Kreuzbarkeit, sondern lediglich darauf, daß die fossile und die rezente Erscheinungsform der Pflanze sich dem Typ nach gleichen. So werden sie zwar demselben Typ zugeordnet, ob sich die Pflanzen eines Typs jedoch wirklich so weit gleichen, daß sie auch zur gleichen Art gehören, ist nicht sicher. Auf jeden Fall aber dürften die „Buchen" des Tertiär als die unmittelbaren Vorfahren heutiger „Buchen" gelten.

3. Der Wald im Eiszeitalter

Schon im Verlauf des Tertiär hatte sich das Klima allmählich verschlechtert. Tropische Pflanzenarten wie Palmen und Zimtbaum waren aus Mitteleuropa verschwunden. Dramatischer noch wurden die Klimaschwankungen und die dadurch verursachten Veränderungen der Vegetation am Ende der Tertiärperiode und zu Beginn der sich anschließenden Quartärperiode, des Eiszeitalters: Die Temperaturkurve ging rascher als zuvor zurück, die Jahresmitteltemperatur in Mitteleuropa sank auf ungefähr den Gefrierpunkt. Mitteleuropa lag nicht mehr im Bereich der Tropen oder Subtropen, sondern in der arktischen Zone der Erde.

Was diesen gewaltigen Temperaturrückgang auslöste, der die ganze Welt betraf, also nicht auf die Verschiebung einzelner Kontinente auf der Erdoberfläche zurückging, ist Gegenstand zahlreicher wissenschaftlicher Spekulationen und Hypothesen. Verringerten Sonnenflecken die Einstrahlung von Energie auf die Erde? Oder änderte sich die Neigung der Erdachse, so daß einmal mehr die Kontinentalmasse, ein andermal mehr die Meere höhere Sonneneinstrahlung bekamen, so daß sich die Oberfläche der Welt mal mehr, mal weniger aufheizte? Wirkte es sich als ungünstig auf das Klima aus, daß nach der Entstehung der Hochgebirge in der Alten Welt während des Tertiär der Luftmassenaustausch zwischen Arktis und Tropen beeinträchtigt wurde? Nahmen Meeresströmungen eine andere Richtung? Oder wurde im Verlauf des Tertiär so viel Kohlenstoff in der Braunkohle festgelegt, daß die Temperatur der Atmosphäre wegen des gesunkenen Kohlendioxid- und des gestiegenen Sauerstoffgehaltes abnahm?

Merkwürdigerweise kam es im Eiszeitalter nicht nur zu einem einmaligen Rückgang der Temperatur, sondern zu einem mehrfachen Auf und Ab des Klimas. Auf die Kaltphasen folgten immer wieder Warmphasen, in denen die Jahresmitteltemperatur um mehrere Grade anstieg, so daß sich Klimabedingungen einstellten, die den heutigen ähnlich waren. Geschah dies, weil dann wieder Kohlendioxid aus dem Erdinneren durch Vulkantätigkeit nachgeliefert worden war, so daß der CO_2-Gehalt der Atmosphäre zunahm und dadurch die Temperatur anstieg? In jeder Warmphase des Eiszeitalters wurde viel Kohlenstoff in Form von Humus, Torf oder Kohle auf der Erde deponiert. Und möglicherweise war es dies, was anschließend wieder eine Kalt- oder Eiszeit zur Folge hatte.

Wie viele Kaltzeiten, wie viele Warmzeiten es genau gab, weiß man nicht, es waren mindestens sechs, vielleicht 13 oder gar 19 Kaltzeiten; und dazwischen lagen jeweils Warmzeiten. Für die Landschaften und ihre Vegetation hatte das Phänomen Eiszeit jedenfalls einschneidende Konsequenzen, vor allem für die

Gegenden außerhalb der Tropen. In den Tropen veränderten sich die klimatischen Bedingungen wohl nicht so stark, daß die Vegetation der Regenwälder unmittelbar betroffen war. Über weiten Teilen der Kontinente und über den angrenzenden Meeren bildeten sich bis zu 3000 Meter mächtige Eispanzer. Sie stabilisierten die Temperatur in ihrer Umgebung auf einem niedrigen Niveau wie riesige Kälteaggregate. In den Gletschervorfeldern, die vor allem dort lagen, wo sich heute gemäßigte Zonen der Erde befinden, war die Vegetationsperiode kurz, zu kurz für das Wachstum und für das Überleben von Bäumen. Die Bäume verdursteten in den langen, kalten Jahreszeiten, in denen alles Wasser gefroren und daher nicht für sie verfügbar war. Die Eiszeiten waren überhaupt sehr trockene Perioden, was das Problem der Wasserversorgung für die Gehölze noch verschärfte. Dadurch, daß so viel Eis in den Gletschern gebunden war, gelangte weniger Wasser in die atmosphärische Zirkulation, und die Regenmengen nahmen in jeder Eiszeit deutlich ab. Dazu sank der Meeresspiegel um mehr als 100 Meter. Die Distanz der Landmasse Mitteleuropas zu den Meeresküsten änderte sich dabei besonders stark, weil Mitteleuropa flache Schelfmeerbereiche vorgelagert sind, die nicht von Wasser gefüllt waren, wenn der Wasserspiegel der Weltmeere über 100 Meter niedriger lag als heute. Die Schelfmeere der Nord- und Ostsee existierten in den Eiszeiten nicht. In der Mitte Europas verstärkte sich in einer Eiszeit die Kontinentalität des Klimas besonders stark, während sich in anderen Bereichen, die dichter an die Tiefseebereiche stießen, bei Absinken des Meeresspiegels die Entfernung zu den Wasserflächen und damit die Kontinentalität des Klimas nicht so stark veränderte.

Wegen der Kälte und der Trockenheit wurde die Ausdehnung der Wälder der gemäßigten Zonen in den Eiszeiten stark eingeschränkt. An Stelle der Wälder breiteten sich Pflanzen aus, denen die kurzen Sommer zur Entwicklung ausreichten und die den langen Winter entweder unter dem spärlichen Schnee überdauern konnten und dann kaum Wasser brauchten oder die im Herbst abstarben, nachdem sie Früchte oder Samen gebildet hatten. In ihnen herrschte dann eine fast vollständige Stoffwechsel-Ruhe, bis die nächste Vegetationsperiode begann und eine stürmische Entwicklung im Samen einsetzte: Keimung, Wachstum des Sprosses, Blätter-, Blüten- und Samenbildung sowie die Samenreife folgten kurz aufeinander. Nur kleine Stauden, Zwergsträucher und einjährige Kräuter waren es, die im Vorfeld der Gletscher wachsen konnten, also in der eisfreien Zone zwischen dem nordischen Gletscher und dem Alpengletscher, die auf wenige hundert Kilometer Nord-Süd-Ausdehnung zusammengeschrumpft war.

Aber auch die Zwergsträucher und Kräuter konnten sich in einer Kaltzeit nicht überall üppig entwickeln. Flecken von nackter Erdoberfläche lagen zwischen den einzelnen Gewächsen. Loses Erdmaterial konnte vom Wind verweht werden, das sich an anderer Stelle, dort, wo die Pflanzen vielleicht etwas dichter nebeneinander standen, ablagerte; hier wurde Löß akkumuliert. Wenn es für einige Zeit etwas wärmer war, schloß sich die Vegetationsdecke sehr rasch. Dann standen die Kräuter dicht nebeneinander. Besonders in solchen Zeiten fanden pflanzenfressende Tiere optimale Lebensbedingungen in Mitteleuropa: Rentier, Mammut und Wollhaariges Nashorn.

Im Westen der Alten Welt, in Europa, hatte das Gebiet, in dem Laub- und Mischwälder vorkommen konnten, das ganze Eiszeitalter über eine immer gleiche strikte Südgrenze: das Mittelmeer. Die Lage der Nordgrenze des Gebietes dagegen schwankte in Abhängigkeit von den klimatischen Bedingungen. In den Warmzeiten war fast ganz Europa von Wäldern bedeckt, in den Kaltzeiten gab es nur an wenigen Stellen Wald. Dann konnten sich die Bäume nur zerstreut an klimatisch begünstigten Stellen weit im Süden halten, vor allem dicht am Mittelmeer. Dort überdauerten die Bäume und damit das Ökosystem Wald die kalten Phasen des Eiszeitalters. Die Stellen, an denen der Wald bestehen blieb, hat man die Eiszeit-Refugien der Bäume genannt. Die Bäume konnten den größten Teil des Eiszeitalters nur in diesen kleinen Regionen wachsen. Das Eiszeitalter bestand zu etwa drei Vierteln aus Eiszeiten und nur zu einem Viertel aus Warmzeiten. „Normalerweise" war Europa im Quartär kein Waldland, sondern die Wälder waren auf die sogenannten Refugien im Süden des Kontinentes beschränkt.

Man darf sich aber nicht vorstellen, daß in einer Kaltzeit die Areale mitteleuropäischer Bäume nach Süden verdrängt oder „verschoben" wurden. So gut wie alle mitteleuropäischen Gehölze kommen heute auch dicht am Mittelmeer und in den anderen Refugialgebieten vor: Es gibt dort Buchenwälder, die genauso aussehen wie die mitteleuropäischen, und im Apennin befinden sich ausgedehnte Tannenwälder. Die Eiszeit-Refugien oder die Gegenden unmittelbar in deren Nähe gehören auch heute zum Areal der meisten mitteleuropäischen Baumarten.

Nicht alle „Refugien" lagen am Mittelmeer. Es gab sie auch direkt an der Atlantikküste Großbritanniens und Frankreichs und im Osten Europas. Dort reichten die nordischen Gletscher nicht so weit nach Süden wie in der Mitte Europas: Während Skandinavien, Finnland, das Baltikum und der Norden Mitteleuropas von Eismassen bedeckt waren, blieb der größte Teil des heutigen Rußland eisfrei. Eiszeitliche Refugialstandorte von Gehölzen konnte es daher auch in Südrußland und am Rand der Karpaten geben. Besonders viele Eiszeit-Refugien von Gehölzen bestanden auf der Balkanhalbinsel, in Griechenland und Italien. In den dort stark zergliederten Gebirgen gab und gibt es eine sehr große Vielfalt von Standorten. Das weit verbreitete helle Kalkgestein wird im Sommer aufgeheizt. Allzu tiefe Wintertemperaturen wurden durch Wassermassen des Mittelmeeres und des Schwarzen Meeres verhindert, die damals übrigens wegen des tiefliegenden Wasserstandes der Meere nicht miteinander verbunden waren: Sie stabilisierten die Temperatur. Die Temperaturen waren also im Sommer recht hoch und im Winter durch den Einfluß des Wassers gemäßigt. Bäume und

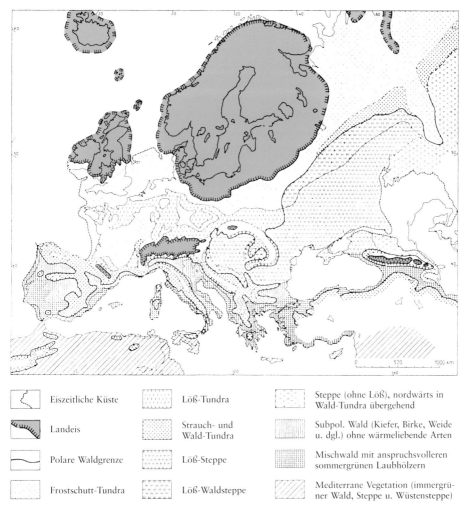

3 Die Vegetationszonen während der letzten Eiszeit in Europa. Nur in den gekreuzt schraffierten Bereichen konnten Waldbäume gemäßigter Breiten die kalte Periode überdauern.

Wälder konnten dort in größerer Vielfalt die Eiszeiten überdauern als im Westen der Mediterraneis und ihrer Umgebung.

Nicht in allen Refugien standen die gleichen Baumarten. Besonders auf dem Balkan wird es wohl Mischbestände mehrerer Arten von Laub- und Nadelbäumen gegeben haben, aber sie unterschieden sich nach Artenzahl und -zusammensetzung. Vor allem im Westen Europas gab es Refugialstandorte, von denen man weiß, daß nur ganz wenige Baumarten dort die kalte Periode überdauerten, vielleicht sogar nur eine einzige. War die Population einer Baumart in einem der

31

Refugien zu klein geworden, konnte sie sich dort auf die Dauer nicht halten, und zwar so lange nicht, bis nach einiger Zeit wieder eine Ausbreitung des Waldes möglich wurde. Pflanzenpopulationen verfügen über einen sogenannten Genpool. Darin sind Gene enthalten, die das Erscheinungsbild der einzelnen Individuen, der Mitglieder der Population, hervorrufen, und solche, die rezessiv sind, also bei den vorhandenen Individuen keine Merkmale ausgebildet haben. Bei sich ändernden Umweltbedingungen könnten aber gerade diese rezessiven Gene das Überleben der Population sichern. Wenn eine Pflanzenpopulation aus nur wenigen Individuen besteht, ist auch der Genpool klein. Änderten sich die Umweltbedingungen, z.B. beim Wechsel der Kalt- und Warmzeiten, konnte eine große Population (mit großem Genpool) darauf besser reagieren als eine kleine (mit kleinem Genpool). Kleine Populationen waren im Nachteil, wurden von anderen Arten, die sich dank ihres großen Genpools besser auf andere Umweltbedingungen einstellen konnten, verdrängt und starben im Extremfall aus, wenn in der Population keine Gene vorhanden waren, die einen Phänotyp, eine Erscheinungsform der Pflanzenart, hervorbrachten, die sich auf die neuen Umweltbedingungen einstellen konnte.

In jedem Refugium entwickelten sich die Pflanzenpopulationen, die erhalten blieben, separat voneinander weiter. In dem einen Refugium kam es zu einer vorteilhaften Mutation innerhalb einer Pflanzenpopulation, in einem anderen nicht. Auf diese Weise bildeten sich während des Eiszeitalters genetisch unterscheidbare Gruppen von Pflanzen, vielleicht sogar Pflanzenarten, deren Mitglieder sich in dem Moment nicht mehr fruchtbar miteinander kreuzen konnten, als sich beide Gruppen später einmal wieder im gleichen geographischen Raum befanden. In vielen Fällen entschied der Zufall darüber, ob eine Pflanzenart oder eine Pflanzenpopulation die Eiszeiten überdauerte und ob Bildungen neuer Pflanzenarten stattfanden.

Wenn sich im Eiszeitalter das Klima verbesserte, setzte ein ganzer Komplex von verschiedenen Entwicklungen ein. Das Eis schmolz allmählich ab; es verbrauchte dazu eine erhebliche Energiemenge. Das Schmelzwasser ergoß sich in die Meeresbecken; als Folge davon stieg der Meeresspiegel an. Die Bäume und andere wärmeliebende Pflanzen aus dem Süden konnten sich ausbreiten. Dies war bei der besonderen Geographie Europas nicht unkompliziert. Denn zwischen den von West nach Ost gerichteten europäischen Hochgebirgen Pyrenäen, Französisches Zentralmassiv, Alpen und Karpaten gab es nur schmale Wanderwege, durch die Gehölze aus dem Süden in den Norden „wandern" konnten. Samen und Früchte der Baumarten aus dem Süden gelangten in nördliche Gebiete, in denen sich als Folge der zunehmenden Wärme bereits die Kräuter und Zwergsträucher der Tundren und Steppen massenhaft vermehrt hatten. Zwischen den schon vorhandenen Kräutern und den sich neu ausbreitenden Bäumen entwickelte sich eine Konkurrenzsituation: Zunächst hielten sich dank ihrer großen Individuenzahl die Kräuter. Gelang es den Bäumen, sich durchzu-

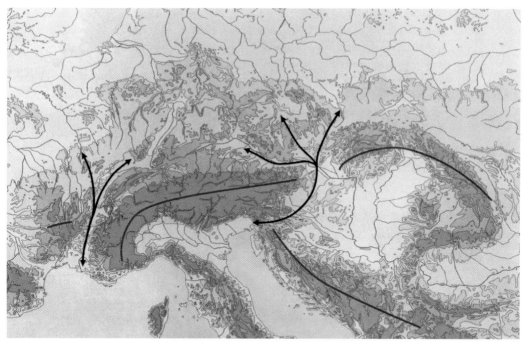

4 Die Wander- und Ausbreitungswege der Gehölze nach dem Ende der Eiszeiten verliefen im Westen und im Osten um die Alpen herum nach Mitteleuropa.

setzen, drängten sie die niedrigwüchsigen Kräuter und Zwergsträucher zurück, weil sie den Boden nun beschatteten, der zuvor in der vollen Sonne gelegen hatte. Die Kräuter und Sträucher der Tundren hielten sich darauf nur noch an Refugialstandorten. Sie überlebten, entwickelten sich oder starben aus nach genau den gleichen „Regeln", die während der Warmzeiten für die Gehölzarten in ihren Refugien in Südeuropa Gültigkeit gehabt hatten.

In den frühen Warmzeiten setzte offenbar eine ziemlich ungeregelte Ausbreitung mehr oder weniger aller Gehölzarten gleichzeitig ein, wenn die klimatischen Bedingungen dies ermöglichten. Nach und nach entwickelte sich aber im Verlauf von Evolutionsprozessen bei manchen Pflanzenarten die Fähigkeit, sich besonders schnell auszubreiten und sich dabei besonders rasch gegenüber den Kräutern durchzusetzen, z.B. bei Kiefern, Birken, Pappeln und Weiden. Andere Gehölzarten breiteten sich in späteren Warmzeiten erst dann aus, wenn bereits Wälder entstanden waren, z.B. Fichten, Eichen und Buchen. Im Lauf der Evolution hatten diese Pflanzenarten und -gattungen die Eigenschaft erhalten, sich in schattigen Wäldern unter dem Schirm anderer Gehölze etablieren zu können.

Vergleicht man die Geschichte der Ausbreitung diverser Gehölze in den Phasen nach den verschiedenen Eiszeiten miteinander, wird klar, daß die Bäume ihr unterschiedliches Ausbreitungsverhalten durch eigenschaftsbildende Selektionsprozesse während des Eiszeitalters angenommen haben.

In den späteren Warmzeiten kam es daher zu einer deutlichen Gliederung in Phasen der Vegetationsgeschichte. Zunächst gab es nach der Verbesserung des Klimas eine Zeit, in der sich beispielsweise Birken und Kiefern reichlich ausbreiteten. Später folgten Hasel, Eichen, Ulmen und Linden, schließlich Tanne, Fichte und Buche. Wurde das Klima kälter, verschwanden die Gehölze wieder aus Mitteleuropa. Man hat sich vorgestellt, daß diese Entwicklungen, für die im Falle der letzten Warmzeiten jeweils etwa 15 000 Jahre zur Verfügung standen, in zyklischer Form abliefen und daß die Vegetation damit auf eine allmähliche Klimaverbesserung und eine allmähliche Klimaverschlechterung reagierte. Moderne geophysikalische Untersuchungen zeigen aber, daß die Temperatur auf der Erde zu Beginn einer Warmzeit nicht allmählich, sondern rasch anstieg. Schon recht bald, das heißt, einige Jahrhunderte oder allenfalls Jahrtausende nach Beginn einer Warmphase, war der Höchststand der Temperatur nahezu erreicht, vielleicht sogar nach noch kürzerer Zeit. Dafür läßt sich auch ein Beleg aus der Waldgeschichte anführen. Außer den eigentlichen Warmzeiten oder Interglazialen, in denen etwa die heutigen Temperaturverhältnisse erreicht wurden, gab es auch sogenannte Interstadiale, in denen die Temperatur nicht so deutlich zunahm und hinter den gegenwärtigen Verhältnissen zurückblieb. Interstadiale waren auch nicht so lang wie die Interglaziale. Sie dauerten 5000 bis 10 000 Jahre; das war Zeit genug für die Bildung von Wäldern in Mitteleuropa. Die Temperaturen waren in den Interstadialen aber von Anfang an nicht hoch genug, um anspruchsvolleren Laubbäumen wie Hasel, Ulmen und Eichen eine Ausbreitung nach Mitteleuropa zu ermöglichen. Nach den Kiefern und Birken wanderte in Interstadialen die Fichte nach Mitteleuropa ein. Die Expansion der Fichte wurde nicht wie in den Interglazialen durch die Konkurrenz zu Laubgehölzen behindert, und so wurde die Fichte in den Interstadialen in weiten Teilen Europas ein wichtiger Waldbaum, auch in solchen, wo sie heute nicht vorkommt, wie z.B. im Nordwesten des Kontinentes. Ob Laubmischwälder (bei etwas höheren Temperaturen) oder Fichtenwälder (bei etwas niedrigeren Temperaturen) in Mitteleuropa entstehen konnten, entschied sich offenbar bereits ganz zu Beginn einer Warmphase. Lag zu diesem Zeitpunkt die Temperatur hoch, setzte die Vegetationsentwicklung eines Interglazials ein, die zu einem dem heutigen ähnlichen Vegetationsbild führte. Waren die Temperaturen am Beginn der Warmphase nicht ganz so hoch, beförderte dies eine interstadiale Vegetationsentwicklung ohne die anspruchsvollen Laubhölzer, die sich dann nur in Südosteuropa und südlich der Alpen massenhaft verbreiten konnten.

An der charakteristischen Vegetationsentwicklung der Interstadiale ist gut zu erkennen, daß sich die Fichte in Mitteleuropa durchzusetzen vermochte, wenn aus klimatischen Gründen ihre Konkurrenten nicht vorhanden waren. Gab es Konkurrenz zu anderen Gehölzen, die im Schutz von Birken und Kiefern hochgekommen waren, verlief die Ausbreitung der Fichte zeitlich verzögert, und es konnte geschehen, daß die Fichte nicht in alle Bereiche Europas gelangte, die sie ohne Konkurrenz zu anderen Gehölzen bei niedrigeren Temperaturen besiedeln konnte.

Aus vielen kleinen separaten Waldökosystemen bildete sich in jeder Warmphase des Eiszeitalters ein zusammenhängendes großes in Europa. Nur in den Warmzeiten war eine Konkurrenz zwischen sämtlichen Pflanzenarten um die Standorte möglich, die sie ehemals, im Tertiär, für lange Zeit gemeinsam besiedelt und wo sie ihre genetische Konstitution im wesentlichen erhalten hatten. Diese Konkurrenz bestand „normalerweise" im Quartär nur noch zwischen einigen Pflanzenarten in den Refugien, in denen sie mehr oder weniger zufällig zusammengepfercht worden waren.

Im Verlauf des mehrfachen Hin und Her zwischen den kleinen, voneinander isolierten Wuchsorten und der Besiedlung des ganzen Kontinentes wurde die aus dem Tertiär überkommene Flora in Europa immer ärmer an Pflanzenarten, aber möglicherweise reicher an Varietäten und Unterarten von Gehölzen, die sich in den voneinander getrennten Refugien herausgebildet hatten. Vielleicht unterscheiden sich aus diesem Grund heute die Tannen und Fichten in verschiedenen Regionen Europas voneinander.

In Mitteleuropa wurde die Artenarmut der Wälder zu einem besonderen Charakteristikum. Man kann verfolgen, wie die Flora, die sich nach einer Eiszeit einstellte, von Warmzeit zu Warmzeit ärmer an Baumarten wurde. Gleich nach einer frühen Eiszeit waren in Mitteleuropa Roßkastanie und Amberbaum ausgestorben. Nach einer weiteren Eiszeit folgten Flügelnuß, Mammutbaum, Schirmtanne, Scheinzypresse, Lebensbaum, Magnolie und Tulpenbaum. Dann starben Hemlocktanne, Hickorynuß, Eßkastanie, Walnuß und Hopfenbuche aus. Wiederum etwas später verschwanden Zürgelbaum und Rhododendron. Manche Gehölze breiteten sich in einigen Interglazialen in Europa allgemein aus, in anderen nicht. Dazu gehörten die Rotbuche, der Buchsbaum und die Stechpalme. Gab es zu bestimmten Zeiten in Mitteleuropa keine Buche oder war diese Baumart selten, dann kamen dafür Eibe und Hainbuche in den Wäldern viel häufiger vor als heute. Die Vegetation, die sich aus den Pflanzenarten der aus dem Tertiär überkommenen Flora zusammensetzte, sah also in jeder Warmzeit anders aus, und deshalb ist es möglich, Ablagerungen aus jeder Warmzeit nach ihren pflanzlichen „Leitfossilien", die beispielsweise in Form von Pollenkörnern darin enthalten sind, zu unterscheiden.

In den anderen gemäßigten Zonen der Erde verlief die Entwicklung der Vegetation im Eiszeitalter anders. In Amerika, Südwest- und Ostasien gibt es keine geologisch vorgegebene Südgrenze des Bereiches mit Mischwäldern der gemäßigten Zonen, und keine Gebirge behindern die Ausbreitung der Pflanzen von Süden nach Norden. Die artenreiche Flora aus dem Tertiär konnte daher sowohl in Amerika als auch in West- und Ostasien das Eiszeitalter besser überdauern als in Europa. Dort behielten die in Europa ausgestorbenen Arten ihren Anteil an Flora und Vegetation, wenngleich es auch dort zu manchen Differenzierungen kam. Der Mammutbaum und der Tulpenbaum wachsen heute natürlicherweise nur noch in Nordamerika. Dort und in Ostasien hielten sich die Scheinzypresse, der Lebensbaum, die Hemlocktanne, der Amberbaum, die Flügelnuß, die Hickorynuß und die Magnolie. Nur in Ostasien überdauerte die Schirmtanne. Im Gebiet um das Schwarze Meer und im angrenzenden Südosteuropa hielten sich die Vorkommen von Roßkastanie, Eßkastanie, Walnuß, Hopfenbuche und Zürgelbaum. In allen drei Regionen blieben die Wälder bis auf den heutigen Tag artenreicher als in Mitteleuropa, und die Vielfalt, die die Wälder im Tertiär gehabt haben müssen, läßt sich noch erahnen, wenn man die Wälder an der Südküste des Schwarzen Meeres, in Nordamerika, in China und Japan besucht. Es läßt sich aber auch verstehen, warum Pflanzenarten aus diesen Regionen so leicht in Mitteleuropa angepflanzt werden können. Dabei werden nur Abkömmlinge von Pflanzenarten eingeführt, die ursprünglich einmal in Mitteleuropa natürlicherweise vorgekommen waren. Aus physiologischen Gründen können sie ohne weiteres auch heutige mitteleuropäische Klimabedingungen ertragen. Diese waren nicht der Grund für ihr Aussterben, sondern das extrem kalte Klima der Eiszeiten und der starke Wandel des Klimas im Quartär.

Im Hin und Her des Klimas ergab sich ein merkwürdiges Wechselspiel zwischen Ökosystemen in Europa. In den Kaltzeiten, wenn sich das Eis weit ausgedehnt hatte, wurde das Areal des Waldes sehr klein. Dann wirkte vor allem das Eis stabilisierend auf das Klima ein: Die Jahresmitteltemperatur blieb in Gefrierpunktnähe oder sogar darunter. Zwischen Wald und Eis herrschte offene Vegetation vor, die im feuchteren Bereich Westeuropas, in Meeresnähe, mehr die Züge einer heutigen Tundra trug, im Osten mehr die einer kontinentalen Steppe. Mit steigender Wärme wurde zunächst die steppen- und tundrenartige Vegetation dichter und ermöglichte eine gute Entwicklung und Entfaltung der Steppen- und Tundrenfauna, also von Tieren, die sich von den Kräutern ernährten. Je häufiger sie wurden, desto stärker beeinflußten die Tiere die Ökosysteme, in denen sie lebten. Pflanzen, die sie gerne fraßen, wurden seltener, und andere Gewächse, die sie verschmähten, weil sie zäh oder bitter waren, breiteten sich aus. Auch Pflanzenarten, die sich nach dem Verbiß durch Tiere gut entwickelten, wurden in ihrer Ausbreitung gefördert. Daher wuchsen in waldoffenen Bereichen Europas reichlich Gräser und (im Westen) auch Heidekrautgewächse. Man muß annehmen, daß die Tiere auch die jungen Schößlinge von Gehölzen fraßen, weshalb sich Bäume und Sträucher in Gegenden, in denen viele Pflanzenfresser lebten, schlecht durchsetzen konnten.

Breiteten sich dann die Wälder aus, so wirkten vor allem sie und die Meere stabilisierend auf die Jahresmitteltemperatur ein, die nun deutlich über dem Gefrierpunkt lag. Es gab also im Eiszeitalter zwei besonders stabile Zustände in Europa, in den gemäßigten Zonen und auf der ganzen Erde. Um einen dieser stabilen Zustände in den anderen zu überführen, bedurfte es drastischer Veränderungen, die durch die wahrscheinlich recht rasche Zu- oder Abnahme der Temperatur ausgelöst wurden. Eis, Meere und Vegetation reagierten auf die Klimaveränderungen mit zeitlicher Verzögerung, weil sie selbst den zuvor herrschenden Zustand in gewissem Umfang stabil halten konnten. Eine Klimaverbesserung hatte ja nicht das abrupte Zurückschmelzen des Eises und die sofortige Ausbreitung der Wälder zur Folge, sondern sie war lediglich die Voraussetzung für das Verschwinden des Eises und die Bildung der Wälder in den gemäßigten Breiten – beide Prozesse nahmen Jahrtausende in Anspruch. Auch entstanden die riesigen Gletschermassen auf der Erde nicht von einem Jahr zum anderen, sondern im Lauf von langen Zeiträumen, in denen die Sommer zu kurz waren, um das in der kalten Jahreszeit gebildete Eis abschmelzen zu lassen. Das Kälteaggregat der Gletscher wurde dann alljährlich größer und gewann immer mehr Einfluß auf die Stabilisierung der klimatischen Verhältnisse auf niedrigem Niveau.

Diese Entwicklungen sind nicht leicht darzustellen und zu verstehen, weil sich kleinere und größere Gletschermassen auf unterschiedliche Weise bildeten und wieder verschwanden. Die Phasen der Bildung und des Verschwindens einzelner Gletscher auf der Erde können deshalb nicht ganz exakt zeitlich parallelisiert werden. In einigen Regionen der Erde, in denen die Gletscher bereits verschwunden waren, konnte durchaus schon Wald entstehen, während dies anderswo noch nicht möglich war, weil es in der Nähe noch eine Eismasse gab, die zum Abtauen Wärmeenergie benötigte und dadurch die Temperatur in ihrer Nähe auf einem niedrigen Niveau hielt.

Die Temperaturschwankungen des Eiszeitalters überstanden nur solche Gehölzarten, die über einen vielfältigen Genpool verfügten. Nur diese konnten sich auf die verschiedenen Umweltbedingungen, auf die Ausweitungen und Schrumpfungen ihres Areals einstellen, indem sich im Lauf der Zeit immer wieder andere Erbanlagen durchsetzten und so den Weiterbestand der Pflanzenart sicherten. Auch die Arten der Kräuter, Stauden und Zwergsträucher überdauerten die Eis- und Warmzeiten nur mit einem reichhaltigen Genpool. Sie mußten durch bereits zuvor erworbene genetische Eigenschaften nicht nur in der Lage sein, neue Wuchsorte zu erobern, sondern vielen von ihnen gelang es sogar, sowohl in der Kälte, in der Trockenheit, in der vollen Sonne und bei sehr großen Temperaturgegensätzen als auch unter gleichmäßigeren Temperaturbedingungen zu überleben. Viele dieser Pflanzenarten konnten sich auf jeweils völlig andere Umweltbedingungen wohl auch dadurch einstellen, daß ihre Samen lange keimfähig blieben und noch nach vielen Jahren, wenn endlich günstige Wachstumsbedingungen gegeben waren, eine junge Pflanze hervorbrachten. Solche günstigen Umweltbedingungen stellten sich während einer kalten Zeit ein, wenn es für eine gewisse Phase ein wenig wärmer wurde. Unter dem dichten Laubdach der Wälder entstanden für das Wachstum der Kräuter günstige Umweltbedingungen, wenn für eine gewisse Zeit eine Lichtung vorhanden war, wenn ein alter Baum umgestürzt war und das Sonnenlicht bis zum Boden des Waldes reichte.

Auf der Erde gab es nicht nur Regionen, in denen sich in Abhängigkeit vom Wandel des Klimas einmal Wald etablieren konnte, ein andermal Wald zurückgedrängt wurde. Weithin unbehelligt blieben die tropischen Regenwälder. Sie behielten ihre riesige, heute noch gar nicht vollständig erfaßte Artenvielfalt. Immer neue Pflanzenarten entwickelten sich, für deren Mitglieder immer weniger Raum zur Verfügung stand. Miteinander kreuzbare Gewächse wurden immer weiter voneinander separiert. Die geographische Trennung förderte die Entwicklung dieser Pflanzen in verschiedene Richtungen, die nach einiger Zeit genetisch so weit voneinander getrennt waren, daß sich die Schranken zwischen zwei Arten schlossen. Die Artenvielfalt vergrößerte sich zusehends.

4. Wälder im Spätglazial

Die letzte Eiszeit, die Würm- oder Weichseleiszeit, begann etwa vor 80 000 Jahren. In ihr war es nicht immer gleich kalt; es wechselten kältere Phasen und Interstadiale miteinander, in denen es warm genug war, so daß sich Wald in vielen Gebieten Europas ausbreiten konnte. Ihre kälteste Phase begann erst ganz an ihrem Ende, nämlich etwa vor 20 000 Jahren. Damals erreichte das Eis seine größte Ausdehnung. Vor etwa 18 000 Jahren begann die Jahresmitteltemperatur wieder anzusteigen, und zwar im Lauf der Zeit in Mitteleuropa um ungefähr 10°, von Werten um oder etwas unter dem Gefrierpunkt auf knapp 10 °C. Die Eiszeit ging zu Ende, und die Nacheiszeit begann, das Holozän, das möglicherweise eigentlich keine Zeit nach der Vereisung ist, sondern sich später einmal, das heißt, in sehr weiter Zukunft, wieder nur als ein Interglazial herausstellen wird: Es ist anzunehmen, daß auch nach dem Holozän die Kälte auf der Erde wieder zunehmen und eine neue Eiszeit beginnen wird, so wie dies mehrfach im Quartär geschehen ist.

Am Ende der Würmeiszeit und am Beginn des Holozän liegt noch eine weitere Phase, das Spätglazial, das man manchmal auch als Teil des Holozäns auffaßt. Das Spätglazial begann nach allgemeiner Konvention vor 18 000 Jahren und endete vor 10 000 Jahren. Es ist die Phase der Erwärmung des Klimas.

Der Temperaturanstieg am Beginn des Holozäns hatte viele Folgen. Er war die Voraussetzung für das Abschmelzen der bis zu drei Kilometer mächtigen Eismassen über Teilen von Eurasien und Nordamerika sowie über kleineren Gebieten der Südhalbkugel der Erde. Die vom Eis bedeckten Landmassen waren unter dem erheblichen Gewicht ihrer Auflage um einige hundert Meter in tiefere Schichten der Erde hinabgedrückt worden. Wurden sie entlastet, tauchten sie wieder empor. Allmählich füllte das Wasser wieder die Meeresbecken der Erde. Mehr Wasser gelangte auch in die atmosphärische Zirkulation: Es regnete mehr auf der Erde, mehr Wasser konnte im Boden gespeichert und den Pflanzen verfügbar gemacht werden, mehr Wasser löste Salze aus dem Boden heraus, lief in den Flüssen ab und ergoß sich in die Meere. Schließlich hatten sich auch die Lebewesen, Tiere, Pflanzen und der Mensch, auf den Klimawandel einzustellen. Alle Veränderungen gemeinsam nahmen Einfluß auf die Entwicklung der Böden.

Der Klimawandel führte nicht unmittelbar zu allen diesen Veränderungen, sondern er initiierte sie. Die Eismassen schmolzen nicht von einem Jahr auf das andere ab, also nicht an jedem Ort zur gleichen Zeit. Je kleiner die Eismassen wurden, desto weniger konnten sie die Temperatur auf einem niedrigen Niveau stabil halten. Die Pflanzen konnten nicht sofort jeden Platz besiedeln, an dem sie dank der neuen klimatischen Bedingungen hätten wachsen können. Ihre Ausbreitung mit Hilfe von Wind und Tieren nahm Zeit in Anspruch, und an dem Ort, wo sich ihre Früchte und Samen festsetzten, mußten die neu ankommenden Pflanzenarten zunächst gegen die bereits vorkommenden konkurrieren, was ihre Etablierung verzögerte.

Das Klima wurde nicht gleichmäßig und auf einen Schlag wärmer, sondern es gab Klimarückschläge. Auf Zeiten, in denen es rasch wärmer wurde, folgten kühlere Perioden. Die Gletscher reagierten darauf durch Vorrücken und Zurückweichen, im ganzen zogen sie sich aber zurück. Wenn der Gletscher sich ausdehnte, weil in kälteren Zeiten Eis aus seinem Nährgebiet nachgeliefert wurde, schob er Schutt vor sich her. Wenn der Eisnachschub ausblieb, bewegten sich die Eismassen nicht mehr. Der Schutt, den der Gletscher vor sich her transportiert hatte, blieb als Endmoräne an der Gletscherstirn liegen. Die langgezogenen Hügelketten der Endmoränen lassen sich heute über Hunderte von Kilometern verfolgen, und an ihrer Lage erkennen die Geologen, bis wohin der Gletscher einmal vorgerückt war. Daß sich der Gletscher von dieser maximalen Ausdehnung bei Erwärmung zurückzog, ist nicht wörtlich zu verstehen. Denn ein Gletscher kann sich nicht zurückziehen, das Eis kann bei zunehmender Wärme und fehlendem Eisnachschub nur liegen bleiben und abtauen. In Bewegung setzen konnte es sich nur dadurch, daß erneut Eis in kälteren Phasen nachgeliefert wurde, so daß der Gletscher wieder vorrückte.

Ein ganz wesentliches Ziel eiszeitgeologischer Forschung ist, die einzelnen Phasen des Vorrückens diverser größerer und kleinerer Gletscher auf der Erde zeitlich miteinander zu verknüpfen. Im allgemeinen schmolz das Eis sicher überall in den gleichen Zeiträumen ab und rückte auch global wieder vor. Im Detail mag es aber zeitliche Unterschiede gegeben haben. Die große Eismasse über Skandinavien reagierte auf eine Temperaturschwankung sicher anders als das kleine Gletschergebiet an den höchsten Gipfeln des Schwarzwaldes, einfach deswegen, weil die größere Eisakkumulation die Temperatur in ihrer Umgebung stärker beeinflußte. Von einem kleinen Gletscher konnte die Temperatur in seinem Umfeld längst nicht so effizient auf niedrigem Niveau gehalten werden. Im großen Gletscher lagen die Zentren der Eisbildung und die Ränder weiter auseinander als in einem kleinen, und es dauerte viel länger, bis das Eis aus dem Zentrum des Gletschers an seinen Rand gelangt war. Kleine Gletscher konnten also viel eher auf Klimaschwankungen reagieren als die großen Eismassen über Eurasien und Nordamerika. Es ist daher durchaus möglich, daß der eine Gletscher gerade eine neue Eisrandlage, eine neue Endmoräne, aufschüttete, während ein anderer zerfiel und abschmolz. Einige Gletscher rückten nur an einigen Stellen vor und schufen eine neue Endmoräne, an anderen nicht.

Zwischen dem abtauenden nordischen Eis und den Alpen begrünte sich das Land. Wie dies vonstatten ging, zeigen in eindrucksvoller Weise die Pollendiagramme aus den Sedimenten von Seen und Mooren. In den vielen abflußlosen Senken, die im Verlauf der Eiszeit entstanden waren, und an den Rändern von Flußtälern bildeten sich Seen und Moore. Jedes Jahr lagerte sich eine dünne Schicht von ausgefälltem Kalk oder von in das Gewässer gespültem Ton am Grund der Seen ab. Auch die Reste abgestorbener Pflanzen und Tiere sammelten sich am Seeboden. Im Moor bildete sich alljährlich eine dünne Sedimentschicht aus abgestorbenen Pflanzenteilen. Wegen der Feuchtigkeit im Moor konnten Mikroorganismen diese Pflanzenreste nicht zersetzen; aus ihnen bildete sich der Torf. Torf entstand auch in Seebecken, in denen die Gewässer verlandet waren, weil das ehemalige Wasserbecken ganz und gar mit dem tonigen Seesediment ausgefüllt war. Im Seesediment und im Torf wurden Pollen- oder Blütenstaubkörner eingelagert, die der Wind aus der Umgebung der Feuchtgebiete herbei getragen hatte. Weil diese mikroskopisch kleinen Körner eine besonders widerstandsfähige Schale haben, blieben sie eingeschlossen im Sediment über viele Jahrtausende erhalten. Unter dem Mikroskop kann man erkennen, von welchen Pflanzen die Pollenkörner stammen, weil sie je nach Zugehörigkeit zu den Pflanzenarten verschiedene Oberflächenstrukturen haben. Für die Erforschung der Vegetations- und Landschaftsgeschichte ist es besonders wichtig, die Ablagerungen der Seen und Moore zu untersuchen. Denn im dicker werdenden Sedimentpaket wurden die Pollenkörner geschichtet übereinander deponiert: Der Blütenstaub aus einer älteren Zeit liegt weiter unten im Sediment, der aus einer jüngeren Phase weiter oben. Wenn man den Gehalt an Pollenkörnern in Seesediment und Torf schichtweise untersucht und Veränderungen davon in einem Diagramm, dem Pollendiagramm, aufträgt, kann man nicht nur erkennen, welche Pflanzen in der Nähe eines Sees oder Moores vorkamen, sondern auch, wie sich die Vegetation und die Landschaft im Lauf der Zeit wandelten. Und dieser Vegetations- und Landschaftswandel läßt sich ökologisch interpretieren. Nicht nur eine Veränderung des Klimas kann eine Veränderung der Vegetation hervorrufen, sondern es gibt zahlreiche weitere Ursachen für einen Vegetationswandel, worauf zurückzukommen sein wird.

Pollenanalysen sind auch an Sedimenten aus den Interglazialen und Interstadialen durchgeführt worden, und zu unserer Kenntnis über die Vegetation dieser Zeiten haben die Untersuchungen von Blütenstaub neben den Analysen von Früchten, Samen, Blättern und Hölzern entscheidend beigetragen. Aber je jünger die Zeiten sind, deren Vegetation es zu untersuchen gilt, desto mehr spielt für die Forschung eine Rolle, nicht nur zu erfahren, welche Gewächse in einem Gebiet vorkamen, sondern auch, wie eine Form von Vegetation in eine andere überging, wie sich also der Wandel von Vegetation und Landschaft vollzog.

Als es am Ende der letzten Eiszeit wärmer wurde, herrschte rasch üppiger Pflanzenwuchs vor. Aber dazu bedurfte es nicht der Neueinwanderung von Pflanzenarten aus dem Süden. Vor allem diejenigen Gewächse, die schon während der Eiszeit vorhanden waren, breiteten sich aus. Denn auch in den kälte-

5 Alvar auf Öland/Schweden. Etwa so könnte das offene Grasland am Ende der letzten Eiszeit ausgesehen haben.

sten Zeiten waren Pflanzen in der Kältesteppe zwischen den Eismassen vorgekommen. Selbst auf Gipfeln der Gebirge, die aus dem Eis emporragten, die man Nunatakker nennt, hatten Pflanzen überdauert. Alle diese Gewächse konnten sich nun massenhaft vermehren. In Abhängigkeit von den Standortbedingungen und davon, welche Kräuter und Zwergsträucher sich dort am besten während der Eiszeit gehalten hatten, stellte sich eine Zonierung der offenen Vegetation ein, die man mit der heutigen Steppe und der heutigen Tundra vergleichen kann. Richtige Steppen, also trockene Regionen ohne höher empor wachsende Gehölze, gab es vielleicht damals schon. Eine echte Tundra wie heute im hohen Norden konnte sich aber nicht herausbilden, weil die Gegenden der gemäßigten Breiten zu jeder Jahreszeit direkter von der Sonne beschienen wurden und dort die Tageslängen im Jahreslauf nicht so stark variierten wie in der Arktis. Aber Anklänge an die Tundra lassen sich für die Gegenden gemäßigter Breiten in der damaligen Zeit rekonstruieren.

Auf feuchten Böden, auf Mooren und am Ufer der Seen wuchsen Seggen und verschiedene Sumpfpflanzen. Wasserpflanzen, die allzu tiefe Temperaturen nicht ertrugen, waren bald zur Stelle. Teichrosen wuchsen auf Seen in Europa als Zeichen dafür, daß die Wassertemperaturen nicht wesentlich unter den heutigen lagen. Am Vorkommen der Teichrosen zeigt sich auch, daß sich die heftigen Stürme bereits gelegt hatten, die während der Kaltzeit geweht und den Löß verlagert hatten: Bei dauerndem starkem Sturm können Teichrosen nicht überleben, weil ihre Blätter und Blüten vom treibenden Wasser aus dem Boden der Seen und Teiche gerissen werden.

In den trockeneren Gebieten kamen vor allem Gräser und Beifuß vor. In den wärmsten und trockensten Regionen im Südosten und Osten Europas und auch im Inneren der Alpen vermehrten sich die Gänsefußgewächse besonders stark. Diese Pflanzen konnten einen gewissen Grad von Bodenversalzung ertragen. In den kurzen Sommern der trockenen Eiszeit und in den länger werdenden warmen Jahreszeiten der Nacheiszeit kam es in den Trockengebieten zu einer starken Verdunstung von Wasser. Die im Wasser gelösten Salze blieben an der Bodenoberfläche zurück, und nur solche Pflanzen waren in der Lage, darauf zu wachsen, die den Salzgehalt des Bodens ertragen konnten; für die meisten Pflanzen wirkt Salz im Boden wie ein Gift. Mit dem Wärmer- und Feuchterwerden des Klimas spülte das Wasser allmählich das Salz fort, und die Lebensbedingungen verbesserten sich.

In den westlichen Nordalpen und in deren Vorland breiteten sich bunte Blumenwiesen aus. Charakteristisch für sie waren unter anderem das Sonnenröschen und die Wiesenraute. Auch der Wacholder kam hier wohl häufiger vor als anderswo. Viel Ampfer wuchs in den feuchteren Gebirgen des französischen Zentralmassivs, und im Nordwesten Europas gab es Krähenbeere und Heidekraut in großer Menge. In Südosteuropa ähnelte die Landschaft also am ehesten einer heutigen Steppe, im Nordwesten Europas erinnerte sie eher an eine Zwergstrauch-Tundra, und dazwischen gab es einige Übergänge. Entwirft man eine einfache Karte der damaligen Vegetationszonen, fällt auf, daß die Grenzen zwischen den einzelnen Vegetationstypen etwa von Südwest nach Nordost reichten. Die nordwestliche Grenze der an Gänsefußgewächsen reichen steppenähnlichen Vegetation verlief von den Zentralalpen nach Polen; die Südostgrenze des Gebietes, in dem die Krähenbeere häufig war, verband ungefähr Flandern mit Rügen.

Für pflanzenfressende Tiere gab es reichlich Nahrung, und sie konnten sich kräftig vermehren: Rentier und Wildpferd, Mammut und Wollhaariges Nashorn. Es gab nun auch viel Nahrung für Lebewesen, die sich vom Fleisch dieser Tiere ernährten, für den Löwen zum Beispiel, den man Höhlenlöwe genannt hat, weil Archäologen seine Knochen in den Höhlen gefunden hatten; er lebte aber natürlich nicht in den Höhlen, sondern machte Jagd auf Beutetiere. Der Mensch fand ebenfalls viele Tiere im spätglazialen Europa vor, von denen er relativ leicht Beute machen konnte.

Der Mensch, dessen Vorfahren bereits längere Zeit in den Tropen gelebt hatten, bekam im Lauf der Evolution eine bemerkenswerte Eigenschaft: Er konnte sich auf veränderte Umweltbedingungen durch Anpassung seiner Lebensweise einstellen. Die Spezies Homo sapiens hatte im Verlauf der Evolution die Fähigkeit erworben, Werkzeuge zu konstruieren, mit deren Hilfe Nahrung aus verschiedenen Umgebungen bezogen werden konnte, und je nach dem vorhandenen Angebot konnte entweder mehr pflanzliche oder mehr fleischliche Nahrung die hauptsächliche Lebensgrundlage sein. Am Ende der letzten Eiszeit hatten die Menschen vorzügliche Waffen entwickelt, wie sie sie in den davor liegenden geologischen Zeitaltern noch nicht besessen hatten. Unter Zuhilfenahme einer

Schleuder konnten Speere sehr weit getragen werden. Pfeile wurden mit dem Bogen abgeschossen. Die Menschen des Spätglazials hielten sich häufig an Orten auf, von wo aus sie die Umgebung weithin überblicken konnten. Dort ließ sich eine Herde Rentiere schon auf große Entfernung ausmachen. An einer Wasserstelle waren die Tiere leicht zu überwältigen. Vielleicht veranstaltete man auch schon eine Art von Treib- oder Drückjagd an engen Taldurchlässen. Ein Teil der Jäger trieb die Tiere in die Enge, wo sie vom anderen Teil der Jäger-horde bereits „erwartet" wurden.

Insgesamt gab es für Tiere und Menschen gute Lebensbedingungen in den waldoffenen Landschaften des Spätglazials. Mit der Vermehrung der Pflanzen-fresser könnte in Zusammenhang gebracht werden, daß in Europa mehr und mehr Pflanzen die Oberhand gewannen, die von den Tieren nicht gefressen wur-den, weil sie stachelig oder zäh, bitter oder giftig waren. Aus der Interpretation von Pollendiagrammen wissen wir, daß sich im südwestlichen Mitteleuropa der stachelige Wacholder besonders stark ausbreitete, in Nordwest- und Nord-europa die Krähenbeere. Stand die Ausbreitung dieser Gewächse mit der Bewei-dung im Zusammenhang?

Die Tiere bissen nicht nur die Kräuter ab, sondern auch die jungen Triebe erster Gehölze, die sich in der Landschaft ansiedelten. Dabei könnten weitere Zusammenhänge zwischen der Entwicklung von Vegetation, Tierwelt und Mensch entstanden sein, worüber viel spekuliert worden ist. Vermehrten sich pflanzenfressende Tiere in Europa, könnten sie verhindert haben, daß sich dort Gehölze ausbreiteten. Wenn der Mensch nun diese Tiere dezimierte, wäre die Ausbreitung der Bäume und der Wälder weniger behindert worden. Rottete der Mensch also in Mitteleuropa mit Hilfe seiner guten Jagdwaffen die Rentiere aus, wodurch die Bildung geschlossener Wälder begünstigt wurde? Dies ist sehr unwahrscheinlich, denn nach dem Ende früherer Eiszeiten hatte sich der Wald genauso geschlossen – und damals hatte die Jagd noch keine Rolle gespielt. Allenfalls könnte durch die Jagd und die Dezimierung der Pflanzenfresser die Entwicklung von der offenen Vegetation zum Wald beschleunigt worden sein. Doch auch dies muß erst noch bewiesen werden.

Andere Verhältnisse mögen in Nordamerika bestanden haben. Dort überleb-ten große Bisonherden bis zum 19. Jahrhundert in weiten Prärien. Doch wurde auch dem Bison intensiv nachgestellt von Jägern, die vorzügliche Jagdmethoden und -waffen kannten, und die Prärien sind auch nicht allein unter dem Einfluß von dort weidenden großen Säugetieren entstanden. Sie bildeten sich wohl vor allem unter dem Einfluß eines sehr kontinentalen trockenen Klimas im Inneren des nordamerikanischen Kontinentes, der zu den Ozeanen hin durch hohe Gebirgswälle abgetrennt war.

In Mitteleuropa breiteten sich die Wälder aus, ob Tiere oder Menschen da-rauf Einfluß nahmen oder nicht. Zunächst gelangten die weit fliegenden Früchte von Birken und Kiefern in die offenen Landschaften und setzten sich an der

Basis von Gräsern und Kräutern fest. Weil sich die Standortbedingungen unterschieden und die Vegetation in den einzelnen Teilen Europas variierte, fand das Wachstum der jungen Bäume nicht unter gleichen Bedingungen statt. Birken setzten sich vor allem im Nordwesten des Kontinentes durch, interessanterweise etwa dort, wo zuvor Krähenbeere und Heidekraut häufig vorgekommen waren. In den trockeneren und gebirgigeren Regionen Europas wurden die Wälder von der Kiefer beherrscht. Bei der Umwandlung des Graslandes in Wald verschwanden die Pflanzen der offenen Landschaften nicht vollständig. In jedem Wald gab es Stellen, wo Kräuter und Sträucher seit dem Spätglazial leben konnten und ihre Refugien hatten, was im nächsten Kapitel genauer beschrieben werden soll. Wo die Krähenbeere im Spätglazial häufig vorgekommen war, hielt sie sich im Unterwuchs von Wäldern auch in späterer Zeit, und heute hat sie ungefähr die gleichen Verbreitungsgrenzen wie schon vor mehr als 10 000 Jahren. Wo früher Beifuß gewachsen war, kam er auch weiterhin vor, aber nur noch selten. Zunächst waren die Wälder allerdings noch recht licht: In Kiefern- und Birkenwäldern dringt relativ viel Sonnenlicht bis an den Waldboden durch.

Die Ausbreitung der Wälder in Europa dauerte einige Jahrtausende. Die ersten Kiefernwälder entstanden vor 15 000 oder 13 000 Jahren am Rand der Alpen, im 13. Jahrtausend vor heute auch nördlich der Karpaten, im 12. Jahr-

6 Kiefernwald mit einzelnen Birken bei Rathenow im Havelland. Die ersten Wälder nach der letzten Eiszeit in Mitteleuropa haben ungefähr so ausgesehen.

45

tausend an vielen Stellen Mitteleuropas und sogar schon in Südschweden. Im Norden Skandinaviens wuchsen aber erst im 9. Jahrtausend vor heute viele Kiefern. Dazwischen scheint es eine Stillstandsphase innerhalb des Ausbreitungsprozesses des Baumes gegeben zu haben, denn im 11. Jahrtausend war das Klima wieder kühler geworden. Damals rückten viele Gletscher ein Stück weit vor. An einigen Stellen hatte dies wohl zur Folge, daß sich Wälder wieder auflichteten, Kiefern und Birken seltener wurden. In manchen Gegenden hat man durch Pollenanalysen nachweisen können, daß Kiefern verschwanden und von Birken und Weidengebüschen ersetzt wurden, an anderen Stellen breiteten sich Kräuter und Zwergsträucher wieder aus. Man hat diese Vegetationsveränderungen immer wieder als Folgen der Klimaveränderung angesehen und Ablagerungen, in denen die Vegetationsveränderung offensichtlich wurde, in die Zeit des bekannten Klimarückschlages datiert. Aber möglicherweise hat man damit einen falschen Schluß gezogen. Denn es wurde nicht nachgewiesen, daß der Rückzug der Kiefern und das Vorrücken von Birke, Weide, Sträuchern und Kräutern überall zur gleichen Zeit stattfanden, was zu erwarten gewesen wäre, wenn eine Klimaveränderung dies verursacht hätte. In dem einen oder anderen Fall hat diese Verschiebung der Vegetation sicher auch andere Ursachen gehabt. Ökosysteme, in denen viele Kiefern wachsen, sind nicht sehr stabil. Kiefernwälder können durch Blitzschlag entzündet werden; Kiefern sind reich an Harz, und in trockenen Sommern brennen sie wie Zunder. Die Gefahr für Waldbrände war im spätglazialen Mitteleuropa besonders groß, weil das Klima kontinentaler als heute war, also im Sommer besonders trocken und warm. Nach einem Waldbrand könnten sich kurzfristig genauso Gräser, Kräuter, Sträucher und Birken ausgebreitet haben wie in Folge einer Klimaverschlechterung, bevor dann wieder Kiefern emporwuchsen.

Der Lebensraum für Tiere und Menschen veränderte sich durch das Vordringen der Bäume grundlegend. In den Wäldern gab es weniger Futter für Pflanzenfresser der Steppen und Tundren. Sie wanderten in den Norden und Osten Europas ab. Vielleicht folgten ihnen einige Jäger, andere blieben im Lande. Sie machten fortan Jagd auf Waldtiere, die sich allerdings nicht so leicht aufspüren ließen, weil sie sich in den Wäldern versteckten und allein oder nur in kleinen Rudeln lebten: Reh, Hirsch, Wildschwein und Hase. Die Menschen benutzten andere, aus kleinen Feuersteinabschlägen zusammengesetzte Waffen zur Jagd, was damit zu tun haben soll, daß die Feuersteinknollen, aus denen man die Werkzeuge herstellte, nicht mehr in so großer Zahl frei auf dem Erdboden herumlagen, sondern von Vegetation überwuchert waren. Wahrscheinlicher ist, daß sich der Mensch durch die Konstruktion kleinteiligerer Waffen auf die Erbeutung der Waldtiere einstellte. Am meisten Nahrung boten die Gewässer; viele Wohnplätze fand man daher an Bächen, Flüssen und Seen, wo sich Jagd auf Vögel, Fische und andere Wassertiere machen ließ. Man nimmt an, daß die Umstellung der Jagdmethoden eine der wesentlichen Krisensituationen war, die

die Menschheit im Verlauf ihrer Evolution zu meistern hatte: Im Spätglazial jag-
ten die Menschen Rentiere und Pferde in einer offenen Landschaft, nun ernährten sie sich in einem Waldland vom Fleisch anderer Tiere, die man auf andere
Weise aufspüren mußte.

Vor etwa 10 000 Jahren, als die kurzfristig kältere Phase des Klimarückschlages beendet war, stellten sich ungefähr die heutigen Temperaturbedingungen in
Mitteleuropa ein. Damals lagen die Temperaturen so hoch, daß sich nicht nur
die Fichte wie in einem der Interstadiale während der Würmeiszeit ausbreiten
konnte, sondern auch andere Gehölzarten. Wie in den Interglazialen zuvor
vergrößerten die Gehölzarten, ausgehend von ihren Eiszeit-Refugien, ihre Ver-
breitungsgebiete in Europa. Während heutige Temperaturbedingungen bereits
ungefähr erreicht waren, so daß bereits deutlich war, daß keine interstadiale,
sondern eine interglaziale Vegetationsentwicklung eingesetzt hatte, war die Was-
sermenge in den Meeren und in der Atmosphäre noch nicht so groß wie heute.
Denn noch nicht alle Eismassen waren abgetaut, und der Meeresspiegel war
noch nicht auf das heutige Niveau angestiegen. Vor 10 000 Jahren gab es den
Kanal zwischen dem europäischen Kontinent und England noch nicht, also
prägte der Golfstrom das mitteleuropäische Klima nicht so stark wie heute, weil
er nicht auf direktem Wege in die Nordsee hinein reichte.

Insgesamt vollzog sich im Spätglazial ein Wandel von dem einen stabilen
Zustand zu einem anderen. Als Folge des Klimawandels bildeten sich die Eismassen zurück, und auch das Gebiet waldoffener Vegetation verkleinerte sich;
dafür wurde das Areal der vorherrschenden Bäume, der Wälder, größer. Der
instabile Zustand, der sich in der Zeit der Wiedererwärmung eingestellt hatte,
als sich zuerst die Gewächse des Offenlandes, dann die pflanzenfressenden Tiere
stark vermehrten, hielt sich auf die Dauer nicht. Durch Jagd konnten die
Mensch allenfalls auf die Dauer der Übergangsphase Einfluß nehmen; eine
offene Landschaft ließ sich in Mitteleuropa jedoch nicht stabilisieren, wie sich
klar aus der Betrachtung der Vegetationsentwicklungen am Ende früherer Eiszeiten ergibt. In weiten Bereichen Europas mußte zwingend eine Entwicklung
hin zum Wald ablaufen, genauso wie in den humiden, feuchten Bereichen Nordamerikas und Asiens. Nur in sehr trockenen Bereichen konnte sich eine Steppe
halten. Wo es warm und feucht genug war, herrschte fortan wieder der Wald.
Aber für wie lange Zeit?

5. Der Wald und seine Grenzen

Wenn von der Ausbreitung des Waldes die Rede ist, fragt man sofort nach der Lage seiner Grenzen. Bis wohin reichte der Wald zu welchem Zeitpunkt, wo stieß er an seinen „Widerpart", das offene Land? Es scheint selbstverständlich zu sein, daß man auf diese Frage eine Antwort finden kann, doch muß man nach langer Suche feststellen, daß es eine Antwort, wenn man die Dinge „aus der Sicht des Waldes heraus" betrachtet, den Wald also als ein Wesen auffaßt, nicht gibt, ja nicht geben kann. Ein natürlicherweise entstandener Wald hat von sich aus keine strikte äußere Grenze; dies läßt sich an jeder Gehölzgruppe erkennen, die sich ohne einen von außen begrenzenden Parameter in eine offene Landschaft ausbreitet.

Wir wissen, daß der Wald bei der Wiedererwärmung des Klimas vorrückte, daß Bäume sich also ausbreiteten, doch wir können nur vermuten, wie dieses vonstatten ging. Samen und Früchte von Birken, Kiefern, Weiden und Pappeln, in einigen Gegenden, nämlich in den Alpen und im Umkreis der Karpaten, auch von Lärchen, flogen mit dem Wind bis zu Plätzen, wo sie an der Erdoberfläche hängenblieben. Transportiert wurden sie bei trockener Witterung, wobei Aufwinde sie immer wieder in die Höhe rissen. Zu Boden sanken sie vor allem bei feuchtem, regnerischem Wetter. Sie blieben bevorzugt in der Nähe anderer Gewächse haften, und durch Feuchtigkeit wurden sie am Boden fixiert. Aus den Samen gingen Keimpflanzen hervor, doch war dies nicht so ohne weiteres möglich. Der junge Baumtrieb entwickelte sich in Konkurrenz zu Kräutern; er mußte den Filz abgestorbener Pflanzenteile durchstoßen, um ans Licht zu gelangen. Am ehesten gelang dies dort, wo die Aktivität von Mikroorganismen im Boden so groß war, daß abgestorbene Pflanzenteile rasch zersetzt wurden, also auf fruchtbaren Böden.

Zu einem optimalen Wachstum brauchten die Gehölze „Partner", ohne die sie sich gegen die raschwüchsigen Gräser und Kräuter nicht mit Sicherheit hätten durchsetzen können. Viele Waldbäume, und dabei gerade auch Birken, Kiefern und Lärchen, die am Aufbau der ältesten europäischen Wälder nach der letzten Eiszeit maßgeblich beteiligt waren, wachsen nur dann gut, wenn ihre Wurzeln im Boden eine Lebensgemeinschaft mit Pilzen eingehen. Diese Lebensgemeinschaft oder Symbiose wird Mykorrhiza genannt. Beide Partner, die Bäume und die Pilze, profitieren von dieser Symbiose. Die Pilze versorgen den Baum mit Wasser und den darin gelösten Mineralsalzen aus dem Boden, daneben auch mit Stickstoff und Phosphat. Erhält der Baum diese Stoffe nicht, ist sein Wachstumsvermögen eingeschränkt. Umgekehrt versorgt er die Pilze mit

Kohlenwasserstoffen, die Pilze nicht aufbauen können; Pilze besitzen keine grünen Pflanzenteile mit Chlorophyll, sind also zur Photosynthese nicht in der Lage. Kohlenwasserstoffe brauchen die Pilze unbedingt, weil sie daraus alle ihre Pflanzenteile aufbauen. Nur dann, wenn sie eine Lebensgemeinschaft mit den Bäumen eingehen, bilden sie Fruchtkörper und Sporen. Weil die Pilze zum Wachstum ihrer Fruchtkörper auf die Kohlenwasserstoffe angewiesen sind, die sie aus den Baumwurzeln „abzapfen", entstehen sie erst im Spätsommer und Herbst, wenn die Bäume selbst nicht mehr so viele Kohlenwasserstoffe zur Bildung von Blättern, Blüten und Früchten benötigen und ein Transport von Kohlenwasserstoffen aus den Baumkronen in die unter der Erde liegenden Pflanzenteile eingesetzt hat. Erst im Spätsommer und Herbst kann man daher Pilze sammeln, wobei man strenggenommen nicht die kompletten Pflanzen erntet, sondern lediglich ihre Fruchtkörper, die landläufig „Pilze" genannt werden. Ohne Bäume können Steinpilze, Birkenpilze und Maronenröhrlinge sich nicht fortpflanzen und damit nicht auf Dauer existieren.

Kiefern können mit mindestens 25 verschiedenen Arten von Pilzen eine Mykorrhiza eingehen, so daß das Wachstum von Kiefern nicht an das Vorhandensein einer speziellen Pilzart gebunden ist. Stärker aufeinander angewiesen sind möglicherweise Lärchen und Goldröhrlinge. Die große Zahl von möglichen Mykorrhiza-Pilzen bei der Kiefer wirkte sich sicherlich günstig auf ihr Ausbreitungsvermögen aus. Dagegen könnte die strikter ausgebildete Symbiose zwischen Goldröhrling und Lärche ein Grund dafür gewesen sein, daß die Lärche gleich zu Beginn der Nacheiszeit ein merkwürdiges, zweigeteiltes Verbreitungsgebiet in Europa eingenommen hatte, von dem aus sie sich später nur sehr geringfügig weiter ausbreiten konnte: Einerseits wächst sie heute in den Hochlagen der Alpen, andererseits im südpolnischen Karpatenvorland.

Bäume konnten sich nur dann optimal ausbreiten, wenn zur gleichen Zeit eine Ausbreitung der Mykorrhiza-Pilze erfolgte, so daß sich von Anfang an eine Mykorrhiza an jedem Wuchsort von Bäumen und Pilzen herausbildete. Erst nach Etablierung dieser Symbiose konnten sich Bäume gegenüber Kräutern durchsetzen und beginnen, Wälder zu bilden.

Während des Wachstums junger Bäume traten zahlreiche Probleme auf. Die Spitzen der jungen Bäume konnten von pflanzenfressenden Säugetieren erreicht und abgefressen werden. Gleiches galt für Äste, die dem Boden dicht anlagen. Diese Äste wurden auch durch den Einfluß von Schnee und Eis stark geschädigt. Vom Wind wird Schnee an einzeln stehenden Gehölzpflanzen zusammengetragen, er lagert sich an den unteren Ästen dieser Gewächse ab. Setzt Tauwetter ein, sackt der Schnee tagsüber in sich zusammen und friert nachts zu Eis. Im Verlauf dieses mehrfachen Auftau- und Gefrierprozesses werden Äste zu Boden gezogen und dabei häufig schwer beschädigt oder sogar abgerissen. Vom Baumstamm aus nach außen weisende Äste sind dem Wind und dem Eis besonders stark ausgesetzt.

Gelingt es einem Baum, mit allen diesen Schwierigkeiten fertig zu werden, kann er wachsen, Blüten, Früchte und Samen hervorbringen. Wenn Früchte und Samen wie bei den Birken und Kiefern vom Winde verweht werden, können sie in größere Entfernungen gelangen; am wahrscheinlichsten ist es aber, daß die Früchte direkt unter den Bäumen, von denen sie stammen, abgelagert werden. Und auch die Früchte und Samen, die weiter weg geblasen werden, setzen sich besser als am Fuß von Gräsern und Kräutern unter schon bestehenden Gehölzpflanzen fest. Neben einer schon entstandenen Initiale des Baumwachstums, des Gehölzes, fanden sich also weitere Holzpflanzen ein.

Wenn nun aus Samen, die unter anderen Gehölzpflanzen zu liegen kamen, junge Bäume hervorkeimten, hatten diese einen entscheidenden Vorteil für ihre Entwicklung: Sie konnten über eine bereits ausgebildete Mykorrhiza mit verfügen. Die Pilze „profitierten" davon genauso; auch sie breiteten sich aus und vergrößerten die Mykorrhiza.

Einige Gehölze vermehren sich über Ausläufer in eine offene Landschaft hinein, zum Beispiel Weiden und Pappeln. Dabei vermehren sich die Pflanzen ungeschlechtlich, als Klone, und jeder neue „Baum" hat auch gleich seine Mykorrhiza, die seine Wurzeln umgibt.

Als Folge aller dieser Tatsachen bleibt kein Baum natürlicherweise alleine stehen; er wird gleich nach Beginn seines eigenen Wachstums von weiteren Gehölzpflanzen umgeben. Ein Gehölz dringt dann mit linsenförmigen Rändern in das Offenland der Umgebung vor: Der höchste Baum steht in der Mitte dieser Gehölzgruppe. Nach den Rändern zu nehmen das Alter und die Höhe der Gehölzpflanzen ab. Die Mitte des Gehölzes ist auf diese Weise bald für pflanzenfressende Säugetiere nicht mehr erreichbar. Besonders die Zweige der innenliegenden Holzgewächse werden nicht mehr so stark durch tauenden und gefrierenden Schnee in Mitleidenschaft gezogen. Und im Inneren des Gehölzes entwickelt sich immer deutlicher das typische Waldklima: Bei Sonneneinstrahlung ist es unter dem Blätterdach nicht so warm wie außerhalb davon. Und die Abstrahlung von Energie wird durch das Blätterdach verhindert, so daß während der Nacht im Wald Wärme gespeichert wird. Zwischen Wald und Offenland wehen ausgleichende Luftströmungen, mit denen Samen und Früchte aus dem Gehölz ins Umland getragen werden: Auf den gehölzfreien Flächen im Umkreis der Wälder setzt sich Baumsaat fest, keimt und tritt in Konkurrenz zu den Kräutern. Am besten gelingt den jungen Bäumen das Wachstum immer am Rand der bestehenden Gehölze. Alle Holzpflanzen finden sich zu einem abgerundeten baumkronenartigen Gebilde zusammen. Jede Gehölzgruppe, jeder Wald scheint daher von außen gesehen ein einheitlicher „Organismus" zu sein mit einer abgerundeten gemeinsamen Krone: Die höchsten Bäume stehen in der Mitte zwischen den niedrigeren. Die außen stehenden Bäume entwickeln an der Außenseite längere Äste als innen, wenn nicht beispielsweise der Wind dagegen wirkt; besonders weit laden ihre unteren Äste aus. Bäume am Waldrand sind daher asymmetrisch aufgebaut.

7 Gehölze breiten sich mit abgestuften Rändern in ein umliegendes Grasland aus (Badberg im Kaiserstuhl bei Freiburg/Breisgau).

Die Bäume und Wälder werden von bestimmten Tieren aufgesucht. Vögel lassen sich auf den Zweigen der Gehölzpflanzen nieder, und besonders gute „Warten" für Vögel sind die langen Äste außen an einem Wald, weil die Tiere von dort aus die Umgebung am besten überblicken können. Viele Vögel ernähren sich von Früchten und Samen; und sie sorgen ebenfalls für die Verbreitung der Gewächse, die diese Früchte und Samen hervorbringen. Die Kerne von Vogelbeeren, Holunder und Kirschen werden von den Vögeln ausgeschieden, besonders häufig gerade dann, wenn sich die Tiere auf den Ästen der Bäume niedergelassen haben. Die Samen landen dann in einem stickstoffreichen Keimbett von Kot unter den Ästen der Bäume, vor allem unter den nach außen, ins Offenland hineinweisenden, wo auch am meisten Licht für die Keimung der Pflanzen und das Wachstum der jungen Bäume zur Verfügung steht. Dort keimen die von den Vögeln verbreiteten Gewächse und sind fortan auch am Aufbau der Gehölzgruppe beteiligt. Zahlreiche weitere Vögel „sorgen" mit für die Ausbreitung der Wälder: Der Eichelhäher bringt Haselnüsse und Eicheln mit sich, der Tannenhäher die Früchte von Tannen und Arven oder Zirbelkiefern, der Kreuzschnabel die Fichtensaat.

Wenn es also einmal die Initiale für einen Wald in einem Gebiet gegeben hat, in dem Wald wachsen könnte, dann breitet sich das Gehölz dort unaufhaltsam

51

aus, und zwar unter dem Einfluß zahlreicher Faktoren. Man darf sich natürlich nicht vorstellen, daß ein Wald die „Absicht" hat, nach außen zu wachsen, größer, höher und dichter zu werden. Aber im Verlauf der Evolution haben sich immer wieder Gehölzpflanzen am besten durchsetzen können, die in der Nachbarschaft anderer Bäume und Sträucher gediehen. Dort wurden die Schäden durch Frost, tauenden und wieder gefrierenden Schnee, Wind, Dürre und pflanzenfressende Säugetiere minimiert. Da sich im Verlauf des Eiszeitalters mit seinen zahlreichen Warmzeiten immer wieder Wälder neu bilden mußten, waren diejenigen Bäume, die sich an der Etablierung der Wälder beteiligten, bestens auf ein linienhaftes Vordringen in ein Offenland eingestellt.

Möglichst sollte also neben jedem großen Baum noch mindestens ein etwas weniger großer und daneben ein noch etwas kleinerer stehen. Aus dieser Situation ergab sich kein Waldrand im heutigen Sinn, sondern ein ganz allmählicher Übergang vom Wald mit hohen Bäumen zum Nicht-Wald ohne Gehölzpflanzen, oder man kann auch sagen, eine Gradienten-Situation zwischen Wald und Offenland. Dieser Gradient kann sich über einen schmaleren oder breiteren Streifen hin erstrecken; nach außen hin zu begrenzen ist er aber genauso wenig wie das Ökosystem Wald, um das er sich legte. Im Bereich dieses Gradienten zwischen Wald und Offenland – eines Gegensatzes, der für den sich ausbreitenden Wald nicht bestand – hielten sich viele Gewächse aus den Steppen und Tundren der Kaltzeiten. Hier wuchsen sie immer noch in der vollen Sonne, und hier entwickelten sie Konkurrenzkraft gegen die Überwucherung durch Bäume, die sie allerdings nur dann in die Waagschale werfen konnten, wenn die Baumsaat keimte oder wenn die Gehölzpflanzen noch sehr jung waren.

An einigen Gradientensituationen hatte der Wald schließlich seine maximale Ausdehnung erreicht, obwohl selbstverständlich weiterhin einige Gehölzpflanzen ein Wachstum außerhalb des Gradienten oder an seinem Rand versuchten. Dort waren aber die Standortbedingungen für den Wald derart ungünstig, daß niedrigere Gewächse den Bäumen im Wachstum überlegen waren.

Auf Felsen und auf Schotterfluren gibt es Stellen, auf denen zu wenig Erdreich vorhanden ist, aus dessen Mineralstoffen und aus dessen Wasserspeicher die Gehölze versorgt werden sollten. Die Wurzeln der Bäume fanden dort nicht ausreichend Halt. Wo die Sommer nicht lang und warm genug waren, konnten ebenfalls keine Bäume wachsen. Die Vegetationsperiode mußte wenigstens so lang sein, daß ein neuer Jahresring mit neuen Leitbahnen für Wasser, Mineralstoffe und organische Substanzen im Baumstamm angelegt werden konnte. Arktische Regionen und die alpinen Hochlagen der Gebirge blieben daher waldoffene Gebiete. Nur unter großen Schwierigkeiten breiteten sich Bäume auch in den Gipfellagen niedrigerer Berge aus; an einzelnen Stellen blieben dort wegen der heftigen Stürme sowie der Wirkung von Eis und Schnee Kräuter und Zwergsträucher vitaler als höhere Bäume. In dauernd feuchte Moorgebiete konnten die Bäume nicht vordringen, weil dort ihre Wurzeln dauerhaft unterhalb des Wasserspiegels zu liegen gekommen wären; Sauerstoff war nicht verfügbar, die Wurzeln und ihre Mykorrhiza konnten dort nicht existieren. Wälder etablierten sich nicht direkt an den Meeresküsten, wo der Boden salzhaltig ist. Salz ist hygroskopisch, zieht also das Wasser an. Auch Pflanzen nutzen die hygroskopische Eigenschaft von Salzen aus, um Wasser in ihr Inneres gelangen zu lassen. Gegen Meersalz im Boden ist aber bei den meisten Pflanzen die „Kraft", Wasser anzusaugen, nicht groß genug. Wenn die Gewächse nicht über spezielle Fähigkeiten verfügen, sich gegen das Meersalz im Kampf um das Wasser durchzusetzen, verdursten sie – und dies trotz der Nähe zum Meer! Mitteleuropäische Gehölzarten können auf salzhaltigen Böden unter keinen Umständen existieren, und nur wenige Arten von salztoleranten Kräutern findet man in den Marschen an der Nordseeküste mit ihren salzhaltigen Böden. Selbst dort, wohin eine Sturmflut etwas Salzwasser gebracht hat, kann so lange kein Baum emporwachsen, bis das Salz im Boden vom Regen wieder ausgewaschen ist.

Es gibt also eine ganze Reihe von ökologischen Situationen, an denen die Bildung von Wäldern angehalten wurde und wird. Aber eigentlich wird selbst dort die Ausbreitung der Bäume nicht völlig zum Stillstand gebracht, sondern lediglich verlangsamt und schließlich so extrem verzögert, daß dies einem Stillstand gleichkommt. Denn auch an den Grenzgradienten des Waldes soll „versucht" werden, weitere Gehölzpflanzen im waldoffenen Vorfeld des Waldes zu etablieren.

Die Bildung von schärferen Rändern, also Grenzen des Waldes geht nicht vom Ökosystem Wald aus, sondern wird dem Wald gewissermaßen von außen her aufoktroyiert, etwa wo Felsen durch Frostwirkung, die Brandung des Meeres oder durch die nagende Gewalt eines Flusses abbrechen und die außen stehenden Bäume mit in die Tiefe reißen, was sich zum Beispiel an den Kreidefelsen von Rügen gut beobachten läßt. Stürme, Eisregen und Lawinen schlagen Lücken und Schneisen in die Wälder, und dann bleibt ebenfalls ein scharfer Waldrand zurück. Es ist klar, daß solche Formen der Begrenzung von Wäldern von Natur aus viel seltener vorkamen als die Gradienten.

Die vielfältigen Gradientensituationen zwischen Wald und Offenland machen es aus heutiger Sicht schwer, sich ein Bild von der Landschaft der frühen Nacheiszeit in Mitteleuropa zu machen. Immer wieder wurde und wird dem Pollenanalytiker die Frage gestellt: Wie groß war der Waldanteil gegenüber dem Offenland zu einer bestimmten Zeit? Und jahrzehntelang sind um Antwort intensive Dispute geführt worden. Die Frage ist aber allein auf der Grundlage der Kenntnis von Elementen der heutigen Kulturlandschaft gestellt worden. Was in der heutigen Kulturlandschaft charakteristisch ist, braucht es in früherer Zeit nicht gewesen zu sein, und dies trifft in besonderer Weise auf die Ausbildung eines Randes von Wäldern zu. Mitteleuropa wurde zwar im Prinzip ein Waldland, aber darin konnten zahlreiche Arten lichtliebender Kräuter überleben, an einigen Stellen besser, an anderen schlechter. So gab es Pflanzenarten des heuti-

8 Ein scharfer Waldrand ist in der Natur nur selten anzutreffen. Er bildet sich dann, wenn der Wald von außen her begrenzt und zerstört wird, wie beispielsweise an den Kreidefelsen von Rügen.

gen Waldes und Pflanzenarten des heutigen Offenlandes, aber in der Regel nicht die strikte Trennung zwischen den Standorten beider Gruppen. Es gab weder eine offene „Steppenheide", wie dies Robert Gradmann in einer vieldiskutierten Theorie meinte, noch waren die Wälder derart völlig geschlossen, daß lichtliebende Kräuter in Mitteleuropa ausstarben, wie dies Gradmanns Gegner betonten. Man hat im Verlauf der Diskussionen um dieses Problem definiert, was ein Wald ist, das heißt, man legte prozentual fest, wieviel Holzpflanzen an einem Ort wachsen müssen, damit man von einem Wald sprechen kann. Dies ist vielleicht aus geographischer Sicht notwendig, weil es beim Zeichnen einer Karte darauf ankommt, Grenzen zwischen landschaftlichen Einheiten, vor allem zwischen Wald und Offenland, festzulegen. Aber diese Festlegung ist aus biologischer Sicht nicht hilfreich, einen natürlichen Waldrand zu beschreiben. Er sah nicht so aus wie auf der abstrakten Landkarte der Geographen.

Im Zuge der Entwicklung bildeten sich immer mehr gegensätzliche Eigenschaften von Wald und Nicht-Wald heraus. Gewisse Pflanzen gediehen nur unter dem Schutz von Baumkronen, andere wurden durch die Beschattung in ihrer Entwicklung gehemmt. Unter dichtem Gehölz mit seinen tiefreichenden, den Untergrund stark beeinflussenden Wurzeln entwickelten sich andere Böden als außerhalb des Waldes. Mit der Zeit entstanden Braunerden oder braunerdeähnliche Böden im Wald, die einen dreischichtigen Aufbau haben, und zweischichtige Schwarzerden außerhalb davon. An einigen Stellen in Mitteleuropa gibt es Ansätze von Schwarzerden, und man hat immer wieder vermutet, dort habe natürlicherweise Steppe gelegen. Doch auch dies ist ein Schluß, der aus der Betrachtung der heutigen Landschaft gezogen wurde. Ob sich unter dem Gradienten am Rand eines Waldes, der für die ursprüngliche Landschaft der frühen Nacheiszeit viel wichtiger war als der strikte Gegensatz zwischen Wald und Offenland, eher ein Wald- oder ein Steppenboden entwickelte, weiß man nicht.

Im Zusammenhang mit der grundsätzlichen Definition von natürlichen Waldgrenzen gibt es also erhebliche Probleme. Dabei bestehen aber keine grundsätzlichen Forschungslücken. Sucht man auf wissenschaftlichem Wege nach dem Schließen dieser Forschungslücke, sucht man nach etwas, das sich nicht finden läßt. Viel wichtiger ist die generelle Feststellung, daß nicht strikte Grenzen, die sich auf eine Landkarte einzeichnen ließen, sondern die Gradienten oder allmählichen Übergänge das Aussehen natürlicher Landschaften bestimmten. Dies ist immer wieder dort festzustellen, wo der Mensch nicht begrenzend auf die Vegetation einwirkt. Der Mensch begrenzt aber in den meisten Fällen: Rasenkanten werden in jedem Garten alljährlich abgestochen, damit sie exakt verlaufen, und in jedem Jahr muß am Rand der Wälder das Gras besonders gründlich gemäht werden, damit die Wurzelbrut der Gehölzpflanzen des Waldes sich nicht in die Wiese hinein ausbreitet: Sie kommt jedes Jahr hoch, um den Versuch zu unternehmen, eine Gradientensituation am Waldrand aufzubauen. Aber dagegen helfen heute Sense und Kreiselmähwerk.

6. Verschiedene Waldtypen entstehen

Kiefern, Weiden, Birken, Pappeln und Lärchen hatten sich zu Beginn der Nacheiszeit, vor mehr als 10 000 Jahren, als erste über weite Teile Europas ausgebreitet. Besonders erfolgreich expandierte die Waldkiefer, wobei vielleicht die Tatsache, daß ihr viele verschiedene Mykorrhiza-Pilze „zu Diensten stehen" konnten, eine günstige Voraussetzung für die weite Verbreitung dieses Waldbaumes war. Die Vegetationszonierung hatte sich gegenüber dem Spätglazial noch nicht wesentlich geändert: Vegetationsgrenzen verliefen von Südwest nach Nordost, das heißt, die Kiefernwälder reichten im Osten weiter nordwärts als im Westen. Das hing vielleicht immer noch damit zusammen, daß die Gletscher zum Höchststand der letzten Eiszeit nur den Nordwesten, nicht den Nordosten des Kontinentes bedeckt hatten und im europäischen Rußland sich ja sogar inselhaft Wald über die Eiszeit hinweg hatte halten können, während dies in den gleichen Breiten im Westen Europas wegen der Nähe zum Eis nicht möglich gewesen war.

Vor allem die von Kiefern dominierten Wälder waren und blieben in sich nicht sehr stabil. Immer wieder, auch im 10. und 9. Jahrtausend vor heute, als es wohl keine nachhaltigeren Klimaschwankungen mehr gab, kam es nachweislich zu Waldbränden, wobei Lichtungen entstanden, auf denen dann für eine Zeitlang Kräuter oder Birken wuchsen. Später kehrten allmählich die Kiefern zurück, oder, wenn auch andere Gehölzarten in der Umgebung bereits vertreten waren, konnten sie an Stelle der Kiefern die zeitweilig entstandene Freifläche erobern. Ihnen war dann die Ausbreitung erleichtert.

Sicher nicht nur auf diesen zeitweilig bestehenden Lichtungen, sondern auch im Unterwuchs anderer Bäume breiteten sich nun in Europa andere Holzgewächse aus. Sie waren offenbar nicht in der Lage, sich gegen das Offenland hin durchzusetzen, und etablierten sich ausschließlich in Regionen, in denen zuvor schon Wälder aus Kiefern, Birken, Weiden und Pappeln bestanden hatten. Vielleicht waren die Neueinwanderer darauf angewiesen, daß der Boden zumindest zeitweise beschattet wurde und daß das eigentümliche Innenklima des Waldes entstanden war. Vielleicht war die Entwicklung der Böden eine Conditio sine qua non für die Etablierung dieser Gewächse; die Böden waren durch ihre Lage im Wald humusreicher geworden. Und in diesen Böden waren bereits Mykorrhiza-Pilze vorhanden, die die Neuankömmlinge eventuell für ihr Wachstum nutzen konnten. Einige Gehölzarten breiteten sich nur deswegen nicht so schnell aus wie Kiefern und Birken, weil deren Früchte und Samen nicht so gut vom Wind verweht wurden. Darunter waren Pflanzenarten, deren Samen Vögel transportieren. Diese Vögel, man denke nur an Amsel, Drossel und Häher, kamen auch erst zu einem Zeitpunkt in weite Teile Europas, als es dort bereits Wälder gab.

Die Ausweitung der Wuchsgebiete aus dem Süden nach dem Norden konnte bei den nun nachfolgenden Gehölzarten nur entlang der klassischen „Wanderbahnen" für Pflanzen in Europa erfolgen. Einige Gehölzarten breiteten sich im Westen der Alpen, durch die Burgundische Pforte, nach Norden aus, andere im Osten der Alpen. Weitere Pflanzenarten erreichten eine Vergrößerung ihrer Areale ausgehend von ihren eiszeitlichen Refugien am Karpatenbogen oder in Rußland von Osten nach Westen.

Das Wuchsgebiet der Fichte wurde ausgehend von den nordrussischen Eiszeit-Refugien, die östlich und südöstlich des eiszeitlichen Gletschers gelegen hatten, nach Westen zu größer. Von den anderen Refugien aus, am Südostrand der Alpen und an den Karpaten, weitete sich das Areal der Fichte wie in den letzteiszeitlichen Interstadialen nach Nordwesten, in Richtung Mitteleuropa aus. Nach anfänglichen raschen Vergrößerungen der Wuchsgebiete wurde aber die Ausbreitung der Fichte an der Flanke ihres südlichen „Wanderweges" vor etwa 8000 Jahren stark verzögert oder sogar völlig gebremst. Auch im nördlichen Wuchsgebiet der Fichte scheint es zu einer Verzögerung in der Vergrößerung des Areals gekommen zu sein. Diese Ausbreitungsverzögerungen waren in den vorangegangenen Interstadialen nicht eingetreten. Sie hingen möglicherweise mittelbar mit dem Anstieg der Meeresspiegel zusammen. Die Fichte ist in der natürlichen Konkurrenz anderen Waldbäumen unter ozeanischen Bedingungen unterlegen. In einem Klima mit kühlen Sommern und milden Wintern können Laubbäume mit ihren großen Blättern erfolgreicher Photosynthese betreiben als die Fichte mit ihren schmalen Nadeln. Laubbäume verfügen ja über effektivere Wasserleitbahnen im Inneren ihrer Stämme, über die bei regenreichem Klima mehr Wasser an den Ort der Photosynthese gelangen kann. Die Fichte kann dagegen trockenere klimatische Bedingungen besser überdauern, ihre Nadeln sind unempfindlich gegen winterliche Kälte und vor allem gegen Spätfrost im späten Frühjahr oder Frühfrost im Spätsommer, wenn die Laubbäume noch Blätter haben, die bei solchen Kälteeinbrüchen erfrieren.

Nun wurde in Europa das Klima vielerorts ozeanischer, und Laubbäume konnten diese Klimabedingungen besser nutzen als Nadelbäume. Im 9. Jahrtausend vor heute stieg der Meeresspiegel so weit an, daß der Kanal zwischen dem europäischen Kontinent und den Britischen Inseln sowie der größte Teil der Nordsee überflutet wurden. Mitteleuropa war auf diese Weise dichter an den Einflußbereich der Weltmeere gerückt. Der Golfstrom, der vom tropischen Mittelamerika warmes Wasser auf direktem Wege quer über den Atlantik zu den europäischen Küsten transportierte, reichte nun mit einem Ast in die südliche Nordsee hinein. Weite Teile Europas erhielten dadurch nicht nur ein stark maritim beeinflußtes Klima, sondern sie lagen nun auch noch im Einflußbereich einer aus den Tropen stammenden Meeresströmung. Damit setzte eine deutliche klimatische Begünstigung West- gegenüber Osteuropas ein, wodurch die bisherigen Verhältnisse der Klima- und Vegetationszonierung in Europa grundsätzlich verändert wurden: Zuvor hatte wegen der ehemaligen Lage der Eismassen im Westen des Kontinentes eine klimatische Bevorzugung des Ostens geherrscht.

Als das Klima in Europa noch relativ kontinental war, breiteten sich Fichten in Mitteleuropa aus, danach aus natürlichen Ursachen kaum noch. In der trockeneren Phase mit kontinentalerem Klima waren die Standortkonkurrenten der Fichte nur relativ wenig weit vorgedrungen. Nördlich der Alpen erwies sich zunächst die Hasel als hauptsächlicher „Gegner" der Fichte. Haselgebüsche wurden am Beginn der Nacheiszeit sehr häufig im Westen Europas. Dies ist eigentlich verwunderlich, denn man kann sich nur schwer vorstellen, daß die gewichtigen Haselnüsse als Früchte, aus denen junge Bäume emporwachsen, innerhalb von wenigen Jahrzehnten oder Jahrhunderten allein von Vögeln, zum Beispiel Kleiber und Eichelhäher, überallhin gebracht wurden. Im letzten Interglazial war die Ausbreitung der Hasel nicht so früh erfolgt wie in der Nacheiszeit, was besser zu verstehen ist als die fast explosionsartige Vergrößerung des Hasel-Wuchsgebietes vor etwa 9000 Jahren. Vielleicht wurden die Haselnüsse aber nicht nur von Kleibern, Eichelhähern und Eichhörnchen in viele Gegenden Europas getragen. Es ist auch möglich, daß die Menschen der Mittleren Steinzeit die Nüsse mitbrachten und „aussäten", wobei natürlich fraglich ist, ob sie dies absichtlich taten oder ob die Menschen sich an einzelne Lager von Nußvorräten, die sie einmal angelegt hatten, nicht mehr erinnerten, aus denen dann gleich ein ganzes Büschel von Haseltrieben in die Höhe wachsen konnte. Weil Nahrung nach dem Vordringen des Waldes in den Norden knapp geworden war, ist es wohl möglich, daß Haselnüsse eine willkommene Ergänzung des Speisezettels waren. So läßt sich in den Zeiten, in denen Menschen der Mittleren Steinzeit ihre Lager aufschlugen, in den Pollendiagrammen die Zunahme der Hasel erkennen.

Besonders häufig wurde der ozeanisches Klima bevorzugende Strauch in West- und Nordwesteuropa sowie in den westlichen Mittelgebirgen zwischen Alpen und Nordsee. Nicht ganz so häufig faßte die Hasel in den östlicheren Mittelgebirgen Fuß, zum Beispiel im Erzgebirge und im Bayerischen Wald, und auch nicht in den Ostalpen sowie den Bereichen dazwischen. Dies waren Regionen, in denen vor etwa 9000 Jahren bereits die Fichte heimisch geworden war.

Die Birken- und Kiefernwälder aus älterer Zeit wurden also zunächst vor allem von Hasel und Fichte zurückgedrängt. Kleinere Gebiete an den Rändern der Region, in sich Wälder entwickeln konnten, blieben Domäne von Kiefern und Birken. Inmitten von ausgedehnten Beständen anderer Gehölze blieben auch einzelne Kieferngebiete erhalten, die recht weit voneinander isoliert wurden: In den inneralpinen Trockentälern und entlang mancher Föhnbahnen mit ihren ausgeprägt trockenen Klimabedingungen wuchsen auch in den folgenden

9 Ein Haselwald in Südschweden, der vielleicht einem Haselbestand ähnelt, der sich vielerorts in Europa vor 9000 Jahren gebildet hatte.

Jahrtausenden die sogenannten „Reliktföhrenwälder". Kiefern wuchsen weiterhin auf trockenen, mineralarmen Böden in Brandenburg, vor allem in den Dünengebieten seitwärts der eiszeitlichen Urstromtäler. Kleine Areale behielt die Waldkiefer auf Dünen an Donau, Rhein und anderen Flüssen sowie in der Oberpfalz und in Mittelfranken.

Für eine gewisse Zeit grenzten die Wuchsgebiete von Hasel und Fichte in Süddeutschland aneinander. Die Fichte erreichte auf natürlichem Wege kaum noch eine Vergrößerung ihres Wuchsgebietes in das Areal der Hasel hinein, und das scheint durch die Konkurrenz mit den dichtlaubigen Büschen hervorgerufen worden zu sein. Im 9. Jahrtausend vor heute wurde die Konkurrenzkraft der Hasel in Süddeutschland offenbar durch eine Klimaveränderung gestärkt. Durch die oben erwähnte Vergrößerung des Einflußbereiches des Golfstromes nahm die Ozeanität des Klimas zu; die Hasel drang weiter nach Osten vor, und zwar etwa bis zu den Karpaten, die nun etwa so weit vom Meer entfernt lagen wie 1000 Jahre zuvor das süddeutsche Alpenvorland. Die Hasel erreichte ihre maximale Verbreitung in der Nacheiszeit im Osten etwa ein Jahrtausend später als im Westen. Die Fichte konnte sich in den von ihr bewachsenen Regionen zunächst halten, sie wurde aber in den Wäldern nicht noch häufiger. Zahlreicher kam sie im Gebirge vor, seltener in niedriger gelegenen Regionen. Auf jeden Fall blieb ihre Areal-Westgrenze zwischen Bodensee und Oberpfalz, am Thüringer Wald und Harz für Jahrtausende bestehen. In Nordeuropa, wo sich die Fichte ebenfalls nach Westen ausbreitete, scheint es erst etwas später zu einer Verzögerung der Expansion gekommen zu sein, als sich nämlich vor etwa 8000 Jahren eine relativ kräftige Meeresströmung in die Ostsee ergoß, die zuvor ein Süßwassersee gewesen war. Der Salzgehalt des Meeres war höher als heute, was auf den damaligen Einfluß der Nordsee auf die Ostsee verweist; also war auch der Einfluß des warmen Golfstromes auf die Temperatur des Ostseewassers damals besonders groß, und in der Umgebung dieses Meeres wurde das Klima maritimer. Später, beginnend etwa vor 5000 Jahren, reduzierte sich der Salzgehalt der Ostsee wieder als Zeichen dafür, daß der Einfluß aus der Nordsee abnahm. Dann wurde die Ostsee beinahe zum Binnensee, ihre Temperatur sank, weil nicht mehr so viel Wasser des Golfstromes zwischen den dänischen Inseln hindurch gelangte, und die Ausbreitung der Fichte nach Westen mag erneut begünstigt worden sein, weil die Winter länger und die Sommer kürzer wurden, so daß Laubbäume nicht mehr optimal wachsen konnten.

Der Anstieg der Meeresspiegel hatte noch weitere Konsequenzen. Die Fließgeschwindigkeit in den Unterläufen der Tieflandströme auf der Erde wurde herabgesetzt. Weite Bereiche an den Flüssen versumpften, weil das Wasser durch den Meeresspiegelanstieg im Hinterland regelrecht aufgestaut wurde. Besonders weitreichende Folgen hatte dies im Flachland des nördlichen Mitteleuropa. Niedermoore bildeten sich in den ehemaligen Urstromtälern, in denen während der Eiszeiten riesige Mengen an Schmelzwasser geflossen waren, und zwar sowohl in solchen, die von Strömen verlassen waren, als auch am Rand von anderen, in denen noch Flüsse verliefen, die nur ein Gefälle von einigen Metern auf Hunderte von Kilometern haben, was beispielsweise für die Elbe gilt. Auch das Gefälle der Flüsse, die von den Gebirgen im Süden der Ostsee zuströmen, ist einige hundert Kilometer vor der Mündung ins Meer außerordentlich gering; eine Hochwasserwelle auf der Oder fließt deswegen nur sehr langsam ab.

In den Sümpfen veränderten sich die Gehölze. Als das Gefälle der Flüsse am Beginn der Nacheiszeit noch größer war, mögen Birken und Kiefern rechts und links der Ströme gestanden haben. Als das Wasser der Flüsse mehr und mehr gestaut wurde, bildeten sich richtiggehende Wälder nur dort, wohin nicht der regelmäßige winterliche Eisgang vordrang. Das scharfkantige Eis verhinderte das Wachstum größerer Bäume; längs der Flüsse hielten sich wohl deshalb nur lichte Weidengebüsche. Die Sümpfe in größerer Entfernung von den Hauptströmen wurden zwar auch immer wieder unter Wasser gesetzt, doch kam das Treibeis nicht dorthin. Bei den geringen Höhenunterschieden in den weiten Flußtälern blieb der Wasserspiegel immer dicht an der Oberfläche, einmal stand er etwas darüber, ein andermal nur wenig unterhalb. Ganzjährig wurde das Wasser gestaut, und ganzjährig wurde der Boden in nur geringem Maße belüftet. Die Wurzeln der Bäume, die sich hier ausbreiteten, lagen fast das ganze Jahr im Wasser. Diese extremen ökologischen Bedingungen kann nur die Schwarzerle

10 Erlenbruchwälder gibt es in Mitteleuropa seit etwa 8000 Jahren (bei Friesack in Brandenburg).

ertragen. Erlenbruchwälder begannen sich vor etwa 8000 Jahren an den Flüssen zu bilden, die in die Nordsee münden; im Süden entstanden sie erst später und zu unterschiedlichen Zeitpunkten. In Symbiose mit Erlen gedeihen Knöllchen bildende und Stickstoff aus der Luft fixierende Bakterien. Dadurch und durch die Akkumulation weiterer Mineralstoffe aus dem feinen Ton, der vom Fluß her in die Bruchwälder dringt, sind die Böden der Erlenbruchwälder besonders nährstoffreich. Die Bakterien breiteten sich wohl zur gleichen Zeit aus wie die Erlen; davon wird man ausgehen müssen, weil sie den Bäumen ein optimales Wachstum erst ermöglichen. In den kurzen Perioden, in denen Sauerstoff im Boden den Abbau organischer Substanz möglich macht, erreichen die Wurzeln der Bäume neben organischen Substanzen auch die vielen anderen lebenswichtigen Substanzen in großer Menge.

Im allgemeinen etablierten sich kurz nach der Expansion der Haselbüsche, im Ostalpenraum auch schon davor, weitere Arten von Laubhölzern in Mitteleuropa: Eichen, Ulmen, Linden und Eschen. Leider ist es nicht möglich, die einzelnen Arten der mitteleuropäischen Eichen, Ulmen und Linden an ihren Pollenkörnern zu erkennen, so daß wir bis jetzt nicht in der Lage sind, über die Ausbreitung der einzelnen Arten dieser Pflanzen etwas auszusagen.

Eichen, Ulmen, Linden und Eschen sind bei bisherigen Betrachtungen der Vegetationsgeschichte häufig zusammengefaßt worden. Nach älterer Auffassung bildeten sie den sogenannten Eichenmischwald. Doch zeigt eine differenziertere Betrachtung, daß der „Eichenmischwald" in Mitteleuropa nicht überall gleich aussah. In einigen Gegenden dominierten die Eichen, in anderen Ulmen oder Linden. Alle diese Bäume verdrängten weniger die Hasel, wie man früher meinte, als viel eher diejenigen Kiefern und Birken, die vom Verdrängungsprozeß durch die Hasel noch verschont geblieben waren. Die Eichen schienen vor allem auf etwas trockeneren Böden zu gedeihen, während der Verbreitungsschwerpunkt der Hasel auf feuchterem Untergrund lag. Die Eichen breiteten sich vor etwa 9000 Jahren besonders in dem recht trockenen Gebiet Mitteleuropas aus, in dem im Spätglazial der Beifuß häufig vorkam, andererseits auch im Westen, wo sich zuvor birkenreiche Wälder fanden. Eichenwälder bildeten sich also einerseits auf recht kontinentalen trockenen Standorten, andererseits auf armen Böden, wo auch weiterhin Birken und Heidekrautgewächse vorkommen konnten. Aus diesen Wäldern wurde die Waldkiefer in Westeuropa vielerorts verdrängt. Sie hielt sich an ihrer Westgrenze nur in einem größeren Gebiet im Norden der Britischen Inseln (deshalb heißt sie in der englischen Sprache „Scots Pine") und in einzelnen wenigen Reliktgebieten Nordwestdeutschlands. Umfangreichere Kiefernbestände hielten sich in Brandenburg und umliegenden Gebieten. Die Kiefernwälder wurden dabei von außen her begrenzt und erhielten keine gradientenartige „Außengrenze", sondern die einzelnen Vorkommen des Baumes wurden inselartig aufgelöst, was grundsätzlich nur dann das Aussehen einer Verbreitungsgrenze von Pflanzen prägt, wenn diese von limitierenden

11 Ein lichter Eichenwald bei Turku/Finnland. Solche Wälder fanden die ältesten Ackerbauern in Mitteleuropa vielerorts vor.

Parametern von außen her, in diesem Fall durch die Konkurrenz zu anderen Baumarten, festgelegt wird.

Nur in den Mittelgebirgen entstanden wohl echte Mischbestände aus Eichen, Linden, Ulmen und Eschen. Es könnte aber auch sein, daß dort beispielsweise die Linden und Eichen an den Südhängen, Ulmen und Eschen an den feuchteren Nordhängen oder in der Nähe von Bächen vorkamen. Einzelne Gebiete waren offenbar sehr reich an Linden; dies wurde vor allem für die Region zwischen Rhein und Maas festgestellt.

Während sich in den Südalpen submediterrane Wälder mit der Flaumeiche etablierten, die in Südtirol und an den beiden Flanken der Alpen weit nach Norden vordrangen, wurde die Ulme ein besonders für den Alpennordrand bezeichnender Baum. Wir vermuten, daß sich dort vor allem die Bergulme ausbreitete. Das an Bergulmen reiche Gebiet hatte eine ähnliche Ausdehnung wie das Areal, in dem während des Spätglazials das Sonnenröschen und der Wacholder häufig gediehen. Wie und ob Zusammenhänge zwischen den Faktoren bestanden, die zu den verschiedenen Zeiten die Ausbreitung der verschiedenen Pflanzen begünstigten, ist allerdings ungeklärt. Es könnte aber sein, daß in dem im Spätglazial an bunten Blumen reichen Gebiet in späterer Zeit immer wieder besondere Bedingungen für die Konkurrenz mit einwandernden Gehölzen bestanden haben, was viele Jahrtausende später sich gerade auf die Ausbreitung der Bergulmen günstig ausgewirkt haben mag.

In den europäischen Laubwäldern setzten sich einige Gewächse fest, die allzu tiefe Wintertemperaturen nicht ertragen konnten, und sie kamen sogar zeitweise in Regionen vor, in denen sie heute natürlicherweise nicht mehr gedeihen können. Dazu gehören die Mistel, das Efeu, der Wilde Wein und die Wassernuß. Auch die Hasel hatte sich über ihre heutige Verbreitungsgrenze nach Norden vor allem in Mittelschweden ausbreiten können. Diese Tatsache wird im allgemeinen als Hinweis darauf gedeutet, daß das Klima zwischen dem 8. und dem 5. Jahrtausend vor heute wärmer war als jetzt oder daß es in dieser Periode auf jeden Fall mildere Winter gab, in denen die kälteempfindlichen Gewächse an ihren östlichen Verbreitungsgrenzen nicht immer wieder erfroren. Es fällt auf, daß die Areale dieser Pflanzen besonders in der Umgebung der Ostsee damals ausgedehnter waren als heute, und es könnte ein Zusammenhang zur Geschichte dieses Meeres bestehen; in dieser Phase war das Wasser des Meeres besonders reich an Salz, was anzeigt, daß der Kontakt zur Nordsee und damit zum Golfstrom in dieser Periode am engsten war. Möglicherweise war zu dieser Zeit das Wasser des baltischen Meeres wärmer und fror wegen der höheren Wassertemperaturen und der höheren Salzgehalte seltener und nur kurzfristig zu, so daß die Vegetationsperioden rings um das Meer länger und die Gefahren von Früh- und Spätfrösten geringer waren. Später, als nur noch viel weniger warmes Nordseewasser in die Ostsee gelangte, nahm die Dauer der Vereisung des Meeres zu und der Vegetationsperiode in seiner Umgebung ab, so daß die

12 Ein Tannenwald in den Westalpen (Col de Turini); Tannenwälder bestehen im Westen der Alpen schon seit mehreren Jahrtausenden.

Wuchsbedingungen für Hasel, Mistel, Efeu, Wilden Wein und Wassernuß allmählich ungünstiger wurden. Aber auch der einsetzende menschliche Einfluß hat wohl zum Verschwinden dieser Pflanzenarten an manchen Orten beigetragen. Davon soll später die Rede sein. An der Ostsee wichen die thermophilen Gewächse besonders weit zurück, und erneut expandierte die Fichte.

Weitere Gehölze waren in Europa zunächst nur an wenigen Stellen heimisch geworden. Die Eibe wuchs vor allem in den Südalpen, mancherorts vielleicht auch schon am Nordrand des Hochgebirges und auch in anderen Gebirgsgegenden. Die Tanne hatte sich ausgehend vom Süden Italiens und Griechenlands vor allem nach Nordwesten ausgebreitet. Massenhaft vermehrte sie sich im Apennin und in den Westalpen, und dort setzte sie sich gegen die zuvor häufig vorkommende Hasel durch. Aus den Haselgebüschen könnten sich nun auch Mischbestände aus Hasel und Tanne gebildet haben, in denen hohe Tannen standen und darunter das Haselgebüsch erhalten blieb.

Die Hainbuche kam zunächst nur in Südosteuropa vor. Langsam weitete sich das Verbreitungsgebiet der Rotbuche aus. Es reichte vom Süden Europas zunächst nur bis zu den Südalpen und von dort aus die Alpen beiderseits umfassend bis in die südlichen Mittelgebirge: bis in Mittelgebirgslagen der Alpen, in die Vogesen, in den Schwarzwald und bis zu den Gebirgen, die das Böhmische Becken umgeben. Nicht von der Buche besiedelt wurden zunächst die tiefer gelegenen Regionen zwischen den Gebirgen. Ähnlich mag die Ausbreitung der Ahornarten erfolgt sein, doch ist die Arealgeschichte dieser Pflanzengattung nur schwer zu verfolgen, weil Ahorn wenig Pollen bildet, der deshalb im Pollendiagramm nur selten auftritt. Ahorn wird von Insekten bestäubt; Pflanzen, die von Insekten bestäubt werden, produzieren viel weniger Blütenstaub als windblütige Gewächse, weil bei ihnen die Wahrscheinlichkeit größer ist, daß die Pollenkörner dorthin gelangen, wohin sie kommen sollen: auf die weiblichen Pflanzenteile. Für die „reibungslose" Pollenübermittlung sorgen Insekten besser als der Wind.

Insgesamt läßt sich verfolgen, daß sich in der Zeit zwischen dem 9. und dem 7. Jahrtausend vor heute diverse Waldtypen in Europa differenzierten. Es gab nun verschiedene Wälder, verschiedene Lebensräume für Tiere und Menschen. Zwischen den einzelnen Waldgebieten bildeten sich Grenzen heraus, die genauso wenig strikt waren wie die Außengrenzen des Waldes. Es entstanden entweder Gradienten zwischen einzelnen Waldtypen, oder eine zuvor bestehende Grenzsituation einer Pflanzenart wurde von einer oder mehreren anderen inselartig aufgelöst, was sich bei der Kiefer beobachten läßt. Wichtige „Grenzen" bildeten sich zwischen dem Westen und dem Osten Mitteleuropas; im Osten kamen erheblich mehr Nadelbäume vor als im Westen.

Die Pollendiagramme zeigen, daß die Ausbreitung „neuer" Baumarten in den Gebirgen rascher vor sich ging als außerhalb davon. Vielleicht hatte dies damit etwas zu tun, daß es für die Neueinwanderer besonders schwer war, sich dort festzusetzen, wo zuvor schon andere Gewächse optimal gediehen: Der hohe Eichenanteil in vielen mitteleuropäischen Wäldern der damaligen Zeit war zunächst kaum durch neu einwandernde Gehölzarten dezimierbar. Die Etablierung neuer Pflanzenarten im Gebirge könnte dadurch erleichtert worden sein, daß Erdrutsche, Witterungseinflüsse usw. häufiger natürliche Lichtungen entstehen ließen, auf denen sowohl die bereits vorhandenen wie die sich neu etablierenden Pflanzenarten eine Chance zur Besiedlung erhielten. Derartige Lichtungen mögen in den Ebenen und Hügelländern seltener entstanden sein.

Die Wiederbewaldung lief in gewisser Hinsicht regelhaft ab. Auf eine Phase mit Birken und vor allem Kiefern folgte die Zeit der massenhaften Vermehrung von Haselgebüschen, vor allem in Mitteleuropa und westlich davon. Langsamer vergrößerten sich die Wuchsgebiete von Eichen, Linden, Ulmen und Eschen; sie wurden aber ungefähr zur gleichen Zeit und mit der gleichen Geschwindigkeit größer. Tanne, Buche und, sieht man von Osteuropa ab, auch die Fichte folgten noch später. Aus dieser Reihenfolge der Einwanderung wurde schon vor Jahrzehnten eine „Mitteleuropäische Grundfolge der Waldentwicklung" abgeleitet.

Die Pollenkörner, die man im Torf und in Seeablagerungen fand, sollten als „Leitfossilien" das Alter der Sedimente datieren. Voraussetzung für die Richtigkeit dieser Annahme war, daß beispielsweise Ablagerungen mit reichlich Haselpollen alle gleich alt waren und jede Vegetationsveränderung demnach in Europa unmittelbar durch eine Klimaveränderung ausgelöst worden sei, die sich an jedem Ort in gleicher Weise auswirkte. Man hielt sich dabei an ein Modell der Klimaentwicklung, das 1876 Axel Gudbrand Blytt entwickelt hatte, um damit das aktuelle Verbreitungsbild norwegischer Vegetationsformen mit ihren Grenzen zu erklären. Wie genau dieses Vorgehen der pollenanalytischen Datierung von Sedimenten allenfalls sein kann, läßt sich aus diesem Kapitel entnehmen. Selbstverständlich haben die Veränderungen des Klimas die Ausbreitung der Gehölzarten und der Wälder nach Europa und in viele andere Regionen der Erde ermöglicht. Aber schon ganz zu Anfang der Nacheiszeit entschied sich, daß sich nicht nur die Fichten nach den Birken und Kiefern über Europa ausbreiten sollten, sondern auch die Laubhölzer. Die Ausbreitung vieler Gehölzarten begann mit einem klimatischen „Signal", etwa gleichzeitig vor etwa 10 000 Jahren oder noch etwas früher. Einige Pflanzenarten konnten ihr Verbreitungsgebiet schneller vergrößern, andere langsamer – und das lag nicht nur an den Temperaturen, sondern auch an ihrer biologischen Konstitution, am Transport von Früchten und Samen sowie an der Fähigkeit der jungen Pflanzen, sich gegenüber anderen Pflanzenarten durchzusetzen. Die unterschiedliche und sich im Lauf der Zeit verändernde Ozeanität begünstigte die Etablierung gewisser Pflanzenarten, und gerade an der sich wandelnden Ozeanität des Klimas in Europa ist gut zu erkennen, daß Vegetationsentwicklungen auch dann, wenn sie vom Klima beeinflußt wurden, gar nicht überall zur gleichen Zeit erfolgen konnten.

Aus Pollendiagrammen lassen sich genauere Datierungen von Sedimenten grundsätzlich nicht ablesen, was sich zunächst vor allem die Geologen, später die Archäologen gewünscht hatten. Sie stellten überzogene und falsche Ansprüche an die Methode. Die Datierungen sind nur auf ein bis zwei Jahrtausende genau; die Haselausbreitung erfolgte im Westen Mitteleuropas um etwa ein Jahrtausend früher als weiter im Osten. Das ist für Archäologen und Ökologen keine Basis für eine genaue Datierung. Zeitliche Einordnungen von Sedimenten werden heute auf andere Weise durchgeführt, etwa durch die Bestimmung des Gehaltes an radioaktivem ^{14}C, einem Kohlenstoff-Isotop, das mit einer Halbwertszeit von 5730 Jahren zerfällt. In einem 5730 Jahre alten Sediment ist also nur noch die Hälfte der ursprünglich eingelagerten Menge des Kohlenstoff-Isotopes vorhanden. Die Aufgaben der pollenanalytischen Untersuchungen haben sich gewandelt: Heute geht es in erster Linie nicht mehr um die Datierung, sondern um die Darstellung der Dynamik von Vegetation, um das Erkennen von biologischen, erdgeschichtlichen, klimatischen und vom Menschen ausgehenden Einflüssen auf die Entwicklung von Vegetation und Landschaft, um die Erfassung des „Global Change" in langen Zeiträumen.

7. Die ersten Ackerbaukulturen und die ersten Waldrodungen

Nachdem die Wälder der Nacheiszeit ihre maximale Ausdehnung erreicht hatten, wurde ihre weitere Entwicklung bald in einer Weise beeinflußt, die noch nie dagewesen war: Der Mensch begann, Wälder zu roden, um Holz als Bau-, Werk- und Brennholz zu gewinnen und um an der Stelle von Wäldern landwirtschaftliche Nutzflächen anzulegen.

Die Wirtschaftsform des Ackerbaus entstand eigenartigerweise an verschiedenen Stellen der Erde etwa zur gleichen Zeit, ohne erkennbare Kontakte zwischen den ersten Ackerbauern. Die Landschaften des frühesten Ackerbaus lagen weit voneinander entfernt, in der Alten wie in der Neuen Welt, aber allesamt in den Subtropen. Praktisch in jedem von subtropischem Klima geprägten Bereich der Erde entwickelte sich eine spezifische Ackerbaukultur mit jeweils für sie typischen Kulturpflanzen.

In den Bergländern des Nahen Ostens entstand eine Ackerbaukultur mit verschiedenen Getreidearten, darunter Gerste und mehrere Arten von Weizen, mit Hülsenfrüchten, unter anderem Erbse und Linse, und Lein. In Südostasien entwickelte sich vor allem der Anbau von Reis, in kleineren Gebieten Afrikas die Kultur von diversen Hirsearten. In den amerikanischen Subtropen kultivierte man Mais und Kartoffel. Die Regionen des frühen Ackerbaus lagen also weit auseinander, und es wurden unterschiedliche Pflanzenarten in Kultur genommen; daher kann es zur Zeit der „Erfindung" des Ackerbaus keinen weltweiten kulturellen Austausch unter den Menschen gegeben haben. Weit herumgekommen waren sicherlich die Jäger in der Eiszeit. Neue Jagdtechniken hatten damals weite Verbreitung gefunden, damit hatte sich aber auch die Fähigkeit des Menschen verbreitet, sich durch neue Methoden des Nahrungserwerbs an unterschiedliche Lebens- und Umweltbedingungen anzupassen. Als nun in vielen Gegenden der Erde die Wälder dichter und die Möglichkeiten für die Jagd ungünstiger wurden, scheint die Konsequenz für die Menschheit in vielen Regionen der Erde die gleiche gewesen zu sein: Nach Möglichkeit mußte die Jagdwirtschaft durch eine andere Wirtschaftsform aus dem Bereich dessen ergänzt oder gar ersetzt werden, was wir heute Landwirtschaft nennen.

In den Subtropen kommt es wegen der starken ultravioletten Sonneneinstrahlung zu besonders vielen Mutationen, Veränderungen des Erbgutes. Das Auftreten von Mutationen ist eine wichtige Voraussetzung dafür, daß neue Arten von Organismen sich bilden können, darunter Pflanzenarten mit großen nahrhaften Früchten, Samen oder Knollen, in denen Kohlehydrate, Eiweiß und Fett enthalten sind, aus denen die Pflanzen bei ihrer Entwicklung – aber auch andere

Organismen, die sich von diesen Pflanzen ernähren – andersartige Körpersubstanz aufbauen können. In den Gebieten außerhalb der feuchteren Subtropen hatten die Menschen zunächst nicht die Möglichkeit, sich zu entscheiden, ob sie weiterhin Jäger (und Sammler) blieben oder zum Ackerbau übergingen. Diese Alternative bestand weder in den tropischen Regenwäldern noch in den gemäßigten und polaren Zonen der Erde. In West- und Mitteleuropa könnte aber die rasche Ausbreitung der Hasel am Beginn der Nacheiszeit darauf verweisen, daß man damals diese Pflanze „kultivierte", um in Zeiten, in denen weniger Jagdbeute zur Verfügung stand, immer genügend Nahrung innerhalb der Lebensbereiche zu haben: Haselnüsse.

In den subtropischen Gebirgen des Nahen Ostens waren nach der letzten Eiszeit wohl keine dichten Wälder entstanden, dafür lichte Gehölze mit Kiefern, Eichen und anderen Bäumen. Weil es nur zeitweise im Jahr ausreichend Regen gab, und zwar im Winter, im Sommer aber ausgedehnte Trockenzeiten auftraten, schlossen sich die Wälder nicht so dicht wie im Norden und Westen Eurasiens, so daß zahlreiche Arten von niedrigen Kräutern, die dort schon während der Eiszeit vorgekommen waren, überleben konnten. Darunter waren auch Gewächse mit großen Früchten und Samen, zum Beispiel Getreidearten mit stärkereichen Körnern. Diese Körner waren den Menschen sicher schon lange bekannt; sie sammelten sie in der Nähe ihrer Lager, von denen aus sie auf die Jagd gingen. Als immer mehr Bäume und Sträucher in der Landschaft hochkamen, gab es weniger Tiere zu jagen und weniger Pflanzen, deren Körner man sammeln konnte. Wenn man aber gewisse Tiere, die man von der Jagd kannte, in der Nähe der Lager hielt und dort auch dafür sorgte, daß die großkörnigen Getreidearten ausreichende Entwicklungsmöglichkeiten fanden, war eine bessere Grundlage für das Überleben der Menschen gelegt.

Für das Wachstum von Getreide war es notwendig, wilde Holzgewächse zu beseitigen, damit die kultivierten Gewächse in der vollen Sonne heranreifen konnten. Der Mensch schuf also Lichtungen in der Nähe seiner Siedlungen. Dabei muß nicht unbedingt das Anlegen von Getreidefeldern der Beweggrund für die Beseitigung von Bäumen und Sträuchern gewesen sein; möglicherweise lichtete der Mensch die Wälder ursprünglich eher deswegen, weil er Tiere auf die künstlich geschaffenen Freiflächen locken wollte, um sie besser jagen zu können. Der eine Nutzungszweck der Lichtung schloß aber den anderen aus, so daß man sich für die eine oder die andere Nutzungsform entscheiden mußte. Vor allem der Getreidebau setzte sich durch; mit dieser Form von Wirtschaft konnten pro Flächeneinheit erheblich mehr Menschen kontinuierlich mit Nahrung versorgt werden als ohne ihn.

Obwohl Voraussetzung für optimales Wachstum von Getreidepflanzen ein offenes Feld war, auf dem weder Bäume noch Sträucher standen, konnte man Ackerbau ohne größeren technischen Aufwand nur in der Nachbarschaft von Wäldern betreiben. Denn der Wald stabilisiert spezifische klimatische Bedingungen nicht nur in seinem Inneren, sondern auch in seiner direkten Umgebung. Viele Sorten von Getreide, die man als sogenannte Winterfrüchte anbaut, benötigen zeitweise tiefe Temperaturen, um später überhaupt zur Blüte und zur Fruchtbildung zu gelangen. Physiologisch wirksam sind Temperaturen etwas über dem Gefrierpunkt. Ausgedehnte Frostperioden sind dagegen ungünstig; wenn das Getreide für lange Zeit Temperaturen von unter null Grad ausgesetzt ist, kann es zu Auswinterungsschäden kommen. Liegt ein Wald in der Nähe des Getreidefeldes, in dem während der Kälteperioden die Temperaturen stets höher sind als im Offenland der Umgebung, mildern und verhindern die Luftströmungen, die aus dem Wald in das Offenland hineinwehen, den Frost. Zeitweise braucht Getreide zum Wachstum eine große Regenmenge, und zwar in seinen frühen Entwicklungsstadien. In den Subtropen der Nordhalbkugel ist diese Voraussetzung stets durch die Regenmaxima im Winter und Vorfrühling gegeben. Bei starken Regengüssen besteht aber die Gefahr der Bodenerosion. Wälder in der Nähe der Felder verhindern ein zu rasches Abfließen der Wassermassen, und erodiertes Erdreich fängt sich in den Waldgebieten. Aus den Wäldern wird das Wasser langsam in die Gewässer abgegeben, so daß sich in den Bächen immer ziemlich gleichmäßig viel Wasser befindet. Später, wenn das Korn heranreift und geerntet wird, soll die Witterung möglichst trocken sein. Aber der Acker darf nicht völlig ausdörren und Risse bekommen. Günstig wirkt sich dann aus, wenn aus einem nahen Wald feuchte Luft in das Getreidefeld herüberweht und Grundwasser aus dem Waldboden in den Ackerboden sickert.

Aus der biologischen Konstitution der Getreidepflanzen, die ja aus einem locker bewaldeten Gebiet der Erde stammen, ergibt sich, daß Ackerbau also am leichtesten in der Nähe des Waldes, in Waldgebieten durchzuführen ist, aber dieses Waldland muß durch Rodung von Bäumen präpariert werden. Ist diese Voraussetzung nicht gegeben, ist auf jeden Fall größerer technischer Aufwand als Vorbedingung für Ackerbau erforderlich, um die Wasserversorgung sicherzustellen oder um die Erosion zu verhindern.

Was sich stets nicht regulieren ließ als Entwicklungsvoraussetzung für Getreide, war die Mindestlänge der sommerlichen Trockenphase. Sie ist stets genauso wichtig für den Getreidebau wie die kalte und die feuchte Zeit. Wo es ein Jahreszeitenklima gab, in dem es in der Regel zu einer sommerlichen Trockenperiode kommt, konnte man Ackerbau treiben. Die komplexen Zusammenhänge zwischen Wald und Agrarlandschaft wurden einmal besser, ein andermal weniger gut beachtet, aber durchschaut sind sie bis heute noch nicht: Immer wieder entstehen unter dem Einfluß des Menschen Agrarlandschaften, in denen Erosion und Auswinterung ernst zu nehmende Probleme sind.

Im Lauf von Jahrtausenden breitete sich die Landwirtschaft ausgehend von den Zentren, in denen erstmals Kulturpflanzen angebaut und Haustiere gehalten worden waren, in die daran angrenzenden Bereiche aus, vor allem in die subtropischen und gemäßigten Breiten hinein, in denen die oben skizzierten

Standortbedingungen für den Anbau von Kulturpflanzen hergestellt werden konnten. Die neuartige Wirtschaftsform weitete sich aus, weil sie sich als erfolgreich erwies, den Bedarf an „täglich' Brot" für den Menschen zu sichern. Die Umstellung hin zur Landwirtschaft war aber ein komplexer Prozeß. Keineswegs entschieden sich im Verlauf der letzten Jahrtausende immer alle Menschen für den Übergang zur Landwirtschaft. Es gab auch Bevölkerungsgruppen, die es für günstiger hielten, an den bisher praktizierten Methoden der Jagd, des Fischfangs oder des Sammelns von Pflanzenteilen festzuhalten. Dies war besonders in wild- und fischreichen Regionen der Fall und in Gebieten, in denen die Winter lang und die Sommer kurz waren. Aber auch soziale Gründe konnten den Menschen den Übergang zur Landwirtschaft schwer machen, denn der Mensch mußte ja seine Lebensweise grundsätzlich ändern: Als Jäger und Sammler war er ortsungebunden, als Ackerbauer mußte er ortsfest in der Nähe der Felder siedeln, zumindest so lange, wie Korn auf seinen Feldern heranreifte. Viele Jäger- und Sammlerkulturen nahmen jahrtausendelang eine andere Entwicklung als die Ackerbauernkulturen. In vielen Regionen der Erde ist es bis heute nicht gelungen, Abkömmlinge der Jägerkulturen voll in moderne Zivilisationen zu integrieren.

Denn die Entwicklung der Zivilisationen war von Anfang an eng an die Ausbreitung des Ackerbaus geknüpft. Dies läßt sich besonders gut in Vorderasien und Europa erkennen, wo das für Ackerbau geeignete Gebiet besonders groß ist; es hat daher unter den Lebensräumen für und von Zivilisationen eine besonders wichtige Position auf der Erde eingenommen. Im gesamten von Natur aus mehr oder weniger dicht bewaldeten Gebiet zwischen dem Iranischen Bergland und dem Atlantik gibt es kalte Perioden im Winter, wobei zu lange Frostperioden durch die Einflüsse des Golfstromes und der Wälder abgemildert werden. Im Winter, weiter im Norden im Frühjahr und Frühsommer, treten Niederschlagsmaxima auf, deren günstiger Einfluß in der mitteleuropäischen Bauernregel beschrieben wird: „Mai kühl und naß/füllt dem Bauer Scheuer und Faß." Die Europa umgebenden flachen Meere werden im Sommer stark aufgeheizt; sie stabilisieren daher einige Monate lang ein subtropisch anmutendes Klima, wenn das Getreide heranreifen soll. Aber auch dann dürfen Hitze und Trockenheit nicht zu extrem werden; kühlende und feuchte Luftströmungen aus dem nahen Wald wirken stets stabilisierend auf die Temperaturen über dem Getreidefeld ein.

Schon bei einem frühen Ausbreitungsschritt des Ackerbaus wurden die großen Chancen, aber auch die großen Gefahren deutlich, die mit dieser Wirtschaftsform zusammenhingen. Aus den regenreicheren, dichter bewaldeten Bergländern wurde der Ackerbau vor über 8000 Jahren erstmals in tiefer liegende Regionen gebracht, beispielsweise zum Indus, an den Jordan und in das Zweistromland an Euphrat und Tigris. In diesen Regionen herrschte ein trockeneres Klima, und daher waren sie weniger dicht bewaldet. Ackerbau war auf weite Strecken nur mit Hilfe künstlicher Bewässerung möglich, also unter Einsatz aufwendiger Technik. Künstliche Bewässerung ist seit mehr als 8000 Jahren in Mesopotamien nachgewiesen, sie setzte gewaltige Anstrengungen großer Menschenmassen voraus, Investitionen in Stau- und Bewässerungsanlagen, die nur durch eine organisatorisch einwirkende Konzentration von Macht getätigt werden konnten. Dazu brauchte man die Schrift. Die ältesten Kulturen, die frühesten Staaten entstanden wohl aus diesem Grund längs der oben genannten Flüsse.

In den Trockengebieten des Nahen und Mittleren Ostens (ähnliches läßt sich in Mittelamerika und bestimmten Teilen Chinas feststellen) fehlte die Stabilisierung der Standortbedingungen durch Wald. Gehölze wurden in den Gebirgsregionen, die an die Tiefländer grenzten, in kurzer Zeit zurückgedrängt. Daher ergossen sich in den Regenperioden wahre Sturzbäche mit Schlammlawinen aus erodiertem Bodenmaterial in die großen Ströme. Die frühen Zivilisationen versanken nach sintflutartigen Regenfällen unter Hochwasser und Schlamm, was sich nicht nur durch archäologische Ausgrabungen nachweisen läßt; frühe Schriftquellen berichten darüber, man denke nur an die Berichte von der Sintflut in der Bibel und im Gilgamesch-Epos. Auf den künstlich bewässerten, voll der heißen Sonne ausgesetzten Feldern kam es zu rascher und erheblicher Wasserverdunstung. Es gab keine kühlenden Luftströmungen aus der Umgebung, weil Wald fehlte. Dabei entstand vor allem das Problem, daß im Wasser gelöste Salze an der Bodenoberfläche zurückblieben; es kam zur fortschreitenden Bodenversalzung. Nach einiger Zeit konnte man in weiten Teilen des Nahen Ostens nur noch Gerste und Hülsenfrüchte auf den bewässerten Feldern anbauen, weil sie einen gewissen Salzgehalt des Bodens überdauern konnten. Als der Salzgehalt weiter zunahm, war selbst Gerstenanbau nicht mehr möglich. Der Ackerbau mußte dann völlig aufgegeben werden. Die Hungersnöte, die dies zur Folge hatte, sind ebenso wie die Sintflut literarisch beschrieben worden. War dies der „Grund" für den Untergang von Sodom und Gomorrha, der „wahre Kern" der bekannten Erzählung aus der Bibel? Wegen des Salzgehalts der Böden, der im regenarmen Klima lange Zeit nicht durch Auswaschen geringer wurde, konnten nach dem notgedrungenen Aufgeben des Ackerbaus nur noch wenige Pflanzen wachsen. Bäumen und Sträuchern gelang dies nur, wenn sie mit ihren Wurzeln tiefer im Untergrund liegende salzfreie Wasseradern anzapfen konnten. Sonst breitete sich Wüste aus, in der nur einige Steppenpflanzen überdauerten. Allzu intensiver Ackerbau in waldarmen Regionen war ein weiterer Grund für den Untergang alter Zivilisationen und für das Vordringen von Wüsten. Erst in jüngster Zeit konnte man mit verstärktem technischen Aufwand daran gehen, aus den vor Jahrtausenden entstandenen Wüsten wieder Ackerland zu machen.

Etwas später als ins Zweistromland, beginnend etwa vor 8000 Jahren, gelangten Kulturpflanzen erstmals auch in das große Waldgebiet, das vom Nahen Osten aus in Agrarlandschaft überführt werden konnte: nach Europa.

Im Verlauf von einigen Jahrtausenden setzte sich dort so gut wie überall die Landwirtschaft als wichtigste Form der Ökonomie durch, obwohl die Acker- bauern von Ost nach West in immer dichter bewaldete Regionen vordringen, also immer größeren Aufwand beim Waldroden betreiben mußten. In vielen Gegenden Europas war Landwirtschaft ohne künstliche Bewässerung möglich, weil es in jeder Jahreszeit regnete, besonders im Frühjahr, wenn die Getreide- pflanzen ihre frühen Entwicklungsstadien durchliefen. Voraussetzung für die Aufnahme des Ackerbaus war lediglich das Roden des Waldes auf denjenigen Flächen, auf denen Felder angelegt werden sollten. Diese Arbeit konnte von kleinen Menschengruppen besorgt werden, so daß Ackerbau in Europa zu- nächst ohne die Etablierung von Zivilisationen betrieben wurde, auf vorge- schichtlicher Stufe und ohne Schriftzeugnisse. Staaten entstanden erst, als das Bevölkerungswachstum und die um sich greifende Bodenerosion, im Mittel- meergebiet beispielsweise, eine Organisation des Getreide- und Holzhandels erforderlich machten.

In der frühen Zeit wurde Wald vor allem dort gerodet, wo Bodenbau am ehe- sten möglich war. In der Steinzeit, zu der die Archäologen die älteste europäi- sche Ackerbaukultur als Jungsteinzeit oder Neolithikum rechnen, standen den Menschen nur Werkzeuge aus Holz, Knochen und Stein zur Verfügung. Daher konnte steiniger oder flachgründiger Boden zunächst nicht bearbeitet werden. Fast nur die von staubfeinem Löß akkumulierten Böden wurden in der frühe- sten Phase des europäischen Ackerbaus in Kultur genommen. Die ältesten Sied- lungen der Ackerbauern entstanden am Rand der Lößplatten, nicht zu weit vom Wasser im Talgrund entfernt, aber bereits auf steinfreiem Untergrund. Von dort aus wurden vor allem die Wälder auf dem fruchtbaren Lößuntergrund gerodet. Der Wald auf den besten Böden wurde also zuallererst dezimiert; allgemein läßt sich feststellen, daß Wald eher dort erhalten blieb, wo wegen mangelnder Bodenfruchtbarkeit oder technischen Schwierigkeiten Ackerbau nicht optimal betrieben werden konnte.

Man schätzt, daß eine ungefähr 35 Hektar große Bresche in den Wald geschlagen werden mußte, damit genügend von den damaligen, wenig ertrag- reichen Getreidesorten angebaut werden konnte, um 100 Personen zu ernähren, die Einwohnerschaft einer Siedlung der Jungsteinzeit. Beim Roden entstand Kul- turlandschaft mit Kompartimentierungen zwischen Wald und Offenland, die es zuvor in dieser Form nicht gegeben hatte. Die Wälder bekamen durch den Ein- fluß des Menschen scharfe Ränder, die uns aus der heutigen Kulturlandschaft vertraut sind und unsere Vorstellung von Waldrändern bestimmen, die aber natürlicherweise nur selten in dieser scharfen Form zu finden sind, wie oben bereits dargelegt wurde. Den von Natur aus sich bildenden Grenzstreifen zwi- schen Wald und Offenland gab es am Rand der bäuerlichen Rodungsinsel nicht.

Der Wald wurde nicht nur beseitigt, weil Ackerflächen entstehen sollten; Holz war ein wichtiger Grundstoff, den man zu vielen Dingen benötigte; mehr davon im nächsten Kapitel. Holz war vor allem unentbehrlich zum Heizen in der kalten Jahreszeit. Weil Holz einen Wert darstellte, ist es unwahrscheinlich, daß die Menschen in Europa damals Brandrodung betrieben; dabei wäre die Energie, die man beim kontrollierten Verbrennen des Holzes zum Heizen gewinnen konnte, sinnlos vergeudet worden. Auch zum Zweck der Bodendüngung mußte man die Brandrodung auf den Lößböden nicht einsetzen. Ohnehin hätten sich die Bäume in den damaligen Wäldern Europas nur schwer in Brand setzen lassen. Wälder aus Eichen, Ulmen, Linden und Eschen können nur unter großen Mühen künstlich entflammt werden; Kiefern, deren Holz wegen des Harzreichtums brennbarer ist, gab es in der Nähe der frühen Ackerbausiedlungen kaum noch.

Das Vieh, das die Ackerbauern mit sich führten, wurde zunächst in die Wälder zur Weide getrieben. Dort konnten die anspruchslosen Rassen von Rindern, Schweinen, Schafen und Ziegen genug Nahrung finden, Kräuter und junge Triebe von Gehölzen, die an lichten Stellen austrieben, vor allem in der Nähe der Bäche im Talgrund.

Der frühe Ackerbau hatte zahlreiche Konsequenzen für die Wälder. Der Wald hatte gegenüber dem offenen Kulturland eine strikte Grenze erhalten. Diese Grenze trennte nicht nur zwei Elemente der Kulturlandschaft voneinander, sondern auch das bearbeitete von dem unbearbeiteten Land. Damit entstand der Gegensatz zwischen einem Innenbereich der Kulturlandschaft, der einmal strikter, ein andermal weniger strikt Privateigentum war, und dem Land „außen", in dem der Wald sich befand, außerhalb der Markung gelegen. Die Grenze zwischen Wald und Offenland war nicht starr zu sehen; sie wurde im Lauf der Zeit immer wieder verschoben. Um den stetigen Bedarf an Brennholz zu decken, rodete der Mensch weiter, er vergrößerte die Rodungsinsel auf Kosten der Waldfläche. Vom Rand des Waldes her drangen aber, wenn der Mensch dies nicht verhinderte, Vorposten des Gehölzes in das Offenland ein: Dort lief besonders viel Baumsaat auf, auch Wurzelbrut durchdrang die Bodenoberfläche. Wenn man den Wald als Wesen auffaßt, kann man sagen, daß er versuchte, den natürlicherweise vorkommenden Grenzstreifen an seinem Rand zu bilden, und dies war nur ein erster Schritt; denn ohne die Gegenkraft des Menschen, der deswegen den Boden mit Hacken und Haken bearbeitete und junge Bäume und Sträucher abriß oder abschnitt, hätte sich auf diese Weise der Wald auf der Rodungsinsel binnen weniger Jahre wieder dicht geschlossen.

Junge Triebe von Holzgewächsen wurden in der Nähe der Siedlungen ebenso von Tieren kurz gehalten. Auch im Wald verhinderte das Vieh das Aufkommen von junger Baumsaat. Wenn ein alter Baum abstarb, standen unter ihm keine jungen Holzpflanzen parat, die statt seiner in die oberste Schicht des Blätterdaches hochwachsen konnten. Es bildete sich eine Lichtung, die ein besonders beliebter Weideplatz für das Vieh wurde, weil es dort Kräuter zu fressen gab. Die seitlich der Lichtung stehenden Bäume hatten mehr Platz bekommen, sie trieben ausladende Äste in die Lichtung hinein. Immer weniger und immer weiter ausladende Bäume standen mit der Zeit im beweideten Wald, und die Lichtungen, die entstanden, wenn einzelne dieser Bäume abstarben, wurden immer größer. Diejenigen Gewächse aber, die vom Vieh verschmäht werden, weil sie stachelig sind oder schlecht schmecken, konnten sich ungehindert ausbreiten, Wacholder, Schlehe, Weißdorn und Stechpalme, Heidekraut und Krähenbeere.

Der Wald lichtete sich. Dabei wurde das lokale Klima der künstlich waldfrei gehaltenen Fläche stärker kontinental getönt. Auf der Freifläche kam es häufiger zu Frost im Winter, und die Hitze im Sommer wurde größer als im Wald. Bei einer engen Nachbarschaft zwischen Offenland und Wald konnten die zunehmenden Temperaturgegensätze noch einigermaßen ausgeglichen werden, weil Luftströmungen zwischen dem Inneren des Waldes und seiner direkten Umgebung die starken Gegensätze milderten. Aber gerade die sommerliche Hitzeperiode war notwendig für das Reifen des Getreides. Man kann sagen, daß die Standortsverhältnisse im Wald die für gemäßigte Breiten typischen blieben, während auf den Freiflächen jeweils für einige Monate im Jahr künstliche Subtropen entstanden. Eigenartigerweise war damit aber die Voraussetzung für die Ausbildung einer stabileren Agrarlandschaft geschaffen, als wie sie auf den größer werdenden Ackerflächen des eigentlichen Herkunftsgebietes der Kulturpflanzen entstand. Vor allem in Europa traten in der Landwirtschaft zwar immer wieder Schwierigkeiten auf, aber keine derart gewichtigen, daß die Aufrechterhaltung des Ackerbaus generell gefährdet war. In dieser Hinsicht hatte Europa in der Welt eine Ausnahmestellung; nirgends sonst konnte jahrtausendelang mit derart wenigen Krisen Ackerbau betrieben werden, was wohl unter anderem der Tatsache zu verdanken war, daß in der Kulturlandschaft Europas stets Wälder an die Ackerflächen grenzten.

Eine weitere Konsequenz der Öffnung von Waldlandschaften bestand darin, daß auch auf kleinen Rodungsinseln die Bodenerosion bereits zunahm; feiner Lehm wurde in die Täler abgespült, vor allem auch deshalb, weil das Wasser nach Starkregen von den Ackerflächen recht schnell abfließen konnte und in die Bäche gelangte. In den Tälern sammelte sich das abgespülte Bodenmaterial. Es war sehr fruchtbar, und natürlich konnte sich darauf eine Pflanzendecke entwickeln, deren Wachstum allerdings durch Überflutungen eingeschränkt wurde. Die Erlen und viele andere Gewächse, die zur Existenz reichlich Stickstoff benötigen, wie beispielsweise die Brennessel, waren vor dem Beginn bäuerlicher Kultur schon in den Sümpfen an den Unterläufen der großen Ströme vorgekommen. Weil die Dynamik der Bodenerosion in den gemäßigten Breiten längst nicht so stark war wie in den Subtropen, lagerte sich das abgespülte Erdreich in der Nähe seines Herkunftsgebietes bereits wieder ab, und zwar in Form von kaum sichtbaren Wällen mit ganz schwach geneigten Flanken neben den Flußläufen. Hinter diesen Wällen bildeten sich flache Senken, in denen sich das Wasser staute und wo die Nährstoffe, die von Wasser zusammengetragen worden waren, zu Boden sanken. Dort breiteten sich die Erlenbruchwälder aus. Auf ihren nährstoffreichen Böden wurde viel Biomasse produziert, die nach dem Absterben der Pflanzen wegen der Feuchtigkeit nur unvollständig oder überhaupt nicht zersetzt wurde. Daraus bildete sich Bruchwaldtorf. Verlagerte allerdings der Fluß seinen Lauf und brach in die Sümpfe hinter den von ihm selbst geschaffenen Uferwällen ein, räumte er den Torf wieder aus.

Es gab Gegenden, in denen man sich lange Zeit beharrlich gegen den Ackerbau entschied. In manchen Steppenregionen in Osteuropa und Asien lebten Reitervölker, die sich im wesentlichen nicht mit dem Anbau von Kulturpflanzen befaßten, aber Vieh hielten, mit dem sie als Nomaden auf Wanderschaft gingen. Dort blieb die Steppe erhalten, wurde aber mehr und mehr durch Weidetätigkeit beeinflußt.

Aber auch Wälder hielten sich, und zwar in Europa bei den Waldvölkern der borealen Nadelwaldzone. Fichten, Kiefern und Birken bildeten im Baltikum, in Finnland, Skandinavien und Rußland sowie in der naturräumlich ähnlich ausgestatteten Zone Sibiriens lichte Wälder, in denen zahlreiche jagdbare Wildtiere lebten. An den Seen und Mooren rasteten und brüteten viele Arten von Vögeln, und in den Gewässern lebten reichlich Fische, so daß man immer genug Beute machen konnte. Die Sommer im Nadelwaldgebiet waren kurz und die Winter lang, so daß Kulturpflanzen nicht in jedem Jahr rechtzeitig vor dem Wintereinbruch geerntet werden konnten. Die Grenze zwischen dem europäischen Laubwaldgebiet mit langen Sommern und milden Wintern, wo Laubbäume den Nadelbäumen im Wachstum überlegen waren und Getreide angebaut werden konnte, und dem Gebiet, wo die Nadelbäume mit dem Problem des zeitweiligen Wassermangels besser fertig wurden als die Laub tragenden Gehölze, verschob sich mit der Zeit; die Ostsee war ja zeitweilig vom Atlantik stärker, dann wieder schwächer geprägt. Die Entscheidung des Menschen, im Westen und Süden Europas eher den Ackerbau in das Zentrum der Wirtschaft zu stellen, im Norden und Osten Jägerei und Fischerei, führte zu einer stärkeren Akzentuierung einer Grenze zwischen den beiden Gebieten. Kulturlandschaft mit ihrem Mosaik aus Wäldern und Agrarflächen auf der einen grenzte an dichten Wald auf der anderen Seite. Die Bauernvölker und die Waldvölker, die die Jagd betrieben, lebten separat voneinander. Es bildeten sich getrennte Sprachräume. Heute sprechen die einen indoeuropäische, die anderen finnougrische Sprachen. Erst sehr spät, vielfach erst in historischer Zeit, wurde der Ackerbau auch in vielen Regionen im Nordosten Europas eingeführt.

In anderen gemäßigten Zonen der Erde breitete sich Ackerbau ähnlich aus wie in Europa, zum Beispiel in Ostasien. Nur war dort das Gebiet, das zu einer Agrarlandschaft werden konnte, nicht so groß wie in Europa. In den Prärien im Inneren Nordamerikas blieben die Indianer weiterhin Jäger.

In den Tropen setzte sich Ackerbau nicht überall durch. Gerade in dieser Region, aus der die Menschheit wohl ursprünglich stammte, existierten nicht die besten Voraussetzungen für den Ackerbau. Zum einen herrschte dort ein tropisches Tageszeitenklima, in dem es keine Jahreszeiten, vor allem aber keine längeren Trocken- und Kältezeiten gab. Zum anderen sind die Böden in tropischen Regenwäldern sehr arm an Nährstoffen; abgestorbene Biomasse wird in den Tropen sehr schnell zersetzt und anschließend sofort wieder von Lebewesen zum Aufbau von Biomasse verwendet. Beseitigt man den Regenwald und entfernt das Rodegut, bleibt für den Ackerbau nur ein unfruchtbares Stück Erde zurück. Nach Brandrodung liegen die Voraussetzungen für den Anbau von Kulturpflanzen günstiger, weil der Boden mit der Asche gedüngt wird. Brandrodung kam deshalb in den Tropen als Methode, den Wald zurückzudrängen, eher in Frage als in den kühleren Breiten, auch weil man am Äquator kein Brennholz zum Heizen benötigte.

Insgesamt war es erheblich schwieriger, die Landwirtschaft in den Tropen zu etablieren als in den subtropischen und gemäßigten, ja sogar subarktischen Bereichen der Erde, wo zuvor Laubwälder gestanden waren. Daher wurden die Wälder in den Gebieten zwischen den Wendekreisen und den Polarkreisen schon frühzeitig besonders weit zurückgedrängt, und es entwickelte sich in vielen Regionen ein eigentümliches Miteinander von Wäldern und Agrarlandschaft mit ihren strikten Begrenzungen gegeneinander: die Kulturlandschaft der Menschen. Zu ihr gehörten stets „innen" und „außen", das Ackerland wie der Wald.

8. Holz als universeller Rohstoff in der „Holzzeit"

Je weiter sich der Ackerbau als Wirtschafts- und Lebensform in die Wälder Europas ausbreitete, desto intensiver war in den einzelnen Regionen die Abhängigkeit zum Wald bei den Menschen, die den Wald rodeten, um an seiner Stelle Getreide anzubauen. Anders als im Nahen Osten wäre bäuerliches, seßhaftes Leben in Europa nicht möglich geworden, wenn es dort kein Holz und keine Wälder gegeben hätte. Eigentlich müßte man die frühen Phasen des Ackerbaus in Europa „Holzzeit" nennen, anstatt sie in Jungsteinzeit, Kupferzeit, Bronzezeit und Eisenzeit zu untergliedern; Holz wurde in viel größerem Umfang zum Überleben benötigt als Stein und Metall. Doch blieb nach der Aufgabe einer Siedlung vom Holz kaum etwas über die Jahrtausende erhalten, wohingegen die Archäologen Gegenstände aus den dauerhaften, anorganischen Grundstoffen gut nachweisen können. Deswegen nannten sie die Epochen nach den Materialien, die sich finden ließen, und nicht nach dem Holz, das eigentlich der wichtigste Werkstoff war. Holzreste hielten sich nur in verkohltem Zustand oder dann, wenn sie nach der Zeit der Verwendung durch den prähistorischen Menschen in einem Sediment unterhalb des (Grund-)Wasserspiegels eingelagert wurden, wo Mikroorganismen sie nicht zersetzten. Diese günstigen Erhaltungsbedingungen für Holz ergaben sich beispielsweise an Seeufern, in Mooren oder in Brunnenschächten.

Im Nahen Osten hatten die Menschen ihre Hütten aus Lehm gebaut, der sich an der Luft zu Ziegeln trocknen ließ. Sogar stadtartige Siedlungen wie das 8000 Jahre alte Çatal Hüyük in Anatolien waren aus diesem Baustoff errichtet worden. Weiter im Westen und Norden, in Europa, waren die Niederschlagsmengen größer, so daß Lehmbauten sich nicht auf Dauer hielten. Man baute dort zwar auch Wände aus Lehm, verwendete aber Hölzer als tragende Teile und füllte lediglich die Gefache zwischen den Holzstreben mit Lehm aus, den man auf eine Flechtwand aus Zweigen strich.

Je weiter sich Ackerbau und seßhafte Lebensweise nach Norden ausdehnten, desto notwendiger war es, Brennholz zu sammeln, um zu heizen. Für andere Zwecke brauchte man das Holz dagegen an jedem Ort: Man feuerte damit den Herd, auf dem man Speisen zubereitete, deren nahrhafte Bestandteile durch Kochen, Backen oder Braten besser aufgeschlossen wurden, man trocknete oder darrte das Getreide, um es besser aus den Spelzen herauslösen zu können oder um es haltbarer zu machen, man vertrieb wilde Tiere mit einem Feuer, und man stellte Werkzeuge aus Holz her, um nur einige der vielen verschiedenen Verwendungsmöglichkeiten für Holz aufzuzählen. Die Holzmengen, die man zum

13 Rekonstruktion eines Langhauses, wie es in der frühen Jungsteinzeit von den ältesten Ackerbauern errichtet wurde (Freilichtmuseum Oerlinghausen bei Bielefeld).

Bauen und Heizen benötigte, waren stets am größten. Da man in Europa – je nördlicher, desto mehr – auf Holz zum Bauen und Heizen zurückgreifen mußte, war es dort ein besonders wichtiger Rohstoff: Holz wurde essentiell für das bäuerliche Leben in Europa.

Holz als Bau- und Brennstoff war aber in Europa schon vor der Einführung des Ackerbaus bekannt. Natürlich hatten die Jäger früherer Zeit ein Lagerfeuer entzündet, wenn sie beieinander saßen; dieses brauchten sie auch, um Fleisch zu braten. Außerdem errichtete man bereits Holzpfostenbauten. Die Hütten mußten aber nicht sehr haltbar sein, weil die Aufenthaltsorte bald wieder aufgegeben wurden; die Jäger, Sammler und Fischer waren ja nicht seßhaft. Die Häuser der ersten seßhaften Ackerbauern in Europa wurden dagegen für eine längere Besiedlungsdauer gebaut. Die Bauern errichteten vor allem in der ersten Phase des Ackerbaus in Mitteleuropa, in der frühen Jungsteinzeit, stattliche Gebäude, die die Archäologen Langhäuser nennen, weil sie eine Länge bis zu etwa dreißig Metern aufwiesen. Man kann sich vorstellen, daß sich diese Größe an der Länge einzelner Bäume orientierte, deren Holz man als First- und Dachbalken einzog. Vor allem verwendete man Eichen zum Hausbau; von der Wurzel bis zur Spitze hat dieser Baum gerade etwa dreißig Meter lange Stämme, aus denen sich die Balken nehmen ließen. Natürlich war es kompliziert, mit so langen Holzbalken zu hantieren, aber man konnte sie ja, wenn man eine Siedlung gründete, gleich dort in die Behausung einbauen, wo zuvor der Baum gestanden hatte. Der lange Balken verlieh der Dachkonstruktion des Hauses besondere Stabilität.

Aus den archäologischen Funden wissen wir, daß man Ständerbauten errichtete, weil sich die Pfostengruben erhalten haben, in welche die Ständer gesenkt wurden. Leider blieben allerdings Dach- und Firstbalken von Langhäusern in keinem Fall bis auf den heutigen Tag erhalten. Daher wissen wir nicht, ob in solche Dächer tatsächlich derart lange Holzbalken eingebaut wurden. Dies ist jedoch wahrscheinlich, denn es wäre nicht günstig gewesen, bei einem solchen Gebäude mehrere Holzstücke zu einem First- oder Dachbalken aneinander zu setzen. Voraussetzung für die Errichtung der Langhäuser war es deshalb, daß es in den Wäldern lange geradschäftige Stämme mit nur wenigen Seitenästen gab. Gerade gewachsene Bäume waren zum Konstruieren von Ständerbauten unbedingt notwendig; krumm gewachsene Hölzer eigneten sich zur Errichtung solcher Häuser nicht. Bäume wuchsen nur dort gerade in die Höhe, wo sie dicht bei dicht nebeneinander standen. Waren die Abstände zwischen den einzelnen Bäumen dagegen größer, dehnten sich die Gewächse mehr in die Breite aus, und von Astverzweigung zu Astverzweigung wuchs die Holzpflanze gebogen oder im Zickzack in die Höhe.

Experimente haben gezeigt, daß die Menschen der Jungsteinzeit mit Steinäxten dicke und große Eichen fällen konnten. Man schnitt die Bäume allerdings nicht dicht am Boden ab, sondern in etwa einem Meter Höhe: Dann mußte man sich beim Baumfällen nicht bücken, sondern konnte in stehender Haltung mit ganzer Kraft auf den Stamm schlagen. Am einfachsten war es natürlich, wenn man die Bäume, die man zum Hausbau benötigte, gleich dort schlug, wo man sie auch brauchte. Ein langer Transport vom Fällort zum Bauplatz wäre unökonomisch und schwer zu bewerkstelligen gewesen; die Rodung des Waldes begann also dort, wo die Siedlung gebaut werden sollte, denn die Transportwege für das Bauholz sollten so kurz wie möglich sein. Wir werden noch sehen, daß dies wohl eine entscheidende Rolle für das Siedelwesen der Menschen in der Landschaft spielte.

Die tragenden Pfosten für den Hausbau wurden mit Steinbeilen zugerichtet (diese Technik hatte man in Europa bereits in früherer Zeit beherrscht), und dann rammte man die Pfähle in die Pfostengruben, die man seitlich mit humosem Erdmaterial und Abfällen auffüllte. Der dunkle, mit Holzkohlen angereicherte Humus der Pfostengruben läßt sich noch heute bei archäologischen Ausgrabungen erkennen; die Archäologen können aus der Lage dieser Gruben den Bau rekonstruieren, der sich darüber einst erhoben hatte. Aus den Zweigen der gefällten Bäume ließen sich Flechtwände herstellen, die zwischen die Pfosten eingefügt wurden. Diese Wände wurden von den Seiten her mit Lehm bestrichen. Der Lehm war also kein Baumaterial, das dem Haus Festigkeit verlieh; vielmehr ließen sich mit Lehm die Wände abdichten, so daß der Wind nicht überall durch die Ritzen in den Wänden blies. Die Rodung und der Hausbau mußten rasch vorangetrieben werden, da ja schon bald Getreide angebaut werden sollte, um das Überleben der Siedlungsbewohner zu sichern.

Aber auch die Kochplätze, Backöfen und Heizungen der Häuser mußten mit Brennholz beschickt werden. In jedem Langhaus gab es mehrere Feuerplätze, woraus der Schluß gezogen wird, daß mehrere Familien unter einem Dach zusammenlebten. Für die Gewinnung von Brennholz nahm man das Holz mehrerer Baumarten, vor allem das von Eiche, Esche, Hasel, Schlehe und von diversen Rosengewächsen, also von Kirsch-, Apfel- oder Birnbäumen, die in den Wäldern standen. Dagegen hat man fast nie Linden- und Weidenholz verfeuert, weil es sich dazu sehr viel schlechter eignete; man brauchte es für andere Zwecke. Besonders viel Brennholz stand wohl in den ersten Jahren nach der Siedlungsgründung zur Verfügung, wenn man die Freiflächen für den Anbau von Getreide schuf. Niemals reichte es zur Versorgung einer Siedlung aus, wenn man nur das Fallholz in den nahen Wäldern zusammensuchte. Es mußte also auch extra für die Brennholzversorgung Holz eingeschlagen werden. Das Holz wurde gelagert und getrocknet – daß man es lagerte, zeigte sich bei der mikroskopischen Untersuchung von Holzkohlen, die man bei Ausgrabungen fand: Die Holzzellen waren verpilzt, und Reste dieser Pilze hatten sich trotz des Brandes und der langen Zeit, die seitdem vergangen ist, in den Hölzern aus der Jungsteinzeit erhalten! Holz verpilzt nur dann, wenn es lange gelagert wurde.

Brennholz konnte man einige Jahre nach der Siedlungsgründung direkt im Umkreis der Siedlungen gewinnen. Hatte man bei den ersten Rodearbeiten Baumstümpfe stehengelassen, was wahrscheinlich ist, weil das Roden der Baumstümpfe sehr aufwendig ist, waren aus ihnen dann wieder neue Holztriebe emporgewachsen, besonders bei solchen Baumarten, die aus einem Wurzelstock leicht wieder ausschlagen; zu solchen Holzarten gehören Esche, Hasel und Schlehe. Diese Pflanzenarten kommen heute in Hecken häufig vor. Da sie in der Nähe der frühen Siedlungen wuchsen – wir wissen das deshalb, weil man sie in den Überresten von Brennholz nachweisen kann –, hat man immer wieder angenommen, es habe Hecken auf den Feldfluren der Jungsteinzeit gegeben. Das muß aber gar nicht der Fall gewesen sein; die Gewächse, die in Hecken vorkommen, gab es auch reichlich an den Rändern des Waldes, und sie schlugen auch mitten auf den gerodeten Flächen wieder aus. Gleichwohl mag es Hecken gegeben haben; damit hätte man gut die Felder gegen das Eindringen von wilden Tieren und Vieh schützen können. Die Existenz von Hecken läßt sich aber nicht durch den Nachweis von Eschen-, Hasel- und Schlehenholz erbringen.

Es war notwendig, die jungen in die Höhe gewachsenen Triebe dieser Gehölzarten zu beseitigen, weil sie allmählich das Getreide auf den Feldern beschatteten. Man wird sich vorstellen müssen, daß das Schlagen dieser jungen Holztriebe eine schwere Arbeit war, denn deren Holz war besonders zäh. Möglicherweise war es sogar einfacher, die „regulär" in einem sogenannten Kernwuchs, als einzelner Stamm in die Höhe gewachsenen ursprünglichen Bäume mit Steinäxten zu schlagen als die Stockausschläge, die aus den Baumstümpfen hochgekommen waren.

Holz brauchte man auch für die Herstellung von Werkzeugen und anderen Dingen des täglichen Bedarfs. Um sie anfertigen zu können, wählte man ganz bestimmte Holzarten aus. Unter den Hölzern gab es flexiblere Werkstoffe, besonders haltbare und solche, die sich leicht bearbeiten ließen. Die für bestimmte Zwecke erforderlichen Gehölze waren in manchen Fällen selten, und man muß sich vorstellen, daß die Menschen lange die Gegend durchstreiften, bis sie eine seltene Holzart gefunden hatten, deren Werkstoff sie unbedingt benötigten.

Im Holz der Linden gibt es besonders lange Faserzellen. Im Baumstamm dienen sie dem Wassertransport von den Wurzeln in die Baumkrone. Diese Fasern waren aber auch ein hervorragender Rohstoff für die Herstellung von Textilien: Lindenbast. Die flexiblen Zweige der Weiden konnte man besonders gut zum Korbflechten verwenden. Oder man konstruierte die Flechtwände der Häuser daraus. Davon, daß man Eichenholz als Bauholz bevorzugte, war schon die Rede. Aus dem Holz der Esche stellte man diverse Gefäße und Geräte her, unter anderem Teile von Äxten. Gefäße machte man auch aus Ahornholz, und aus Pappelrinde ließen sich Messer herstellen. Besonders lange suchte man nach dem Holz für die besten Dolche und Pfeilbögen: Hierzu eignete sich das Holz der damals schon sehr seltenen Eibe.

Die frühen Ackerbauern in Europa wußten also sehr genau, was man aus den einheimischen Gehölzarten herstellen konnte, und sie verfügten auch über vorzügliche Kenntnisse des Geländes, auf dem sie siedelten. Dies ist ein Argument für die Annahme, der Ackerbau sei dadurch nach Mitteleuropa eingeführt worden, daß die mit der Landschaft vertraute einheimische Bevölkerung agrarische Techniken aus dem Süden und Osten übernahm, und nicht dadurch, daß Ackerbauern aus dem Orient in den Okzident wanderten. Sie hätten sich in der komplexen Umwelt der europäischen Waldlandschaften nicht so gut zurechtfinden können wie einheimische Bewohner.

Das Holz wurde sehr sauber verarbeitet, man stellte auch komplizierte Geräte daraus her, zum Beispiel Webstühle. Man verstand es, Holzbalken und Bretter exakt miteinander zu verzapfen und kannte die Blockbautechnik. In der Nähe von Erkelenz bei Aachen fanden Archäologen einen Brunnen, der in dieser Zimmermannstechnik gebaut war. Mit der gleichen Methode lassen sich Blockhütten errichten, und es ist zu vermuten, daß man dies auch damals schon tat.

Insgesamt führten die verschiedenen Bedürfnisse der Menschen dem Wald gegenüber zu tiefgreifenden Veränderungen. Aber damit noch nicht genug; auch das Vieh wirkte auf die Gestaltung der Kulturlandschaft ein. Schon im letzten Kapitel war davon die Rede gewesen, daß Rinder, Schafe, Ziegen und Schweine in den Wäldern, die die Siedlungen umgaben, nach Nahrung suchten. Dabei wurde das Aussehen der Wälder ganz allmählich, aber stetig verändert. Die Zahl der Bäume verringerte sich, und die, die erhalten blieben, nahmen immer ausladendere Wuchsformen an. In Wäldern, in denen einige Jahrzehnte lang das Vieh geweidet hatte, gab es keine geradschäftigen Wuchsformen von Bäumen mehr.

Im Wald mußte auch das Winterfutter für die Tiere besorgt werden, denn Wiesen gab es noch nicht, auf denen man das Gras hätte schneiden können, das man im Winter den Tieren als getrocknetes Heu vorwarf. Es bestand aber die Möglichkeit, Laubheu zu machen. Dabei schnitt man Zweige von Baumarten mit besonders nahrhaftem Laub, vor allem von Ulmen, Linden, Eschen und Haselsträuchern. Das im Frühsommer, gleich nach dem Austrieb der Blätter geerntete Laub wurde den Sommer über getrocknet und dann als Laubheu in die Siedlung gebracht, wo es immer dann zur Fütterung von Rindern, Schafen und Ziegen verwendet wurde, wenn die Tiere nichts Nahrhaftes in den Wäldern fanden, wenn also entweder hoher Schnee lag oder nach langen Frostperioden alle Kräuter abgestorben waren.

Hasel, Linde und Esche konnten diese Form der Laubnutzung, das Schneiteln, einigermaßen gut vertragen, weil aus den Stümpfen der Äste immer wieder neue Zweige hervorwuchsen. Dies geschah auch bei den Ulmen; wenn man sie immer wieder schneitelte, wurden sie zu stark geschädigt, gingen ein, oder es starben zumindest Teile von ihnen ab. Aus den Pollendiagrammen geht eindeutig hervor, daß die Ulmen während der Jungsteinzeit in den Wäldern immer seltener wurden, eine Tatsache, die man immer wieder mit dem Schneiteln in Verbindung gebracht hat. Vor etwa 5000 Jahren kam es in den durch Schneitelnutzung geschwächten Ulmenbeständen in Nordwesteuropa zu einer Katastrophe: Es grassierte offenbar das Ulmensterben, eine Seuche, bei der sich Pilze in den Pflanzen festsetzen, die das Laub verdorren ließen. Die Pilze wurden vom Großen Ulmensplintkäfer, einem Verwandten des Borkenkäfers, übertragen, der unter der Ulmenrinde bis zu 10 Zentimeter lange Gänge bohrte, in die er seine Eier legte. Die Larven fraßen dann weitere Gänge in das Holz und verpuppten sich in der Rinde. Die Schädigung durch die Käfer war schon sehr groß, noch verheerender aber war die Wirkung der Pilze, die sich ausgehend von den Fraßgängen in der ganzen Pflanze verbreiten konnten. Man hat Überreste des Großen Ulmensplintkäfers genau in denjenigen Ablagerungen eines Moores gefunden, in denen auch über die Pollenanalyse ein markanter Rückgang der Ulme nachgewiesen worden ist. Die Ulmen kamen fortan in Mitteleuropas Wäldern nicht mehr häufig vor. Sie wurden auch natürlicherweise von anderen Bäumen verdrängt, zum Beispiel im Alpenraum von der Tanne.

Alle Bäume in der Umgebung der Siedlung wurden also in irgendeiner Weise genutzt; jede Gehölzart wurde in der Umgebung der frühen dörflichen Siedlungen dezimiert. In den Überresten der Siedlungen kann man bei archäologischen Ausgrabungen Reste von allen Gehölzarten finden, die in der Nähe der Siedlung vorgekommen waren, und insgesamt läßt sich durch deren Analyse das Vorkommen jeder Baumart in der Nähe der Siedlung sehr gut in Erfahrung bringen.

Mit der Zeit alterte die Siedlung. An den hölzernen Häusern zeigten sich schadhafte Stellen, die ausgebessert werden mußten. Ewig hielten die Häuser nicht; man geht von einer Lebensdauer von etwa dreißig Jahren für ein Langhaus aus. Schließlich konnte man es nicht mehr reparieren und mußte es neu errichten. Nichts anderes blieb einem auch übrig, wenn eines der Holzhäuser abgebrannt war, was sicher gelegentlich geschah, weil man darin mit offenem Feuer hantierte. Aber von wo ließ sich nun Holz für einen Neubau herbeischaffen? Direkt am Siedlungsplatz, wo ursprünglich einmal dichter Wald gestanden hatte, gab es keine Bäume mehr. Die nachwachsenden Triebe hatte man zur Brennholzgewinnung und für das Material von Flechtzäunen längst wieder beseitigt; sie hatten nicht die Möglichkeit erhalten, wieder zu hohen Bäumen aufzuwachsen. Auf den Wirtschaftsflächen und an deren Rändern wuchsen allenfalls junge Holzschößlinge von wenigen Metern Höhe. Die Schößlinge waren immer wieder beseitigt worden, was sich zunehmend schwieriger gestaltete. Auf der Freifläche wucherte das Holz besonders stark, der „Gesamtorganismus" Wald hatte das vitale „Bestreben", die Lichtung so rasch wie möglich wieder zu überwachsen. An die Wirtschaftsflächen grenzte Wald, in dem seit Jahrzehnten das Vieh weidete und in dem man die ganze Zeit über Laubheu gewonnen hatte. Die breitkronigen, krumm gewachsenen Bäume, die dort noch zu finden waren, eigneten sich nicht für den Hausbau. Im weiten Umkreis um die Siedlung gab es also kein Holz mehr, aus dem man neue Langhäuser hätte errichten können. Holz, vor allem die langen Stämme, hätten über eine Distanz von sicher mehr als einem Kilometer herbeigeschafft werden müssen.

Daraus mögen die Bewohner der Siedlungen schließlich ihre Konsequenzen gezogen haben. Sie verließen die Siedlung, gaben sie auf. Es war wohl leichter, anderswo eine neue Siedlung anzulegen, wo es noch gerade gewachsene große Bäume gab, und dort Felder zu begründen, wo noch keine Wasserschossen und Wurzelschößlinge aufgekommen waren, die sich mit den Steinäxten schwer beseitigen ließen.

Ob die Siedlungen aus diesem Grund verlassen oder verlagert wurden, wissen wir allerdings nicht sicher. Ausgrabungsergebnisse zeigen lediglich, daß Siedlungen in vorgeschichtlicher Zeit nie völlig ortsfest waren, sondern nach einiger Zeit verlagert wurden. Man hat immer wieder vermutet, die Bodenfruchtbarkeit habe nach ein paar Jahrzehnten so stark nachgelassen, daß sich eine Fortführung des Ackerbaus auf den einmal gerodeten Flächen nicht mehr lohnte. Diese Annahme ist jedoch wenig wahrscheinlich, weil sich gerade auf den fruchtbaren Lößböden Mitteleuropas viel länger ertragreicher Getreidebau betreiben ließ als nur ein paar Jahrzehnte lang. Viel einleuchtender scheint es, daß man die Siedlungen verlagerte, weil es einfacher war, dorthin zu gehen, wo es Bauholz gab, als es über weite Distanzen zum bisherigen Siedlungsplatz zu transportieren. Und die Felder gab man vielleicht deswegen auf, weil es allmählich allzu kompliziert wurde, sie dauerhaft vom vorrückenden Gehölz frei zu halten. Also begann eine Entwicklung zurück zum Wald auf der aufgegebenen Agrarfläche. Für die Menschen mag sich der „Umzug" gelohnt haben: Anderswo in Europas Wäldern gab es noch genügend Holz zum Bauen und Heizen.

Wo man nicht so stark auf das Holz als Bau- und Brennstoff angewiesen war und wo man dauerhafte Lehmziegelwände errichten konnte, im Nahen Osten und in Teilen des Balkans, blieben die Siedlungen übrigens länger an Ort und Stelle bestehen. Auf dem Schutt früherer Siedlungen wuchsen im Gebiet zwischen dem Zweistromland und dem heutigen Bulgarien Schicht für Schicht ganze Siedlungshügel auf, die sogenannten Tells. Ein Umzug zum Rohstoff war hier nicht notwendig; Lehm, der sich zu Ziegeln verarbeiten ließ, gab es in der Nähe der Tells in ausreichender Menge.

Daß man Siedlungen nur dort alle paar Jahrzehnte verlagerte, wo man den Hütten ein tragendes Gerüst aus Holz gab, ist eine weitere Bestätigung der Annahme, daß Siedlungen aufgegeben und neu gegründet wurden, weil man in die Nähe des benötigten Baustoffs zog. Die Lebensweise im Orient, wo die Tells entstanden, war ganz anders als im Okzident. Die Menschen, die im Nordwesten den Ackerbau aus dem Südosten übernahmen, hatten eine andere Lebensweise. Sie kannten sich mit Holz und Wäldern besser aus als die Menschen im Nahen Osten.

9. Und wieder schließen sich Wälder

Daß die vorgeschichtlichen Siedlungen in großen Teilen Europas von ihren Bewohnern nach einigen Jahrzehnten wieder verlassen wurden, wird von den Archäologen immer wieder festgestellt. Es scheint ein besonderes Charakteristikum dieser Siedlungen gewesen zu sein, daß sie nie länger als ein paar Jahrzehnte Bestand hatten. Wenn sie verlassen wurden, muß das nicht grundsätzlich bedeutet haben, daß zum gleichen Zeitpunkt auch die Felder aufgegeben wurden, die im Umkreis der verlassenen Siedlungen lagen. Aber man konnte von einer weiter entfernt liegenden neu gegründeten Siedlung das heranreifende Korn auf der alten Fläche nicht mehr „bewachen". Daher ist wahrscheinlich, daß man die Getreidefelder so bald wie möglich in die Nähe der neu errichteten Siedlung verlagerte. Also zog wohl, was allerdings zunächst einmal nur schwer nachweisbar zu sein scheint, die Verlagerung einer Siedlung die Verlagerung der Wirtschaftsflächen nach sich. Dafür gibt es Indizien: Auf den verlassenen Siedel- und Wirtschaftsflächen wurde der Boden nicht mehr gepflügt und gehackt, und emporkommendes Holz wurde nicht mehr abgeschlagen. Vielleicht führte man noch gelegentlich das Vieh dort auf die Weide, wo ehedem Korn herangereift war; dann mußte aber ein Hirte die Herde begleiten und die Tiere hüten, denn das Vieh weidete dort weit von der neuen Siedlung entfernt.

Geschah auch das nicht mehr, setzte ein natürlicher Prozeß ein, der sich in jedem Waldland abspielt und von dem in diesem Buch auch schon wiederholt die Rede war: Der Wald schloß sich wieder. Aus den Stümpfen geschlagener Bäume kamen neue Schößlinge empor, die nun niemand mehr abschlug. Von den Waldrändern und den Wurzeln der dort wachsenden Bäume drang Wurzelbrut in die ehemals genutzte Freifläche vor. Selbstverständlich waren diese Prozesse auch während der Siedlungszeit abgelaufen, aber da hatte der Mensch die Gehölzpflanzen stets in Façon gehalten, sie am Aufkommen in „seiner" Wirtschaftsfläche gehindert. Vom Wind wurden stets Samen auf die verlassene Freifläche getragen, Samen von Birken, Pappeln, Weiden und Kiefern. Weil der Boden der ehemaligen Äcker nicht mehr bearbeitet wurde, wuchsen aus der Saat nun junge Triebe dieser Baumarten, die man Pionierbaumarten nennt, zwischen mancherlei Unkraut in die Höhe. Tiere, die wir die Tiere des Waldes nennen, die aber eigentlich vor allem dort leben, wo es sowohl Wald als auch Freiflächen gibt, wurden auf die Lichtung gelockt, weil es dort viel zu fressen gab, ohne daß die Bewohner der Siedlung sie daran gehindert hätten. Mäuse, Hamster, Ratten, Hasen, Rehe und Wildschweine fanden in den ersten Jahren nach der Aufgabe der Wirtschaftsflächen noch nahrhafte Gewächse vor, die aus verlorener Saat aufgelaufen waren; erst in späteren Jahren wurden die Kulturpflanzen immer mehr von konkurrenzkräftigeren Pflanzen zurückgedrängt. Füchse und Wölfe fanden sich ebenfalls ein, aber nicht, weil es Pflanzen zum Fressen gab, sondern weil das vielerlei Getier auf der Lichtung willkommene Beute war. Man kann annehmen, daß alle genannten Tiere in einer Landschaft häufiger wurden, in denen der Mensch erst Wirtschaftsflächen anlegte, sie dann aber in der hier beschriebenen Weise verließ. Für diese Annahme gibt es Bestätigungen in archäologischen Funden: In Siedlungen der späteren Jungsteinzeit hat man häufig Knochen von Wildtieren gefunden, ein Beweis dafür, daß diese Tiere in der Umgebung der Siedlungen offenbar zahlreicher geworden waren. Auch manche Vogelarten vermehrten sich. Vögel ließen sich auf den weit ausladenden Ästen der Bäume nieder; die Zweige waren erstklassige „Warten" für sie, von denen die Umgebung viel besser zu überblicken war als von Bäumen aus, die dicht bei dicht im noch jungfräulichen Wald standen.

Alle die erwähnten Tiere fanden nicht nur Nahrung auf der Lichtung, sie brachten auch Samen und Früchte mit sich. Die Vögel ließen von den Zweigen, auf denen sie saßen, Kerne fallen, vor allem in ihren Kothaufen: Kerne von Brombeeren, Himbeeren, Erdbeeren, Vogelbeeren, Kirschen, vom Schwarzen und Roten Holunder, von Weißdorn und Schlehe. Eichelhäher und Eichhörnchen vergruben Eicheln, Haselnüsse und Bucheckern, von denen auch Mäuse, Hamster und Ratten Vorratslager anlegten. Die meisten dieser vergrabenen Nahrungsvorräte wurden wieder gefunden und später gefressen, manche aber auch nicht. Aus vergessenen Früchten und Samen konnten Büsche und Bäume emporwachsen, ebenso wie aus den Samen, die im Vogelkot enthalten waren. Kirsche, Holunder und Haselbüsche hatten einige Jahre lang besonders reichlichen Fruchtansatz, vornehmlich in der Zeit, in der ihre Zweige noch nicht von anderen Bäumen beschattet wurden. Die Lichtung bot also weiterhin Nahrung für viele Tiere (und auch für den Menschen). Doch dann setzten sich langsamer wachsende Bäume immer stärker durch, die in der Lage waren, die oberste Baumschicht der Wälder zu bilden. Darunter waren Baumarten, die es auch vor der Rodung schon in den Wäldern an Ort und Stelle gegeben hatte, beispielsweise Eichen. Aber auch andere Gehölzarten, die es ehedem an Ort und Stelle noch nicht gegeben hatte, wie zum Beispiel in vielen Teilen Mitteleuropas die Rotbuche, konnten sich nun ausbreiten.

Diese Baumart, die heute als besonders charakteristisch für mitteleuropäische Wälder gilt, hätte sich vielleicht auch vermehrt, wenn es nicht zu immer neuen Rodungen, Verlagerungen von Wirtschaftsflächen und Neubildungen von Waldparzellen gekommen wäre. Aus den Pollendiagrammen läßt sich aber erkennen, daß die Buche in vielen Gegenden Mitteleuropas genau in der Zeit häufiger zu werden begann, in der die Besiedlung durch den vorgeschichtlichen Ackerbauern begonnen hatte. In der Folgezeit breitete sie sich nicht etwa

14 Schattiger Buchenwald auf der Schwäbischen Alb. Die meisten Buchenwälder in Mitteleuropa entstanden erst nach dem Beginn der Beeinflussung der Vegetation durch den Menschen.

rasch, sondern nur allmählich aus; man kann sich vorstellen, daß sie nach und nach jede vom Menschen wieder aufgegebene Fläche „eroberte". Ihre Ausbreitung begann im Süden Mitteleuropas gleich mit der ersten Phase, in der die Zyklen mit Rodungen, Aufgeben von Siedlungen und Neubildungen von Wäldern eingesetzt hatte: in der Jungsteinzeit. Die Buche kam damals schon in einigen höheren Mittelgebirgen Süddeutschlands und in den Mittelgebirgslagen der Alpen vor. Also konnten die Tiere die Buchenfrüchte von den Bergen in die Niederungen bringen, wo sich Wälder neu bildeten. In der Zeit danach wurde die Buche von Jahrtausend zu Jahrtausend häufiger. Neugründungen von Siedlungen und deren Aufgabe nach einigen Jahrzehnten waren in manchen Gegenden typisch für das Siedlungswesen bis zur Römerzeit, in anderen bis zum Mittelalter. Bis zu dem Zeitpunkt, als diese charakteristisch prähistorische Siedelweise aufgegeben wurde, hat die Buche noch immer weiter Anteile an den Waldflächen für sich erobern können. In anderen Gegenden, zum Beispiel in Norddeutschland und im Süden Skandinaviens, begann die Ausbreitung des Baumes nicht sofort am Beginn der Jungsteinzeit, weil dort noch keine Buchen in der Nähe der aufgegebenen Siedelflächen vorkamen, von denen aus Samen auf die sich schließenden Lichtungen hätten gelangen können. Dort wurde die

Buche zum Teil erst sehr spät heimisch, nämlich kurz bevor sich die Art und Weise der Behandlung von Siedlungen und Wirtschaftsflächen durch den Menschen grundlegend veränderte. Insgesamt breitete sich die Buche jahrtausendelang aus und drang auf immer neue Flächen vor. Eine Siedlung konnte nacheinander an verschiedenen Stellen liegen. Besonders in den agrarisch leicht zu bewirtschaftenden Lößgebieten wurde praktisch jeder Fleck, der sich dafür eignete, im Verlauf der Vorgeschichte einmal oder mehrfach für die Gründung einer Siedlung ausgewählt. Für den Archäologen bedeutet dies: Wenn heute irgendwo im Lößgebiet eine Baugrube geöffnet wird, kann man fast schon sicher davon ausgehen, daß sich dort die Spuren irgendeiner vorgeschichtlichen Siedlung finden lassen. Und für die Geschichte des Waldes bedeutet es, daß so gut wie jede Waldparzelle, die sich dafür eignete, irgendwann zwischen dem 5. vorchristlichen Jahrtausend und der Römerzeit oder dem Mittelalter einmal von Menschen gerodet wurde, damit dort Wirtschaftsland angelegt werden konnte. Und nach der Aufgabe der Siedlung konnte dort neuer Wald emporwachsen, wobei jahrtausendelang die Ausbreitung der Buche begünstigt wurde. Und hatte sie einmal die Herrschaft im Wald übernommen, blieb es nachhaltig so. In vielen Gegenden bildeten sich mit der Zeit reine Buchenwälder heraus.

Die Veränderungen der Wälder durch den Menschen waren nicht nur tiefgreifend, weil Holz geschlagen und genutzt wurde, sondern auch, weil durch die zeitweilige Nutzung der Flächen weiteren Baumarten die Einwanderung und Ausbreitung erleichtert wurde. Von der vorgeschichtlichen Siedlungs- und Wirtschaftsweise profitierte nicht nur die Rotbuche in Mitteleuropa. Auf die gleiche Weise wurde die Ausbreitung der Hainbuche im östlichen Mitteleuropa begünstigt und die der Fichte im westlichen Alpenvorland. Wir wissen dabei freilich nicht, inwieweit sich die genannten Baumarten ohne die „Hilfestellung" durch den prähistorischen Menschen ausgebreitet hätten, der die Zyklen von Rodungen und Wiederbewaldungen in Gang gebracht hatte. Im Schatten von anderen Bäumen können sich gerade Fichte und Buche als sogenannte Schatthölzer durchsetzen, aber leichter breiteten sie sich ohne die Konkurrenz zu anderen Schatten spendenden Gehölzarten aus.

Der Wald, der sich über der aufgegebenen Siedel- und Wirtschaftsfläche schloß, sah also nicht genau so aus wie derjenige, den die Menschen einst gerodet hatten. In den neu entstandenen Wäldern kamen Pflanzen stickstoffreicher Böden vor; lange noch wird man an den Büschen des Schwarzen Holunders erkannt haben, wo ehemals die Häuser gestanden hatten und wo sich der meiste Stickstoff angesammelt hatte. Durch die einfacheren Voraussetzungen für die Ausbreitung auf einer sich schließenden Lichtung und dadurch, daß Tiere eine Menge verschiedener Samen und Früchte auf der Freifläche zusammengetragen hatten, wurden auch Bäume wie die Rotbuche häufiger, die den generellen Charakter des Waldes mit der Zeit veränderten. Unter den Buchen wurde es nämlich so schattig, daß es kaum noch einer anderen Baumart gelang, dort in die Höhe zu kommen. Die Eichen wurden in vielen Buchenwäldern immer seltener, sie wurden „ausgedunkelt", wie die Forstleute sagen.

Waren dies aber nun natürliche Vorgänge im Gegensatz zu von Menschen veranlaßten unnatürlichen, anthropogenen Prozessen? Sicher, der Mensch griff nicht in den Ablauf der Wiederbewaldung, der Neubildung von Wäldern ein, so daß die Buchen ohne direkte Begünstigung des Menschen in die Höhe wuchsen. Aber „rein natürlich" war diese Entwicklung nicht. Das, was sich zuvor abgespielt hatte, Rodung und Besiedlung bzw. Bewirtschaftung einer Fläche, auch die Aufgabe von Siedlung und Ackerbau waren keine natürlichen Prozesse, sofern man Tätigkeiten des Menschen als unnatürlich auffassen will. Dadurch, daß eine Fläche einige Jahrzehnte lang besiedelt und agrarisch bewirtschaftet wurde, kam dort die Zeit einer rein natürlichen Entwicklung von Wäldern bereits zu einem Ende. Der einmal gerodete natürliche Wald entstand in gleicher Form nicht wieder.

In der Forstwirtschaft und im Wald-Naturschutz geht man aber heute oft davon aus, daß Wälder ein völlig natürliches Bild annehmen, wenn man sie einfach sich selbst überläßt oder wenn man sie ohne jegliche anthropogene Beeinflussung hochkommen läßt. Man spricht von der „potentiellen natürlichen Vegetation (PNV)", die sich auf einer Fläche ausbilden soll, wenn menschlicher Einfluß sofort und für immer aussetzen würde, so daß sich Vegetation bis zu einem Endzustand entwickeln kann. Man entwirft sogar Karten der „PNV" und orientiert sich bei der Bewirtschaftung der Wälder an den Leitbildern, die man auf diese Weise zu gewinnen meint.

Buchenwälder gelten als potentielle natürliche Vegetation vieler Gegenden in Mitteleuropa. Aus den Resultaten der Pollenanalysen läßt sich aber erkennen: Wenn sich nach der Aufgabe der Nutzung auf einer ehemaligen Wirtschaftsfläche eigentlich „potentielle natürliche Vegetation" hätte bilden sollen, entstand ein Wald, der anders aussah als derjenige „echt natürliche", den die Menschen vor der Etablierung der Siedlung beseitigt hatten. Daß sich also eine „potentielle *natürliche* Vegetation" überhaupt nach Beendigung einer Nutzung einstellt, scheint damit eine Illusion zu sein. Dort, wo der Ackerbau treibende Mensch einmal begonnen hatte, Wälder zu roden und zu beeinflussen, konnte nie mehr ein wirklich natürlich zu nennender Wald in die Höhe wachsen. Die Entwicklung der Landschaften und ihrer Wälder hatte durch den Eingriff des Menschen eine andere, auf jeden Fall anthropogen geprägte Richtung genommen. Nach dem Eingriff des Menschen bildete sich immer nur das heraus, was wir „Natur aus zweiter Hand" nennen würden. Der „echt natürliche" Wald vor der Siedlungsgründung hatte viele Ulmen, Eichen und Haselbüsche enthalten, im Wald, der Natur aus zweiter Hand war, gab es kaum noch Ulmen, aber viele Buchen, und noch sehr lange mögen stickstoffreiche Plätze, an denen einst Häuser gestanden hatten und das Vieh seine Rastplätze gehabt hatte, am Bewuchs von stickstoffliebenden Gewächsen, zum Beispiel von Schwarzem Holunder, identifizierbar gewesen sein.

Was sich hier erkennen läßt, ist in mehrfacher Hinsicht von grundsätzlicher Bedeutung. Zum einen wird klar, daß unsere Umwelt, sogar die Wälder, schon sehr viel länger vom Menschen geprägt werden als allgemein angenommen, nämlich schon etwa 7000 Jahre lang. Zum anderen, und das ist wohl noch viel wichtiger, zeigt sich, daß der Mensch eine echte Natur in seiner Umgebung wohl zerstören, aber nie wieder herstellen kann. Jeder Fleck in der Landschaft wird nicht nur durch die momentan herrschenden Gegebenheiten geprägt, sondern auch durch das, was sich früher auf ihm abgespielt hat; man kann sagen, die Landschaft hat ein „Gedächtnis" für das, was sich früher in ihr ereignet hat, und auch für das, was die Kultur des Menschen mit sich brachte. Wenn sich nun aber Natur nach Ende der menschlichen Nutzung nicht wieder einstellt, allenfalls Natur aus zweiter Hand: welche Argumente gibt es dann für ihren Schutz? Diese Frage muß immer wieder gestellt werden, und man kann sie nur dann objektiv beantworten, wenn man gerade nicht nur die „Natürlichkeit" als Begründung für den Schutz einer Landschaft wählt, sondern auch ihre vom Menschen geprägte Identität.

Auf der ehemaligen Siedlungsfläche erreichten zuerst diejenigen Bäume ihre maximale Höhe, die in ihrer Jugendzeit viel Platz zum Wachstum gehabt hatten, die also weit ausladende Äste besaßen. Erst ganz allmählich übernahmen Baumindividuen die Herrschaft im Wald, die dicht bei dicht in die Höhe gewachsen waren und daher schlanke Wuchsformen mit geraden Stämmen ausgebildet hatten. Diese Bäume wären wieder die geeigneten zum Bau von Häusern gewesen. Tatsächlich kennen die Archäologen zahlreiche Beispiele dafür, daß ehemalige Siedel- und Wirtschaftsflächen nach einigen Jahrhunderten von Ackerbauern erneut aufgesucht wurden. Wieder rodeten sie den Wald, nutzten das Holz unter anderem zum Bau von Häusern. Offenbar baute man in späterer Zeit nur noch selten Langhäuser. Archäologen meinen, man errichtete kleinere Hütten, weil sich die Sozialstrukturen gewandelt hatten: Jede Familie hatte nun ihr eigenes Dach über dem Kopf, und es gab nur noch eine einzige Feuerstelle in jedem Haus. Man lebte also nicht mehr als Großverband mehrerer Familien gemeinsam in einem Langhaus. Doch kann der Entschluß der Menschen, kleinere Häuser zu bauen, auch dadurch erzwungen worden sein, daß die Baumstämme nicht mehr so lang und geradschäftig waren wie zu Beginn der Jungsteinzeit. Probleme, geeignetes Bauholz zu finden, bestanden auch deswegen, weil in vielen Wäldern nun die Buche die Herrschaft übernommen hatte, deren Holz sich für den Hausbau nicht besonders gut eignete. Eichen, deren Holz man bei der Errichtung von Häusern weiterhin bevorzugte, kamen in den Wäldern seltener vor, und sie erreichten wohl nicht mehr die großen Höhen von ehedem.

Prähistorisches, vorgeschichtliches Siedelwesen hielt sich über Jahrtausende. Die Zusammensetzung der Wälder änderte sich dadurch tiefgreifend; immer wieder waren neue Waldparzellen gerodet worden, und die Wälder hatten sich nach einigen Jahrzehnten der Nutzung immer wieder geschlossen. Der jungfräuliche Urwald kam nie wieder zurück; Veränderungen des Waldbildes, die sich vielleicht auch ohne Einfluß des Menschen abgespielt hätten, liefen nun auf jeden Fall beschleunigt ab. Nach einigen Jahrtausenden hatte sich das Aussehen des Waldes in Mitteleuropa vollständig gewandelt; er war schon damals nur noch Teil einer Natur aus zweiter Hand.

10. Die „schaurigen Wälder" des Tacitus

Im Verlauf der vorgeschichtlichen Epochen von der Jungsteinzeit bis zur Eisenzeit stieg die Bevölkerungsdichte in Mitteleuropa an, und die Menschen entwickelten neue technische Fähigkeiten. Dies läßt sich an mehreren Dingen erkennen. Einmal bearbeiteten sie nun nicht mehr ausschließlich Stein, Knochen und Holz, um Werkzeuge herzustellen, sondern auch Kupfer, Bronze, Eisen und andere Metalle, nach denen die Archäologen die auf die Jungsteinzeit folgenden Epochen Kupfer-, Bronze- und Eisenzeit nennen. Mit der Zeit wurde die agrarische Nutzung auch in Gebieten mit schwerer zu beackernden Böden aufgenommen. In der Kupferzeit betrieben die Menschen erstmals großflächig Landwirtschaft auf Lehmböden in Moränenlandschaften, die von den Eiszeitgletschern geschaffen worden waren. Seit der Bronzezeit, also vom späten 3. Jahrtausend v. Chr. an, wurden auch Flächen auf zusammengeschwemmtem Grund in den Kalkgebirgen beackert. In der Eisenzeit, im 1. Jahrtausend v. Chr., entstanden Dörfer und Wirtschaftsflächen dann ebenso auf steinigerem Boden in Sandstein- und Grundgebirgsregionen sowie auf den schweren Tonböden der Fluß- und Seemarschen.

In immer mehr Gegenden entschieden Menschen sich, Ackerbau aufzunehmen und Wälder zurückzudrängen. Dies ging nach dem schon beschriebenen Muster vor sich: Wälder wurden gerodet, Siedlungen und Ackerland entstanden, von den Siedlungsplätzen aus wurde weiter gerodet, das Vieh in die Wälder getrieben, was zur weiteren Auflichtung der Gehölze führte, schließlich wurden die Siedlungs- und Wirtschaftsflächen nach einigen Jahrzehnten wieder aufgegeben und sich selbst überlassen. Anschließend schloß sich der Wald wieder. Wo die Buche noch nicht vorgekommen war, wurde ihre Ausbreitung gefördert.

Eine besonders eigentümliche Form der Bewirtschaftung von Landschaft entwickelte sich im Hochgebirge der Alpen. Dort hatten die Eiszeitgletscher charakteristische Trogtäler mit breiten Sohlen und steilen Seitenwänden geschaffen. Ackerbaulich genutzt werden konnten die Flächen im Talgrund, die nicht von Überschwemmungen bedroht und nicht zu steinig waren. Dagegen war eine landwirtschaftliche Nutzung der steilen Talflanken nicht möglich; die Bauern konnten aber die Areale der sanfter geneigten, nicht von den Gletschern geformten Oberhänge bewirtschaften. In Abhängigkeit von den Nutzungsmöglichkeiten wurden die Wälder gerodet, und zwar zunächst im Tal, um Platz für Ackerland zu schaffen. Die Oberhänge, die für eine Bewirtschaftung in Frage kamen, reichten in vielen Fällen über die Waldgrenze hinaus. Oberhalb der Waldgrenze, die von Lärchen, Arven und zum Teil auch Fichten gebildet wurde, dehnten sich weite Blumenmatten aus, die von den Bauern der Alpen sehr bald auch genutzt wurden: als ideale natürlich bestehende Viehweiden, die vor einer Nutzung nicht durch Rodungen „präpariert" werden mußten. Das für die Bauern der Alpen nutzbare Gelände war auf diese Weise von Anfang an in zwei Teile geteilt, wobei die eigentlichen landwirtschaftlichen Flächen und die Dauersiedlungen in den Tälern lagen. Die Hochlagen wurden von Hirten und ihren Viehherden nur im Sommer aufgesucht. Die für das Hochgebirge charakteristische Almwirtschaft war entstanden. Almwirtschaft entwickelte sich nicht nur in den Alpen, sondern auch in anderen hohen Gebirgen, etwa in den Pyrenäen, in den Karpaten und in der Tatra sowie in den skandinavischen Bergländern.

Zwischen den Ackerregionen der Täler und den Hochweiden blieb der Wald erhalten. Durch ihn wurde das Vieh auf steilen Pfaden auf die Alm getrieben, und dies zum Teil bis auf den heutigen Tag. Im Lauf der Zeit war man allerdings bestrebt, das Waldgebiet von unten her zu verkleinern, indem man das Agrarland immer weiter gegen den Steilhang zu vergrößerte. Damit die Äcker noch einigermaßen eben waren, wurde das Gelände terrassiert. An der Waldgrenze wurde der Wald allmählich ebenfalls zurückgedrängt, weil das Vieh nicht nur auf den Bergmatten graste, sondern auch in den angrenzenden Waldungen. Die Spitzen von jungen Lärchen und Arven wurden abgebissen; der Jungwuchs dieser Bäume schaffte es in der ohnehin für Holzgewächse sehr abweisenden Umwelt nicht mehr, in die Höhe zu kommen. Die Waldgrenze, die ursprünglich linienhaft ausgebildet gewesen war und an der neben hohen Bäumen – wie allgemein üblich – nur etwas weniger hohe, dann kleinere, nach oben hin ganz kleine gestanden hatten, machte nun einen ausgefransten Eindruck: Einzelne Bäume waren stehengeblieben, von Wind und Wetter zerzaust; zwischen ihnen klafften große Lücken, weil die jungen Bäume, die dort hätten aufwachsen sollen, von Rindern, Schafen und Ziegen verbissen worden waren. An Stelle von Bäumen breiteten sich andere, niedrigere Holzgewächse aus, Büsche und Zwergsträucher: die Grünerlen und die Alpenrosen. Diese Pflanzen hatte es in den Wäldern der Hochlagen auch schon früher gegeben; man findet sie ja auch heute nicht nur außerhalb des Waldes, sondern auch im Unterwuchs von Lärchen und Arven. Weil die Sträucher vom Vieh nicht gefressen wurden, konnten sie sich ausbreiten, nachdem durch die Beweidung Lärchen und Arven von der Waldgrenze zurückgedrängt waren. Auf diese Art und Weise wurde durch die Almwirtschaft die Waldgrenze um einige hundert Meter talwärts verschoben. Überall dort, wo heute Alpenrosen im Offenland wachsen, könnte, grob gesprochen, auch Wald sein, und dort ist wohl auch vor dem Beginn der Almenbewirtschaftung Wald gestanden.

Nicht nur unter dem Einfluß klimatischer Unterschiede, sondern auch durch lange Nutzung stellte sich so die charakteristische Höhenstufengliederung in den Alpen und anderen Gebirgen ein: Unter den Felsen und dem ewigen Schnee liegen die Bergmatten, in deren tieferen Lagen Alpenrosen häufig vorkommen.

15 Die typische Gliederung der Landschaft in den Alpen: Die agrarisch genutzten Flächen und die Siedlung befinden sich im Tal, Almen auf den Höhen; zwischen der Siedlung und der Alm blieb der Wald auf steilen Hanglagen erhalten (Grindelwald im Berner Oberland).

95

Auf den unterhalb davon sich befindenden Steilhängen stehen Wälder, die im oberen Teil mehr von Lärche und Arve, weiter unten von Fichte, Buche, Tanne und Bergahorn gebildet werden, wobei in den Alpen im Westen die Tanne häufiger ist, im Osten die Fichte. In den Tallagen entstand eine intensiv genutzte Agrarlandschaft.

Die immer weiter fortschreitende Ausbreitung der Buche und die Herabsenkung der Waldgrenze seit etwa 5000 Jahren werden nicht immer nur für Folgen menschlicher Nutzungen gehalten. Es gibt noch einen anderen, älteren Erklärungsversuch, bei dem man davon ausgeht, das Klima sei kühler und regenreicher geworden. Zwar lassen sich mehrere Phasen des Vorrückens und des Zurückschmelzens der Gletscher in den Alpen in dieser Periode nachweisen; mal rückte das Eis stärker vor, dann wieder schmolz es ab. Doch lassen sich die Phasen des Vorrückens der Gletscher, des Absinkens der Waldgrenze und der Ausbreitung der Buche zeitlich nicht parallelisieren. Die Buchenausbreitung in Europa zog sich über mehrere Jahrtausende hin, eine Zeitspanne, in der es gleich mehrere Gletscheroszillationen gab, das Klima also einmal geringfügig kühler, dann wieder etwas milder wurde. Im Zuge der Buchenausbreitung entstanden Buchenwälder sowohl in klimatisch begünstigten tiefen Lagen im Hügelland wie in höher gelegenen Gebirgen; die Buche drang bis direkt an die Ostsee und bis zur Waldgrenze in den Vogesen und Cevennen vor. Sie nahm Wuchsorte am Mittelmeer genauso ein wie solche im Süden Skandinaviens. Alle diese Orte unterschieden sich in ihrem Klima deutlich voneinander, viel stärker als die relativ warmen und relativ kühlen Phasen der Klimageschichte. Das, was auf der Hand zu liegen scheint, müßte erst noch bewiesen werden, nämlich daß es zeitliche Korrelationen zwischen überregionalen Klimaschwankungen der Nacheiszeit und den Ausbreitungs- und Zurückdrängungsvorgängen bestimmter Baumarten gibt. Weil die Vegetationsveränderungen nicht überall zur gleichen Zeit auftraten, ist die Annahme schlüssiger, die Wandlungen in der Vegetation während der letzten Jahrtausende seien weitgehend, wenn auch vielleicht nicht allein von der menschlichen Bewirtschaftung der Landschaften ausgegangen.

Es war schon die Rede davon, daß sich der Charakter der Ostsee veränderte, was eine Klimaverschlechterung möglicherweise ausschließlich in der Umgebung des Meeres zur Folge hatte. Weil die Landmassen Skandinaviens noch immer, von der Last des Gletschereises befreit, weiter aus den Meeren empor tauchten, wurden die Sunde zwischen den dänischen Inseln und Schonen flacher. Weniger Wasser, das vom warmen Golfstrom aus den amerikanischen Tropen nach Europa gebracht worden war, konnte in die Ostsee eindringen. Die Ostsee nahm immer mehr, aber immer noch nicht ganz den Charakter eines kontinentalen Binnensees an. Im Sommer erwärmte sich ihr Wasser zwar beträchtlich, es kühlte aber im Winter auch stärker ab. Immer größere Teile des Meeres waren immer länger während des Winters zugefroren. Auf den zahlreichen Süßwasserseen im Binnenland Skandinaviens lag das winterliche Eis ebenfalls länger, zu lang für die Wassernuß, ein Gewächs, das im Lauf der Jahrtausende in einem See nach dem anderen ausstarb und heute seine Nordgrenze in Mitteleuropa hat.

In der Umgebung der Ostsee wurden die Sommer kürzer, die Winter länger, was Laubbäume wie die Hasel und die Eiche benachteiligte. Diese Holzpflanzen wurden von der Fichte verdrängt, die sich nun von Finnland aus weiter nach Westen, bis ins Skandinavische Gebirge, ausbreitete. Nur in der Nähe der Südwestküsten Finnlands und Skandinaviens, wo das Klima am ehesten noch einen maritimen Charakter behielt, wachsen heute noch Eichen. Im Süden Schwedens grenzte das Verbreitungsgebiet der Fichte schließlich sehr markant an die nördliche Arealgrenze der Buche. Diese Grenze wurde von den Botanikern „Limes Norrlandicus" genannt, und sie wurde zur eigentlichen landschaftlichen Südgrenze Skandinaviens gegenüber Schonen, das im ganzen einen eher mitteleuropäischen Landschaftseindruck macht.

Diese Veränderungen der Landschaften in Nordeuropa können aber auch mit der einsetzenden agrarischen Bewirtschaftung des Landes in Verbindung gebracht werden; von Süden nach Norden drang Ackerbau in den letzten Jahrtausenden in Skandinavien und Finnland vor, sogar in dem Gebiet, in dem man heute keine indoeuropäische, sondern eine finnougrische Sprache spricht. Es ist auf jeden Fall schwer zu entscheiden, welche Landschaftsveränderungen auf das Konto einer Klimaveränderung im Ostseeraum als Folge einer Verschiebung von Charakteristika eines Meeres gehen und welche eher auf die Tätigkeit des Menschen zurückzuführen sind. Für ein Verständnis mittel- und nordeuropäischer Ökosysteme wäre es wichtig, der Frage nachzugehen, wie weitreichend sich die Veränderungen der Ostsee räumlich auswirkten. *ich Lieb Dich!*

Im Lauf der Zeit veränderten sich die Formen der Landnutzung durch die vorgeschichtlichen Menschen. In weiten Teilen Mitteleuropas ließen die Bauern ihr Vieh nicht mehr nur in den geschlossenen Wäldern weiden. Vor allem in der Eisenzeit suchten die Menschen weite Niederungen und Flußtäler auf, aber auch das Land an der Meeresküste. Dort waren die Wälder nicht überall dicht geschlossen, und es gab sogar größere baumfreie oder baumarme Gebiete. An den flachen Küsten des Schelfmeeres verhinderte das gelegentlich vorstoßende Salzwasser, daß Bäume an den überfluteten Stellen wachsen konnten. In den Flußtälern riß das winterliche Eis Lücken in den Wald, vor allem wenn es zur Treibeisbildung kam oder wenn sich das Eis als Folge von Wasserstandsschwankungen vertikal bewegte. Im darauf folgenden Sommer konnte sich dann das üppige Grün, das sonst immer vom dichten Laub der Bäume beschattet gewesen war, um so reichlicher entfalten. Kräuter und Gräser wucherten, sie bildeten die natürliche Initiale einer Viehweide. Drängten die Menschen Weiden-, Birken- und Erlenbrücher künstlich noch weiter zurück, entstanden größere Viehweiden. Diese waren den Menschen besonders wichtig, denn die Haltung von Pferden gewann mehr und mehr Bedeutung. Diese stets besonders geschätzten Haustiere sind ihrer biologischen Konstitution nach Tiere des waldoffenen Landes, was man am Bau ihres Gebisses erkennen kann. Die Nahrung von Pferden sollte mindestens zum Teil aus Gräsern und Kräutern bestehen. Aber auch die anderen Haustiere, vor allem Rinder, ließen sich besser auf Weidegründen mit nur wenigen Bäumen halten als im dichten Wald. Daher suchten die Menschen mit ihrem Vieh die Niederungsgebiete auf. Im ersten Jahrtausend v. Chr. entstanden dort große Siedlungen. In bergigen Gegenden konnten diese Siedlungen sowohl auf den Höhen über den Niederungen gegründet werden als auch auf flacheren Hügeln und Inseln, also einerseits auf dem Bogenberg und der Heuneburg oberhalb des Donautales oder am Kaiserstuhl, direkt über der Rheinniederung, andererseits auf der Donauinsel Öberau bei Straubing und bei Manching. Im Tiefland weiter im Norden ragten die Horste und Inseln nur wenig aus den von Hochwasser gefährdeten Bereichen empor, in Biskupin in Polen, im Oderbruch, im Spreewald, an Elbe, Elster und Havel. Das Holz der Wälder in den Niederungen benötigte man für die Anlage der großen Siedlungen, die zum Teil von aufwendigen Befestigungen umzogen wurden (Biskupin, Manching). Einige von diesen Siedlungen mögen etwas längerfristig besiedelt worden sein als diejenigen früherer Zeiten. Sie wurden, weil ihre Anlage aufwendig war, seltener verlagert. Die Landschaft in ihrer Umgebung wurde, weil man dennoch stets Holz brauchte, stärker und intensiver beeinflußt. In einzelnen Waldparzellen wurden Bäume in kurzen zeitlichen Abständen immer wieder gekappt. Diese Form der Nutzung erträgt die Buche auf die Dauer schlecht; besser übersteht sie die Hainbuche, weswegen sich dieser Baum von Polen her allmählich nach Westen auszubreiten begann.

Buchen wurden aber vor allem dort immer wieder gekappt, wo Erz verarbeitet wurde. Kupfer hatte man in den Alpen entdeckt, Zinn auf den Britischen Inseln. Das Zinn kam von dort auf den Kontinent, damit Bronze, meist eine Legierung aus Kupfer und Zinn (Zinnbronze), hergestellt werden konnte. Eisen, der neue Werkstoff der Eisenzeit, ließ sich in mehreren Gegenden aus dem Boden holen, aus dem Gestein der Gebirge und aus dem Raseneisenerz der Moore und Sümpfe. Die Erze mußten geschmolzen werden, wozu hohe Temperaturen erforderlich waren. Die größte Hitze ließ sich in der damaligen Zeit dadurch erzeugen, daß man Buchen-Holzkohle verbrannte. Nur dort, wo es keine Buchen gab, griff man auf Holz oder Holzkohle von Eiche und Kiefer zurück, mußte dann aber in Kauf nehmen, daß der Aufwand größer war, das Erz zur Schmelze zu bringen. In einigen Gegenden wurde schon in vorrömischer Zeit so viel Holz zur Erzschmelze gebraucht, daß sich als Folge davon die Zusammensetzung der Wälder veränderte. Am Alpenrand wurde die Buche seltener; ihre Wuchsorte nahmen Tanne und Fichte ein. In manchen Mittelgebirgen breiteten sich an Stelle von Buchen Eichen, Birken oder Hainbuchen aus. In der Oberlausitz verfeuerte man das Holz der Kiefer, um Eisen aus Raseneisenerz zu schmelzen. Dort, wo seit Jahrtausenden die Kiefern auf den armen Sandböden gewachsen waren, weil sie nie von Eichen oder gar Buchen verdrängt werden konnten, breiteten sich nun Birken aus.

Alle diese Veränderungen in der Bewirtschaftung des Landes führten noch nicht dazu, daß sich in den Wäldern nördlich der Alpen grundsätzlich ein neuer Trend der Waldentwicklung durchsetzte. Weil immer noch das althergebrachte prähistorische Siedelwesen vorherrschte, also Waldparzellen gerodet, Siedel-flächen bewirtschaftet und aufgegeben wurden, worauf neue Wälder entstehen konnten, breitete sich die Buche immer weiter in Europa aus.

Als der römische Historiker Publius Cornelius Tacitus die ersten ausführlichen Nachrichten über die Germanen niederschrieb, die Menschen, die nördlich der Alpen wohnten, notierte er gleich in einem der ersten Kapitel, das Land mache mit seinen schaurigen Wäldern einen widerwärtigen Eindruck. Ausgedehnte Wälder, wie sie es zu jener Zeit noch immer gab, kannte Tacitus in seiner mediterranen Heimat nicht, die damals bereits ein ganz anderes Bild angenommen hatte, wovon im nächsten Kapitel die Rede sein soll. Das berühmte Zitat des Tacitus ist die älteste wirklich historisch zu nennende Nachricht über die Wälder im Gebiet nördlich der Alpen, oder, wie man auch sagen könnte, die Wälder der Germanen oder der Deutschen. Tacitus wurde in den ältesten Werken zur Waldgeschichte aus dem 18. Jahrhundert zitiert, als seine *Germania* ganz allgemein eine wichtige Geschichtsquelle nationalbewußter Deutscher wurde. Seitdem durfte der Hinweis auf die ehemaligen „schaurigen" und daher sicherlich besonders großen Wälder Germaniens nicht fehlen, wenn über ihre Geschichte berichtet wurde. Die Nachricht des Römers über die Bewaldung Deutschlands war ein wesentlicher Antrieb dafür, seit dem 18. Jahrhundert durch Aufforstung künstliche Wälder zu begründen, und es galt dabei, einen alten Zustand der „Natur" wiederherzustellen, wofür man eine Begründung aus historischer Sicht beizusteuern trachtete.

Vor allem nach der Entwicklung der pollenanalytischen Methode im 20. Jahrhundert war zwar bekannt geworden, daß die Menschen auch schon Jahrtausende vor der Römerzeit Wälder gerodet hatten, doch hielt man daran fest, den Zustand der Wälder in Mitteleuropa als den im wesentlichen „natürlichen" anzusehen, der vor dem „Einsetzen stärkerer Eingriffe durch den Menschen" bestanden hatte, also den Zustand der Wälder in römischer Zeit, den Tacitus kurz und lapidar erwähnt hatte. Im damaligen Waldbild Mitteleuropas hatte die Buche große Bedeutung; sie hatte ihre maximale Ausbreitung nahezu erreicht. In vielen Mittelgebirgen und an der Ostsee herrschte sie allein in den Wäldern vor, in den Niederungen Nordwestdeutschlands war ihr die Eiche beigemengt, in den Alpen und in einigen südlichen Mittelgebirgen waren die Mischwälder aus Buche, Tanne und Fichte verbreitet.

Diesen Zustand mitteleuropäischer Wälder als „den natürlichen" anzusehen, ist aus mehreren Gründen unberechtigt. Zunächst einmal: Der natürliche Zustand eines Waldes ist nicht statisch, er ist natürlicherweise stetigen Wandlungen unterworfen, und es kann ohne weitere Veränderungen von außen her zu Abweichungen des Waldbildes kommen; es kann sogar einmal die eine, dann wieder eine andere Baumart die Oberhand in den Wäldern gewinnen. Es ist also nicht immer nur eine Vegetation an einem Standort die „potentielle natürliche". Denkbar ist dort immer ein Spektrum von verschiedenen Waldbildern. Insbesondere ist die Ansicht zurückzuweisen, Mitteleuropa sei „natürlicherweise" ein Wuchsgebiet der Rotbuche. Denn viele Gebiete wurden erst zu Teilen des Rotbuchenareals, nachdem die vorgeschichtliche Siedelweise mit ihren Siedlungsgründungen und -verlagerungen sowie den damit verbundenen Neubildungen von Wäldern eingesetzt hatte. Freilich ist es möglich, daß die Buche auch ohne die Eingriffe des Menschen ihr Areal in Europa vollständig eingenommen hätte, in dem sie heute bestens gedeiht; doch können wir dies nicht mit Sicherheit postulieren, weil wir nicht wissen, wie das nacheiszeitliche Buchenareal aussehen würde, wenn der Mensch nicht mehrere Jahrtausende lang vor der Römerzeit die Waldgeschichte beeinflußt hätte. Es kann aus forstlicher Sicht günstig erscheinen, die Buche auch heute in Wäldern zu fördern oder sie zurückzudrängen; dagegen wendet sich die Diskussion hier nicht. Sie wendet sich nur grundsätzlich dagegen, die Förderung der Buche in den Wäldern mit dem Argument der historisch hergeleiteten „Natürlichkeit" dieser Form des Waldes zu begründen.

Als also die älteste historische Quelle über die Wälder Mitteleuropas entstand, waren diese schon längst nicht mehr „natürlich" zusammengesetzt, sondern lange schon vom Menschen beeinflußt. Es ist ein Irrtum, wenn man den Beginn der Waldgeschichte auf die älteste historische Nachricht über den Wald ansetzt. Auch hier begann – wie bei vielen anderen Zweigen der Geschichte – der Ablauf schon lange vor der ältesten historischen Quelle. Deswegen darf man sie nicht überbewerten; sie ist rein zufällig, gewissermaßen „nebenbei" und aus einem ganz bestimmten persönlichen Blickwinkel entstanden, aus der Sichtweise des von mittelmeerischer Landschaft als Umwelt geprägten Tacitus. Die Ergebnisse der modernen Pollenanalysen besagen deutlich, daß zu seinen Lebzeiten der Zustand des Waldes schon über fünf Jahrtausende lang von einem rein „natürlich" zu nennenden Weg abgewichen war; weiträumig entstand schon damals „Natur aus zweiter Hand".

11. Stadtgründungen, Waldrodungen, Baumpflanzungen

Die mediterrane Umwelt des Römers Tacitus sah völlig anders aus als das scheinbar wilde, unkolonisierte und daher unkultivierte Germanien. Dabei war Germanien damals im wahrsten Sinne des Wortes nicht unkultiviert; schon Jahrtausende vor Christi Geburt hatte dort Ackerbau stattgefunden. Kolonisiert und Teil einer Zivilisation, eines Staates war das Land nordwärts der Alpen allerdings nicht.

Zu Zeiten des Tacitus war die gesamte Region vom Nahen Osten bis zum westlichen Rand des Mittelmeeres ein Gebiet der Stadtkulturen geworden. Stadtkulturen, die nicht nur die Städte, sondern auch deren Umland umfaßten, unterschieden sich grundsätzlich von rein bäuerlichen Kulturen. Bäuerliche Kulturen der Vorzeit kannten die Schrift nicht, von ihnen gibt es daher keine schriftlichen Zeugnisse; deswegen gelten sie als vorgeschichtlich. Das verdichtete Wohnen in der Stadt erforderte einen viel höheren Bedarf an Organisation, an staatlicher Lenkung, was stets damit verbunden war, daß die Schrift „eingesetzt" und schriftliche, historische Quellen „produziert" wurden. Der Unterschied zwischen schriftlosen Kulturen und solchen mit Schriftzeugnissen interessiert die Historiker besonders. Dabei darf nicht vergessen werden, daß der Beginn schriftlicher Überlieferung eigentlich in einen historischen Prozeß, in den Ablauf von Geschichte eingepaßt ist und daß es auch noch andere sehr wesentliche Unterschiede zwischen prähistorischen Bauernkulturen und historisch zu nennenden Stadtkulturen gab. Dabei galten die Bauern nicht nur für Tacitus als unzivilisiert, denn nur die Bürger, die „Cives" einer Stadt oder eines Staates, konnten ja eine Zivilisation bilden.

Die bäuerlichen Kulturen vorgeschichtlicher Zeit hatten ihre Umwelt bereits nachhaltig verändert, was in den vorherigen Kapiteln beschrieben wurde. Kennzeichnend für sie war die noch nicht völlig seßhafte Lebensweise, die Verlagerung der Siedlungen und Wirtschaftsflächen von Zeit zu Zeit. Wald wurde als Folge prähistorischen Siedelwesens parzellenweise zerstört, und anschließend regenerierte er sich wieder, vielleicht allerdings mit veränderter Zusammensetzung an Baumarten. Dieses Siedelverhalten, das nicht nur Tacitus merkwürdig zu sein schien, sondern allen zivilisierten Menschen bis in unsere heutige Zeit suspekt ist, dauerte über Jahrtausende ohne jegliche staatliche Lenkung an, was als Zeichen dafür zu werten ist, daß das System, in dem sich Ackerbau und Wälder entwickelten, Stabilität aufwies. Stabilität war aber immer weniger gegeben, als die Bevölkerung und ihre Bedürfnisse anwuchsen.

Ein zivilisiertes Zusammenleben von größeren Menschengruppen mußte anderen Gesetzen gehorchen. Solange die prähistorische Siedelweise vorherrschte, bildeten die Menschen keine Staaten, und Handelsbeziehungen kamen nicht in Gang, von gelegentlichem Gütertausch geringen Umfanges einmal abgesehen. Nur (Stadt-)Bürger, die sich in einer Zivilisation zusammengeschlossen hatten, bildeten Staaten, betrieben Handel, Gewerbe und Handwerk. Die Existenz von menschlichen Zivilisationen hatte aber auch andere Konsequenzen für die Umwelt: Das Bild der Wälder wandelte sich.

Bald nach der Gründung einer Stadt wurde Holz in ihrer direkten Umgebung knapp, und man mußte von Anfang an darüber nachdenken, wie man mit der so universal wichtigen Energiequelle, dem vielseitigen Bau- und Werkstoff sparsam umzugehen habe. Im Nahen Osten und im Mittelmeergebiet konnte man Häuser aus Lehm errichten, bald auch aus Stein, so daß man in diesen Regionen für den Bau von Häusern keine Wälder abholzen mußte. Auch brauchte man nur selten einmal Holz zum Heizen. Daher waren dort die Voraussetzungen für die Entstehung städtischen Lebens günstiger als in Europa. Dennoch brauchte man auch hier Holz, und zwar als Werkstoff, zum Kochen, Backen und Braten, zum Schmelzen von Erzen. In den Städten bestand ein viel höherer Bedarf an diversen Werkstoffen als in einer ländlichen Siedlung, es entwickelten sich andere, vielseitigere Ernährungsgewohnheiten, eine Eßkultur, und natürlich verlangte man überall nach verschiedensten Metallen. Also schwanden die Wälder in der Umgebung der Städte. Die Flächen wurden nicht mehr einer natürlichen Wald-Sukzession überlassen, weil die Nutzung auf den einmal gerodeten Waldflächen nicht wieder aufgegeben wurde; auf Dauer betrieb man Ackerbau, oder die Flächen wurden beweidet. Fleisch spielte in der Ernährung eine immer wichtigere Rolle, so daß die Viehhaltung in Stadtnähe intensiviert werden mußte. Das Vieh fraß nicht nur Gras und Kräuter, sondern es biß auch die Triebe der jungen Gehölze ab. Besonders stark beeinflußten Ziegen die Umwelt. Sie wurden im Nahen Osten und am Mittelmeer seit Urzeiten in großer Zahl gehalten. Sie knabbern selbst an dornigen Sträuchern.

Es konnten also im Einflußbereich der Zivilisationen keine neuen Wälder mehr entstehen. Dies ist wohl der wichtigste Unterschied in der Behandlung der Wälder durch prähistorische und historische Kulturen. Während in prähistorischer Zeit die Waldfläche insgesamt nur sehr geringfügig kleiner wurde, weil ja auch immer wieder neue Waldparzellen entstehen konnten, nahm im Umkreis der frühen Zivilisationen die Waldfläche nur noch ab.

Holz mußte man, als die Wälder im Weichbild der Städte verschwunden waren, aus größerer Entfernung herbeischaffen oder durch Handel erwerben. Kaufen konnte man das Holz nur dann, wenn es gelang, gewerbliche Produkte zu verkaufen, die in der Stadt hergestellt wurden. Günstig war die Situation für Städte an Flüssen, die aus dem dünner besiedelten und dichter bewaldeten Gebirge kamen. Dann konnte man Holz aus den Gebirgen mit der Strömung in die Städte treiben lassen, es triften oder flößen. Lag die Stadt an der Meeresküste, konnte man das Holz über das Meer transportieren. Wie diese Versorgung mit Holz in antiker Zeit im einzelnen funktionierte, wissen wir allerdings kaum; man kann darüber nur spekulieren. Vielleicht gründeten die Stadtbürger dort Kolonien, wo das Holz geschlagen, verladen, zu Flößen gebunden oder gehandelt wurde, damit auch an diesen Orten stabile Verhältnisse im Sinne der Stadtbürger herrschten. Auf diese Weise mag sich der Einflußbereich der Zivilisationen allmählich vergrößert haben; aber immer mehr Wälder wurden abgeholzt. Im Lauf der Zeit weitete sich das Areal der Zivilisationen aus, und zwar aus vielen Gründen; einmal weil beständige Staaten dazu tendierten, sich dadurch abzusichern, daß sie stabilisierend nach außen wirkten und dabei Kolonien bildeten, ein Prozeß, der sich über Jahrtausende hinweg beobachten läßt. Zum anderen waren feste Staaten Grundlage wirtschaftlichen Aufschwungs und höherer Lebensqualität. Die Kolonisation, die Zeit der Umstellung von der prähistorischen auf die zivilisierte Lebensweise, nahm in den einzelnen Gegenden der Erde unterschiedlich lange Zeiträume in Anspruch. Im Nahen Osten hatte es lange gedauert, bis sich aus Jägerkulturen agrarisch wirtschaftende Gemeinschaften herausgebildet hatten; sie entwickelten sich rasch weiter zu Zivilisationen. Das mag mit der Umwelt im Zusammenhang gestanden haben, denn im regenarmen Vorderen Orient mußte die künstliche Bewässerung organisiert werden; außerdem schwand die Waldfläche dahin, sie ließ sich in diesem Gebiet nur schlecht regenerieren. Länger hielt sich die prähistorische Siedelweise am Mittelmeer und in den Laubwaldgebieten Europas, wo sie, aus dem Orient kommend, einmal recht rasch etabliert worden war. Am längsten hielt sie sich in den Laubwaldregionen; man kann davon ausgehen, daß sich in Mitteleuropa und in seiner Umgebung eine besonders stabile „Symbiose" aus prähistorischen Bauern und Wäldern herausgebildet hatte. Sehr lange dauerte dagegen die Etablierung des prähistorischen Bauerntums im Gebiet des borealen Nadelwaldes in Nordosteuropa und in manchen europäischen Gebirgen. Dort war die Kolonisation rascher zu verwirklichen, und im Grunde genommen kam es dort erst in Verbindung mit der Gründung von Städten, Burgen und Klöstern zur nachhaltigen Ausbreitung des Ackerbaus.

Ausgehend von den Städten wurden prinzipiell Wälder aber nicht nur abgeholzt; man pflanzte auch Bäume. Da die Besiedlung dieser Orte länger andauerte als diejenige prähistorischer Dörfer, lohnte es sich, Holzgewächse in der Nähe der Siedlungen zu kultivieren. Angepflanzt wurden die Bäume zunächst vor allem, weil man zusätzliche Nahrungsmittel gewinnen wollte, in zweiter Linie ging es auch darum, später zusätzliches Werk- und Brennholz zu erhalten. Bäume, die Früchte tragen, wurden in der Nähe einer vorgeschichtlichen Siedlung niemals gepflanzt, weil erst dann mit einem reichlichen Fruchtansatz zu rechnen war, wenn man schon wieder daran dachte, die Siedlung aufzugeben und die Wirtschaftsflächen zu verlassen. Das Pflanzen eines Baumes hat symbolische Bedeutung, es ist seit antiker Zeit ein Zeichen für Beständigkeit. Am Mit-

16 Die Eßkastanie wurde von den Römern angebaut und nach Mittel- und Westeuropa gebracht.

telmeer gilt der wichtigste Fruchtbaum, der Ölbaum, seit Urzeiten als wichtiges Symbol für Stabilität, was kein Wunder ist bei dem hohen Alter, das diese Pflanze erreichen kann. Die Taube, die Noah zeigte, daß wieder Land in Sicht war und beständig besiedelt werden konnte, trug einen Ölzweig im Schnabel. Pallas Athene hat der Sage nach den Athenern zur Stadtgründung den kultivierten Ölbaum geschenkt. Das Öl, das in antiker Zeit so gut wie ausschließlich aus Oliven gepreßt wurde – daher stammen Öl und Olive von demselben Wortstamm ab, und „Olivenöl" ist eigentlich ein Pleonasmus wie der „weiße Schimmel" –, bekam auch die Bedeutung religiöser Beständigkeit, was sich etwa in der Handlung der letzten Ölung ausdrückt oder darin, daß Christus, zu deutsch: „der (mit Öl) Gesalbte", auf dem „Ölberg" gekreuzigt wurde.

Bei den antiken Hochkulturen am Mittelmeer erhielten neben dem Ölbaum auch Feigenbäume, Pinien, Mandelbäume, Granatapfelbäume, Eßkastanien und Walnußbäume große Bedeutung, in Ägypten außerdem die Dattelpalme. Ferner legte man vielerorts Weinberge an; auch der Weinstock bekommt mit der Zeit verholzte Stämme und gehört somit zu den lange bestehenden Gewächsen. Manche dieser Bäume waren schon den alten Völkern an Euphrat und Tigris bekannt. Am Mittelmeer wurden sie zuerst nur im Osten, in der Levante, kultiviert, dann auch auf Kreta, in der Ägäis, auf dem festländischen Griechenland. Mit den Phöniziern und den kolonisierenden Griechen kamen sie in den Westen

17 Auch der Walnußbaum wurde von den Römern in die Gegenden nördlich der Alpen gebracht.

der Mediterraneis. Dort wurde Rom zur Metropole der Welt; mit der römischen Kolonisation kamen die „Brotbäume" in den äußersten Westen der mittelmeerischen Welt und, soweit dies aus klimatischen Gründen möglich war, nach Mittel- und Westeuropa.

Die Fruchtbäume werden in aller Regel vegetativ vermehrt, das heißt, als Klone. Von einer zufällig durch Mutation entstandenen Pflanze mit besonders günstigen Eigenschaften, also mit besonders zahlreichen schmackhaften oder großen Früchten, schnitt man Zweige ab und steckte sie in die Erde. Wenn sie sich bewurzelten und zu wachsen begannen, entstanden Gewächse, die demjenigen, von dem man die Zweige genommen hatte, genetisch identisch waren. In der Antike wurde noch eine andere, viel raffiniertere Methode des Klonens von Bäumen erfunden: das Pfropfen. Dabei wurden die Edelreiser von dem Baum abgeschnitten, an dem die besonders begehrten Früchte wuchsen, dann auf die Unterlage eines Wildlings gesteckt und fest daran gebunden, also auf den Stamm einer wilden Pflanze der gleichen Art, die noch die nicht begehrten, kleineren, weniger wohlschmeckenden Früchte trug. Das Holz des Edelreises verband sich mit dem des Wildlings, und daraus wuchs ein mächtiger Baum empor, von dem allerdings nur der Stamm und die Wurzeln „normal" natürlich entstanden waren, seine Krone entstammte einem Klon.

Neben den Städten lagen bald keine Wälder mehr, aber Haine und Obstgärten. Von ihnen, auch von heiligen Hainen, ist in der antiken Literatur viel die Rede. Haine sind bis heute charakteristisch für die mediterrane Landschaft geblieben. In römischer Zeit wurden auch andere Bäume über Setzlinge und durch Pfropfen, also als Klone, vermehrt: Kirschbäume, Zwetschgen- und Pflaumenbäume, Apfel- und Birnbäume und andere. Sie wurden eher charakteristisch für die submediterranen und die mitteleuropäischen Gärten. Ihre Ausbreitung ist genau genommen kein Charakteristikum einer rein ländlichen Welt, sondern der urban geprägten Zivilisation; ein Obstgarten – auch in der Nähe von Dörfern – ließ sich erst anlegen, nachdem feststand, daß die Siedlung Bestand haben und nicht nach einigen Jahrzehnten wieder verlagert werden sollte.

Haine und Obstgärten waren stets Orte, die gerne aufgesucht wurden, boten sie doch Schutz vor der Sonne, was im Mittelmeergebiet besondere Bedeutung hatte. Mit der Anlage von Hainen konnte man aber nicht verhindern, daß es schon in vorrömischer Zeit auf abgeholzten Flächen zu Bodenerosion großen Ausmaßes kam. Durch das Abholzen und die nachfolgende Beweidung, vor allem durch Ziegen, waren die meisten Pflanzen zerstört oder zerbissen worden. Der Zusammenhalt des Erdreiches ließ nach. Die Sonne dörrte es aus, der Boden bekam Risse, und der Wind trug den feinen Humus davon. Wenn es einmal regnete, wälzten sich Schlammlawinen zu Tal, die alles Leben unter sich begruben. Solche „Sintfluten" hat es im Nahen Osten und am Mittelmeer immer wieder gegeben. Siedlungen wurden zerstört, beispielsweise die Unterstadt von Tiryns in der Argolis, die man heute aus mehrere Meter dickem Schlamm ausgraben kann, und auch ihre Umgebung war verwüstet, zum Teil für alle Zeit.

Die Desertifikation, die Neubildung von Wüsten unter „Mithilfe" des Menschen, war in römischer Zeit schon weit fortgeschritten. Einige Zivilisationen waren wohl unter anderem als Folge der sich ausbreitenden Wüsten wieder untergegangen, vor allem im Vorderen Orient. Die Römer beherrschten weite Teile des Orients; im Jordantal legten sie ausgedehnte Ölbaumhaine an, die in nachrömischer Zeit wieder verfielen. In den Gebirgen Vorderasiens gewannen die Römer Bauholz, zum Beispiel das Holz der berühmten Libanonzeder.

Nachhaltig wurden in römischer Zeit vor allem einige Landschaften im weiteren Umkreis Roms, der „Ewigen Stadt", verändert. Weniger plünderte man offenbar viele Wälder im Apennin, obwohl sie dichter bei Rom lagen; einige von ihnen haben bis heute einen recht „urtümlichen" Eindruck bewahrt. Stärker abgeholzt wurde in Oberitalien und in Dalmatien. Dort schlugen die Römer massiv Eichen ein. Auf diese Weise entstanden in der Po-Ebene aus submediterranen Eichenwäldern Regionen, die intensiv von Landwirtschaft geprägt wurden, auch durch Haine und Weinkulturen; im kroatischen Karst wuchsen mediterrane Strauchheiden, die nur als extensive Weideflächen nutzbar blieben, und an vielen Stellen wurde die Bodenkrume so weit abgeschwemmt, daß nur der nackte weiße Kalkfelsen zurückblieb: das heute typische Bild der Karstlandschaft Südosteuropas.

Nördlich der Alpen siedelten sich die Römer so gut wie ausschließlich in Gegenden an, in denen die Wälder von Laubhölzern dominiert wurden, dagegen nicht in den trockeneren und winterkälteren Regionen weiter im Osten. Die Römer stießen zwar auch in Mischwaldgebiete vor, aber nicht in Gegenden mit geschlossenen Nadelwäldern. Nördlich und westlich der Alpen wurden Wein und diejenigen Obstbäume eingeführt, deren Kultivierung nicht aus klimatischen Gründen ausgeschlossen war. Genauso wie südlich der Alpen schlugen die Römer in den Wäldern auch nördlich des Gebirges die Eichen, die sie als Bauholz benötigten. Auch die Buchen wurden eingeschlagen, weil ihr Holz oder ihre Holzkohle zur Erzschmelze diente. Vor allem wurde einer weiteren Ausbreitung der Buche in römischer Zeit deshalb Grenzen gesetzt, weil innerhalb des römischen Reiches auch nordwärts der Alpen keine Nutzflächen aufgegeben werden sollten.

Ein weiterer Baum, den die Römer in mitteleuropäischen Wäldern schlugen, war die Tanne. Dieser Baum lieferte ihnen exzellentes Bauholz für Schiffe, große Gebäude und Brücken. Er wuchs nur in den Alpen und in einigen hohen Mittelgebirgen im Süden Mitteleuropas. Die Römer verbauten Tannenholz auch dort, wo weit und breit keine Tannen wuchsen, zum Beispiel wurde Holz der Tanne beim Bau der Trierer Moselbrücke verwendet, in Neuss, Xanten und im Rheinmündungsgebiet. Daran zeigt sich, daß die Römer das Tannenholz in den hohen Gebirgen schlugen, beispielsweise in den Alpen, in den Vogesen und im Schwarzwald, daß sie es anschließend auf dem Rhein und auf der Mosel flußabwärts trifteten oder flößten, um es dann am Unterlauf der großen Ströme als Bauholz zu verwenden.

Nach der Abholzung großer Waldgebiete entstanden ausgedehnte landwirtschaftliche Nutzgebiete mit Villen, so am Niederrhein, in Belgien und im Süden Englands. Vor allem die Lößgebiete wurden zu Agrarregionen. In den feuchten Niederungen holzten die Römer Erlenbruchwälder ab, zum Beispiel in England, um statt dessen Wiesen anzulegen, also Grünland, das regelmäßig zur Heugewinnung geschnitten wurde. Auch in den Hochlagen Mittel- und Westeuropas ließ man das Vieh weiden. Die Folgen davon waren dort nicht so schwerwiegend wie im kroatischen Karstgebirge, aber doch ebenfalls einschneidend: Viele atlantische Zwergstrauchheiden Englands, Schottlands, in der Bretagne und in den Bergländern im Westen Mitteleuropas sind damals entstanden. Sie gingen aus Wäldern hervor, vor allem aus Eichenwäldern, in denen das Heidekraut seit eh und je im Unterwuchs vorkam. Wenn man die Eichen abholzte, konnte das Heidekraut mächtig wuchern. Weil die Flächen vom Vieh beweidet wurden, bekamen das Heidekraut und ähnliche zähe Gewächse noch größere Bedeutung auf den sich bildenden offenen Flächen. Alle Kräuter und Gräser, die dem Vieh besser schmeckten, wurden natürlich bevorzugt abgerupft.

Offenbar breiteten sich die Weideflächen und Heiden besonders in Randgebieten Europas aus, im Süden wie im Westen. Im Osten gab es natürliche Steppen, im Norden den borealen Nadelwald. In der Mitte Europas blieb eine Region erhalten, in der sich der Wald noch immer am besten regenerierte. Nationalbewußte Leser der *Germania* des Tacitus im 18. und 19. Jahrhundert hätten aus einer derartigen Feststellung gefolgert: Wald blieb dort am besten erhalten, wo sich Deutschland entwickelte. Dieser Gedanke ist nicht so abwegig. Denn bei der Betrachtung der Bewaldungsverhältnisse in römischer Zeit zeigt sich: Es scheint ein Charakteristikum Mitteleuropas zu sein, daß sich dort der Wald besonders gut regeneriert und daß es dort einfacher ist als in anderen Gebieten, Wälder zu begründen und zu bewirtschaften.

12. Der Wald der mittelalterlichen Dörfer

Viele Bücher über die Geschichte der Forsten setzen nach einigen allgemeinen und vagen Bemerkungen über die Wälder in vorgeschichtlicher Zeit erst mit der Beschreibung von Wäldern im frühen Mittelalter ein, einer Zeit, in der zum ersten Mal Nachrichten über das Verhältnis des Menschen zum Wald aufgeschrieben wurden. Oft scheint es in diesen frühen Schriftquellen um erste Erwähnungen von Ortschaften zu gehen, um Rodungen von Wäldern. Daher nehmen viele forstgeschichtliche Beschreibungen ihren Anfang bei den Rodungen des Mittelalters, durch die aus einer noch „recht natürlichen" Waldlandschaft ein Teil des Einflußbereiches der Zivilisation wurde.

In diesem Buch ist erst im 12. Kapitel von den Wäldern des Mittelalters die Rede. Die Geschichte der Wälder begann nämlich keineswegs erst im Mittelalter. Damals kam es lediglich zu einer Umstellung des Verhältnisses zwischen Mensch und Wald. Der Inhalt dieses Kapitels ist daher für denjenigen Leser, der seine Kenntnisse aus forstgeschichtlicher Literatur bezogen hat, vielleicht etwas unerwartet. Zunächst soll geschildert werden, wie die Entwicklung des Verhältnisses zwischen Dörfern und Wäldern im Mittelalter gesehen werden muß. Ältere Vorstellungen darüber gilt es dabei zu widerlegen.

Am Ende der römischen Zivilisation in Mittel- und Westeuropa gab es Rückschläge bei der Ausdehnung staatlicher Strukturen und der ortsfesten Siedelweise. Die Kolonisation von Landschaften, die zuvor von noch vorgeschichtlich lebenden Menschen besiedelt wurden, war kein einmaliger Vorgang. Ließ die Kraft zentraler Lenkung nach, konnte es zum Einsturz der alles zusammenhaltenden Ordnung kommen; die prähistorische Siedelweise mit nicht völlig ortsfesten Siedlungen erhielt wieder größere Bedeutung. Wie in alten Zeiten wurden wieder Siedlungen gegründet, einige Jahre oder Jahrzehnte lang bewohnt und dann verlagert, was eine Wanderung der Bevölkerung zur Folge hatte. Es hat den Anschein, als habe sich ein solcher Prozeß abgespielt, als das Imperium Romanum kollabierte und die sogenannte Völkerwanderungszeit einsetzte. Man muß sich fragen, ob die kolonisierende Kraft der Römer nicht groß genug war, um auf Dauer zivilisierte Gemeinschaften nicht nur zu schaffen, sondern auch zu erhalten. Auf jeden Fall ging das von den Römern installierte Handelsnetz verloren, auch und gerade deswegen, weil die nicht völlig ortsfest lebenden Völkerschaften es störten bzw. zerstörten. Diese Völkerschaften schnitten sich dadurch selbst von den Handelsnetzen ab, deren Bedeutung sie wohl nicht verstanden. Städte, eventuell auch vorgeschobene Posten der Besiedlung, beispielsweise an den Küsten, konnten nicht mehr bewohnt werden, weil kein Nachschub an Getreide, Wein und Holz mehr kam. Brauchte man nun wieder Bauholz, um neue Häuser oder Hütten zu errichten, blieb nichts anderes übrig, als die Siedlung dorthin zu verlagern, wo es noch hochgewachsene Baumstämme als essentiell notwendiges Baumaterial gab.

Daß sich das Siedlungswesen in etwa dieser Weise rückschrittlich entwickelte, ist den Pollendiagrammen zu entnehmen. Nach der Römerzeit gab es wie in der vorrömischen Eisenzeit nur kurze Siedelphasen. Die Besiedlungsdichte war nicht wesentlich verschieden von derjenigen der Eisenzeit, auch war eine genauso große Besiedlungskontinuität gegeben wie in vorchristlicher Zeit. Es gab wieder Sekundärsukzessionen in den Wäldern; es wuchsen also wieder Bäume auf Flächen empor, auf denen die Menschen die landwirtschaftliche Nutzung aufgegeben hatten. Daher breitete sich nun die Buche erneut aus, und zwar dort, wo sie in römischer Zeit zurückgedrängt worden war, und auch dort, wo es sie in früherer Zeit noch nicht gegeben hatte. Sie stieß nun bis ins südliche Skandinavien und an die polnische Ostseeküste vor.

In der Völkerwanderungszeit nahm der Grad der Zivilisation ab. Zivilisierte, ortsfeste Siedlungen hielten sich in Europa nur an wenigen Stellen, am ehesten in Süd- und Westeuropa, wo die in römischer Zeit aufgebauten Handelsnetze nicht völlig zusammengebrochen waren. Nur dort hielt sich auch die schriftliche Überlieferung; den dort, im Schutz der Zivilisation entstandenen Schriftquellen ist zu entnehmen, daß man die instabile Lebensweise in der Mitte, im Norden und im Osten Europas als bedrohlich empfand. Immer wieder drangen wandernde Volksgruppen in das Gebiet der Zivilisation vor. Dabei muß man diesen Volksgruppen nicht einmal kriegerische Absicht unterstellen, was man tut, wenn man auch heute noch von „Vandalen" spricht; vielleicht waren sie lediglich auf der Suche nach einem Siedelplatz für die nächsten paar Jahrzehnte. Die meisten „Völkerwanderungen" stießen wohl nicht in das Areal der Seßhaften vor, sondern sie vollzogen sich im Gebiet der unzivilisierten Barbaren. Die zivilisierten Historiographen verstanden nicht, warum Barbaren „wanderten", wie schon einige Jahrhunderte zuvor Herodot und Tacitus. Man wußte nur: Barbaren, das heißt, unzivilisierte Menschen, wanderten; warum sie es taten, konnte man sich nicht erklären – und bis heute gibt es dafür, auch in diesem Buch, nur Erklärungsversuche.

Außerhalb der Mediterraneis erstarkte die Zivilisation zuerst vor allem wieder im westeuropäischen Frankenreich. Kolonisierende Bestrebungen, deren Ziel es war, der Zivilisation zur Ausbreitung zu verhelfen und staatlich kalkulierbare stabile Verhältnisse zu schaffen, gingen von dort nach Osten aus. Dabei wurden aber nicht, wie immer wieder zu lesen ist, zuvor von Menschen verlassene Landschaften wieder urbar gemacht, indem man sie – vor allem während der sogenannten Rodungsperioden – vom Wald entblößte, sondern es kam zur Überführung eines Systems mit nicht völlig ortsfesten Siedlungen vorgeschichtlicher Prägung in ein System mittelalterlicher, ortsfester Dörfer. Über deren Existenz berichten frühe schriftliche Quellen; sie wurden verschenkt, gekauft, besetzt, aber nicht, wie man immer wieder meint, im eigentlichen Sinne gegründet, sondern nur aus dem Zustand des von Zeit zu Zeit stattfindenden Lokalitätenwechsels in eine fixierte Lage überführt.

Die ortsfeste Lage war eine Voraussetzung dafür, daß die Methoden der Bodenbearbeitung intensiviert werden konnten (z.B. durch die Organisation einer Dreifelderwirtschaft), so daß Überschüsse erwirtschaftet wurden, die als Abgaben an eine Grundherrschaft gingen. Diese lenkte den Kolonisationsprozeß; ohne die Einwirkung der Grundherrschaft wären die Dorflagen nicht fixiert worden. Die Grundherrschaft und die Bauern als Bewohner der Dörfer mußten Hand in Hand arbeiten, damit der Kolonisationsprozeß gelang, und eine feste Staatsmacht, das Königtum, mußte den Kolonisationsprozeß nicht nur billigen, sondern voll dahinterstehen. Dann hatten alle Teile etwas von der intensiveren Bewirtschaftung des Landes. Die Bauern erzielten höhere Erträge. Auch wenn sie während des Mittelalters immer mehr in Abhängigkeit von der Grundherrschaft gerieten und als arm und rechtlos gelten mußten: Sie erhielten über die von der Grundherrschaft aufgebauten Handelsbeziehungen bessere Geräte, beispielsweise Pflüge und Äxte aus Eisen, die zur Kolonisation des Landes nötig waren. Gutes Gerät brauchten sie deswegen, weil nicht nur Wald zu roden war, sondern das Land, das zuvor schon Jahrhunderte oder Jahrtausende lang in prähistorischer Weise besiedelt worden war, mußte für eine dauerhafte Nutzung präpariert werden. Als Folge von zeitweiligen Rodungen und zeitweiser Nutzung als Waldweide hatte sich nach Nutzungsaufgabe nicht nur Wald ausgebreitet, sondern auch mancherlei Gestrüpp aus Adlerfarn, Himbeer- und Brombeerranken, dem nur mit der eisernen Axt beizukommen war.

Die Grundherren lebten von den Abgaben, die sie aus „ihren" Dörfern erhielten, und sie betrieben Handel mit den Gütern, die sie selbst nicht zum Überleben brauchten. Sie bauten die Handelsnetze auf, und eigentlich hatten sie diese zu sichern (was manche sogenannte „Raubritter" in späterer Zeit vergessen haben mögen). Unterhalb der grundherrschaftlichen Burgen lagen oft die Mühlen mit ihren Mahlwerken, Sägen, Hämmern, Wehren und Mühlweihern, deren Anlage und Unterhalt kompliziert waren. Zentrale politische und wirtschaftliche Orte vereinten Ensembles aus Burgen und Mühlen.

Die Grundherrschaft kolonisierte das Land oft nicht nur mit Billigung, sondern unter dem Auftrag des Königtums, das die Kolonisation als Lehnspflicht ansah. Weltliche und geistliche Grundherren wurden Eckpfeiler politischer und ökonomischer, dazu noch geistlicher Stabilität in der Wildnis. Karl der Große bestimmte im Capitulare de villis von 795, jede Grundherrschaft habe zu verhindern, daß sich wieder wie in früherer Zeit Wald auf ehemaligem Ackerland ausbreitete. Mit den Begriffen der Naturwissenschaft gesprochen, heißt das: Sekundärsukzessionen des Waldes auf verlassenem Wirtschaftsland waren zu verhindern, es mußte ökonomisch mit den Nutzflächen umgegangen werden.

Dies war ein zentrales Anliegen des Kolonisationswerkes, und daß darauf besonders geachtet wurde, ist den Pollendiagrammen zu entnehmen. Wo die Kolonisation der Ländereien eingesetzt hatte, wo Zivilisation entstand und Siedlungen nicht mehr verlagert wurden, breitete sich die Buche nicht weiter aus, da es nun in der Regel keine Sekundärsukzessionen in den Wäldern mehr gab. Zur Zeit des Beginns mittelalterlicher Zivilisation hatte die Buche also ihre größte Verbreitung erreicht, eine weitere Ausbreitung des Baumes war unmöglich geworden.

In den Dörfern und ihren Fluren gab es nun ortsfesten privaten Grundbesitz. Die Fluren umfaßten zunächst nur die Äcker. Allmählich kamen die unter großem Aufwand angelegten Wiesen hinzu (sie mußten über ein Grabensystem bewässert und gedüngt werden) sowie die Obst-, Wein- und Hopfengärten, deren Anlage sich ja nur in der Nähe ortsfest gewordener Siedlungen lohnte.

Dieser Innenbereich der Kernflur war von einem Außenbereich des Waldes umgeben, der in der Regel Allgemeinbesitz war. Für die Bauern war dieser Wald Allmende, den jeder nutzen konnte. Aber er lag innerhalb des Einflußgebietes der Grundherrschaft, zu der „innen" wie „außen" liegende Ländereien gehörten. Die Grundherrschaft fühlte sich daher im allgemeinen als Beherrscher des Waldes; sie leitete daraus das Recht ab, bestimmen zu können, was mit ihrem Wald zu geschehen habe. Viele Nutzungskonflikte im Wald, zu denen es in den folgenden Jahrhunderten kam, haben darin ihren Ursprung, daß nicht klar festgelegt war, ob Wald die Allmende des Dorfes oder der Forst der Grundherrschaft war. Er war beides.

Man konnte den Wald als den unkolonisierten, wilden Außenbereich jenseits der Grenze der Flur ansehen, eine bedrohliche Wildnis, die nicht nur eine Gegenwelt im abstrakten Sinn war. Im Wald lebten wilde Tiere, Bären und Wölfe konnten dem Menschen gefährlich werden. Von solchen großen Gefahren berichten bezeichnenderweise vor allem Märchen und Sagen. Aus schriftlichen Urkunden geht jedoch hervor, daß Wölfe im Mittelalter, besonders aber in der frühen Neuzeit nur sporadisch in Mitteleuropa vorkamen. Über die Wolfsjagden führte man Buch, überlieferte also der Nachwelt, wann man Jagd auf diese wilden Tiere machte oder machen mußte. Man tat dies selten, wahrscheinlich nicht einmal in jedem Jahr. Die „wilden Tiere" sind wohl seltener in Mitteleuropas Wäldern vorgekommen, als dies aus Grimms Märchen hervorzugehen scheint. Vermutlich waren die „wilden Tiere" Metaphern für etwas, was die Menschen aus der Wildnis heraus bedrohte. In den Märchen und Sagen ist nämlich noch von anderen „Wilden" die Rede, vor denen man sich fürchtete: Zwerge, Riesen, Giganten, Hexen und Zauberer; es gab „Räuber" im Wald, und der sagenhafte „Wilde Jäger" zog dort mit seinem Heer herum. Es ist gut möglich, daß sich die Furcht vor allen diesen Wesen des Waldes auf unzivilisierte Menschen bezog, die sich der Kolonisation widersetzten, sich also in einen zivilisierten Staat nicht integrieren ließen, weil sie ihre aus prähistorischer Zeit

18 Ein noch gelegentlich genutzter Niederwald (Echinger Loh bei München).

überkommene Lebensweise beibehielten. Im Märchen wurden einige Menschen aus der Wildnis zu zivilisierten Menschen, beispielsweise Parzival. Tristan und Lancelot gingen dagegen den umgekehrten Weg und wurden zeitweilig zu Wilden in den Wäldern.

Die Kolonisation in Mitteleuropa dauerte Jahrhunderte, vom frühen Mittelalter bis in die frühe Neuzeit hinein. Immer wieder kam es zu Begegnungen zwischen zivilisierten und unzivilisierten Menschen. Davon ist auch in Sagen aus dem Gebirge die Rede, wo die Kolonisation langsamer voranschritt als in den Ebenen. In den Gebirgswäldern fanden die „Wilden" und die „Heiden" noch lange Zeit einen sicheren Unterschlupf. Besonders lange dauerte die Kolonisation in Finnland, wo die Vorstellungen des Kalewala-Epos der „Wilden" noch heute in der Bevölkerung lebendig sind.

Die ländliche Bevölkerung rückte gegen den Wald – ihre Gegenwelt – vor. Natürlich wurde das Ackerland in aller Regel frei von Gehölzaufwuchs gehalten. Aber man brauchte ständig mehr Holz als das, was in der Flur hochkam. Also wurde die Fläche der landwirtschaftlichen Flur gegenüber dem Wald ausgeweitet. Vor allem in den ortsnahen Bereichen machte man immer wieder

113

Holz. Wenn man die gerodeten Flächen nicht für die Landwirtschaft benötigte, kamen die Holzgewächse wieder hoch. Allzu lange ließ man sie nicht in die Höhe wachsen, denn bald brauchte man wieder Brennstoff, und es war natürlich am leichtesten, das Holz dafür in der Nähe des Ortes zu gewinnen; dann mußte man nicht zu tief in den Wald eindringen, wo man vielleicht einem „Wilden" begegnet wäre. Die emporgekommenen Stämme wurden geschlagen, wenn sie nach ein paar Jahren Armdicke wieder erreicht hatten. Aber die Pflanzen bildeten erneut Stockausschläge, die rasch emporwuchsen, weil ein umfangreiches Wurzelwerk sie mit Nährstoffen versorgte. Einige Baumarten vertragen diese intensive Holznutzung, bei der aus Wäldern Gebüsche werden und die man Niederwaldnutzung nennt, besser als andere. Buchen gehen ein, wenn man ihre Stämme in wenigen Jahren oder Jahrzehnten wiederholt abschlägt, wovon schon die Rede war. Mehr Widerstandskraft setzen beispielsweise Hainbuche, Hasel und Birke, Ulme, Linde und sogar die Eibe der Niederwaldnutzung entgegen, so daß sich diese Gehölze auf den Waldflächen als Gebüsche ausdehnten; in den Pollendiagrammen ist das gut zu erkennen. In ihnen sieht man, daß nicht nur die Ausbreitung der Buche zu Ende war; ihre Bedeutung in den Wäldern ging nun allgemein zurück.

Gepflegte Viehweiden gab es im frühen Mittelalter noch nicht, auch noch keine Wiesen. Das Vieh wurde zur Weide in die Wälder getrieben, wie in früherer Zeit auch schon. Zwischen den beweideten Waldflächen, den Hudewäldern oder Hutwäldern, und den Niederwaldflächen, die man zur Brenn- und Nutzholzgewinnung regelmäßig schlug, gab es keine Grenzen, wie überhaupt die Nutzungsbereiche des Waldes nicht gegeneinander abgegrenzt waren. In diesen Nutzungsbereichen gewann man auch Laubheu, das man trocknete und als Winterfutter einbrachte, genauso wie in vorgeschichtlicher Zeit. Man schritt mit der Nutzung weit in den Wald voran, trieb das Vieh so weit in ihn ein, wie man es für notwendig hielt, nutzte aber stets das Waldland in Siedlungsnähe am intensivsten, weil man rationell dachte und weite Wege vermeiden wollte.

Weil die Weidetiere nur die Blätter, Früchte und Zweige von einigen Gewächsen abbissen, diejenigen von anderen aber nicht, breiteten sich solche Pflanzen in den Wäldern aus, die von Rindern und Schafen nur ungern abgefressen wurden, weil sie Dornen und Stacheln hatten, lederige Blätter oder Nadeln oder weil sie bitter schmeckten. In Hudewäldern wuchs deswegen viel Wacholder, Silberdistel, Stechpalme, Kiefer, Heidekraut und Ginster. Dauerte die intensive Beweidung lange Zeit an, konnte man einen Hudewald kaum noch als Wald bezeichnen; aus ihm war eine offene Heide geworden.

In jedem Fall hatten es die Bäume schwer, in die Höhe zu wachsen. Die jungen Triebe eines Baumes wurden immer wieder vom Vieh verbissen, doch kamen auch wieder neue Triebe empor. Nach und nach bildeten sich von Verbißnarben übersäte Holzkörper, aus denen entweder immer neue und immer zahlreichere Gehölztriebe hervorwuchsen oder die mit der Zeit abstarben, weil

19 Ein Hudewald bei Machtlfing/Südbayern.

der Verbiß zu stark war. Waren die Pflanzen kräftig genug, um dem Verbiß auf Dauer zu widerstehen, schaffte es nach längerer Zeit ein einzelner Trieb, so weit in die Höhe zu wachsen, daß das Maul von Kuh oder Schaf seine Spitze nicht mehr erreichte. Von diesem Trieb wurden nun nur noch die seitlichen Blätter abgerupft, die in Reichweite der Tiermäuler lagen, nicht aber der obere Teil; aus dem Trieb konnte ein Baum werden, dem man aber an seinem narbigen, verwachsenen Stamm zeitlebens ansah, daß das Vieh an ihm geknabbert hatte. Wenn der Baum sich dann so weit entwickelt hatte, daß er eine richtige Krone bekommen hatte, fraß das Vieh an seinen unteren Ästen. Wenn man einen solchen Baum von der Seite betrachtet, scheint seine Krone unten mit Lineal und Heckenschere bearbeitet worden zu sein. Alle Zweige und Blätter, die für die Tiere erreichbar waren, wurden abgefressen; es bildete sich eine sogenannte „Fraßkante".

Frühzeitig schonte man Bäume, die einen besonderen Wert hatten, vor allem die Eichen. Sie trugen Mast; mit Eicheln, die zu Boden gefallen waren oder die man mit langen Stangen von den Bäumen schlug, fütterte man die Schweine, die im Herbst zur Eichelmast unter die Eichen getrieben worden waren. Durch die Eichelmast wurde einerseits der natürliche Verjüngungsprozeß der Eichen eingeschränkt, weil aus den Eicheln keine jungen Bäume austrieben. Auf der anderen Seite fanden die Schweine nie alle Eicheln. Die Früchte, die sie liegen gelassen

20 Durch die Beweidung eines mit Bäumen bestandenen Geländes entsteht eine
sogenannte „Fraßkante". An Berghängen ist dies besonders gut zu erkennen
(Münstertal im Schwarzwald).

hatten, konnten um so besser hochkommen, weil die Schweine durch ihr
Wühlen den Boden aufgelockert hatten. Große Hudeeichen, die als frei stehende
Bäume weit ausladendes Geäst entwickelten, standen vereinzelt auf den lange
genutzten Heiden, und auch in vielen Wäldern, in denen man das Holz von
Hainbuche, Hasel und Birke nutzte, ließ man Eichen als Überhälter über dem
Gesträuch stehen. Auf diese Weise entwickelten sich sogenannte Mittelwälder,
in denen man von Zeit zu Zeit auch Eichen schlug, wenn man Holz zum Haus-
bau brauchte.

Dagegen nutzte man die Zweige und das Laub von anderen Laubbäumen, um
Winterfutter zu gewinnen. Besonders geschätzt war das Laub von Ulmen, Linden und Eschen. Diese Bäume wurden immer wieder geschneitelt; man schnitt
also ihre Laub tragenden Äste ab. Trieben aus den Schnittflächen wieder Äste
aus, entwickelte sich eine kopfartige Krone, die nach einiger Zeit so aussah wie
die Krone einer Kopfweide. Große Bäume wurden aus den einzeln am Wege
und auf den Weidetriften stehenden Ulmen, Linden und Eschen in der Regel
nicht.

Vom Waldboden sammelten die Dorfbewohner Laub, abgestorbene oder
noch lebende Kräuter, Äste und Moos. Zum Sammeln der Streu, die in die Ställe
als Einstreu kam, dienten Streurechen. Man stach sogar den humosen Ober-

116

boden der Wälder und Heiden in Form von Plaggen ab, die man zum Heizen verwendete oder ebenfalls als Einstreu in den Ställen.

Mittelalterliche Dörfer wurden, wenn sie eine entsprechend lange Zeit bestanden hatten, von einem inneren Kranz der Markung mit Äckern, Wiesen und Gärten umgeben und von einem weiteren äußeren Kranz extensiv genutzter Flächen, in denen Waldparzellen zu finden waren, die den Charakter eines Nieder- oder Mittelwaldes angenommen hatten; eng mit ihnen verzahnt waren die beweideten Hutwälder. Weiter von der Siedlung entfernt lagen Wälder, die zwar auch keine Urwälder mehr waren, aber von den Dorfbewohnern nicht oder nur wenig genutzt wurden und deswegen „richtige Wälder" blieben. Ihre Ausdehnung wurde immer weiter begrenzt, weil der Bedarf der Dorfbewohner an Nutzflächen zunahm. Die Grundherrschaft ging einmal stärker, ein andermal schwächer dagegen vor.

Wenn die Grundherrschaft einverstanden war, konnten die Bauern in den Wäldern weitere Äcker anlegen, von der übrigen Feldflur isolierte Egärten oder Kämpe. Im mittelalterlichen Preußen vereinbarten die Bauern mit ihren Grundherren immer wieder, daß für eine Zeitlang Felder im Wald angelegt wurden, die später wieder aufgegeben werden sollten, wenn kein Bedarf mehr bestand. Diese Form der Wechselwirtschaft nannte man Scheffelwirtschaft.

Einige Waldgebiete sind von den Grundherren möglicherweise nie voll in Besitz genommen worden, sondern frei geblieben. Diese Bereiche sind die Markwaldungen, die in der Pfalz Haingeraide genannt wurden; sie wurden von Jahnschaften oder Markgenossenschaften genutzt, die sich durch den Zusammenschluß der „Konsorten" aus mehreren Dörfern gebildet hatten. Ob die Markwälder, in denen Anteile zur Nutzung an die Mitglieder immer wieder neu vergeben wurden, tatsächlich so entstanden sind, ist eine alte Streitfrage, und möglicherweise geht die Entstehung der einzelnen Markwälder auch auf verschiedene historische Entwicklungen zurück. Einige Markwälder waren sehr wohl einer Grundherrschaft unterstellt, die sich aber beispielsweise nur das Jagdrecht in den Wäldern vorbehalten hatte; alle anderen Formen der Waldnutzung durften von den Markgenossen oder Konsorten betrieben werden. In anderen Marken war der Grundherr Mitglied der Genossenschaft, vielleicht ein „Primus inter pares". Wie die frühe Geschichte der Markwälder verlaufen ist, ist meistens unbekannt; sie verliert sich im Dunkel der Vor- und Frühgeschichte. Aus schriftlichen Quellen läßt sie sich nicht ergründen. Doch eines ist klar: Markwälder konnten stets freier bewirtschaftet werden als solche, die eine Grundherrschaft als Forst oder Bannwald eng an sich gebunden hatte.

In der Regel genossenschaftlich organisiert waren auch die Wald-Feldbau-Systeme, die in Rotation betrieben wurden, wobei auf der gleichen Fläche eine Zeitlang Acker- und/oder Weidenutzung, dann Holznutzung stattfand. Diese Wirtschaftsformen, die das Bild vieler Landschaften in besonderer Weise geprägt haben, entwickelten sich am Rand des agrarisch nutzbaren Areals, oft an steilen Hängen, die nicht terrassiert werden konnten, oder auf flachgründigen Böden. Das bekannteste dieser Wald-Feld-Wechselsysteme ist die Haubergswirtschaft im Siegerland und Dillenburger Land. Durch sie sind nicht nur agrarische Produkte und Brennholz gewonnen worden, sondern auch Rohstoffe für Gewerbebetriebe. Daher ist sie nicht die typische Form der Acker-Weide-Wald-Wechselwirtschaft.

Typischer ist diese Wechselwirtschaft in anderen Gegenden ausgeprägt; es gibt klangvolle Namen dafür, von denen hier einige aufgezählt werden sollen: Auf den Reutfeldern, Reuten oder Rütten der Schweizer Alpen und des Schwarzwaldes gab es die Reutberg- oder Reutwaldwirtschaft. Der Name „Rütli" geht wohl auf die genossenschaftliche Nutzung eines Reutberges zurück; es ist sicher kein Zufall, daß sich dort die Eidgenossen zum Schwur trafen. Im Odenwald wurde die Hackwaldwirtschaft betrieben, im Allgäu die Bischlag- oder Greutwirtschaft. Im Rheinischen Schiefergebirge nutzte man das „Wildland" im Bewirtschaftungszyklus der Schwandwirtschaft. Sie nannte man in der Eifel auch Schiffelwirtschaft, an der Mosel Rottwirtschaft. In Litauen kannte man die Schwendewirtschaft. Am Mittelrhein hatte man Rottländer, Rodbüsche oder Kohlhecken, die man in dieser Weise nutzte, im Bayerischen Wald die Birkberge oder Birkenberge. Ähnlich wirtschaftete man an weiteren Orten der Alpen, beispielsweise in der Steiermark, sowie in Finnland, in Nordschweden und in den Pyrenäen.

Bei allen diesen Formen der Wechselwirtschaft wurde etwa zehn- bis zwanzigjähriges Gehölz komplett abgetrieben, also gerodet, wobei es meistens darauf ankam, Brennholz zu gewinnen; aber auch Köhlereien wurden mit dem Holz der Rodbüsche beliefert. Der Abfall, der vom Holzmachen im Gelände übrigblieb, wurde auf Haufen gesammelt und angezündet. Seltener ließ man Reisig, Laub und Streu auch überall liegen und brannte „über Land"; über die Steilhänge der Reutberge im Schwarzwald zog man dann dürres Brombeergestrüpp, das man zuvor angezündet hatte. Die übrigbleibende Asche wurde auf der Fläche verteilt; sie war der Dünger für die nachfolgende agrarische Nutzung. Man säte ein bis drei Jahre hintereinander anspruchslose Feldfrüchte, vor allem Roggen, Hafer oder Buchweizen, den „Weizen des Waldes". Oder man ließ für ein paar Jahre das Vieh an den steilen Hängen weiden, oder man erlaubte beides nacheinander. Dann aber verbannte man jegliche Agrarnutzung von den Flächen, um ein ungestörtes Emporkommen von Holzgewächsen zu ermöglichen. Einerseits wuchsen die Stockausschläge empor, andererseits keimten auch Pflanzen, die sich spontan ausgesät hatten. Man hat auch „nachgeholfen" und Saat von Bäumen gemeinsam mit dem Getreide auf den Flächen ausgebracht. Das Korn mußte dann sehr vorsichtig mit der Sichel hoch am Halm geerntet werden, um die jungen Holzgewächse nicht vorzeitig mit zu „ernten". Waren die Stockausschläge und jungen Bäume wieder ausreichend hoch und dick geworden, begann der Nutzungszyklus der bäuerlichen Gemeinschaft von neuem.

118

21 Die Dörfer im Siegerland liegen zwischen Haubergen (am Hang) und ehemals bewässertem Grünland im Tal (Grissenbach bei Netphen an der Sieg).

Die Haubergswirtschaft im Siegerland wurde nach einem noch komplizierteren Muster betrieben. Die Holznutzung begann hier nicht mit einem Kahlschlag, sondern die Eichen wurden zunächst entrindet. Die Eichenrinde wurde an den entrindeten Bäumen getrocknet und dann zur Herstellung von Gerberlohe verwendet. Das Holz der Hauberge nutzte man dann vor allem in den Hüttenbetrieben: als Grubenholz und zur Herstellung von Holzkohle, mit der man Erz schmolz. Der Ablauf der Nutzungszyklen der Haubergswirtschaft wurde nicht in erster Linie durch Bedürfnisse der Landwirtschaft oder der Gewinnung von Brennholz gesteuert. Vielmehr trieb man einen Hauberg nach dem anderen ab, um stets genügend Holz bzw. Holzkohle für die Erzverhüttung zur Verfügung zu haben. Auch bei der Haubergswirtschaft wurden nach der Beseitigung des Holzes die Überreste vom Roden angezündet und auf der Fläche zur Düngung verteilt; es folgte eine Phase des Ackerbaus und der Weidenutzung. Emporgekommenen Ginster verwendete man als Einstreu in den Ställen. Auf einigen stark genutzten Haubergen kam überhaupt kein Holz mehr hoch, sondern es wuchs dort nur noch der Ginster. Diese Flächen nannte man Ginsterhaine.

Allen Wald-Feldbau-Systemen ist also gemeinsam, daß auf den gleichen Flächen nacheinander Acker-, Weide und Holznutzung stattfand und daß die Streu verbrannt wurde, um die Asche als Dünger zu nutzen. Das Feuer wurde aber nicht zum Roden eingesetzt, es gab also keine eigentliche Brandrodung. Brandrodungen spielten in Mittel- und Westeuropa praktisch keine Rolle, weil die dort vorkommenden Bäume sich nicht brennen ließen, sieht man einmal von der Kiefer, der Fichte und vielleicht der Birke in trockenen Witterungsphasen ab. Ein Abbrennen der Wälder war auch nicht sinnvoll, denn man hätte dabei den wichtigen Roh- und Brennstoff Holz ohne Nutzen verschwendet.

Anders mögen die Verhältnisse in Nord- und Osteuropa gewesen sein. Dort waren Kiefer und Birke weit verbreitet. In den kontinentalen, trockenen Sommern war und ist es wohl möglich, Wälder niederzubrennen; an Holz ist dort auch stets kein Mangel gewesen, weil die Bevölkerungsdichte gering war. In einem Bericht über die litauische Schwendewirtschaft aus dem frühen 19. Jahrhundert wird auch tatsächlich erwähnt, daß auf den entwaldeten Flächen vor allem Kiefernsaat aufkam. War sie zu zwei Meter hohen Gehölzen aufgewachsen, konnte man tatsächlich die Fackel an den Kienbusch halten und ihn anbrennen.

Eine Brandrodung im eigentlichen Sinne setzt man in den Tropen ein. Dort braucht man kein Brennholz zum Heizen menschlicher Behausungen. Die überaus üppige Vegetation hat in den Tropen sämtliche Mineralstoffe aufgezehrt, so daß die Böden außerordentlich arm an Nährstoffen sind. Würde man ihnen über die Brandrodung nicht Mineralstoffe zuführen, wäre der Anbau von Kulturpflanzen ein aussichtsloses Unterfangen.

Man hat behauptet, Wald-Feldbau-Systeme seien eine besonders altertümliche Form der Landbewirtschaftung. Dies trifft nicht zu, vielmehr sind diese Systeme erst als Spezialformen in recht später Zeit entstanden. Denn die emporgewachsenen Stockausschläge lassen sich nur mit eisernen Äxten schlagen, und die flachgründigen Böden können nur mit eisernem Gerät (Pflüge, Hacken) bearbeitet werden. Vor der Eisenzeit kann es also die beschriebenen Wald-Feldbau-Systeme nicht gegeben haben; und in der Tat lassen sich ihre Anfänge bis zum Beginn der Eisenzeit zurückverfolgen. In früherer Zeit hatte gerade die Beseitigung von Stockausschlägen auf den Nutzflächen erhebliche Mühe gemacht; ihnen war mit Steinäxten nicht beizukommen, und das Emporkommen der Stockausschläge dürfte ein wesentlicher Grund für die Aufgabe von Wirtschaftsflächen gewesen sein.

Das in der Eisenzeit und im Mittelalter in Gebrauch gekommene bessere Eisengerät erlaubte es, eine Rotationswirtschaft an gleicher Stelle über eine längere Zeitdauer durchzuführen; ohne Eisengerät waren nur ein bis zwei Nutzungszyklen am gleichen Ort möglich. Man kann also das Modell der Rotationswirtschaft nicht auf ältere Perioden übertragen; vor allem die komplizierte, auch gewerblichen Interessen dienende Haubergswirtschaft paßt nicht in ökonomische Zusammenhänge der vorangegangenen Zeiten.

Dies ist nicht die einzige falsche Vorstellung von dem Verhältnis zwischen früher historischer Besiedlung und dem Wald. Immer wieder wird direkt oder unterschwellig davon ausgegangen, die mittelalterliche Kolonisation sei in unkultivierten Landschaften begonnen worden, in denen Urwälder vorherrschten. In Josef Köstlers *Geschichte des Waldes in Altbayern* von 1934 ist beispielsweise zu lesen, was sinngemäß auch heute noch in der forstgeschichtlichen und heimatkundlichen Literatur zu finden ist: „Nach der Ansiedlung der bayerischen Einwanderer rückte man dem Wald mit Feuer, Hacke und Pflug entgegen. Über die nun einsetzende groß angelegte Rodungtätigkeit sind bereits urkundliche Nachweise vorhanden." In diesen Sätzen steckt viel Phantasie. Man brachte sie auf, um die spärlichen urkundlichen Nachrichten miteinander in einen Zusammenhang zu bringen. Die Vorstellungen Köstlers und vieler anderer sind zwar überholt, doch werden sie immer wieder abgeschrieben. Der Ansiedlungsprozeß von Menschen spielte sich anders ab. Es sind zunächst einmal nicht unbedingt Menschen „eingewandert", um unter zentraler Lenkung ansässig zu werden. Sie können durchaus zuvor nach prähistorischer Art und Weise im Lande gesiedelt haben, also einmal hier, einmal dort. Wie in früherer Zeit schon wurde Wald gerodet, als eine Siedlung entstand. Im Unterschied zu früherer Zeit wurde die gerodete Fläche aber nicht wieder aufgegeben, was auch schriftliche Zeugnisse festhielten, obwohl es sich in früheren Jahrhunderten oder Jahrtausenden schon viele Male ebenso ereignet hatte, ohne daß etwas Schriftliches darüber aufgezeichnet worden wäre. Selbstverständlich spielte das Feuer im „Kampf gegen den Wald" kaum eine Rolle. Daß man Brandrodung betrieb, ist lediglich ein Analogieschluß aus dem 19. Jahrhundert, denn damals rodete man vor allem tropische Wälder der Kolonien, indem man sie anzündete – wie sollte, dachte man, ein Jahrtausend zuvor Kolonisation anders betrieben worden sein? Der Wald, der im frühen Mittelalter beseitigt wurde, kann genauso wenig mit „dem Urwald" gleichgesetzt werden wie der Wald, den man in den Jahrtausenden zuvor rodete; nur in abgelegenen Gebirgen mag es im Mittelalter noch vom Menschen unbeeinflußte Wälder gegeben haben. Was die herrschaftlichen Kolonisationen der mittelalterlichen Rodungsperioden also von früheren rein bäuerlichen Kultivierungen unterschied, war einerseits die Tatsache, daß Aufzeichnungen darüber angefertigt wurden, andererseits, daß die gerodeten Flächen nicht wieder aufgegeben und dem Wald überlassen werden sollten.

Die mittelalterlichen Kolonisten dachten über das in prähistorischer Weise kultivierte, aber noch nicht kolonisierte und zivilisierte Land genauso wie Tacitus, und die Historiker späterer Epochen schlossen sich den Meinungen der Zeitzeugen an. Tacitus hatte das Land Germania für unkolonisiert gehalten, im Mittelalter hielten die Mitteleuropäer die Slawen und andere Völkerschaften, die östlich von ihnen noch nach alter Weise lebten, für unzivilisiert. Es war das Gebot der Stunde, in dem Gebiet dieser unzivilisierten Völker Kolonisation zu betreiben und den Staat nach Osten auszudehnen. Über die Ostkolonisation sind wir besser unterrichtet als über die Kolonisation im Westen, weil jene später stattfand und mehr Urkunden darüber angefertigt wurden, auch weil die staatliche Lenkung strikter geworden und Reich und Königtum im hohen und späten Mittelalter mächtiger geworden waren als im Frühmittelalter. Das, was Friedrich Mager in seiner *Waldgeschichte Preußens* von 1960 über die Ostkolonisation von 1280 schrieb, ist aber genauso wie die Aussage des Tacitus eine Halbwahrheit: „Als der Deutsche Ritterorden in Preußen erschien, fand er ein Land vor, dem Wald und Bruch einen überaus düsteren Charakter aufprägten." Mager war klar, daß das Land besiedelt war, doch konnte er sich nicht vorstellen, wie die Besiedlungs- und Bewirtschaftungszyklen in dem noch nicht kolonisierten Land ausgesehen haben mögen; düsterer Wald prägte es keineswegs allein! Im Zentrum der Kolonisation stand in ganz vielen Fällen nicht die Rodung von düsterem Urwald und die Trockenlegung von Sümpfen, sondern die Überführung eines prähistorisch in Zyklen kultivierten Landes in zivilisiertes Staatsgebiet. Die Kolonisation stand nicht im direkten Zusammenhang eines Bevölkerungswachstums, leitete es allerdings ein, weil die Erträge im kolonisierten Land höher waren und mehr Menschen ernährten.

Robert Gradmann, Otto Schlüter und andere haben Karten von der frühmittelalterlichen Waldverteilung vor dem Einsetzen der Kolonisation gezeichnet. Sie wollten Aussagen machen, welche Flächen grundsätzlich „waldfrei", welche bewaldet waren, und es sollte in Prozenten ausgedrückt werden, welcher Teil des Landes wann gerodet worden war. Diese Vorstellungen, so sehr sie erwünscht sind, führen dennoch auf einen gedanklichen Holzweg. In die Karten wurden nur die prähistorisch bekannten Siedlungspunkte aufgenommen, um die herum man eine Fläche Landes „waldfrei" ließ. So aber läßt sich vor- und frühgeschichtliches Siedelwesen nicht auf einer Karte beschreiben. Keineswegs waren alle Siedlungen gleichzeitig besiedelt, sondern zeitlich versetzt. Also war einmal hier, einmal dort gerodet worden, und hier und dort war anschließend auch wieder Wald entstanden, so daß keineswegs das gesamte „Altsiedelland" waldfrei geworden war.

Abgesehen davon: keine dieser Karten berücksichtigt sämtliche Siedlungen, die es einst gegeben hatte, denn niemals wird es gelingen, alle Siedelplätze in einer Gegend archäologisch nachzuweisen; die Überreste vieler Siedlungen sind schon längst von Wind und Wetter vollständig beseitigt worden, andere liegen unter meterdicken Schichten aus Schlamm und Geröll. In frühgeschichtlicher Zeit gab es auch keineswegs schon eine klare Trennungslinie zwischen Wald und Freifläche. Je nach den Bedürfnissen wurde sie einmal hier, einmal dort vom Menschen gelegt. Sie hielt sich nur dort in einer fixierten Position, wo der Mensch die Fläche daneben kontinuierlich bewirtschaftete. Sonst begann der Wald mit seiner natürlichen Wiederausbreitung. Weil der Mensch an verschiedenen Stellen in die Waldfläche vorstieß, und der Wald einmal hier, einmal dort ein Stück Land „zurückeroberte", war die Grenze zwischen Wald und Offenland niemals konstant, und scharf gezogen war sie noch viel weniger. Erkennbar bleibt sie nur dann, wenn häufig gemäht oder gepflügt wird, aber das war damals nicht der Fall.

Im Grunde war mit der Kolonisation schon der Untergang der „rein ländlichen", wirtschaftlich isolierten Siedlung verbunden. Denn Kolonisation war nur möglich in Verbindung mit der Schaffung einer Infrastruktur durch die Grundherrschaft. Denn überall – nicht nur dort, wo Eisen sich aus dem Boden holen ließ – brauchte man eisernes Gerät, und in gehölzarme Gegenden mußte Holz gebracht werden, damit das kolonisierte Land in einem stabilen Zustand bleiben konnte. Besonders deutlich wird dies, wenn man den Vorgang der Kolonisation in Flußniederungen und in den Seemarschen an der Küste betrachtet. Dort mußte man die Siedlungen durch Dämme und Deiche vor Hochwasser schützen. Stabile Dämme und Deiche mit ihren Schleusenanlagen und Sieltoren, aber auch mit ihren Faschinen konnte man nur unter Verwendung von großen Holzmengen errichten. Holz war aber gerade an der Küste nicht in Massen verfügbar, es mußte über Handelskontakte herbeigeschafft werden.

Im Mittelalter waren die Dörfer keine in sich abgeschlossenen Wirtschaftseinheiten mehr. Überschüssige Produkte wurden über Handelsnetze dorthin abgegeben, wo Mangel daran herrschte. Für den Aufbau, den Unterhalt und die Sicherung der Handelswege sorgte die Grundherrschaft. Sie wendete erhebliche Mittel dafür auf: An den Flüssen und an Überlandhandelswegen, die über das Gebirge, oft durch noch unsicheres Waldland führten, wurden mächtige Burgen errichtet, von denen aus Reisende und Handelsgüter – und damit das gesamte Werk der Kolonisation – geschützt werden sollten. Der ursprüngliche Sinn dieser Anlagen war bald nicht mehr zu erkennen; manche waren zu Schlössern umgebaut worden, andere lagen an Wegen, die nicht mehr Hauptdurchgangsstraßen sind. Aber ursprünglich waren sie die realen und symbolischen Festungen an den Handelswegen, für die Kolonisation und gegen die Wilden des Waldes: die Burgen an Rhein, Donau, Elbe, Neckar und Mosel, im Harz und im Schwarzwald sowie in den finnischen Wäldern und genauso die Forts im Wilden Westen Amerikas.

13. Der Wald der Grundherrschaft

Das gesamte Mittelalter hindurch vergrößerten sich die Siedlungen mit ihren „innen" liegenden Markungen in die „außen" liegenden Wälder hinein und zogen sich daraus wieder zurück. Dieser Vorgang, aus der Luft mit dem Zeitraffer betrachtet, kann mit den pulsierenden Bewegungen einer Amöbe verglichen werden. Abgesehen von der unterschiedlichen Größe der Amöbe und der Siedlungsflur divergiert beides in einer weiteren wesentlichen Hinsicht: Die Außenwand der Amöbe ist zwar nicht stabil, aber stets klar definierbar. Die Grenze der Markung war stets unscharf. Wenn die Bauern gegen den Wald vorrückten, gelang ihnen die Schaffung einer klar definierten scharfen Grenze nur für kurze Zeit; denn der Wald breitete sich, wie mehrfach beschrieben, wieder aus. Bildlich gesprochen: der Wald versuchte, das ihm entrissene Areal „zurückzuerobern", und dabei entstand eine unscharfe Außengrenze des Waldes.

Die Wälder, in die ländliche ortsfeste Siedlungen eingesprengt waren und die von den Bauern weiter zurückgedrängt wurden, galten im frühen Mittelalter zunächst als „res nullius", die niemandem gehörten. In einem zivilisierten Staatsgebilde konnte es aber keine Flächen geben, die „Niemandsland" waren. Also übernahm die Grundherrschaft die Hoheit über diese Gebiete. Besitzlose Wälder wurden auf diese Art und Weise zu Reichsgut; die ersten Besitzer vieler Wälder in Mittel- und Westeuropa waren die fränkischen Könige.

In dieser Zeit der Inbesitznahme der Wälder bekamen sie einen besonderen Begriff in der Rechtsordnung: Fortan nannte man den herrschaftlichen Wald einen Forst. Das deutsche Wort „Forst" ist zwar genauso wie das französische „forêt" und das englische „forest" von dem lateinischen Begriff „forestis" abgeleitet, doch ist dieses Wort offenbar im alten Rom nicht bekannt gewesen, genauso wenig wie man bei den Römern Wälder im grundherrschaftlichen Besitz kannte; „forestis" ist eine sprachliche (und rechtliche) Neuschöpfung des 7. Jahrhunderts n. Chr. Forestis kann vom lateinischen Begriff „foris" abgeleitet sein, das „draußen" bedeutet. Der Forst wäre also das außerhalb des privaten bäuerlichen Besitzes liegende Land. Im Forst müssen nicht unbedingt nur Wälder gelegen haben; auch Weideflächen kann es im Forst gegeben haben, sogar Landschaften, die wir heute eine Heide nennen würden. Forst und Heide lagen ja beide nach mittelalterlicher Rechtsauffassung „draußen" – im Gegensatz zur innen liegenden Markung. Ob sich „forestis" tatsächlich von „foris" ableitet, weiß man nicht sicher. Es gibt auch die Ansicht, ein „Forst" sei ursprünglich ein durch einen Zaun abgegrenztes Gebiet gewesen, wobei der Zaun auch nur gewissermaßen Fiktion gewesen sein könnte, dann nämlich, wenn man den Forst nur als ein in sich abgeschlossenes landschaftliches Gebilde auffaßt. Vielleicht stammt der Begriff „Forst" aber auch aus einer Sprache der „Wildnis", die von der Zivilisation überrollt wurde; dann könnte man heute kaum noch erschließen, welche Bedeutung der Begriff ursprünglich hatte. Die philologischen Deutungsversuche, wie der Begriff entstanden sein könnte, passen aber zu den Charakteristika, die einen Forst von Anfang an ausgezeichnet haben. Und es kamen im Lauf von Mittelalter und Neuzeit weitere Bedeutungen hinzu.

Manche Forsten blieben lange im Besitz der Krone, was sich in deren Namen niedergeschlagen haben mag (Königsforst, Reichswald). Sehr viele Reichsforsten wurden im Mittelalter Adligen und Klöstern geschenkt. Dies ist aus heutiger Sicht vielleicht ein merkwürdiger Vorgang: Wer verschenkt schon sein eigen Hab und Gut? Und aus welchem Grund sollte man das getan haben? Man vermutet, das sehr umfangreiche Krongut sei für den König nicht zu halten gewesen; der Grundbesitz sei einfach viel zu groß gewesen. Andere meinen, die Krone habe sich darum bemüht, den Adel an sich zu binden, ihn gegenüber dem König in die Pflicht zu nehmen, und deswegen habe man ihm Land mit Wäldern – die Forsten – geschenkt. Oder nahm einfach nur das Interesse der Krone an ihrem Besitz ab, was man beispielsweise immer wieder über Kaiser Friedrich II. sagt, der sich aus dem Kerngebiet seines Reiches in sein süditalienisches Jagdschloß Castel del Monte zurückzog? Gerade Friedrich II. hat zahlreiche Forsten Adligen geschenkt.

Aber vielleicht muß man auf sprachliche Feinheiten achten: Der König hat seinen Besitz nicht *ver*schenkt, sondern *ge*schenkt. Und diesen Prozeß kann man vielleicht besser verstehen, wenn man die innere Logik der Kolonisation beachtet. Durch die Schenkung eines Forstes könnte der Adel oder eine klösterliche Gemeinschaft dazu veranlaßt worden sein, sich überhaupt erst draußen in den wilden Wäldern anzusiedeln. Durch den Bau einer Burg inmitten eines geschenkten Forstes konnten ein Stück Land, ein Stück Straße, eine Mühle und damit überhaupt ein Stück des großen Kolonisationswerkes gesichert werden. Immer wieder zeigt sich ein enger geographischer Zusammenhang zwischen einer Burg, einem Schloß oder einem Kloster einerseits und dem Forst andererseits. Manche Forsten sind wohl erst nach der Errichtung der Bauten ihrer Besitzer entstanden, doch meist wird das Gegenteil der Fall gewesen sein: Burg und Kloster wurden im wilden Wald errichtet, ihre Besitzer erhielten auf diese Weise Land, kolonisierten und verwalteten, sicherten es. Ob es den mittelalterlichen Regenten bewußt war, daß sich mit diesem Prinzip des „divide et impera" das Werk der inneren Kolonisation in den mitteleuropäischen Wäldern am besten durchsetzen ließ?

Im Forst, den man später auch Wildbann oder Bannwald nannte, konnte der Grundherr die Nutzungen festlegen. Er bestimmte darüber, ob der Forst gerodet wurde, damit darin Kolonisten in neu gegründeten Dörfern angesiedelt werden konnten, Kolonisten, die man aus anderen Regionen holte, vielleicht aber auch aus der Wildnis des Forstes selbst, denn das „wilde Heer" mußte zur Ruhe gebracht werden. Inmitten von Rodungsinseln, die ebenfalls wie sich bewegende Amöben in den Wald eindrangen und sich wieder daraus zurückzogen, entstanden Waldhufendörfer, die man für planmäßig im Wald angelegte Siedlungsgebilde hielt. Ob sie tatsächlich heute den gleichen Grundriß haben wie in der Zeit, in der sie entstanden sind, wissen wir allerdings in vielen Fällen nicht, weil es nur wenige genaue Karten gibt, die den Plan eines solchen Dorfes in früherer Zeit zeigen; dies müßte erst durch archäologische Ausgrabungen überprüft werden.

Der Grundherr bestimmte, ob Vieh aus dem Innenbereich der Dörfer in den Außenbereich der Forsten zur Weide eingetrieben werden, und sogar, ob Wiesen – sogenannte Forstwiesen – angelegt werden durften. Diese Wiesen kannte man in den Forsten bei München; auf kleinen gerodeten Flächen durfte dort von den Bauern aus den Dörfern der Umgebung Gras zur Fütterung des Viehs geschnitten werden. Anderswo hießen diese Wiesen Gehölzwiesen. Manche Grundherren erlaubten, daß die Bauern aus den Dörfern der Umgebung im Forst Ackerfluren für die zeitweilige Nutzung anlegten; davon war bei der Vorstellung der preußischen Scheffelwirtschaft schon die Rede.

Ein ganz besonderes Waldnutzungsrecht ließ sich die Grundherrschaft aber meist nicht nehmen: das Jagdrecht. Man könnte vermuten, daß sich das Synonym „Wildbann" für „Forst" darauf bezieht, was aber nicht der Fall ist. Wildbann hat nichts mit dem Wild des Waldes zu tun, sondern mit der Wildnis, die dort herrschte, bevor die Grundherren mit der inneren Kolonisation begannen. Viele Fürsten waren und sind große Jäger, der Stolz der Schlösser und Burgen sind die darin gezeigten Jagdtrophäen. Sie fehlen in keinem Burg- oder Schloßmuseum! Einige Burgen wurden seit dem späten Mittelalter zu Jagdschlössern umgebaut, weitere Jagdschlösser entstanden neben den Forsten. Eines der ältesten Jagdschlösser ist das schon erwähnte Castel del Monte, das zwar nicht im Wald liegt, dennoch einer klaren Zweckbestimmung diente. Hat der hochgebildete Stauferkaiser Friedrich II. dort einen Lebensstil „erfunden", der zwar nicht das Königtum stärkte, aber der Zivilisation Stabilität gab?

Dies ist allerdings nicht die unmittelbare Folge des Interesses der Landesherren an der Jagd gewesen. Denn aus der Zweiteilung der Nutzung der Wälder, einerseits als Jagdnutzung durch die Grundherrschaft, andererseits durch die Bauern, resultierten immer wieder neue Konflikte. Die Jagd wurde nämlich eigentlich nie ausschließlich im Wald veranstaltet, wie man immer wieder meint, sondern vom Waldrand aus. Am Waldrand steht oder sitzt der Jäger in Deckung, und von dort kann er eine weite Fläche Landes überblicken. Die Tiere, die er jagen will, sind auch keine reinen Waldtiere. Sie gehen zwar dort in Deckung, doch finden sie reichlichere Nahrung als im Wald auf den Getreidefeldern. Als Mitteleuropa ein geschlossenes Waldland war, gab es dort fast keine

22 Diese Farblithographie aus Deigné Delacourt, *La Chasse à la haie*, Paris 1858, zeigt, wie herrschaftliche Tiergärten jahrhundertelang gestaltet wurden. Das Wild wurde durch ein Labyrinth von Wegen direkt vor die Flinten der herrschaftlichen Jäger getrieben.

Rehe und Hasen; vor allem diese Tiere vermehrten sich sehr stark in der Kulturlandschaft, die aus einem Mosaik von sicherem, dichtem Wald und offenen Äsungsflächen besteht. Wenn nun eine Jagd veranstaltet wurde, war dies oft ein gesellschaftliches Ereignis; meist fand sich eine Gruppe von Jägern und Treibern mit Troß und Anhang, mit Hunden und Pferden zur herrschaftlichen Jagd zusammen. Nun wurde nicht nur im Wald gejagt, sondern über Stock und Stein, über Felder und Wiesen, die ohne Rücksicht auf Verluste durch Reiter, Hundemeuten und Treiber in Mitleidenschaft gezogen wurden. Und dabei waren die Bauern in vielen Fällen noch dazu verpflichtet, als Treiber an der Jagd und damit an der Verwüstung ihres eigenen Besitzes teilzunehmen. Aber es gab noch mehr Konfliktstoff: Viele adlige Jäger waren auch Heger ihres Wildes. Der Wildbesatz vieler Forsten stieg dadurch erheblich an. Die Äcker in der Umgebung wurden immer häufiger vom Wild als Äsungsflächen aufgesucht, und die nach einigen Jahren veranstaltete Jagd nahm immer größere Ausmaße an, denn schließlich ließ sich immer mehr Wild zur Strecke bringen. Die Fürsten konkurrierten miteinander: Jeder wollte seiner Jagdgesellschaft die größte Menge Wildes vor Armbrust, Flinte oder Sauspieß bringen.

Die jagenden Grundherren richteten nicht nur Schäden im Besitz der Bauern an; die Bauern schädigten auch die Grundherren. Trotz strenger Verbote, die schon im frühen Mittelalter und seitdem immer wieder erlassen wurden, wurde in den Wäldern gewildert. Vielleicht wilderten die Bauern, weil ihre Nahrungsvorräte knapp geworden waren, oder sogar weil sie die Schäden durch den übermäßig hohen Wildbestand eindämmen wollten. Der Wilderer ist keineswegs immer nur der Kleinkriminelle, der auf eine besondere Speise, das Wildbret, Appetit hatte. Die Wilderei wurde streng bestraft, oft mit dem Tod des Delinquenten. Der Unmut der Bauern über die herrschaftliche Jagd mit allen ihren Folgen wurde durch die strenge Ahndung der Wilderei noch zusätzlich geschürt, und dieser bäuerliche Unmut soll eine der Ursachen des Bauernkrieges von 1525 gewesen sein.

Viele Forsten wurden so gestaltet, daß man optimal darin jagen konnte. Die Grundherren bauten immer mehr Jagdschlösser. Viele der großen Schloßanlagen absolutistisch regierender Souveräne, die nach dem Vorbild des Schlosses Versailles vor Paris entstanden, waren ursprünglich Jagdschlösser, beispielsweise Karlsruhe vor Durlach, die Amalienburg bei München, Clemenswerth im Emsland oder die Moritzburg bei Dresden. Teile der Forsten wurden eingehegt, man machte Tiergärten daraus, um den Wildbestand besser zu schützen, bevor man ihn im Verlauf der großen Jagdspektakel abschoß. In einigen Tiergärten wurde vor einer Jagd auch das Wild mehrerer Wälder oder Forsten zusammengetrieben. Aus Hainbuchen und anderen Gehölzarten schuf man lebende Hecken, zwischen denen man das Wild entlangtrieb; am Ende eines Heckenganges waren Schlingen gelegt, Gruben gegraben oder Netze gespannt. Das Wild konnte dort leicht gefangen werden. Oder man trieb es in einen Weiher, der von den Jägern mit ihren Hunden umstellt war. Besondere Fanganlagen wurden für Vögel errichtet, die man Vogelkoje und Entenfang nannte. Die Tiere lockte man, am besten mit einem Lockvogel, in einen von dichtem Gestrüpp oder Gehölz umgebenen Gang, der in ein sich verengendes Netz mündete. Dort fing man sie.

Herrschaftliche Jagden waren auf jeden Fall gesellschaftliche Ereignisse, und oft dürfte „große Politik" am Rand dieser mit viel Prunk und Pomp begangenen Zusammenkünfte bewegt worden sein. Offenbar kann ein Politiker auf einer Jagd besonders viel über das Sozialverhalten seines Partners oder seines Gegenübers erfahren, und schnell ist einmal „zwischendrin" eine diplomatisch wichtige Bemerkung gefallen. Jagdliches Können wurde allerdings den Grundherren immer weniger abverlangt. Sie mußten bei der perfektionierten herrschaftlichen Jagd oft nur das Gewehr halten und abdrücken. Wahre Meister ihres Faches wurden die Forstbediensteten und Treiber, die dafür zu sorgen hatten, daß das Wild der Herrschaft und ihren Gästen tatsächlich direkt vor Armbrust oder Büchse lief, und dabei sollte sogar beeinflußt werden, welcher herrschaftliche Jäger das meiste Wild schoß, der Grundherr selbst oder sein Gast, dem man damit besondere Ehre erweisen wollte.

Nicht nur zur Wahrung der Jagdmöglichkeiten und auch nicht als eine frühe Form des Naturschutzes hielten viele Grundherren eine schützende Hand über ihren Forst. Immer mehr wurde klar, daß Waldbesitz einen Wert bedeutete und daß er deswegen zu erhalten war. Im späten Mittelalter vergrößerten einige Fürsten ihre Forsten sogar, und zwar, nachdem Dörfer verlassen worden und „wüst" gefallen waren.

Das Phänomen der Wüstungen wird immer wieder damit in Zusammenhang gebracht, daß die Dorfbevölkerung durch die Pest dahingerafft worden war, die vor allem in der Mitte des 14. Jahrhunderts in vielen Teilen Europas erbarmungslos wütete. Oder es wird gesagt, im Bauernkrieg oder im Dreißigjährigen Krieg seien die Siedlungen zerstört worden. Alles kann, muß aber nicht im Einzelfall so gewesen sein. Gerade im 14. Jahrhundert entstanden nämlich viele Städte, und zuvor entstandene Städte verzeichneten damals ein erhebliches Bevölkerungswachstum, und dies sogar, obwohl die Pest ja in den Städten mehr noch als auf den Dörfern grassierte. Viele Städte lagen neben den Burgen oder Schlössern der Grundherrschaften, die Städte wurden zu gewerblichen Zentren, wo man sich Arbeit, Wohlstand und Freiheit versprach. Viele Dörfer mögen im Mittelalter nur deswegen wüst gefallen sein, weil ihre Bewohner von der Aussicht auf Freiheit und Wohlstand in die Städte gelockt wurden. In der Stadt waren sie frei von bäuerlichen Arbeits- und Abgabenleistungen an ihre Grundherrschaft, sie konnten bürgerliche Rechte erwerben, die den Bauern der Dörfer verwehrt waren. Sicher hatten die Grundherren ein Interesse daran, daß ihre Untertanen vom Land in die Stadt zogen. In der Umgebung der Städte wurde das Land mit seinen Wäldern nun stärker durch menschliche Nutzung strapaziert, aber unter Verzicht auf eine weitere Besiedlung mancher Dörfer und eine weitere agrarische Bewirtschaftung ihrer Fluren konnten die herrschaftlichen Forsten vergrößert werden. Das Hochstift Bamberg verhinderte eine Wiederaufsiedlung von wüst gefallenen Dörfern, Ähnliches geschah im Reinhardswald bei Kassel. Größer wurden Forsten bei Würzburg, Göttingen, Dessau, Magdeburg und anderswo: Reste von Kirchen und Häusern, Wegekreuzen, Köhlerplätzen, Wölbäckern und Ackerrainen, die heute vom Wald überzogen sind, zeugen davon, daß die Kulturlandschaft hier einst ganz anders ausgesehen hat.

Eine ganze Reihe von Forsten kamen in den Besitz der Städte. Die Städte brauchten Stadtwälder oder Stadtforsten dringend, wovon im nächsten Kapitel die Rede sein soll. In den stadtnahen Forsten wurden wohl die ersten konkreten Waldschutzmaßnahmen eingeleitet. Einige Wälder nahe Frankfurt durften schon im 13. Jahrhundert nicht mehr gerodet werden. Im Jahre 1343 wurden die Bürger von Dortmund verpflichtet, Laubholz in der Nähe ihrer Stadt anzubauen. Im Jahr 1368 brachte Peter Stromer, ein privater Unternehmer, erstmals im Nürnberger Reichswald künstlich Kiefernsaat aus. Dieses Experiment lief erfolgreich ab, und in der Folgezeit führte man das „Tannensäen" im Nürnberger

23 Die Ruine der mittelalterlichen Dorfkirche von Leisenberg bei Northeim liegt heute mitten im Wald; ehemals befanden sich hier die Siedel- und Wirtschaftsflächen.

Wald immer wieder durch. Diese Kunst verbreitete sich auch anderswohin, zunächst durch die Experten, die man aus Nürnberg holte. Zu Beginn des 15. Jahrhunderts säte man Kiefern auch im Frankfurter Stadtwald ein, im 16. Jahrhundert in Mecklenburg. Bei Ochsenhausen in Oberschwaben brachte man Fichtensaat aus. Junge Schläge im Wald wurden parzellenweise gebannt, und zwar nicht nur zum Schutz des Wildes, sondern vielmehr zum Schutz des Waldes. Zum Teil umzog man die geschlagenen Parzellen mit einem Zaun. Damit untersagten die Grundherren und deren „Forestarii", die Forstbediensteten, jegliche Nutzung in den Schonungen, vor allem eine Beweidung der Flächen mit Schaf und Ziege, die junge Gehölzpflanzen besonders stark schädigte. Statt einer Umzäunung eines Geheges, Sunders oder Sondergebietes im Wald konnte auch ein auf einen Stab gesteckter Strohwisch als „Verkehrszeichen" bestimmen, daß Weidenutzung zu unterbleiben hatte. Noch heute stößt man immer wieder auf dieses Zeichen, allerdings eher auf landwirtschaftlichen Nutzflächen; es zeigt den Schäfern an, daß eine Weidenutzung untersagt ist.

Im 15. und 16. Jahrhundert erließen die Grundherren zahlreiche Forstordnungen zum Schutz ihrer Waldgebiete. Die Forstbediensteten hatten die Gebote und Verbote zu überwachen. Viele Forstordnungen waren allerdings nur wenig wirksam, weil sie sich in Teilen widersprachen und die Grundherrschaft eine klare Linie nicht verfolgen konnte, wollte oder durfte. Es sollte versucht werden, möglichst viele verschiedene Waldnutzungs-Interessen unter einen Hut zu bringen. Manche Forstbestimmungen behaupteten sich dennoch: Mit einigem Erfolg wurde seit dem Spätmittelalter ein Schutz der Eibe durchgesetzt. Im Rheinland förderte die Grundherrschaft die Bildung von Mittelwäldern; jeder 9. oder 10. Baum im Wald sollte stehen bleiben, wenn eine Parzelle Hochwald abgeholzt wurde. Der freigestellte Überhälter brachte reichlich Saat hervor; unter ihm konnten zahlreiche junge Bäume aufkommen.

Die Forsten als besondere Rechts- und Nutzungsräume waren in ihrer Ausdehnung und in ihrem Aussehen keine starren Gebilde. Im Lauf des Mittelalters wurden viele Forsten kleiner und in Einzelteile zerrissen, später wuchsen manche von ihnen wieder zu größeren Gebilden heran oder zusammen. Weil nicht alle Flächen des Forstes Waldgebiete im heutigen Sinne waren, sondern auch mancherlei Freiflächen, Wiesen, Äcker und Dörfer aufwiesen, darf man nicht aus der Größe der Forsten des Mittelalters und der frühen Neuzeit auf die Gesamtausdehnung der Waldflächen schließen.

Wie sich das Bild der Forsten wandelte, bestimmte der Grundherr. Die Forsten entwickelten sich unterschiedlich – in Abhängigkeit von Nutzung und Unterschutzstellung. Ihr Aussehen wurde immer weniger durch natürliche Parameter wie Klima und Boden bestimmt, sondern mehr und mehr durch die Nutzungsinteressen. Ganz allgemein nahm in den Forsten die Bedeutung des Laubholzes ab. Nadelholz wurde wichtiger, wobei diese Entwicklung durch Aussaat und Aufforstung unterstützt wurde. Forsten wurden immer mehr zu Nadelwäl-

dern, während die als Niederwälder genutzten bäuerlichen Gehölze von Laubbäumen bestanden blieben. Dieser Gegensatz prägte sich immer stärker heraus,
so daß im 19. Jahrhundert sogar darüber spekuliert wurde, ein „Wald" sei aus
sprachlicher Sicht ein Laubwald, ein „Forst" ein Nadelwald. Diese Deutung der
Begriffe, im Grimmschen *Deutschen Wörterbuch* nachzulesen, kann aber nicht
überzeugen, denn viele Forsten wurden erst seit dem Mittelalter zu Nadelwäldern umgebaut, und zwar durch die Einwirkung der Grundherrschaft.

14. Die Wälder der Städte

In den Städten brauchte man neben anderen Versorgungsgütern besonders viel Holz. Das, was wir heute „bäuerliche Holznutzung" nennen, wurde im Mittelalter und in der frühen Neuzeit vor allem von den Städten aus betrieben. In den Städten waren Bauern ansässig, sogenannte Ackerbürger, und das im Mittelalter und in der frühen Neuzeit als „städtisch" geltende handwerkliche Gewerbe ist heute eher auf dem Dorf zu finden. Tischler und Metzger gab es im Mittelalter fast ausschließlich in der Stadt.

Weil jede Stadt ein Minimum an nutzbarer Umgebung benötigte, von der aus sie versorgt werden konnte, durften die Städte nicht zu dicht nebeneinander liegen. Städte konnten ferner nur dort existieren, wo bestimmte topographische Voraussetzungen erfüllt waren. Sie lagen stets am Wasser, am Fluß oder am See oder an der Meeresküste, entweder auf einem hohen Sporn direkt oberhalb des Gewässers oder auf einem steilen Hang. Wasser war ein wichtiges Versorgungsgut. Über das Wasser kamen wichtige Waren in die Stadt, die für das Überleben der Stadt und ihrer Bewohner essentiell waren, das Wasser trieb die Mühlen an, das gewerbliche Herz der Städte. Und ins Wasser konnte man alle möglichen Abfälle einleiten, wobei man sich keinerlei Gedanken um Schäden für die Umwelt machte. An flachen Ufern baute man keine Städte. Stieg nämlich das Wasser an, konnte es dort Hochwasser geben. Erst spät dehnten sich die Städte auch in niedrig gelegene Gebiete aus, wo man nicht sicher vor Überflutungen sein konnte.

Die Entstehung von Städten war mit der Verleihung eines Stadtrechtes durch die Grundherrschaft verbunden. Dörfer konnten aus „wilder Wurzel" entstehen, die Bildung von Städten schloß Planung ein. Dabei wurde aus einer zentralen, herrschaftlichen Sicht dafür Sorge getragen, daß nicht zu viele Städte in enger Nachbarschaft entstanden, so daß jede von ihnen genügend Hinterland für ihre Versorgung hatte. Der Platz, an dem die Stadt entstand, wurde sorgfältig ausgewählt. Man wußte ja durch Geländekenntnis, wo sich Wasser am besten nutzen ließ und wo man eine städtische Siedlung am besten nach außen hin sichern konnte.

Schon wenn die Initialen einer Stadt errichtet wurden, brauchte man Wasser und sehr viel Holz. Man schuf einen Mühlenstau, baute also ein Wehr, mit dem man das Wasser anstaute, um seinen Lauf zu lenken. Am Wehr bildete sich ein Wasserfall, in dessen Bereich besonders viel Sauerstoff ins Wasser gelangte. Dort fanden sich die Fische ein, und dort, am Fischwehr, konnte man am besten angeln oder Netze auslegen, die an in den Untergrund gerammten Hölzern befe-

24 Die mittelalterliche Holzversorgung der Städte (nach einem Monatsbild aus dem Castello di Buonconsiglio in Trento). Dargestellt ist nicht nur die Abholzung der Wälder, sondern auch die Topographie der Stadt (dicht am Wasser, unmittelbare Nachbarschaft zur Mühle).

134

stigt waren. Baute man Fischzäune mit Reusen, kam ebenfalls Holz als Baustoff zum Einsatz wie bei der Anlage der Wehre. Nicht alles Wasser lief über das Fischwehr, sondern eine möglichst genau bestimmte Menge davon hatte eine noch viel wichtigere Funktion zu erfüllen: Sie trieb das Rad einer Mühle an. Das Wehr, um das herum sich Stadt und Gewerbe ansiedelten, erhielt durch Holzbohlen und Faschinen seine Stabilität; über einen besonders mächtigen Balken an der Krone des Wehres lief das Wasser ab. Über Klappen und Schleusen wurde der Wasserstand reguliert, oder man baute ein Nadelwehr aus zahlreichen nebeneinander gestellten Bohlen, die man je nach Bedarf einzeln absenken oder in die Höhe ziehen konnte, um das auf das Mühlrad kommende Wasser genau zu dosieren – die Mühle sollte sich ja gleichmäßig drehen. Die Mühle baute man ganz aus Holz, für das Mühlrad, die Mühlenwellen, Übersetzungen und Zahnräder verwendete man besonders stabile Holzarten. Die einzigen Steine in der Wassermühle traditioneller Bauart waren die Mühlsteine, die über ein hölzernes Werk in Bewegung gesetzt wurden.

Für die Anlage von Wällen und Mauern am Rand der Stadt benötigte man weitere riesige Mengen Holz, nicht nur für die sichtbaren Stadttore und Palisadengänge, sondern auch für die unsichtbaren Fundamente. Man baute Häuser, natürlich aus Holz, dicht bei dicht nebeneinander. Wegen der oft schwierigen Topographie auf steilen Hängen mußten viele Stadthäuser mit besonders hohem Aufwand fundamentiert werden. Im frühen Mittelalter errichtete man Blockhäuser oder Ständerbauten mit Pfosten, die mit Planken versehen wurden. Wege in der Stadt mußten mit Holz befestigt werden, sie wurden als Bohlen- oder Bretterwege ausgeführt. Dies war notwendig, wenn man einigermaßen trockenen und sauberen Fußes durch die Stadt gehen wollte; die Wege waren besonders nach Regenfällen in einem sehr schlechten Zustand, weil Abfälle vor die Haustüren gekippt wurden und Schweine auf den Wegen nach Eßbarem suchten. Aus Holz baute man Brücken über den Fluß und Schleusen, über die man Schiffe am Mühlwehr vorbei in tiefere oder höhere Fahrt bringen konnte. Die kleineren Boote, die man vor allem im frühen Mittelalter benutzte, konnte man noch auf eine einfache Schiffslände ziehen. Für die größeren Schiffe späterer Zeit brauchte man Kais und Landungsbrücken – selbstverständlich aus Holz. Transport und Handel waren ohne Holz nicht möglich. Von Booten oder Schiffen war schon die Rede, sie waren genauso aus Holz gebaut wie die Wagen, mit denen man Güter über Land transportierte. Die frühe Form des Containers, das Faß, in dem man nicht nur Wein und Bier, sondern auch Butter und Heringe beförderte, war ebenfalls aus Holz hergestellt.

In welcher Reihenfolge man alle diese hölzernen Gegenstände erfand und baute, spielt kaum eine Rolle. Man brauchte sie nämlich alle zur gleichen Zeit. Ohne sie konnte die Existenz einer Stadt gar nicht erst beginnen. Es mußte dort Wohn- und Gewerberaum geben, eine Befestigung, die lebensnotwendige Mühle mit ihren Wehranlagen. Im unmittelbaren Weichbild der Stadt dürften bald schon kaum noch Bäume gestanden sein, und dies war auch erwünscht. Um die Stadt herum mußte freie Sicht herrschen, denn man wollte und mußte schon von weitem erkennen können, wer sich der Stadt näherte; es konnten ja Feinde darunter sein, vor denen man lieber rechtzeitig die schweren hölzernen Stadttore schloß. Und im Fall eines feindlichen Angriffs brauchte man ein freies Schußfeld.

Keineswegs aber brauchte eine Stadt nur diese einmalige Grundausstattung an Holz für ihre Existenz. Holz blieb stets wichtig für ihr Überleben. Jahr für Jahr mußten große Mengen an Holz in den Mauerring der Stadt gebracht werden, damit die Häuser beheizt werden konnten. Vor allem diejenigen Stadtbewohner, die es zu etwas gebracht hatten, die „High society" der Stadt, legten Wert darauf, im Winter nicht zu frieren – auf Kosten des Waldes. In jedem Haus wurde gekocht und gebacken, gesotten und gebraten, und für die Zubereitung jeder Mahlzeit wurden ein Bündel oder einige Scheiter Holz ins Feuer gelegt.

Holz brauchten auch die zahlreichen Handwerker, die in der Stadt ihr Gewerbe betrieben. Wer Holz im wesentlichen „nur" als Werkstoff benötigte, beispielsweise der Wagner oder Stellmacher, der Schreiner, der Küfer oder Böttcher, Korbflechter, Besenbinder, Drechsler und Schnitzer, oder wer hölzernes Werkzeug brauchte wie der Schuster seine Leisten (aus Hainbuchenholz), der Schneider die Elle und der Weber den Webstuhl, war nur ein Kleinverbraucher, auf dessen Kosten sicher keine Wälder verschwanden. Dafür waren diese Handwerker besonders wählerisch bei den Holzarten, die sie verwendeten, um Geräte oder Gegenstände des täglichen Bedarfs auf die günstigste Art und Weise und in der besten Qualität herzustellen.

Sehr viel größer war der Holzverbrauch beim Metzger, Fischer, Bäcker, Bierbrauer, Töpfer und Schmied. Dabei schlugen Schneidebretter, Messergriffe und Well- und Nudelhölzer kaum zu Buche. Aber der Bäcker benötigte ungeheure Mengen an Holz zum Befeuern seiner Backöfen, der Metzger und der Fischer brauchten Holz zum Räuchern. Auf diese Weise konnten Fleisch und Fisch für eine gewisse Zeit haltbar gemacht werden. Beides verlangten vor allem die wohlhabenden Stadtbürger in großen Mengen, aber das, was bei ihnen auf den Tisch kam, mußte natürlich gute Qualität haben. In den Brauereien wurde Getreide unter Wärmeeinwirkung zur Keimung gebracht oder gemälzt, unter den Sudpfannen brannte das Feuer. Alkoholische Getränke waren die einzigen, die man unter den damaligen Bedingungen für längere Zeit frisch halten konnte, deswegen spielte die Produktion von Bier eine ganz andere Rolle als heute, besonders in denjenigen Regionen, in denen man kaum Wein trank, weil es in der Nähe der Städte keine Weinberge gab. Vor allem in norddeutschen Städten wurde unter Verbrauch von sehr viel Holz Bier zubereitet; im späten 14. Jahrhundert gab es allein in Hamburg über vierhundert Brauereien, von denen jede mindestens eine Sudpfanne hatte!

Der Töpfer und der Schmied verlangten statt Holz oft Holzkohle, mit der man höhere Temperaturen für das Feuer im Töpferofen erzielen konnte, erst recht im Ofen, in dem Steinzeug gebrannt wurde, und in der Esse, über der das Eisen zum Schmelzen gebracht wurde. Auch für die Herstellung der Holzkohle mußten Wälder geschlagen werden. Am Rand der Stadt, dicht am Wasser, siedelten sich die Gerber an. Sie verbrauchten die gerbstoffhaltige Eichenrinde, um Leder haltbar zu machen, das man zur Herstellung von Schuhen, Hosen, Sätteln, Taschen und Eimern brauchte. Sie beanspruchten kein hochwertiges Holz, aus heutiger Sicht eher ein Abfallprodukt.

Damit ist aber noch längst nicht alles aufgezählt, wozu man in der Stadt Holz brauchte und wofür man Wälder opferte. Bei der großen Anzahl an offenen Feuerstellen in den hölzernen Häusern der Stadt geschah es immer wieder, daß das Feuer auf die ausgetrockneten hölzernen Fassaden der Häuser übergriff. Und dann brannte meistens nicht nur ein Holzhaus ab (es war zudem noch mit Reet oder Stroh gedeckt!), sondern gleich ein ganzes Stadtviertel oder gar die ganze Stadt. Danach mußte alles so schnell wie möglich wieder aufgebaut werden, damit nicht nur das Leben weitergehen konnte, sondern auch Handel und Wandel; dafür mußte wieder ein kompletter Wald geopfert werden.

Solange es noch Wälder zum Abholzen gab, blieb alles beim alten. Man veränderte vielleicht die Grundrisse der Häuser ein wenig, baute sie aber als Holzhäuser wieder auf. Nach einem Stadtbrand nutzte man vielleicht die Möglichkeit, freie Plätze in der Stadtmitte zu schaffen, für den Markt, das Rathaus, vor allem aber für die Kirche. Obwohl die städtischen Kathedralen mit ihren teilweise gewaltigen Ausmaßen Steinbauten waren, brauchte man dennoch für den Bau viel Holz, und zwar für die Fundamente, für die Gerüste, die sich hinter den steinernen Fassade verbergen und die man beim Bau der Dome aufstellen mußte, außerdem für den monumentalen Dachstuhl. Für den Bau der Münchner Frauenkirche, die nicht einmal einer der größten Dome des Mittelalters war, brauchte man allein über 2000 Baumstämme!

Als das Holz knapper und teurer wurde, machte man sich Gedanken darüber, wie man Holz sparen könne. Nach und nach wurden Häuser aus anderen Baustoffen errichtet. So entstanden die ersten Steinhäuser, deren Zahl allerdings gering blieb, weil sie sehr teuer waren. In einigen Gegenden gab es Ton oder Lehm, aus dem man Ziegel brennen konnte, die auch als Baustoff in Frage kamen. Viele Häuser bekamen dann wenigstens einen Stein- oder Ziegelkeller und ein Erdgeschoß aus Stein oder Ziegeln. Aber die Fundamente und die oberen Stockwerke sowie der Dachstuhl waren weiterhin aus Holz gebaut. Holz ließ sich auch dadurch einsparen, daß man Fachwerkhäuser errichtete. Aus relativ wenigen Baumstämmen konnte man die tragenden Pfosten eines solchen Gebäudes zusammenzimmern. Das war sogar in Bausatzmanier möglich. Man konnte das Holz außerhalb der Stadt mit Beil und Säge zurechtstutzen. Die Bohlen wurden mit Markierungen versehen, so daß, wenn man das Haus aufrichten wollte, leicht zu erkennen war, wie man die Pfosten aneinander zu setzen hatte.

Wenn man wollte, konnte man Fachwerkhäuser sogar wieder auseinandernehmen und an anderer Stelle erneut aufbauen. Es ist wohl selten geschehen, daß ein komplettes Haus disloziert wurde, aber einzelne Balken konnte man wieder verwenden, nachdem ein Haus abgebrochen worden war – die einsetzende Stadtplanung erforderte dies gelegentlich. Die Gefache der Fachwerkhäuser zwischen den Bohlen und Pfosten füllte man mit Flechtwerk aus dünnen Ästen und Zweigen, das beidseits mit Lehm verstrichen wurde.

Geschlossene Kachelöfen ersetzten nach und nach die offenen Heizfeuer. Zwar mußten dafür Ofenkacheln gebrannt werden (natürlich mit Holz als Brennstoff), aber in Kachelöfen kann der Brennstoff viel besser ausgenützt werden als im offenen Feuer. Kachelöfen wurden also im Mittelalter und in der frühen Neuzeit errichtet, um Energie zu sparen – und um es gleichzeitig noch wärmer in der guten Stube zu haben. Besonders sparsam mit den Brennstoffressourcen ging der Delfter Kachelofen um, der schnell nicht nur in den waldarmen Niederlanden, sondern auch in anderen Küstenländern sehr populär wurde, wo ebenfalls wenig Holz zu bekommen war. Backöfen betrieb man am besten gemeinschaftlich und verbannte sie an den Rand der Stadt, so beispielsweise in Nördlingen in steinerne Backtürme an der Stadtmauer. Auch dadurch sparte man Brennholz ein und senkte die Gefahr eines Stadtbrandes. Überhaupt sprangen aus den Kachelöfen viel seltener Funken als aus dem offenen Feuer. Zu Stadtbränden kam es aber dennoch, und besonders gefährlich für die Städte waren die Stellen, an denen Feuer gewerblich verwendet wurde. Noch der große Hamburger Brand von 1842 soll in einer Bäckerei entstanden sein.

Wo die Stadtbewohner als sogenannte Ackerbürger selbst Landwirtschaft betrieben (und das war in vielen Städten der Fall, blieb sogar so bis in die Gegenwart hinein), verlagerte man die Scheunen möglichst weit an den Stadtrand, was heute noch in einigen Kleinstädten der Oberpfalz gut zu sehen ist. Kam es dort zu Heustockbränden oder entzündeten sich Getreidevorräte, bestand die Hoffnung, daß die Feuersbrunst nicht auf die gesamte Stadt übergriff. Für das Getreide, mit dem die Stadtbevölkerung versorgt werden sollte, baute man steinerne Fruchtkästen und Kornspeicher. Getreidespeicher errichtete man in vielen Fällen dicht am Wasser – nicht nur aus verkehrstechnischen Gründen, sondern auch deswegen, weil dort im Falle eines Falles Löschwasser zur Verfügung stand. Die Mühlen baute man möglichst aus Stein oder Ziegeln. Im Gegensatz zu anderen Mühlen konnte man die Kornmühlen nicht aus der Stadt verbannen, denn es mußte auch dann Getreide gemahlen werden, wenn die Stadt belagert wurde. Wassermühlen lagen dicht am Wasser, so daß man auch hier hoffen konnte, einen Brand löschen zu können, bevor der gefürchtete Stadtbrand entstand. Alle anderen Mühlen, in denen es zu gefährlicher Überhitzung kommen konnte, verlegte man wegen der Feuergefährlichkeit aus der Stadt.

Die Städte wuchsen – immer auf Kosten des Waldes. Besonders viel Holz brauchte man, wenn man die Städte in der Richtung der Niederungen erweitern

wollte, wo Überschwemmungsgefahr bestand. Man setzte dort sicheren Sied-
lungsgrund vor die Stadt (die Straße, die auf diese Weise in Hamburg gebaut
wurde, heißt „Vorsetzen"). Im Untergrund mußte ein stabiles Fundament aus
Holz errichtet werden, das sich, im Grundwasserbereich liegend oder stehend,
über Jahrhunderte halten konnte: in Konstanz, wo man ein ganzes Hafenbecken
zuschüttete, in Berlin und Potsdam, das nahezu komplett auf Eichenpfählen
steht, von Amsterdam und Venedig ganz zu schweigen. Zwischen die Holzfun-
damente und Pfähle schüttete man den Unrat der Stadt – heute ist dies eine
Fundgrube für Archäologen. Doch die Ausgräber der Städte können vor allem
nachweisen: Wälder wanderten in den Untergrund der Stadterweiterungen,
damit man in ehemaligen Uferregionen wohnen und Gewerbe treiben konnte,
ohne Angst vor Überflutungen haben zu müssen. Eine wachsende Stadt
brauchte eine neue Stadtmauer, ihre größer gewordene Einwohnerschaft betrieb
mehr Gewerbe und brauchte noch mehr Brennholz.

Das Wachstum der Bäume in den Wäldern konnte mit dem Wachstum der
Städte kaum mithalten, zumal die Städter bei der Nutzung der Wälder mit den
Dorfbewohnern und den Grundherren (die vielleicht im Schloß in der Stadt
wohnten) konkurrieren mußten.

Städte hatten schon frühzeitig Stadtwälder erhalten, zum Teil direkt aus dem
Königsgut (beispielsweise Koblenz, Frankfurt und Nürnberg), zum Teil von der
Grundherrschaft. In den Stadtwäldern nahmen die Schutzbestimmungen für
Wälder ihren Ausgang – und das nicht von ungefähr, denn wenn man nicht
strikt gegen Übernutzung dieser Wälder vorging, waren sie bald verschwunden.
Dennoch befanden sie sich bald in einem erbärmlichen Zustand. Warum hätte
man sonst im Nürnberger Reichswald mit der Aussaat von Kiefern begonnen?
Niemals hätte man in einem geschlossenen Wald erfolgreich Saatgut der Licht
liebenden Kiefer ausbringen können; also bestand der Wald nur noch als
Rechtsbegriff, als man mit der Baumsaat begann. Der Erfurter Stadtwald war
seit 1359 strikt in Schläge eingeteilt, in denen man nach und nach das Holz
nutzte, die man dann aber wieder in Ruhe ließ, damit die Bäume erneut emporwachsen konnten.

Besonders in der Nähe der Städte und in ihrem Umfeld, wo die Bevölkerungsdichte am größten war, blieben Gehölze, wenn überhaupt, am ehesten in
Form von Niederwäldern erhalten. Man ließ dort das Holz in Form von Stockausschlägen nur ein paar Jahre hochkommen, bevor man es wieder und wieder
abschlug. Dabei setzte man die Stämme auf den Stock, aus dem dann wieder
junge Triebe emporwachsen sollten. Vor allem in Stadtnähe wandelte man diese
radikale Form der Nutzung zu einer noch radikaleren im Eichenschälwald oder
Lohwald ab. Hier löste man die Rinde von den Eichen, aber zunächst nicht vollständig, sondern ließ sie oben noch an den Stämmen hängen. Auf diese Weise
konnte sie trocknen, was notwendig war, damit man eine Gerberlohe von guter
Qualität gewinnen konnte. Neben den Bauern aus den Dörfern beteiligten sich

25 Rest eines Mittelwaldes bei Rottendorf östlich von Würzburg: Zu erkennen sind einzelne weit ausladende Eichen und reichlich Unterholz.

auch die städtischen Bauern an den Wald-Feld-Wechselsystemen, beispielsweise an der Siegerländer Haubergswirtschaft.

Mehr planerische Einwirkung war erforderlich, um Mittelwälder einzurichten. Dort ließ man einzelne Bäume, vor allem Eichen, in die Höhe wachsen, die anderen Bäume bewirtschaftete man wie im Niederwald- oder Eichenschälwaldbetrieb. Allerdings wuchsen die Überhälter nicht gerade in die Höhe, sondern schief und krumm. Eine gebogene Statur bekamen viele dieser Bäume dadurch, daß man sie in etwa drei Meter Höhe köpfte, um Holz zu gewinnen, und dann trieben von dort neue Äste aus, ebenso wie heute noch bei den Kopfweiden. Krumm gewachsene Bäume standen auch einzeln auf den Viehweiden, in den Hutwäldern, auf den Heiden. Das Vieh hatte von ihrem Laub gefressen, die Knospen einzelner Äste zerstört, man hatte Laub und Zweige von ihnen abgeschnitten, der Wind hatte sie zerzaust, weil die Weidbuchen und Hudeeichen ohne Schutz durch benachbarte Bäume Wind und Wetter ausgesetzt waren und dabei so isoliert standen wie im Wald natürlicherweise niemals.

Häuser aus Fachwerk erhielten im späteren Mittelalter und in der frühen Neuzeit immer größere Bedeutung. Bei ihnen war es nicht notwendig, ausschließlich gerade Stämme zu verwenden. Gerade gewachsene Stämme brauchte man nur noch für die Eckpfosten und die liegenden Balken, die die Basis der Stockwerke bildeten, sowie für den Dachstuhl. Sonst konnte man auch krumm gewachsene Stämme in die Fassaden einbauen, wie an vielen Fachwerkhäusern zu erkennen ist. Astgabeln waren den hervorragenden oberen Stockwerken eine stabile Basis. Genauso wie die krumm gewachsenen Stämme kamen auch die Stockausschläge und Zweige, die man in die Gefache flocht, aus dem Mittelwald.

Das Holz aus Mittel- und Hudewäldern war auch bei Schiffbauern begehrt. Sie suchten Astgabeln und krumme Stämme, aus denen man Spanten für die Schiffe machen konnte. Der Winkel, den das Holz aufwies, mußte je nach den geforderten Eigenschaften genau stimmen; daher liefen die Schiffbauer mit dem Winkelmesser durch die Wälder und markierten diejenigen Bäume, die sie zum Bootsbau brauchten.

Da die meisten Städte in den Niederungen lagen, am Fluß, am See oder am Meer, wurden von den Stadtbewohnern vor allem die stadtnahen Wälder niedriger Lagen malträtiert. Hier vor allem vollzog sich der nutzungsbedingte Umbau der Wälder: Buchen wurden zurückgedrängt, Eichen, Hainbuchen, Birken, Haselbüsche und andere Gehölze in ihrer Ausbreitung gefördert. Dadurch wurde eine Zonierung der Vegetation stärker akzentuiert, wie sie in Ansätzen wohl schon zuvor in einigen Teilen Mitteleuropas bestanden hatte. Buchenwälder kamen nur noch in stadtfernen Lagen vor, meist in höher gelegenen Regionen. Näher bei den Städten, meist in den niedriger liegenden Bereichen, gab es, wenn überhaupt Wald erhalten blieb, nur noch Gehölze aus Eichen und Hainbuchen oder Eichen und Birken. Offenbar besteht die Vegetationszonierung der montanen Buchenwälder höherer Lagen und der kollinen und planaren Eichen-

Hainbuchen- und Eichen-Birken-Wälder des Hügellandes und der Ebenen nicht nur aus klimatischen Gründen, sondern sie ist auch ein Resultat unterschiedlicher Nutzungen in den letzten Jahrhunderten. Die Grenze zwischen Buchen- und Eichen-Hainbuchen-Wäldern ergab sich nicht nur durch die Höhenlage, sondern auch durch die Topographie beziehungsweise die Siedlungsnähe.

Wenn man bedenkt, daß in der mittelalterlichen und frühneuzeitlichen Wirtschaftsgeschichte die Holzwirtschaft eine tragende Bedeutung hatte, und wenn man sich ferner klarmacht, daß die Städte die wirtschaftlichen Zentren des Mittelalters waren, wird evident, daß Holznutzung vor allem Sache der Städter war, der dort lebenden Bauern und Handwerker, und daß die Entwicklung der Wälder damals vor allem in der Nähe der Städte anthropogen beeinflußt wurde. Durch die unterschiedlich intensive Nutzung der Wälder konnte der Eindruck entstehen, daß die Begriffe Hoch- und Niederwald eine ganz andere Bedeutung hatten. Die Hochwälder mit Buche, Tanne, Fichte, Bergahorn und hochgewachsenen schlanken Eichen gab es vor allem auf den Höhen, Niederwälder mit Eichen, Hainbuchen und Birken in den Niederungen. Doch die Begriffe Hoch- und Niederwald beziehen sich nicht auf die Höhenlage des Waldes, sondern auf die Wuchshöhe, die die genutzten Bäume erreichten.

Von vegetationskundlicher Seite ist behauptet worden, die frühesten Siedlungen der Menschen seien in den Niederungen entstanden, weil die dortigen Eichen-Hainbuchen-Wälder besonders günstig zu besiedeln gewesen seien. Das ist nicht richtig. Denn als die ersten Siedlungen entstanden, gab es noch keine Eichen-Hainbuchen-Wälder. Diese Wälder sind vielmehr aus ehemaligen Nieder- und Mittelwäldern hervorgegangen, die vor allem in denjenigen Gebieten während des Mittelalters entstanden, in denen die Besiedlungsdichte am größten und daher der Bewirtschaftungsdruck der Menschen auf die Wälder besonders hoch war. Zunächst entstanden Siedlungen, erst danach die Eichen-Hainbuchen-Wälder.

15. Flößerei und Trift – Holz als Handelsprodukt

Nachdem die Städte ein paar Jahrzehnte lang als wirtschaftliche Zentren existiert und sich dabei zu florierenden Gemeinwesen entwickelt und vergrößert hatten, trat überall das gleiche Problem auf: Holzmangel. In prähistorischer Zeit hätte man die Siedlung nun verlagert und an anderer Stelle wieder aufgebaut, wo es noch reichlich Holz gab. Dies konnte man mit einer Stadt, einem Stützpunkt in politischer wie wirtschaftlicher Hinsicht, in einer zivilisierten Welt nicht mehr tun. Es gab keine andere Wahl: Die Stadt mußte dort bleiben, wo sie war. Wehre, Weiher, Mühlen, Stadtmauern, Kanäle usw. konnte man nicht an anderer Stelle erneut anlegen, weil es kein Bauholz mehr für die Häuser, kein Brennholz mehr für die Öfen gab. Wenn man nun die Siedlung nicht verlagerte, mußte das Handelsnetz zeigen, was es leisten konnte. Über den Handel mußte nämlich nun beschafft werden, woran es in der Stadt mangelte. Weil die Städte dicht am Fluß oder am Meer lagen, war eine günstige Voraussetzung dafür gegeben, daß die Handelsprodukte die Städte erreichten; Holz kam auf dem Wasser in die Stadt.

Mangel an Holz trat nicht nur ein, weil die Stadtwälder und andere Gehölze in Stadtnähe abgeholzt waren und die Bäume nicht die Möglichkeit bekamen, wieder in die Höhe zu wachsen, bevor Stadtbewohner wieder mit der Axt in den Wald kamen, den man kaum mehr so nennen konnte, weil man im Wald kaum noch einen Baum sah. Besonderen Mangel an Holz hatte das Holz verarbeitende Gewerbe; vor allem gab es kein Bauholz mehr in den Wäldern. Der Holzmangel verschärfte sich, zugleich wurde der Holzbedarf in den gewerblichen Zentren immer größer. Dort sammelte sich mehr Kapital an, und parallel dazu stieg der Bedarf an Rohstoff. Man brauchte Holz für repräsentative Bauten (es wäre unmöglich gewesen, das Holz für die Münchner Frauenkirche im unmittelbaren Weichbild der Stadt zu beschaffen!), für Schiffsflotten, deren Ausmaß in den zahlreichen Kriegen immer wieder dezimiert wurde, für Uferbefestigungen, für die Gewinnung von Salz durch Salzsiederei.

Neue Quellen für Holz zu erschließen war nur durch Fernhandel möglich. Denn nur ein paar Kilometer weiter lagen die benachbarten Dörfer, von denen aus man ebenfalls Holz gemacht hatte, und noch ein paar Kilometer weiter entfernt traf man auf die benachbarte Stadt, in deren Umgebung die Wälder genauso weit zurückgedrängt worden waren. Die Lage war prekär; gelang es nicht, das Holz zu beschaffen, waren die weitere Existenz der Städte und das gesamte Werk der Kolonisation bedroht. Und weil sich kulturelles Leben bereits weitgehend in der Stadt konzentriert hatte und in anderen Holz verbrauchenden

Zentralorten wie Klöstern und Burgen, stand die Existenz der abendländischen Kultur auf dem Spiel.

Besonders viel Holz gab es im hohen Mittelalter und auch später noch in den mitteleuropäischen Gebirgen, wo bisher nur wenige Siedlungen, vor allem kaum Städte existierten, und im Gebiet des borealen Nadelwaldes im Nordosten Europas. Die eine Gegend hatte mehr von dem einen, die andere mehr von einem anderen Holz zu bieten; nach der Eiszeit waren ja nicht alle Baumarten überallhin vorgestoßen, sei es aus klimatischen Gründen oder weil die Ausbreitungswege anders verlaufen waren. Besonders großer Holzmangel herrschte in den Küstenregionen Süd- und Westeuropas. Offenbar hatte es schon in der Römerzeit nicht nur am Mittelmeer, sondern auch im Westen Frankreichs, in Flandern und auf den Britischen Inseln weniger Wald gegeben als in Mitteleuropa. An den Rändern des Kontinentes lagen schon damals die Zentren der Landwirtschaft, des Ackerbaus und vor allem der Viehhaltung.

Von den waldreichen Gebirgen in der Mitte Europas zu den waldarmen Rändern des Kontinentes verlaufen die großen Ströme. Auf ihnen konnte das Holz geflößt oder getriftet werden. Während man ein Floß aus mehreren nebeneinander liegenden Stämmen zusammenbindet, werden bei der Trift nur einzelne Stämme ins Wasser geworfen. Flößerei und Trift gab es sicher schon in römischer Zeit; sonst wären kaum Tannenholzstämme aus Mitteleuropa ins Rheinmündungsgebiet gelangt.

Im Mittelalter mangelte es schon früh an Bauholz in den Küstenländern, später auch an Brennholz. Den Brennholzbedarf konnte man durch Nutzung der stadtnahen Niederwälder und Heideflächen noch länger decken; auch gab es ausgedehnte Moore, deren Torf man zur Wärmegewinnung verbrennen konnte. Bauholz aber war nicht verfügbar. Es kam nun darauf an, Baumstämme möglichst großer Länge unbeschädigt über weite Strecken an ihren Bestimmungsort zu transportieren. Am besten ließ sich dies bewerkstelligen, wenn man die einzelnen Stämme zusammenband und in Form eines Floßes vom Oberlauf eines Flusses an seinen Unterlauf brachte.

An der Küste war man auf die Holzversorgung durch Flöße schon frühzeitig angewiesen, denn auf den immer wieder von Salzwasser überfluteten Böden wuchsen keine Bäume. Sämtliche Bohlen, die in der frühmittelalterlichen Wurtensiedlung Elisenhof an der Eidermündung eingebaut wurden, sind aus dem Inneren Schleswig-Holsteins an die Küste geflößt worden. Viel mehr Holz brauchte man in Venedig, das sich zu einer Großstadt auf Pfählen entwickelte. Das Holz dafür kam aus den Alpen in das Mündungsgebiet des Po an der Lagune der Adria. Im hohen Mittelalter, ganz besonders aber in der frühen Neuzeit entwickelten sich die vielen Städte, die schon damals dicht aneinander in den Niederlanden lagen, zu wichtigen Holzabnehmern aus zahlreichen Teilen Europas.

Der Holzhandel mit den Niederlanden wurde zu einem wichtigen Zweig des

europäischen Handels. Massenguthandel hatte es zuvor nicht gegeben. Haupt-
handelsgüter im frühen und auch noch im hohen Mittelalter waren Produkte
wie Edelmetalle, Gewürze und Seide – alles Luxusgüter, die nicht in großen
Mengen transportiert wurden. Mit dem Aufkommen des Holzhandels, bald
auch des Getreidehandels – beides hing mit der Entstehung und Expansion der
Städte zusammen – erhielten Handel und Wirtschaft eine neue Dimension; denn
von nun an mußten lebensnotwendige Massengüter für den Konsum über oft
große Entfernungen herbeigeschafft werden.

Auf dem Rhein wurde das ganze Mittelalter hindurch Flößerei betrieben, sie
wurde mit der Zeit immer bedeutender und erreichte im 18. Jahrhundert ihren
Höhepunkt. Die ersten Flöße, die von den Wassern ins Mündungsgebiet des
Flusses getragen wurden, band man relativ weit am Unterlauf des Rheins
zusammen, beispielsweise am Mittelrhein und an der Lippe. Später baute man
die Flöße für den Holztransport in die Niederlande im Spessart, im nördlichen
Elsaß, im Frankenwald und im Nordschwarzwald. Flöße aus den Flußgebieten
der Lippe, der Mosel und vom Mittelrhein enthielten vor allem das begehrte
Holz der Eiche, das wegen seines Gerbstoffgehaltes sehr beständig war, aber
einen großen Nachteil hatte: Es war „senk“, wie die Flößer sagten, das heißt, es
schwamm nicht auf dem Wasser, sondern ging unter. Die Flöße aus dem Frankenwald und aus dem Schwarzwald hatten größeren Auftrieb. Im Frankenwald
wuchsen nämlich Fichten, im Schwarzwald Tannen, und beide Nadelhölzer
schwammen hervorragend. Eichen ließen sich aber auch aus dem Schwarzwald
holen, denn dort wuchsen viel mehr Eichen als heute. Wenn man die Eichen
zwischen Tannenstämme band, gingen auch die Flöße mit Eichen aus dem
Schwarzwald in den Rheinfluten nicht unter.

Die Floßfahrt aus dem Gebirge kam erst in Gang, nachdem die Wasserwege
im Bergland dafür erschlossen worden waren. Vor allem die Bäche und Flüsse
im Schwarzwald konnten nur unter großen Mühen flößbar gemacht werden. In
diesem Gebirge regnet und schneit es sehr viel, das Wasser fließt mit sehr hoher,
wenn nicht sogar zerstörerischer Geschwindigkeit in engen, tief eingeschnitte-
nen Tälern zum niedrig liegenden Rhein. Das gewaltige Kräfte entwickelnde
Wasser hatte jahrtausendelang große Gesteinsbrocken mit sich geführt und in
seinem Lauf abgelagert; über diese Brocken stürzte es nun in Kaskaden zu Tal.
Erst in der frühen Neuzeit gelang es, aus diesen Wildbächen flößbare Gewässer
zu machen. Die Flößerei entwickelte sich vor allem an der Nordostseite des
Schwarzwaldes, in Württemberg, denn immer wieder stießen die Franzosen an
den Oberrhein vor und behinderten die Flößerei südlich der Neckarmündung
bei Mannheim. Aber nicht nur dies hat die Flößer wohl veranlaßt, ihre Routen
lieber über den Umweg Neckar zu wählen. Das Gefälle des Wassers, das vom
Schwarzwald erst in den Neckar und dann in den Rhein gelangte, war im
Bereich des Gebirges geringer als das in den Gewässern, die vom Schwarzwald
aus direkt in den Rhein mündeten. Pforzheim, das nordöstliche „Tor aus dem

Schwarzwald" liegt beinahe einhundert Meter höher als Offenburg, das West-
tor des Gebirges. Über Pforzheim führte daher ein in seinem oberen Teil nicht
so abschüssiger Floßweg wie über Offenburg. Neben den badischen Floßstrecken, der Kinzig und dem größten Teil der Murg, wurden also vor allem die
württembergischen Flüsse Enz und Nagold für die Passage von Flößen hergerichtet. Das bedeutete: Steine mußten aus den Wasserläufen geräumt werden,
und die Ufer mußten durch Mauern und mächtige Holzbohlen verschalt werden, damit die Flöße daran entlanggleiten konnten. Man mußte Teiche anlegen,
auf denen die Flöße gebunden wurden und in denen sich das Wasser sammelte,
sogenannte Wasserstuben, die durch Wehre gestaut waren. An die Bindeplätze
gelangten die Stämme meist über Land, entweder gezogen von Rückepferden
oder über eine Riese, eine hölzerne Rutsche für Holz, einer Rutschbahn ähnlich.
Sie konnten auch in Einzeltrift auf dem Wasser zum Bindeplatz gelangen oder in
Form von kleinen Flößen, die am Bindeplatz auseinandergebunden wurden.
Man fing dieses Holz mit einem hölzernen Holz- oder Floßrechen ein. Zum Binden der Flöße verwendete man sogenannte Wieden, die aus jungen Stämmchen
von Tannen (anderswo auch Fichten) gedreht worden waren. Bevor man das
gebundene und abfahrbereite Floß in Bewegung setzen konnte, öffnete man
zunächst das Wehr, um genug Wasser in den Fluß zu leiten. Es mußte in zahlreichen Wasserstuben gesammelt werden, die das Floß auf seiner Talfahrt pas-
sieren mußte. Ohne diese Maßnahme wäre das Floß auf Grund gelaufen, oder
es hätte sich an den Flußufern verhakt, weil zu wenig Wasser im Flußbett war.
Im Oberlauf der Flüsse betrugen die Abstände zwischen den Wasserstuben nur
wenige Kilometer. An den Wehren gab es flach geneigte Floßgassen für die Passage der Flöße.

Für die Flößerei mußte also eine umfangreiche Infrastruktur bereitgestellt
werden. Die Flößbarmachung der Flüsse erforderte den Einsatz von gewaltigen
Holzmassen. In jedem Jahr mußte der einmal kanalisierte Weg wieder mit Holz
ausgebessert werden, denn die Passage der Flöße führte zu zahlreichen Beschädigungen des kanalisierten Wasserweges, und auch Hochwasser und Eisgang
hinterließen ihre Spuren. Zunächst befaßte sich der württembergische Herzog
selbst mit dem Unterhalt des Wasserlaufes, dann beauftragte er wirtschaftliche
Kompanien damit. In jedem Fall verdiente er eine Menge an der Flößerei, also
daran, daß er das Holz seiner Wälder zu Kapital machte. Weil der württembergische Herzog nur wenige andere Einnahmequellen besaß (es gab ja kaum
Bodenschätze im Schwabenland), war ihm das sehr willkommen. Denn auch er
wollte einen absolutistischen Herrschaftsstil verwirklichen. Das Geld, das er
verdiente, wurde sicher zu einem großen Teil in den Schlössern Ludwigsburg,
Stuttgart, Solitude und Hohenheim verbaut.

Ähnliche Entwicklungen liefen in Baden ab. Dort hatte eine private Kompa-
nie den Wald an der Murg großflächig für eine Kahlschlagswirtschaft erschlossen: Der Murgschifferschaftswald entstand und konnte nun nach und nach

abgeholzt werden. Die „Murgschifferei" war Flößergewerbe, an der der badische Staat verdiente: Schloß Karlsruhe konnte gebaut werden.

Die württembergischen und die badischen Flöße trafen sich in Mannheim. Stadt und Hafen waren von den pfälzischen Kurfürsten im 17. Jahrhundert gegründet worden. Wie viele andere Städte hatte Mannheim Stapelrecht. Das heißt, die Flöße mußten dort auseinander gebaut werden, und vor dem Weitertransport wurde das Holz der einheimischen Stadtbevölkerung zum Kauf angeboten. In Städten mit Stapelrecht war der Holzmangel fortan kaum noch ein Problem. Holz kam reichlich zum Bauen und Brennen in die Stadt. Man konnte es jederzeit erwerben. Auch in Mannheim verdiente die Herrschaft am wirtschaftlichen Aufschwung, den der Holzhandel mit sich brachte. Im 18. Jahrhundert entstand in Mannheim eines der größten Barockschlösser Mitteleuropas, und Mannheim wurde ein wichtiges kulturelles Zentrum.

An der Mündung des Neckars in den Rhein wurden die Flöße zu größeren Gebilden neu zusammengebaut. Sie enthielten nun Tannen aus dem Schwarzwald und besonders hohe Kiefern von dort und aus dem Hagenauer Forst, wobei über 21 Meter hohe sogenannte „Capital- oder Mastforren" besonders kostbar waren. Vor allem die Höhenkiefern aus dem Schwarzwald schossen rank und schlank zu einer solchen Höhe auf, daß sie für die Verwendung als Schiffsmasten geeignet waren. Das Tannen- und Kiefernholz gab dem Floß genügend Auftrieb, so daß zwischen die Nadelholzstämme gerade gewachsene schwere Eichenstämme aus dem Schwarzwald eingebunden werden konnten.

Mainz hatte ebenfalls Stapelrecht. Das Holz, das die Mainzer brauchten, blieb in der Stadt. Die Flöße wurden erneut anders zusammengebunden. Es kamen die Fichtenstämme aus dem Frankenwald hinzu, die im Main bis zur Mündung in den Rhein geflößt worden waren, dazu die gerade gewachsenen Eichen aus dem Spessart.

Nach der gefahrvollen Passage des reißenden, engen und gewundenen oberen Mittelrheins war Koblenz eine weitere Haltestelle mit Stapelrecht. Die Koblenzer versorgten sich mit Holz, aber es kam nun auch das Eichenholz aus der Mosel in das Floß. Man hatte Mühe gehabt, es bis Koblenz zu flößen; in die Moselflöße mußten Tonnen eingebaut werden, damit sie nicht untergingen. Im Einzugsgebiet der Mosel gab es kaum Nadelholz; nur im Quellgebiet des Flusses in den Vogesen wuchsen und wachsen Tannen, aber nicht in so großer Zahl wie im Nordschwarzwald, so daß man kaum davon ausgehen kann, daß sie in nennenswerter Anzahl in Flößen Koblenz erreichten. Immer mehr Holz wurde nun in den Transport aufgenommen, das sich nicht in die Flöße einbinden ließ, weil es zu krumm gewachsen war: das Eichenholz aus Stockausschlägen der rheinischen Niederwälder. Das krumm gewachsene Eichenholz wurde auf dem Floß als sogenannte Oblast transportiert.

Das Floß hatte nun ein gigantisches Ausmaß erreicht. Man weiß, daß ein Rheinfloß unterhalb von Koblenz über 300 Meter lang und 30 Meter breit sein

26 Rheinfloß vor dem Siebengebirge. Lavierte Federzeichnung aus den Reisebildern des Georg Graf zu Münster, 1805. Die Flöße glichen schwimmenden Städten.

konnte. Ein ganzes Dorf aus Bretterbuden war auf ihm entstanden, in dem einige hundert Ruderknechte und Arbeiter lebten, die wie ein Heer versorgt werden mußten. Sogar lebende Ochsen wurden auf dem Floß mitgeführt, unterwegs geschlachtet und von den Flößerknechten verzehrt.

Die Floßfahrt war auch unterhalb von Koblenz noch ein Abenteuer. Zwar fließt der Fluß dort in gemächlicheren Bahnen dahin, aber es war kompliziert, das gewaltige Holzgefährt zu dirigieren. Wehe, wenn es sich am Ufer verfing! Dann konnten Teile des Floßes zersplittern oder die gesamte Fracht verloren gehen. Dem Floß eine Stunde voraus fuhr per Boot der Wahrschauer, um alle anderen Schiffe vom Fluß zu vertreiben, damit der Holzkoloß freie Fahrt hatte. Denn das Floß stellte eine Gefahr für andere Nutzer des Flusses dar.

Auch in Köln und in Wesel, weiteren Städten mit Stapelrecht, wurden die Flöße aufgebunden und wieder neu zusammengefügt. Einen Teil des Holzes ließ man am Stapelplatz (in Köln baute man mit Floßholz den Gürzenich, das städtische Tanz- und Kaufhaus). Dafür kam weiteres Eichenholz zum Transport hinzu, gerade gewachsenes und krummes aus der Lippe, vor allem krumme Stämme aus den Niederwäldern am Rhein.

Das Floß näherte sich dann seinem Zielpunkt in den Niederlanden. In der Frühzeit der kommerziellen Flößerei waren die Flöße, damals wohl erst selten

148

ganz aus dem Schwarzwald kommend, vor allem nach Zaandam nördlich von Amsterdam gefahren, wo es zahlreiche von Windmühlen angetriebene Sägewerke und Schiffswerften gab. Später versandete der nach Norden führende Rheinarm, die Hauptströmung in der Rheinmündung verlagerte sich mehr und mehr nach Süden. Dies war für die Niederlande günstig, denn im Süden war der Tidenhub größer. Zwar lief die Flut zu größerer Höhe auf, aber bei Ebbe ging der Wasserstand sehr weit zurück, so daß Wasser aus den Niederungen des Landes herausgesaugt wurde. Seit dem Jahr 1665 war vor allem der Biesbosch bei Dordrecht das Ziel der Flöße. Sowohl in Zaandam als auch bei Dordrecht treffen bzw. trafen sich Flußstrom und Flutstrom, so daß sich die Gewässer weit auffächerten und zwischen den Gewässerarmen flache Inseln entstanden. Biesbosch heißt auf Niederländisch Binsenwald. Die Binsen wachsen im Brackwasserbereich, wo sich die beiden Hauptströmungen gegenseitig stauen. Das Floß ließ sich dort gut bremsen, und danach konnte man es vor Dordrecht auseinandernehmen. Gleich neben dem Platz, an dem das Floß zerlegt wurde, lagen die Werften, wo Schiff neben Schiff auf Kiel gelegt wurde.

Die Schiffbauer waren wichtige, aber nicht die einzigen Abnehmer von Holz aus dem Floß. Besonders begehrt waren die geraden Stämme für Schiffsmasten aus Nadelholz. Sie waren genauso im Sortiment der Holzkaufleute wie die krumm gewachsenen Eichen, auf die die Schiffbauern mit ebenso begehrlichen Blicken schauten. Daraus konnte nämlich der bauchige Rumpf der Schiffe geformt werden. Davon, daß gebogen gewachsene Stockausschläge von Eichen mit dem Holztransport ans Meer kamen, hing es ab, daß Schiffe mit einem bauchigen Rumpf gebaut werden konnten, die seit dem 13. Jahrhundert in Nord- und Ostsee verkehrten und die weit mehr Fracht in sich aufnehmen konnten als ihre flachbodigen Vorgänger. Viele von ihnen wurden an der Rheinmündung gebaut, aber auch an den Unterläufen anderer Flüsse wurden über den Holzhandel Stockausschläge aus Niederwäldern angeliefert, genauso wie an der Rheinmündung erst im 13. Jahrhundert, also erst, als im Hinterland über längere Zeit hinweg stadtnahe Wälder genutzt worden waren, so daß sie den Charakter eines Niederwaldes angenommen hatten, ein erstes Symptom für Holzverknappung. Auf merkwürdige Weise und durch die geniale Erfindung eines heute unbekannten Schiffbauers war so als Folge des Überganges zu ortsfester Lebensweise und permanenter Waldnutzung ein Transportgefährt entstanden, mit dem erheblich größere Mengen an Handelsgut befördert werden konnten als zuvor: Durch die Schiffahrt mit bauchigen Koggen, die vor allem die Hanse betrieb, konnten sich Zivilisationen noch weiter ausbreiten, etwa in den Osten und Norden des baltischen Raumes.

Neben den krummen Eichen, für die in den Niederlanden besonders hohe Preise erzielt wurden, waren auch die gerade gewachsenen Eichen wichtig. Sie brauchte man für Planken und Schiffsböden. Für ein frühneuzeitliches Handelsschiff brauchte man in Dordrecht zu 80% krumme und nur zu 20% gerade

27 Ehemaliger Eichen-Lohwald (Echinger Loh bei München) mit krumm gewachsenen Sekundärtrieben. Diese krummen Stämme waren ehemals sehr begehrt bei den Schiffbauern, die daraus bauchige Schiffsrümpfe zimmerten.

gewachsene Eichen. Eichenholz wurde wegen seines Gehaltes an Gerbstoffen weniger von Schädlingen angegriffen als anderes Holz, was die gute Haltbarkeit von Eichenschiffen ausmachte. Holländische Schiffe waren nicht nur aus Eichenholz, sondern auch aus Nadelholz gebaut. Deshalb waren sie leichter und billiger als die Schiffe der englischen Konkurrenten. Nadelholz stand den Engländern nur dann zur Verfügung, wenn sie es aus Skandinavien und dem Baltikum holten, oder wenn ihnen niederländische Zwischenhändler Holz aus dem Rhein verkauften. Auf den britischen Inseln wuchsen nur im Norden Schottlands noch Kiefern, andere Nadelbäume kamen nicht vor.

Die geraden Eichen, aber auch anderes Holz brauchte man in den Niederlanden noch zu vielen anderen Dingen. Bauchige Koggen konnte man nicht wie ältere Schiffstypen auf eine flache Schiffslände ziehen, sondern dafür wurden Häfen mit hölzernen Kais nötig, an denen die Schiffe vertäut werden konnten. Unter Einsatz von viel Holz mußten sämtliche Häfen des hansischen Handelsnetzes koggentauglich gemacht werden. In den Niederlanden brauchte man Holz auch für die Befestigung von Kanälen und Entwässerungsgräben, für den Deichbau, für die Sieltore, durch die das Wasser bei Ebbe aus den Poldern fließen konnte, und für den Bau der zahllosen Windmühlen, von denen die mei-

150

sten nur deswegen errichtet wurden, damit das tief liegende Land trocken gepumpt werden konnte. Die Mühlen baute man aus Eichenholz, die Flügel wurden aus leichterem Nadelholz gezimmert. Viele Häuser in den Niederlanden mußten auf Pfähle gegründet werden, so etwa das Amsterdamer Schloß, das auf 14000 Nadelholzpfählen steht; allein für die Anlage dieses Fundamentes mußten 30 bis 40 Hektar Wald gerodet werden!

Der immense Holzbedarf der Niederländer war in deren „Goldenem Zeitalter", im 17. und 18. Jahrhundert, über die Rheinflößerei allein nicht zu befriedigen. Zeitweise ermöglichte die politische Lage eher den Einkauf von Holz vom Rhein, zeitweise kam mehr aus Südnorwegen und dem Ostseeraum.

Überall wurde Holz aus dem Binnenland an die Küsten geflößt. Wie große Floßrechen, mit denen man das Holz aus dem Wasser holte, lagen die Hafenstädte der Holländer an den Flußmündungen. Ihre bauchigen Fleuten, in Dordrecht aus Mast- und Krummholz gebaut, waren zum Transport großer Baumstämme über See geeignet. Im Austausch brachten sie Tabak, Kaffee, Gewürze und anderes gen Norden und Osten. In Fredrikstad gab es norwegische Fichten, bestens geeignet für Schiffsmasten. In Bremen holte man Eichen aus dem Weserbergland, unter denen sicher auch krumm gewachsene waren; mit Hilfe von Tonnen hatte man sie wie die Moselflöße weserabwärts gebracht. Genauso wie Dordrecht liegt Bremen in dem Bereich, in dem Fluß- und Flutstrom aufeinander treffen. Die gleiche Lage besitzt Hamburg, wo Fichten- und Tannenholz aus Böhmen und dem sächsischen Bergland sowie Eichen aus Mitteldeutschland verkauft wurden. In Stettin an der Odermündung und in Danzig an der Weichselmündung gab es ähnliche Holzsortimente. In Memel, an der Mündung des gleichnamigen Flusses gelegen, und in Riga an der Düna wurden keine Tannen, dafür aber viele Fichten und Kiefern zum Kauf angeboten. Kiefern und Fichten gab es ebenfalls in Sankt Petersburg, Wiborg und später auch in finnischen Häfen, soweit diese nicht zu sehr von Schweden kontrolliert wurden; denn die Schweden betrieben einen protektionistischen Holzmarkt und verkauften kein Holz an die Niederländer.

Mit ihren bauchigen Schiffen verbanden nicht nur die Holländer, sondern auch die Hansekaufleute mehrere lange Floßstrecken Mittel- und Osteuropas zu einem kompletten Handelsnetz. Holz gelangte über dieses Netz auch an andere Orte mit wichtigen Werften, zum Beispiel nach Hamburg und Stettin. In diesen Städten bestand noch aus zahlreichen anderen Gründen großer Bedarf an Holz aus dem Baltikum und aus Skandinavien. Aus dem Norden und Osten transportierten die Hansekaufleute ebenso Holz per Kogge nach Lübeck, Kiel, Rostock, Stralsund oder Kolberg.

Die Flößerei ist auf zahlreichen Flüssen ebenso alt wie auf dem Rhein, doch hatte sie nie eine solche Bedeutung wie dort. Der Rhein ist der Fluß aus der Mitte Europas mit dem stärksten Gefälle, der außerdem lange Zeit im Jahr ziemlich gleichmäßig hohen Wasserstand hat; im Gegensatz zu anderen Flüssen erreicht er seinen höchsten Wasserstand oft im Sommer, wenn in den Alpen der Schnee schmilzt. Zu starke Hochwasserspitzen oder zu niedrige Wasserstände werden dadurch verhindert, daß der Rhein in seinem Oberlauf ein riesiges Wasserreservoir passiert: den Bodensee.

Auf der Elbe, der Havel und der Spree wurde spätestens seit dem hohen Mittelalter geflößt, wodurch Dresden, Berlin und Hamburg Holz erhielten. Das Holz der Kirche in Aschersleben und das für die Elbbrücke von Magdeburg stammte aus Böhmen; es wurde im 15. Jahrhundert transportiert. Während das Holz für Magdeburg sein Ziel auf dem Fluß schwimmend erreichte, mußte die Fracht für Aschersleben von Aken an noch über Land transportiert werden. Auf der Elbe und ihren Nebenflüssen gelangte viel Holz zur Saline in Lüneburg, wo nicht nur ganze Wälder aus der Lüneburger Heide, sondern auch aus Mecklenburg und vom Westteil Schleswig-Holsteins verfeuert wurden; wegen des großen Holzbedarfs, der in und über Hamburg befriedigt wurde, und auch wegen der riesigen Holzmengen, die man in Lüneburg benötigte, ist heute noch der Westteil Schleswig-Holsteins viel weniger bewaldet als das Land an der Ostsee. Wo man das Holz zur Eider und Treene, zur Pinnau und Krückau, vor allem aber zur Stör bringen konnte, um es von dort nach Hamburg oder Lüneburg zu transportieren, wurden die Wälder beseitigt. Von der Elbe aus wurde das Holz auf der Ilmenau flußaufwärts nach Lüneburg getreidelt.

Auf der Oder kam Holz nach Breslau, aus den Alpen flößte man Lärchenholz nach Zürich, um dort Schindeln daraus zu machen. Holz wurde geflößt oder getriftet, um die Salinen im Salzburger Land mit Holz zu versorgen. Es kam auch aus dem Thüringer Wald bis nach Bad Sooden-Allendorf, wo man es zum Erhitzen der Salzpfannen benötigte. Tausende von Flößen kamen alljährlich auf der Isar nach München, und auf der Donau schwammen die Ulmer Schachteln flußabwärts; wenn man sie sich auf den Abbildungen genau ansieht, wird einem klar, daß auch diese Gefährte Flöße waren. Holz aus dem Harz kam nach Braunschweig und Wolfenbüttel, wo man es zum Bau des Wolfenbütteler Schlosses verwendete.

Im Südschwarzwald spielte die Holztrift eine wichtige Rolle. Über sie versorgte man die Hüttenwerke am Hochrhein mit Holz. Man triftete neben Hölzern der schon genannten Baumarten auch Buchenholz, und gerade dieses Holz, das es im Südschwarzwald in Massen gab, wurde in besonders großer Menge zur Erzschmelze gebraucht, denn vor allem die daraus hergestellte Holzkohle erzeugte die erforderlichen hohen Temperaturen.

Ganze Netze von Triftstrecken entstanden in den Salzgewinnungsgebieten im bayerischen und salzburgischen Alpenvorland. Aus den Bereichen der Oberläufe von Flußnetzen wie dem der salzburgischen Traun wurde Holz zu den Salinen unterhalb gebracht. In das Triftnetz an der Traun waren aber auch Gewässer einbezogen, die nicht Nebenflüsse der Traun waren. Über Holzaufzüge und Riesen kamen die Holzstücke auch über Wasserscheiden hinweg in die Traun oder in einen ihrer Nebenbäche.

Die Holztrift diente nicht nur der Versorgung von Gewerbebetrieben, sondern vor allem auch der Brennholzversorgung der Städte. Weil Knappheit an Heizmaterial erst später auftrat als Knappheit an Bauholz, begann die massenhafte Trift erst später als die Flößerei, nämlich erst zur Zeit des größten Holzmangels, im 18. Jahrhundert.

Die Trift erfolgte in der Regel über kürzere Strecken als die Flößerei. Wo man flößte, konnte nicht zugleich auch getriftet werden. Also machte man Bäche und Flüsse triftbar, auf denen man nicht mit Flößen fuhr. Wo man sowohl flößte als auch triftete, verlegte man den Transport einzelner Holzstücke durch Trift in das Winterhalbjahr, wenn grundsätzlich keine Flöße unterwegs waren. Für die Trift sammelte man das Holz auf einer Holzwiese. Sie sollte leicht geneigt sein, damit das Holz trocknete (dann schwamm es besser) und damit Regen- und Schmelzwasser abfließen konnten. In einigen Fällen wurden Hänge so, wie sie waren, zu Holzwiesen gemacht, in anderen Fällen mußte man durch Erdbauten „nachhelfen". Sollte die Trift beginnen, warf man das Holz ins Wasser, am besten in einen Teich hinter einer aus Holz gebauten Klause, den man auch Schwellweiher nannte. Wenn man die Klause öffnete, schossen mit der Wasserwelle polternd die Triftholzstücke flußabwärts. Mit Rechen zog man sie am Zielort aus dem Wasser, wo man sie zum Kauf anbot. Die Plätze, an denen man Holz kaufen konnte, hießen Holzmarkt oder Holzgarten. An die Lage dieser Plätze erinnern heute noch Flur- und Straßennamen in Potsdam, Stuttgart, Dachau und anderswo.

Trift und Flößerei führten dazu, daß in die Hochwälder der mitteleuropäischen Gebirge, in weite, siedlungsferne Waldländer und in die Randbereiche des borealen Nadelwaldgebietes große Breschen geschlagen wurden.

Nachdem die hohen Bäume aus den Wäldern entfernt waren (die größten von ihnen heißen im Schwarzwald heute noch „Holländertannen"), schlug man auch kleinere Stämme für die Trift. Junge Nadelbäumchen verarbeitete man zu Wieden, mit denen die Flöße zusammengebunden wurden. Anschließend kamen Viehhirten mit ihren Rindern, Schafen und Ziegen in die ehemaligen Wälder, wo sich nun das Heidekraut kräftig vermehrt hatte, das schon immer im Unterwuchs der Bäume vorgekommen war, nun aber in der vollen Sonne stand. Die Viehhirten schätzten das Heidekraut nicht, weil ihr Vieh es nicht gerne fraß. Daher zündeten sie es an; nach dem Brand kam mehr Gras auf, besseres Viehfutter. Diesen Vorgang nannte man in den Hochheiden des Schwarzwaldes Waidbrennen, aber auch in der Lüneburger Heide steckte man das Heidekraut in Brand, um bessere Viehweiden zu schaffen. Mit dem Heidekraut, das im übrigen bald nach dem Gras wieder emporkam, zerstörte man junge Bäume, die aus noch vorhandener Baumsaat aufgelaufen waren. Die Waldzerstörung erfolgte wirklich gründlich; man kann sich beinahe darüber wundern, daß es im

18. Jahrhundert immer noch Wälder gab, in denen man eine gewerbliche Nutzung von Waldprodukten installieren konnte.

Der gewaltige Bedarf an Holz, der durch die Umstellung der Siedelstrategie während des Mittelalters eingetreten war, schien geradenwegs in die ökologische Katastrophe der Versteppung zu führen, die – und das wußte man im humanistisch geprägten Abendland! – wahrscheinlich zum Ende vieler antiker Kulturen beigetragen hatte.

16. Das Gewerbe im Wald

In der direkten Umgebung der Dörfer und vor allem der Städte waren im Verlauf des Mittelalters viele waldfreie Regionen entstanden. Auch entlang der flößbaren oder triftbaren Gewässer und an den Küsten der Meere war der Wald auf weite Strecken verschwunden. Besonders an den Fürstenhöfen und in den bürgerlichen Haushalten der Städte stieg der Lebensstandard, und dies bedeutete: Man brauchte immer noch mehr Holz. Man verwendete es nicht nur zum Bau immer größerer und repräsentativerer Bauten, zur Konstruktion immer geräumigerer Schiffe, mit denen immer mehr Güter aus fernen Ländern herbeitransportiert werden konnten, und zum Heizen von immer mehr und größeren Räumen. Man wollte viele Gegenstände aus Holz, Metall, Glas und Ton haben; auch dann, wenn diese nicht aus Werkholz hergestellt waren, so brauchte man in jedem Fall doch Brennholz. Holz benötigte man zur Gewinnung von Salz, und das mußte und wollte man in immer größeren Mengen zur Haltbarmachung von Lebensmitteln verwenden, die ohne Konservierung leicht verdarben; Salz kam an Fleisch, an Milchprodukte, an Brot und Teigwaren, an Gemüse, ja sogar an Obst – Kühlschränke und Gefriertruhen gab es ja noch nicht! Daher läßt sich allgemein feststellen: In dem Maße, wie die Lebensansprüche wuchsen, stieg der Holzverbrauch an und wurden Wälder zurückgedrängt. Die Rohstoffquelle Wald mußte immer weiter geplündert werden, und nur selten dachte man im Mittelalter und in der frühen Neuzeit daran, für das Nachwachsen der Bäume zu sorgen.

Zusätzliche Holzmengen konnten in der Nähe von Siedlungen nicht mehr bereitgestellt werden; dort war Holz schon Mangelware. Auch an den Floß- und Triftstrecken konnten keine weiteren Gewerbebetriebe angesiedelt werden, die Holz verarbeiteten oder Holz als Brennstoff benötigten. Also legte man solche Betriebe dorthin, wo es noch Wälder gab.

Schon im vorherigen Kapitel war davon die Rede gewesen, daß man für die Aufrechterhaltung des Salinenbetriebes ganze Landstriche entwaldete. So wie in Lüneburg, wohin man das Holz flußaufwärts auf der Ilmenau brachte, konnten aber nicht alle Salinen mit Holz versorgt werden. Problematisch wurde die Herbeischaffung von genügend Holz für die Reichenhaller Saline im östlichen Oberbayern. Dort, am Alpenrand, gab es zwar reißende Flüsse mit großem Gefälle, auf denen man Holz gut flußabwärts transportieren konnte, keineswegs vermochte man es aber wie auf der Ilmenau gegen den Strom zu treideln. Als man auf der Saalach nicht mehr genug Holz für die bayerischen Salzpfannen nach Reichenhall bringen konnte, nahm man ein kühnes Projekt in Angriff. Man

28 Das Gradierwerk in Bad Kösen an der Saale.

baute im Jahr 1616 eine Soleleitung von Reichenhall nach Traunstein und richtete dort eine weitere Saline ein. Hierher konnte das Holz auf der Traun getriftet werden; es gab also auch weiterhin Salz aus Bayern als Handelsgut. Das ist nicht nur deswegen bemerkenswert, weil es sich dabei um eine technische Meisterleistung handelte – immerhin mußte die Soleleitung aus ausgehöhlten Fichtenstämmen über zwanzig Kilometer lang werden –, sondern auch, weil man die Sole zum Holz transportierte, nicht umgekehrt das Holz zu Sole und Saline. In Reichenhall reichte es fortan, wenn genügend Holz zum Ausbau der Stollen und in geringerer Menge zum Betrieb der Salzpfannen zur Verfügung stand; das meiste Reichenhaller Salz wurde nun mit Holz aus dem Einzugsgebiet der Traun in Traunstein produziert. Später gab es auch dort nicht mehr genug Holz. 1810 baute man daher eine weitere Soleleitung von Traunstein ins über vierzig Kilometer entfernte Rosenheim. Dort stand das Holz aus den Flüssen Inn und Mangfall für den Betrieb einer weiteren Saline zur Verfügung.

Als das Beschaffen von Holz zum Salzsieden immer mehr zum Problem wurde, errichtete man sogenannte Gradierwerke, in denen man mit weniger Holz die gleiche Menge Salz gewinnen konnte. Zunächst aber mußte das Gradierwerk gebaut werden – ein Gerüst aus mächtigen Holzstämmen, das an allen Seiten mit dem fein verzweigten Geäst von Schlehe und Weißdorn behängt wurde. Die Sole wurde mit Pumpen, die von nahen Wassermühlen angetrieben

156

wurden, auf das Gradierwerk geleitet. Sie lief dann langsam an den Ästen der Dornensträucher herunter, wobei ein großer Teil des Wassers verdunstete und die Sole eingedickt wurde, bevor sie in die Sudpfanne kam. Nun brauchte man wesentlich weniger Holz, um aus der Sole trockenes Salz werden zu lassen. Gradierwerke baute man in vielen Gegenden. Sehr gut läßt sich ein noch in Betrieb befindliches Gradierwerk in Bad Kösen an der Saale betrachten. Aber auch in Bad Rothenfelde, in Bad Sooden an der Werra, in Bad Nauheim und in Bad Reichenhall gibt es Gradierwerke, die heute dem Kurbetrieb dienen, weil die salzhaltige Luft, die in ihrer Nähe eingeatmet werden kann, besonders gesund ist.

In der Umgebung der Bergwerke, in denen man Erz abbaute, gab es ebenfalls bald nicht mehr genug Holz. Man bemühte sich, Holz aus dem Umfeld der Bergwerke nur dafür zu verwenden, das Erz aus dem Berg zu holen; die Weiterverarbeitung des Erzes fand dann an anderen, vom Bergwerk beträchtlich entfernten Stellen statt, wo noch Wälder abgeholzt werden konnten. Selbstverständlich brauchte man Grubenholz; bis zu der Zeit, in der man Pulver zum Sprengen des Gesteins zu verwenden begann, nämlich zu Beginn des 19. Jahrhunderts, mußte man an den Erzadern im Harz Feuer setzen. Das heißt: vor den Felsen richtete man große Holzstöße auf, die beim Abbrennen Hitze freisetzten und das Gestein spröde machten. Dies erleichterte die schwere Arbeit der Bergleute mit Schlegel und Eisen. Das Gestein wurde dann zu den Hammerwerken, Pochwerken oder Pochen gebracht – Mühlenbetriebe, in denen es mit Pochstempeln aus Buchenholz, die mit Eisen beschlagen waren, zerkleinert wurde. In den Mittelgebirgen wurde das Erz zwar auf den Höhen gewonnen, dann aber im Tal weiter verarbeitet, möglichst dort, wo Triftholz zur Verfügung stand. Poch- und Hammerwerke sowie die Hüttenbetriebe lagen stets im Tal, oft weit entfernt von den Gruben; das läßt sich im Siegerland, im Erzgebirge, im Schwarzwald und im Harz gut beobachten. Auch die manufakturartigen Betriebe, in denen Erz weiterverarbeitet und beispielsweise Messer (wie in Solingen) hergestellt wurden, lagen im Tal, wo es Wasser und Triftholz gab.

Im Mittelalter hatte man zunächst noch keine Pochen errichtet; damals, als man das Erz in den kleinen Rennfeueröfen schmolz, brauchte man größere Mengen Holz zur Gewinnung von nur kleinen Metallmengen. Rennfeueröfen blieben lange im Gebrauch, wenn man mobile Schmelzen betreiben wollte, etwa in den Moorgebieten, in denen man Raseneisenerz gewann. Im Harz und anderswo wurden sie im 16. Jahrhundert durch „Hohe Öfen" ersetzt.

Wenn man das Erz in der Poche zerkleinerte, brauchte man nachher weniger Holz, um eine größere Erzmenge als Ausbeute zu erhalten. Das zerkleinerte Erz mußte dann aber erhitzt werden: Schwefelhaltige Erze, aus denen man beispielsweise Blei und Silber gewinnen wollte, wurden geröstet, um den Schwefel zu entfernen. Dazu war Holz ebenso notwendig wie zur späteren Trennung von Silber und Blei. Fatal am Röstprozeß war, daß der freigesetzte Schwefel alle

Bäume in der Umgebung der Hütten zum Absterben brachte; im Harz gab es derartige Rauchschäden mindestens seit dem 17. Jahrhundert!

Eine Holz sparende Methode, Erz mit großer Ausbeute zu schmelzen, bestand seit dem 13. Jahrhundert in Hammerwerken, in denen mit Wasserkraft ein lederner Blasebalg betrieben wurde. Die Erfindung derartiger Mühlenbetriebe führte danach aber natürlich nicht zu einem geringeren Holzverbrauch; nach ökonomischer Logik wurde Metall nun, weil es billiger wurde, in größerer Menge produziert, und aus den Wäldern war weiterhin viel Holz herbeizuschaffen. Deswegen galt es, immer neue Holzquellen aufzutun. Gab es kein Holz mehr, mußten Hammerwerke geschlossen werden, auch wenn Erz noch in genügender Menge zur Verfügung stand. Bereits im ausgehenden Mittelalter gab es im mitteldeutschen Mansfelder Revier, in einem besonders wichtigen Abbaugebiet von Kupfer, nicht mehr genug Holz zur Verarbeitung des Erzes. Daher transportierte man das Erz über Land und auf der Saale flußaufwärts bis in den Thüringer Wald. Im 15. Jahrhundert wurden beispielsweise an der Loquitz, einem Flüßchen, das in die Saale mündet, mehrere Saigerhütten gegründet, in denen das Rohkupfer zu Garkupfer unter Verbrauch von sehr viel Holz verarbeitet wurde. Im 17. Jahrhundert subventionierten die Landesherren den Bau von Hammerwerken in Oberkärnten, einer noch immer waldreichen und abgelegenen Region. Nur dort konnten die Metalle aus den reichen Kärntner Erzvorkommen verarbeitet werden; man mußte sie zum Teil über weite Strecken transportieren. Im Grunde genommen wurde also das praktiziert, was auch heute noch in Hüttenbetrieben gilt: Im allgemeinen transportiert man das Erz zum Brennstoff, um es zu verarbeiten. Daher wird Erz aus Nordschweden im Ruhrgebiet mit Ruhrkohle verhüttet.

Besonders viele Hüttenwerke entstanden in der frühen Neuzeit in der Oberpfalz. Dort ließ sich Wasserkraft nutzen, wenn man die zahlreichen Gewässer zu Mühlteichen aufstaute und die Hammerwerke an den Dämmen der Teiche errichtete. Vor allem aber waren dort große Waldgebiete erhalten geblieben. Es gab in dieser Gegend nur wenige größere Städte, die Bevölkerungsdichte war gering. Auch hatte man auf der Naab und ihren Nebenflüssen nicht so intensiv Flößerei betrieben wie anderswo, so daß die Wälder der Oberpfalz offenbar noch nicht so stark geplündert waren wie die anderer Gebiete. Das Vorhandensein von Wasser und Holz ermöglichte im 17. und 18. Jahrhundert die Entstehung eines „Industriegebietes vor der Industrialisierung", das später wieder in den Verkehrsschatten geriet und unbedeutend wurde. Aber die alten Industrieanlagen lassen sich heute noch gut erkennen.

Wenn man zur Schmelze sehr hohe Temperaturen benötigte, mußte man auf optimale Luftzuführung mit dem Blasebalg achten. Ferner verwendete man dann nicht Holz als Brennstoff, sondern Holzkohle. Holzkohle ließ sich leicht transportieren, da sie ja nicht schwer ist. Köhlerei konnte deswegen in abgelegenen Waldregionen betrieben werden. Die Köhler legten sogenannte Köhler-

29 Kohlenmeiler und Köhler bei Walpersdorf im Siegerland.

platten in den Wäldern an, sie ebneten also den Waldboden, auf dem sie ihre Meiler errichteten. Bis zum späten Mittelalter wurde Holzkohle meist in Gruben hergestellt; die haufenförmigen Kohlenmeiler begann man erst in späterer Zeit aufzuschichten. War nicht mehr genügend Holz in der Nähe des Meilerplatzes vorhanden, zog der Köhler weiter und begann sein Holz verbrauchendes Handwerk an anderer Stelle. Köhlerei durfte nur dort betrieben werden, wo man den Wald nicht schon zu anderen Zwecken nutzte, also keinesfalls in der Nähe von flößbaren Strömen oder nahe bei den Hammerwerken. Da man die Holzkohle so gut transportieren konnte, mußte und konnte der Köhler sich bei der Wahl seiner Meilerplätze nach den Bedürfnissen anderer Waldnutzer richten. Jedoch auch die Köhlerei vernichtete die Wälder weiter Landstriche. Sie wurde vielerorts im Harz betrieben, in Ostpreußen und in Wales, dem wichtigen Bergbaugebiet im Westen Europas, um nur einige beispielhafte Regionen zu nennen.

Enorme Mengen an Holz und vor allem auch Holzkohle brauchte man zur Herstellung von Glas. Dabei müssen besonders hohe Temperaturen erzeugt werden, denn der Glasrohstoff Quarz schmilzt erst bei etwa 1700 °C! Setzte man Pottasche als Katalysator zu, konnte man die Schmelztemperatur senken. Aber auch Pottasche stellte man aus Holz her. Die Waldfläche, deren Holz zu Asche gebrannt wurde, war viel größer als diejenige, deren Holz in Form von Scheitern oder Holzkohle zum Heizen der Schmelzöfen verwendet wurde. Die Glashütten nutzten also einen kleinen, nahe bei ihnen gelegenen „Scheiterwald" und einen größeren, weiter entfernteren „Aschenwald".

Pottasche besteht aus den mineralischen Bestandteilen, die übrigbleiben, wenn man Holz vollständig verbrennt. Zur Herstellung geringer Mengen dieses Katalysators waren große Mengen an Holz notwendig, das ja vor allem aus organischer Substanz besteht – die anorganischen Stoffe in der Pottasche sind nur die Spurenelemente im Holz. In älteren Glashütten, die in der Nähe von Städten am Meer lagen, zum Beispiel in Murano bei Venedig, hatte man Soda an Stelle von Pottasche verwendet; Soda gewann man aus Gewächsen, die am Meeresstrand wuchsen und Salz enthielten. Aber Soda ließ sich nicht überallhin transportieren. So verwendete man statt dessen im mitteleuropäischen Waldland, fern der Meere, die Pottasche. Weil man so viel Holz oder Holzkohle und Pottasche zu ihrem Betrieb benötigte, lagen die Glashütten fernab der Städte, tief in den Wäldern der Gebirge, beispielsweise im Schwarzwald und im Spessart, vor allem aber im Bayerischen Wald und Böhmerwald. Ihre Betreiber standen in den westlichen Waldgebirgen stets im Konflikt mit anderen Holznutzern; im Schwarzwald und Spessart wollte man ja vor allem Holz zum Flößen und Triften gewinnen. Auch deshalb lagen die Glashütten dieser Gebirge besonders weit abgelegen und dort, wo man Flößholz und Triftholz nur mit Mühe gewinnen konnte. Außerdem wurden die Glashütten immer wieder verlegt (die Ortsnamen Altglashütten und Neuglashütten verraten etwas von diesem Verlagerungsprozeß), und es ist auch bezeichnend, daß sich keiner der alten Betriebe bis in die heutige Zeit erhalten hat. Die Konkurrenz zur Holznutzung der Flößer wirkte sich in den bayerisch-böhmischen Grenzgebirgen nur geringfügig aus. Auf der Donau, wohin man Flößholz aus dem Bayerischen Wald hätte bringen können, spielte die Flößerei nämlich eine viel geringere Rolle als auf dem Rhein und auf der Elbe. In der frühen Neuzeit saßen die Feinde des Abendlandes, die Türken, am Unterlauf der Donau. Sie sollten auf keinen Fall mit dem kriegswichtigen Rohstoff Holz beliefert werden.

Im Bayerischen Wald bestanden im späten Mittelalter etwa zehn Glashütten. Zunächst waren sie nicht ortsfest, sondern wurden von Zeit zu Zeit verlagert; sie standen immer dort, wo es Holz gab. Dieser Wanderungsprozeß der Glashütten war im Bayerischen Wald noch möglich, weil es bis zur frühen Neuzeit kaum ortsfeste Siedlungen in diesem Gebirge gab. Die Binnenkolonisation, also die Anlage weiterer Dörfer in den Wäldern unter herrschaftlicher Lenkung, fand im hohen Bayerischen Wald erst in der Neuzeit statt. Im 18. Jahrhundert wurden einige dieser Glashütten ortsfest, aber ihr Betrieb wurde dadurch eingeschränkt, daß man nun auch im Bayerischen Wald Holz flußabwärts triftete. Immerhin hat sich eine bayerisch-böhmische Glasmachertradition bis heute erhalten, was ein Zeichen dafür sein kann, daß das Glasmachergewerbe sich in den abgelegenen östlichen Mittelgebirgen freier entwickeln konnte als im Westen.

Weitere Holzkonsumenten waren die Töpfer und Steingut-Hersteller. Während die Töpfer verschiedene Holzarten zum Betrieb der Töpferöfen verheizen konnten, waren die Produzenten von Steingut auf Buchenholz angewiesen, das die für die Herstellung des Steinzeuges notwendigen hohen Temperaturen lieferte. Sehr gute Standortbedingungen hatte die Westerwälder Steingutindustrie. Dort gab es Ton als Rohstoff, und in den Wäldern der höher gelegenen Regionen standen noch Buchen, die abgeholzt werden konnten; in den niedriger gelegenen Gebieten stockten dagegen Niederwälder. Sie wurden für den Betrieb der Eisenhütten und für den Export von Holz rheinabwärts genutzt. Ein wichtiger Abnehmer von Steingutkrügen waren die Mineralbrunnenbetriebe der Umgebung; der Brunnen von Niederselters, wo man das weltberühmte „Selters" gewann („Selters" oder „Selterwasser" ist in vielen Gegenden ein Synonym für Mineralwasser), mußte im Jahr 1764 mit einer Million Tonkrügen beliefert werden! Die schlanken Steinzeugkrüge aus dem Westerwald sind heute noch vor allem als Verpackung für niederländische Spirituosen bekannt; man muß daraus schließen, daß die „Kannenbäcker" des Westerwaldes in früheren Jahrhunderten schon niederländische Abnehmer mit Krügen belieferten. Sie wurden als Oblast auf den zahlreichen Rheinflößen flußabwärts gebracht.

Manche Landesfürsten richteten Manufakturen für die Produktion von Porzellan ein, von kostbarem Geschirr, mit dessen Verkauf sich viel Geld verdienen ließ, weil man seinen Wert dem Gold gleichsetzte. In den Porzellanmanufakturen wurde kein Massenerzeugnis hergestellt, aber auch ihre Brennöfen verfeuerten reichlich Holz. Nach Sèvres, Meißen und Berlin konnte es auf den Flüssen transportiert werden; vielleicht war dies ein wichtiges Argument dafür, die Manufakturen gerade an Seine, Elbe und Spree anzulegen.

Ohne Holz, vor allem ohne das beim Verbrennen hohe Temperaturen liefernde Buchenholz, konnten die Kalköfen nicht arbeiten. Holz wurde verfeuert, um Kalk zu brennen, den man als Mörtel beim Bau der Steinhäuser brauchte – und die baute man ja eigentlich, weil man Holz sparen wollte. Ganz ohne Holz kam man aber auch beim Bau der Steingebäude nicht aus.

Die Brauereien als weitere Betriebe, die viel Holz verbrauchten, blieben in der Regel in den Städten und in der Nähe der Klöster bestehen. In einzelnen Fällen verlagerte man sie aber auch in die Wälder, was sich im Fall der Ende des 18. Jahrhunderts gegründeten Sankt Blasianischen Klosterbrauerei und späteren Badischen Staatsbrauerei Rothaus gut erkennen läßt. Zwar wirbt diese Brauerei vor allem mit dem besonders klaren Quellwasser, das ihr reichlich zur Verfügung steht, aber eher noch dürfte das große Holzvorkommen am Oberlauf mehrerer kleiner Flüsse der Grund dafür gewesen sein, die weithin bekannte Brauerei in der Nähe von Quellen anzusiedeln – auf Quellbächen konnte man schließlich kein Holz triften!

Zur direkten Verarbeitung von Holz wurden weitere Gewerbebetriebe außerhalb der Siedelzentren gegründet. Die ersten Sägemühlen gab es zwar in Städ-

30 *Kalkofen bei Großhesselohe* (südlich von München). Gemälde von Heinrich Bürkel (um 1865). In der Umgebung des viel Holz verbrauchenden Ofens wurde der Wald nahezu vollständig vernichtet.

ten, in Kirchheim unter Teck und Augsburg, doch entstanden auch schon im 14. Jahrhundert und dann vor allem später die meisten dieser Betriebe in einsameren Gegenden, oft unterhalb einer Burg, von wo aus sie geschützt und bewacht werden konnten. Aus einer detaillierten Erhebung, die in Sachsen durchgeführt wurde, geht hervor, daß schließlich in der Mitte des 19. Jahrhunderts nur 158 Sägereien in der Stadt, aber 1262 auf dem Land lagen. Vielleicht waren die meisten Sägemühlen außerhalb der Städte entstanden, weil man in den urbanen Siedlungen die Kraft des Flusses zu anderen Zwecken nutzen wollte; vielleicht wollte man aber auch das Holz möglichst dicht an seinem Gewinnungsort verarbeiten, oder man verbannte die Sägewerke wegen der Feuergefahr aus den dicht besiedelten Regionen.

Ebenso wie die Sägewerke verlagerte man die Papiermühlen aus den Städten auf das Land. Die erste Papiermühle Mitteleuropas wurde Ende des 14. Jahrhunderts in Nürnberg errichtet. Im 15. und 16. Jahrhundert entstanden zahlreiche weitere Papierbetriebe, was im Zusammenhang mit dem aufkommenden Buchdruck zu sehen ist. Interessanterweise siedelte man Papiermühlen nicht nur fernab der Städte an, weil man dort mehr Rohstoff und Wasserkraft zur Verfü-

31 Die Köhlsägemühle bei Altensteig im Schwarzwald.

gung hatte; die Solinger Papiermühle etwa wurde im frühen 16. Jahrhundert in einer abgelegenen Region des Bergischen Landes gegründet, weil ihr Betreiber der restriktiven geistlichen Zensur in Köln entgehen wollte!

Weiteres Waldgewerbe betrieb man dort, wo bestimmte Holzarten für spezielle Zwecke zur Verfügung standen. Harz, Teer und Pech gewann man vor allem aus Nadelbäumen. Das Harzen von Bäumen, also die Gewinnung von Harz, hatte am Mittelmeer besonders große Bedeutung. Aus dem Harz des Wurzelholzes von Kiefern, vor allem Aleppokiefern, gewann man bei der kleinasiatischen Stadt Kolophon das Kolophonium. Auch in anderen Gebieten Europas kam Harz als Rohstoff für Pech und Teer vor allem aus den dafür malträtierten Kiefern, nur vereinzelt auch aus Lärchen, Fichten und Birken. Im Osten der Alpen nutzte man die harzreiche Schwarzkiefer, um Pech herzustellen. Das Pech wurde der Seife zugesetzt oder zu Wagenschmiere verarbeitet; vor allem brauchte man es aber zum Verpichen der Schiffe und der Fässer, der Universalcontainer des Mittelalters und der frühen Neuzeit: Man transportierte ja nicht nur Bier und Wein in Fässern, sondern auch Butter, Heringe, Obst und Bücher. In jedem Fall mußte das Faß wasserdicht sein, und dies wurde durch das Verpichen erreicht. Genauso unverzichtbar war die Verwendung von Pech im Schiffbau; die Werften an der Nord- und Ostseeküste dürften diesen Rohstoff vor allem aus dem Baltikum und aus Nordeuropa erhalten haben, denn dort gab es reichlicher Nadelbäume als weiter im Westen. Leichter war die Beschaffung von Pech am Mittelmeer, weil dort überall Kiefern wuchsen.

Die Schnitzerei, eigentliches Holzhandwerk also, spielte sicher in jedem Waldgebiet eine gewisse Rolle. Gewerbebetriebe, in denen Holzwaren als Handelsprodukte hergestellt wurden, entwickelten sich dort am besten, wo es möglichst viele verschiedene Holzarten gab. Die Schnitzer im Berchtesgadener Land verwendeten das Holz von Fichte, Lärche, Zirbe, Tanne, Eibe, Wacholder, Ahorn, Linde, Buche, Hainbuche, Nußbaum, Mehlbeere, Weide, Vogelbeere, Esche, Erle, Hasel und Sauerdorn; das Holz kaum eines Baumes war unbrauchbar. Es gab in der Nähe der Schnitzerwerkstatt sowohl Bäume, die an feuchten Plätzen gewachsen waren, beispielsweise am Rand der Schluchten, als auch Gehölzpflanzen, die an trockenen, vom Föhn geprägten Stellen oder dicht an der Waldgrenze emporgekommen waren. Der Schnitzer konnte also das Holz von rasch gewachsenen Bäumen mit weiten Jahresringen wählen oder das Holz langsamer gewachsener Pflanzen, deren Jahresringe dicht nebeneinander lagen. Das Holzhandwerk entwickelte sich besonders gut in den Bayerischen Alpen und im benachbarten Tirol wegen der vielen dort vorkommenden Baumarten. Ähnlich günstige Bedingungen für die Entwicklung der Schnitzkunst bestanden und bestehen in Böhmen und im Erzgebirge.

Der Bau von hölzernen Musikinstrumenten florierte dort besonders, wo es sowohl Fichtenholz als auch mehrere Laubholzarten gab, vor allem Ahornholz. Die berühmtesten Geigen sind aus Fichte und Laubholz gebaut worden, von Antonio Stradivari und anderen oberitalienischen Geigenbauern in Cremona und Brescia, im bayerischen Mittenwald, in Böhmen und in Markneukirchen im Erzgebirge.

Weidenruten zum Korbflechten und für die Herstellung von Faßreifen gewann man in Niederungsgebieten, wo man in der Neuzeit sogar Korbweidenkulturen anlegte. Dafür eigneten sich weite Flußtäler besonders gut, wo es immer wieder zu Hochwasser kam und das Wasser schlecht abfloß. Flach geneigte Täler wie das der Elbe waren ideale Orte für Korbweidenkulturen; besonders wichtig waren bis ins 20. Jahrhundert hinein die Kulturen der Bandreißer in der unterhalb von Hamburg gelegenen Haseldorfer Marsch, wo Faßreifen für die zahlreichen Fässer hergestellt wurden, die man in Hamburg brauchte. Genauso wichtige Zentren der Weidenkultur waren die Täler der Rur und anderer Flüsse am Niederrhein, aber auch Täler, in denen ein Fluß den anderen zeitweise aufstaute, wie etwa im Gebiet zwischen Kulmbach und Lichtenfels am oberen Main, eigneten sich aus diesem Grund zur Anlage großer Korbweidenkulturen.

Auch ein Waldgewerbe war die Waldbienenwirtschaft. Man hält diese Form der Imkerei für eine slawische Wirtschaftsform, weil sie vor allem im östlichen Mitteleuropa betrieben wurde. Dies hatte aber wohl keine ethnischen Gründe. Die Bienen wurden fast ausschließlich in alten, dicken Kiefern gehalten, die im

Osten häufiger vorkamen als im Westen. Die Bäume wurden gewipfelt, das heißt, die Imker schnitten ihnen die Kronen ab, höhlten sie, wenn dies nötig war, aus und präparierten sie mit Aus- und Einfluglöchern. In die Stämme wurden dann die Bienenvölker eingesetzt. Starben die Kiefern ab (was immer wieder nach dem Wipfeln vorkam), schnitt man die Stammpartien heraus, in denen die Bienenvölker sich niedergelassen hatten. Diese Stammstücke dienten dann noch lange als Bienenstöcke. Die Imker schädigten die Bäume beträchtlich (bei Muskau in der Lausitz standen im Jahre 1774 etwa 7000 sogenannte Beutkiefern, die für die Bienenhaltung hergerichtet waren); zusätzlich drängten sie ganze Wälder zurück, indem sie diese anzündeten. Wenn die dürren und harzreichen Kiefern beseitigt waren, blühte die Bienenpflanze Heidekraut üppiger, und die Honigausbeute war höher.

Die Voraussetzung dafür, daß sich weit abseits der Verbraucherzentren spezielles Gewerbe in den Wäldern entwickeln konnte, war ein funktionierendes Handelsnetz. Während in früheren Jahrtausenden fast alles, was die Bewohner einer Siedlung brauchten, an Ort und Stelle gefertigt wurde, konnten seit der Kolonisationswelle des Mittelalters einzelne Gegenstände in besserer Qualität über große Distanzen transportiert werden, und man konnte sich in der gewerblichen Produktion auf Dinge spezialisieren, die idealerweise in einer Gegend hergestellt wurden, in der die Voraussetzungen dafür am besten waren.

Es ist schwer, Ausmaße der gewerblichen Produktion und der Holznutzung anzugeben. In der Literatur findet man dazu zwar einzelne Angaben, aber es ist nie klar, wie verläßlich sie sind, ob sie sich auf ein exzeptionelles Jahr oder auf einen langjährigen Durchschnitt beziehen. Insgesamt war das Ausmaß der Waldnutzung in Mitteleuropa bis zum frühen 19. Jahrhundert allgemein auf ein höheres Niveau als heutzutage angestiegen. Um nur ein Beispiel für die Dimension der Holznutzung zu geben: Im Jahr 1822 wurden im Siegerland und in seiner Umgebung 80 000 Tonnen Roheisen erzeugt. Um diese Masse an Erz zu bekommen, mußten vier Millionen Festmeter Holz, zu Holzkohle vermeilert, bereitgestellt werden. Heute werden im gesamten Bundesland Rheinland-Pfalz nur etwa zwei Millionen Festmeter Holz geschlagen.

Es muß ungeheuer kompliziert gewesen sein, die verschiedenen Nutzungsinteressen im Wald unter einen Hut zu bekommen. Von seiten der Landesherrschaft mußte immer wieder ein Ausgleich zwischen den einzelnen Nutzern hergestellt werden. Dazu wurden seit dem späten Mittelalter zahlreiche Waldordnungen erlassen. Hierbei ging es nicht in erster Linie um den Schutz des Waldes, sondern um die Ressourcen für vielfältige Nutzungen. Man mußte versuchen, in möglichst idealer Form festzulegen, wo Holz zum Flößen gewonnen werden sollte, wo die Glashütte lag, wo man die Köhlerei erlaubte, eine Sägemühle anlegte. Der Erlaß von Wald- und Forstordnungen war eine frühe Form der Landesplanung. Natürlich betrieben viele Herrscher diese Landesplanung im eigenen Interesse; vor allem dachten sie daran, daß sie selbst von der Wirtschaft im Wald profitierten. Andere wollten Waldgebiete behalten, in denen sie auf die Jagd gehen konnten. Sie konnten es dann nicht ertragen, daß überall in ihren Forsten Bäume gefällt wurden und Meiler rauchten... Bei allen Bemühungen um Landesplanung, die durch die Forstordnungen zum Ausdruck kommt, war allerdings ein wesentliches Problem unkalkulierbar: Die hoheitliche Nutzung des Waldes oder die, welche von hoheitlicher Seite per Forstordnung „abgesegnet" war, stand stets der bäuerlichen Waldnutzung gegenüber. Oft wurde bäuerliche Waldnutzung durch die Forstordnungen verboten oder eingeschränkt, wenn sie nicht der hoheitlichen Nutzung des Waldes zugute kam; doch viele Forstordnungen bestimmten nicht, wo und wie die Bewohner der Dörfer zu genügend Brenn- und Bauholz kommen konnten. Als das Holz ein immer knapperes Gut wurde, litten als erste die Bauern Not. Viele Konflikte sind dadurch geschürt worden; Kampf um Ressourcen wie Holz war ein wesentlicher Grund für den Bauernkrieg von 1525. Auch im Dreißigjährigen Krieg (1618–1648) ging es immer wieder um Interessenssphären für die Gewinnung von Holz: Dänen und Schweden fielen unter anderem in Pommern ein, weil sie dort Holz machen wollten. Ganze Wälder, die zuvor auf Rügen gestanden waren, wurden nach Kopenhagen verfrachtet, in eine Stadt, die im 17. Jahrhundert sehr viel größer wurde – Holz zum Anlegen der Fundamente brauchte man dort in erheblichen Mengen. Pommerland war „abgebrannt", wie es im Kinderlied heißt...

Landesplanung wurde immer schwieriger, Holz immer knapper; die Versorgungslage spitzte sich zu.

17. Der Garten in der Wildnis

Trotz aller planerischer Anstrengungen der Landesfürsten konnte nicht verhindert werden, daß der Wald in den dicht besiedelten kolonisierten Regionen Europas im 18. Jahrhundert ebensoweit zurückgedrängt wurde wie im Lebensbereich aller anderer Kulturvölker in den Epochen zuvor. Wie in Kleinasien und im Mittelmeergebiet war das Erscheinungsbild von Mittel- und Westeuropa im wesentlichen nicht mehr von Wäldern bestimmt. Die Umgebung der Dörfer war schon lange nicht mehr Wald, sondern das Acker- und Wiesenland der Bauern. Auch die Städte lagen inmitten einer offenen Flur; sie war das Wirtschaftsland der Ackerbürger, und außerhalb der Bollwerke der Stadtmauern wollten die Stadtbewohner zur Verteidigung in den vielen Kriegen ein offenes Schußfeld haben. Bei den Bergwerken und den weit entfernt von den Siedelzentren eingerichteten Poch- und Hammerwerken, den Schmelz- und Glashütten, Sägewerken, Papiermühlen usw. war der Wald beseitigt, ebenso wie an den langen Floß- und Triftstrecken der Flüsse. In der Nähe der Hafenstädte an den Küsten waren die Wälder für den Schiffbaubetrieb geplündert. Das, was man eine nachhaltige Nutzung nennen könnte, wurde am ehesten in den Niederwäldern betrieben. Dort konnte das Holz immer wieder aus den Baumstümpfen nachwachsen, bevor man es erneut schlug; aber waren diese Wälder ihrem Erscheinungsbild nach nicht eher Gebüsche? Stark aufgelichtet waren die Wälder, in denen das Vieh weidete. Durch jahrhundertelange, oft sogar jahrtausendelange Beweidung waren aus Wäldern Hudewälder mit einzelnen Weidbäumen geworden, oft war sogar eher eine Heide entstanden, auf der die Existenz von einigen Wacholder- und Schlehenbüschen vielleicht noch daran erinnerte, daß hier einmal Wald gestanden hatte. Diejenigen Buchen und Eichen, die auf diesen Flächen gedeihen konnten, wie etwa die Weidbuchen und Hudeeichen, entwickelten besonders bizarre Wuchsformen mit mächtigen, weitverzweigten Kronen, knorrigen Stämmen und ausladenden Ästen. Aber diese einzeln stehenden Bäume bildeten nicht das, was man einen Wald hätte nennen können. Unter die einzeln stehenden Bäume und Baumgruppen hatte man die Schweine zur Mast getrieben, wenn Bucheckern und Eicheln von den Bäumen fielen, so daß es nur selten vorkam, daß aus den Früchten junge Triebe hervorkeimten, aus denen Bäume werden konnten. Die Kiefern waren vielerorts für die Waldbienenhaltung gewipfelt und ausgehöhlt worden, andere Kiefern waren angeritzt, und es hingen Eimer und Säcke an ihren Stämmen, in denen Harz aufgefangen wurde. Immer wieder gingen geschädigte Bäume ein. Viele Zweige und Äste waren von denjenigen Bäumen, die es noch gab, abgeschlagen; die dickeren Prügel dienten als Brennholz, die dünneren, belaubten wurden getrocknet und waren als Laubheu das Winterfutter der Tiere im Stall. Die Bauern hatten die lose Streu vom Waldboden aufgelesen, Nadeln, Blätter, kleine Äste, Flechten und Moose. In einigen Gegenden wurde der Oberboden als Plaggen abgestochen. Plaggen dienten als Einstreu in den Ställen, das Vieh ruhte also auf abgestochenen Soden von Wald- und Heideboden; und ließ man Streu und Plaggen über einen Winter im Stall, vermischten sie sich mit den tierischen Fäkalien. Dieser Mist war dann im Frühjahr ein willkommener Dünger für das Ackerland. Aber die Streu hätte, wenn sie im Wald von Mikroorganismen zersetzt worden wäre, eigentlich den Waldboden düngen sollen.

Die Nutzungsbereiche waren trotz aller Forstordnungen nicht genau voneinander abgetrennt. Wo also ein Kahlschlag stattfand, wurde nachher auch noch von den Bauern das Jungholz gesammelt, oder der Köhler holte es. Auf jeden Fall trugen die Bauern auf den Kahlschlagflächen noch die Streu zusammen, verfütterten herumliegende Eicheln und Bucheckern an ihre Schweine. Wie sollte da wieder ein neuer Wald in die Höhe wachsen können?

Im 18. Jahrhundert, in manchen Gegenden sogar etwas früher, in anderen eher später, gab es in vielen Teilen Europas kaum noch geschlossene Wälder. Der Bewaldungsgrad in der Landschaft war auf ein Minimum gesunken. Jahrhundertelang hatten die Menschen intensiv kolonisiert, stabile Strukturen hergestellt, in denen Gewerbe und Handel florierten. Das Ergebnis davon war, daß nicht nur die meisten Wälder beseitigt waren; die Waldböden waren ausgeplündert und verarmt, Heide hatte sich in verschiedenen Formen ausgebreitet, die Zwergstrauchheide im Nordwesten Europas und in vielen Gebirgen, die steppenähnliche Wacholderheide in warmen Regionen mit kalkreichen Böden. Das Land verkarstete, es kam zu Bodenerosion, der Wind wehte den Sand über die entwaldeten Fluren, es bildeten sich Wehsandflächen, und sogar die Dünen, die jahrtausendelang nach der Eiszeit von den Wurzeln der Kiefern und anderer Pflanzen festgehalten worden waren, setzten sich wieder in Bewegung. Unter den Wanderdünen wurden Felder, Höfe, ja sogar Dörfer begraben. Die Heide war zu einer neuen Form von Wildnis geworden. Ihre Entstehung hatte der Mensch allerdings, ohne es zu wissen, selbst zu verantworten. Der Mensch sah sich durch die Einsamkeit der Heide bedroht; nicht nur der *Heideknabe* von Friedrich Hebbel hatte Angst, über die menschenleere, öde Wildnis zu gehen. Aber es entstanden auch andere Gefühle für die Heide. Friedrich Hölderlin hat sie in seinem Gedicht *Auf einer Heide geschrieben* in Worte gefaßt; er bereitete sich ein Fest auf seiner einsamen Heide, sah die tausendjährigen Eichen und fühlte sich der Geschichte nahe. Caspar David Friedrich malte die ausladenden Eichen; man hat sie seitdem immer wieder für besonders malerisch gehalten, auch für einen Inbegriff von Tradition und Natur, die es zu schützen galt und gilt. Zahlreiche Hudeeichen und Weidbuchen sind heute Naturdenkmäler, also unter besonderen Schutz gestellt.

Besonders aufschlußreich in diesem Zusammenhang sind die Sätze des Comte de Buffon aus dessen *Histoire naturelle* von 1764/65, die Georg Forster ins Deutsche übersetzte; einige Ergänzungen in eckigen Klammern sollen der Verdeutlichung aus heutiger Sicht dienen:

„... [der Mensch] zwingt die lebenden Geschöpfe zur Ordnung, Unterwürfigkeit und Eintracht; er selbst verschönert die Natur; er bauet, erweitert und verfeinert sie. Er rottet Disteln und Dornen [der übernutzten Heideflächen] aus, pflanzt Weinstöcke und Rosen [in Gärten] an ihre Stätte. Dort liegt ein wüster Erdstrich, eine traurige, von Menschen nie bewohnte Gegend, deren Höhen mit dichten schwarzen Wäldern überzogen sind. Bäume ohne Rinde, ohne Wipfel, gekrümmt, oder vor Alter hinfällig und zerbrochen [alle diese Erscheinungsformen der Bäume sind Folgen intensiver Waldnutzung durch den Menschen!]; andere in noch weit größrer Zahl, an ihrem Fuße hingestreckt, um auf bereits verfaulten Holzhaufen zu modern, – ersticken und vergraben die Keime, die schon im Begriff waren, hervorzubrechen. Die Natur, die sonst überall so jugendlich glänzt, scheint hier schon abgelebt; die Erde, mit den Trümmern ihrer eigenen Produkte belastet, trägt Schutthaufen, anstatt des blumigen Grüns, und abgelebte Bäume, die mit Schmarotzerpflanzen, Moosen und Schwämmen, den unreinen Früchten der Fäulnis, beladen sind. In allen niedrigen Teilen dieser Gegend stockt totes Wasser, weil es weder Abfluß noch Richtung erhält; das schlammige Erdreich, das weder fest noch flüssig, und deshalb unzugänglich ist, bleibt den Bewohnern der Erde und des Wassers unbrauchbar. Sümpfe, die mit übel riechenden Wasserpflanzen bedeckt sind, ernähren nur giftige Insekten, und dienen unreinen Tieren zum Aufenthalt. Zwischen diesen Morästen und den verjährten Wäldern auf der Höhe, liegt eine Art Heiden und Gräsereien, die unsern Wiesen in nichts ähnlich sind. Die schlechten Kräuter [also die, die das Vieh verschmäht] wachsen dort über die guten weg, und ersticken sie. Es ist nicht der feine Rasen, den man den Flaum der Erde nennen könnte, nicht eine beblümte Aue, die ihren glänzenden Reichtum von fernher verkündigt; es sind rauhe Gewächse, harte stachlichte, durch einander geschlungene Kräuter, die nicht sowohl fest gewurzelt als unter sich verwirrt zu sein scheinen, nach und nach verdorren, einander verdrängen, und eine grobe, dichte, und mehrere Schuhe dicke Watte bilden. Keine Straße, keine Gemeinschaft, nicht einmal die Spur von einem verständigen Wesen zeigt sich in dieser Wüstenei. Will der Mensch sie durchwandern, so muß er den Gängen wilder Tiere nachspüren, und stets auf der Hut sein, wenn er ihnen nicht zum Raube werden soll. Ihr Gebrüll erschreckt ihn; ein Schauder überfällt ihn selbst bei dem Stillschweigen dieser tiefen Einöde. Plötzlich kehrt er um, und spricht: Die Natur ist scheußlich, und liegt in ihren letzten Zügen; ich, nur ich allein, kann ihr Anmut und Leben schenken."

Sehr bezeichnend an diesem Text ist, daß Eigenschaften der Natur beschrieben werden, die sich durch übermäßige Nutzung des Landes herausgebildet hatten. Die durch Kultivierung der Wildnis entstandene neue Wildnis, die Natur, die „in ihren letzten Zügen" liegt, muß erneut kultiviert werden!

Die Fürsten hatten das Maß der Waldzerstörung durch die Gründung von Manufakturen auf die Spitze getrieben. Ihre Landesplanung, die sie mit dem Instrument der Wald- und Forstordnungen betreiben wollten, hatte nicht das Ziel, Wälder als ästhetische Werte zu erhalten; es ging ihnen zunächst nicht einmal darum, nachhaltige Waldpflege zu betreiben, damit Holz ständig für alle Formen von Nutzung zur Verfügung stand und Wälder auf Dauer Grundlage des Wohlstandes sein könnten. Sie wollten mit dem Holz aus ihren Wäldern oder mit Gegenständen, die aus Holz in den Manufakturen hergestellt wurden, Reichtum erwerben, wobei das oberste Prinzip des Merkantilismus angewandt wurde: Man mußte mehr Waren ausführen als einführen, um den Wohlstand des Landes zu heben. Die Fürsten wollten also vor allem die Wälder zu Geld machen; ihre Untertanen nutzten die Wälder, um überleben zu können. Der Wald wurde daher in jeder Hinsicht ausgeplündert.

Viele Landesherren hatten aber trotz alledem, wie oben ausgeführt, Interesse daran, Wälder zu erhalten, und zwar als Jagdreviere. Die Jagdreviere mußten nicht durchweg düstere Wälder sein; dort war die Wilddichte sowieso nicht sehr hoch. Viel mehr Rehe waren dort aufzuspüren, wo Dickicht an offene Flächen grenzte, wo das Wild reichlich Äsung fand und sich bei Gefahr verstecken konnte. Aber das vielfältige Waldgewerbe durfte nicht dort betrieben werden, wo der Fürst auf die Jagd ging, und erst recht durfte in den Jagdrevieren nicht auch das Vieh der Bauern weiden. In Mitteleuropa gab es, wie bekannt, viel mehr Fürstentümer mit souveränen Herrschern als im Westen des Kontinentes, in Frankreich und England. Fast jeder Fürst wollte jagen, also brauchte er dafür einen Wald. Dies ist vielleicht ein Grund dafür, warum trotz aller Waldplünderungen Deutschland immer noch verhältnismäßig waldreich blieb; jedenfalls fiel auswärtigen Besuchern wie der Madame de Staël, die in den ersten Jahren des 19. Jahrhunderts das von den Truppen Napoleons besetzte Deutschland bereiste, der relative Waldreichtum Deutschlands auf. In Deutschland gab es also noch Wälder; in Frankreich, dem Land mit dem am weitesten entwickelten Manufakturwesen, waren sie noch viel stärker zurückgedrängt worden, und in England, wo um 1800 die Industrialisierung schon in vollem Gange war, waren kaum noch Wälder vorhanden.

Weil immer klarer wurde, daß die Landesherren bestimmte Vorbehaltsflächen durch Verordnungen nicht aus der allgemeinen Nutzung herausnehmen konnten, mußten diese schließlich durch Mauern und Zäune von ihrer Umgebung abgetrennt werden: als Gärten. In ursprünglicher Bedeutung ist ein Garten nicht der Blumen-, Küchen- oder Baumgarten, sondern entscheidend ist, daß er ein durch Mauern oder Zäune abgegrenzter Bereich ist. Aus dem Wort „gart/grad" entwickelten sich in verschiedenen indoeuropäischen Sprachen unterschiedliche Begriffe, die aber in jedem Fall einen abgegrenzten Bereich bezeichnen. Es wurde daraus das slawische Wort „gorod", also die Stadt; viele Stadtnamen in Osteuropa enden auf „-grad", und auch der Hradschin in Prag ist ein abgegrenzter Bereich. Im Westen Europas verband man mit dem Begriff eine andere Bedeutung, nämlich das durch den Zaun umgrenzte Stück Land. Die nach außen hin abgegrenzten Gärten gibt es aber genauso wie die Stadt nur dort, wo urban geprägte Menschen leben, die ihren Lebensraum gegenüber einer außerhalb liegenden Wildnis abgrenzen wollen; insofern gehören Stadt und Garten stets zusammen, und als im 19. Jahrhundert (meist nicht früher!) auch in den Dörfern Gärten angelegt wurden, war die dortige Bevölkerung auch schon in vieler Hinsicht urban geprägt. Wie man Gärten anlegte, sollte der Landbevölkerung nämlich vom Lehrer und vom Pfarrer gezeigt werden.

Die Fürsten hatten die Lande und ihre Wälder zwar ausgeplündert, aber insofern erfolgreiche Wirtschaftspolitik betrieben, als sie Kapital bekommen hatten, mit dem sie an Stelle ihrer alten Burgen neue Schlösser bauen konnten. Um die Schlösser herum wurden stets Gärten angelegt. Im Mittelalter und in der frühen Neuzeit hatten die Landesherren keine Gärten besessen. Dies war nicht notwendig; ihnen gehörte ja das gesamte Land, und es gab genügend Bereiche darin, in denen man – je nach Geschmack – auf die Jagd gehen oder die Waldwildnis genießen konnte. Die abendländischen Herrscher ahmten, wenn sie Gärten anlegten, Vorbilder nach, die in antiker Zeit von reichen Bürgern und im Orient von wohlhabenden Potentaten, aber nicht unbedingt von Fürsten geschaffen worden waren. Im Abendland waren nicht Landesherren die ersten Besitzer von Gärten; vielmehr hatten reiche Römer wie Plinius Villen und Gärten besessen, und in der Neuzeit waren es zuerst reiche italienische Bürger, Kaufleute und Geistliche, die einen Garten als umzäunte Privatsphäre in der Umgebung ihrer Villen schufen. Die Italienischen Gärten erhielten eine klare Ordnung, eine geometrische Aufteilung, die Bäume und andere Gewächse genau plazierte. Den Besitzern der Gärten und den Architekten, die die Anlagen schufen, ging es darum, bei den Menschen, die im Garten lustwandelten, verschiedene Empfindungen hervorzurufen; daher legte man sonnige und schattige, trockene und feuchte, kühle und warme Plätze an, eine heiße Terrasse mit Aussicht und die klamme Grotte, in die man sich zurückziehen konnte.

Bei der Anlage von Französischen Gärten orientierte man sich an italienischen Vorbildern. In Frankreich waren es nicht die reichen Bürger, die Gärten anlegten, sondern der Park, der weiträumige Garten, gehörte dem absolutistisch regierenden König. Er ahmte nach, was sich erfolgreiche, wohlhabende Edelleute wie die Familie der Medici geschaffen hatten, Menschen, die ihren Reichtum auf erfolgreiches Wirtschaften gründeten.

Der geometrisch gestaltete Garten bekam riesige Dimensionen; seine Wege zogen sich kilometerweit schnurgerade durch die Lande, an den Balustraden oberhalb der Gärten stehend, konnte man deren äußere Begrenzung nicht erkennen. Idealerweise sollten die Gartenwege nie enden, sondern das ganze

32 Der Englische Garten in München mit weiten Rasenflächen, Gruppen frei stehender, ausladender Bäume und Blickachsen.

Land durchmessen, in dessen Mittelpunkt sich der Herrscher im Schloß stehen sah. In einem solchen Garten konnte man auch auf die Jagd gehen; die Blickachsen waren gute Schußbahnen, und man konnte auf den geraden Wegen schnell von einem Ort zum anderen gelangen. Natürlich lebte das Wild nicht in einem solchen Park; es durfte ja nicht die aufwendig gehegten Pflanzen der Parterres, Bosquets, Hecken und Alleen beschädigen. Man hegte das Wild in einzelnen extra abgeteilten Partien, in den Tiergärten. Dort wurde es aber nicht auf Dauer gehalten. Die Untertanen trieben es kurz vor einer Jagd zusammen; öffnete man das Gatter, kam dem Landesherrn und seinen Gästen, die ja nicht immer die begnadetsten Schützen waren, massenhaft Wild vor die Flinte. Im Französischen Garten wurden zahlreiche Bäume gepflanzt, und sie wurden zu reizvollen Kunstwerken gezogen; Baumkronen wurden rund geschnitten oder in Form von Figuren. Hecken bekamen ein eckiges Profil, man konnte unter Laubengängen lustwandeln. Bäume und Sträucher, die man gut schneiteln konnte, pflanzte man dort besonders gern an, beispielsweise die Hainbuche, die Eibe und den Buchsbaum. Durch kunstvolle Anlage und Pflege hatte man inmitten der übernutzten, zerstörten Natur ein Kleinod geschaffen. Französische Gärten wurden nicht nur in Frankreich, vor allem in Versailles bei Paris, angelegt, sondern nach französischem Vorbild auch anderswo in Europa. Die weiträumigen

172

Schloß- und Gartenanlagen konnten nur dort entstehen, wo zuvor das Land gerodet worden war und keine Dörfer (mehr) lagen. Wenn man sich vorstellt, daß die großen Gartenflächen der Schlösser von Karlsruhe und Schleißheim bei München vor der Anlage der Gärten Ödland gewesen waren, wird klar, wie immens die Umweltzerstörung vorangeschritten war und wie aufwendig die Umgestaltung des Ödlands zu Gartenland gewesen sein mußte.

In den Englischen Gärten, die sowohl von Adligen als auch von reichen Bürgern in England wie sehr bald auch auf dem europäischen Kontinent und in Amerika an vielen Orten angelegt wurden, verpönte man die Symmetrie und den intensiven Einsatz der Heckenschere. Den Englischen lag aber ebenso wie den streng gestalteten Italienischen und Französischen Gärten eine genaue Planung zugrunde; man schuf in ihnen künstliche Hügel und Gewässer, und man pflanzte Bäume und Baumgruppen an. Sie sollten sich aber genauso frei entwickeln können wie die einzeln stehenden Hudeeichen und Weidbuchen in der Heide, und in vielen Fällen kann man erkennen, daß Englische Gärten dort angelegt wurden, wo zuvor das Vieh auf die Weide geschickt worden war; sowohl in Wörlitz an der Elbe wie im Englischen Garten in München wurde eine ehemalige Hudelandschaft zum Park umgestaltet, so daß diese Parks schon zum Zeitpunkt ihrer Gründung weit ausladende malerische Baumindividuen besaßen, wie sich zeitgenössischen Schilderungen entnehmen läßt. Als Johann Heinrich Abegg im Jahre 1797 den Garten von Wörlitz nur wenige Jahre nach dessen Anlage besuchte, erwähnte er ausdrücklich, daß dort „hohe, feste, dichtbelaubte Bäume" standen. Keineswegs waren sie erst bei der Anlage des Gartens gepflanzt worden; sie standen schon vorher da und wurden in die Gartenanlage einbezogen. Zu den Bäumen schreibt Abegg weiter: „So sollte der veredelte Deutsche sein. Zur Kraft und Energie sollte er sich mit starken, in sich ruhenden Gegenständen umgeben, um mit allgewaltiger Fülle der gesammelten Kraft dann hervorzutreten in die weite, offne Welt, aber in dieser nicht immer bleiben." Die Existenz der mächtigen Bäume, die es am Ende des 18. Jahrhunderts sicher nicht überall gab, regte den Betrachter also zu Gedanken symbolischen Gehaltes an, die in der Zeit des aufkommenden Nationalbewußtseins in der Luft lagen.

Manche weitsichtige Fürsten legten in ihren Parks Baumkulturen an, die wirtschaftlich nutzbar waren; berühmt sind die preußischen Maulbeerkulturen, in denen Seidenraupen gezüchtet wurden, Feigen und Weinstöcke wurden unterhalb des Schlosses von Sanssouci in Potsdam gepflanzt, und neben dem Dachauer Schloß wurden Obstbäume in Spalieren und Laubengängen gezogen. Vielen herrschaftlichen Parks waren Arboreten, Sammlungen von Bäumen, angeschlossen. Im Garten von Schloß Solitude bei Stuttgart züchtete Johann Caspar Schiller, der Vater des Dichters, Obstbäume, die von dort aus an die Untertanen abgegeben wurden. In anderen Gärten pflanzte man exotische Gehölze an. Daran kann man keineswegs nur eine Sammelleidenschaft einzelner

33 Unterhalb von Schloß Sanssouci in Potsdam befindet sich der berühmte Weinberg, in dem seit den Zeiten von Friedrich II. von Preußen nicht nur Reben, sondern auch Feigenbäume gezogen werden.

Potentaten erkennen; vielmehr wurde dort getestet, welche Bäume aus fernen Ländern sich in Europa säen oder pflanzen ließen. Man fand dort heraus, mit welchen Baumarten man aufforsten konnte. Friedrich Heinrich Mayer, ein im 18. Jahrhundert lebender württembergischer Forstmann, zählte die im Arboretum von Hohenheim bei Stuttgart, in einer heute noch sehenswerten Anlage, wachsenden Baumarten auf und stellte fest:

„[...] man hat mehrere Arten von Bäumen aufzuweisen, denen unsere Lage so angemessen ist als ihr eigentliches Vaterland und von denen sich mit der Zeit ebenso großer Nutzen erwarten läßt als von unsern fruchttragenden, eigentlich auch ausländischen Bäumen."

Und an anderer Stelle heißt es:

„Wer noch mehrere und kostbarere Arten wissen will oder wer an dem glücklichen Erfolg der Fortpflanzung dieser Bäume zweifeln sollte, den weise ich auf das reichsgräfliche Gut von Hohenheim, er wird daselbst von der herrlichen Anlage bezaubert wie jener aus Amerika nach Stuttgart zurückkommender Reisende, eines in der amerikanischen Plantage erfahrenen Manns, welcher Versuche im Kleinen damit anstellte, wie dieser Reisende, sage ich, wird er bei dem Anblick erstaunt ausrufen: Amerika!"

Robinien, Balsampappeln, amerikanische Kiefern, Mammutbaum und Douglasie standen zuerst in den europäischen Parks; nachdem sich herausge-

174

stellt hatte, daß sie gut wuchsen, säte und pflanzte man sie an, als man daran ging, durch Aufforstung neue Wälder zu schaffen. Der Grund, warum diese Exoten in Europas Wäldern so gut gediehen, ist wohl darin zu sehen, daß die Vorfahren dieser Pflanzenarten, also Gewächse mit sehr ähnlicher genetischer Konstitution, im geologischen Zeitalter des Tertiär und in frühen Zwischeneiszeiten auch in Europa vorkamen, ehe sie – ausgelöst durch die mehrfachen Klimaschwankungen des Eiszeitalters – in Europa ausstarben. Es gibt jedenfalls keine physiologischen Gründe, die einem Wachstum dieser Bäume in Europa entgegenstehen; als der Mensch sie durch Anpflanzen wieder dort heimisch machte, war ihr gutes Gedeihen also kein Wunder – aber das konnte man im 18. Jahrhundert nicht wissen.

Inmitten der Wildnis, deren Existenz immer mehr als das Ergebnis menschlicher Tätigkeit aufzufassen ist, schuf der Mensch eingezäunte Gärten. Er verfolgte damit natürlich das Ziel, das gesamte Land zu verschönern, doch das gelang zunächst nicht; denn die Plünderung der Wälder durch die immer zahlreicheren Manufakturen und Fabriken dauerte bis zum 19. Jahrhundert an. Immerhin entwickelte sich aber vor allem während des 18. Jahrhunderts ein geistiger Gegenentwurf zur übernutzten Natur; war dies ein Grund dafür, daß die abendländische Zivilisation am Ende des 18. Jahrhunderts noch nicht vor ihrem Ende stand?

18. Bäume und eine nationale Idee werden gepflanzt

Im Jahre 1713 veröffentlichte Hannß Carl von Carlowitz (1645–1714) einen gewichtigen Folianten, die *Sylvicultura oeconomica oder Anweisung zur Wilden Baum-Zucht nebst gründlicher Darstellung des grossen Holtz-Mangel*. Dieses Buch gilt als das älteste Lehrbuch der Forstwirtschaft, war aber nicht von einem eigentlichen Forstmann geschrieben. Denn Carlowitz hatte Rechtswissenschaften studiert und war Oberberghauptmann im sächsischen Erzgebirge. Er hatte sich gleichzeitig um das Bergbauwesen und um die Holzversorgung der Erzschmelzen zu kümmern; diese Kombination der Aufgaben war zu seiner Zeit durchaus sinnvoll. Carlowitz erkannte den Holzmangel als Problem; er propagierte daher die Aufforstung von kahl geschlagenen Waldflächen, damit auch in Zukunft Holz für die ihm unterstehenden Gewerbebetriebe zur Verfügung stand. Carlowitz war vielseitig gebildet; er hatte antike Schriftsteller gelesen und kannte die *Germania* des Tacitus, die seit der Zeit der Renaissance als eine der frühesten Geschichtsquellen über Mitteleuropa bekannt und geschätzt war. Möglicherweise war Carlowitz der erste Leser der *Germania*, dem die Bemerkung des Tacitus über die „silvae horridae", über die weiten und furcherregenden Wäldern Germaniens, besonders auffiel. In seiner *Sylvicultura* bezog er sich auf die antike Quelle; der von Tacitus beschriebene Zustand der Wälder lieferte Carlowitz eine wichtige Begründung dafür, Wiederaufforstung zu betreiben. Die alten Verhältnisse sollten wiederhergestellt werden.

Vorerst konnte sich in den Wäldern aber noch nicht viel ändern. Das wird bei kritischer Lektüre zahlreicher Forstordnungen des frühen 18. Jahrhunderts klar. In der *Mecklenburgischen Forstordnung* von 1706, die man hier pars pro toto heranziehen kann, sollen zwar in den „Forsten, Wäldern und Wildbahnen vielfältig eingeschlichene Unordnungen" vermieden werden, und es werden zahlreiche Mißstände aufgezählt, die es zu verhindern galt: Die „Plackereien", gemeint sind Beschädigungen, an den Bäumen und Wäldern sollten abgestellt werden, das Aushauen von Kienholz wurde untersagt, das Schälen der Eichen, das Feuermachen im Wald, das Plaggenhauen usw. Doch gab es zahlreiche Ausnahmeregelungen. Das Feuerlegen konnte doch gestattet werden, wenn man es den herrschaftlichen Beamten vorher anzeigte, damit die „nötige Praecaution gebrauchet werden könne". Man kann sich schlecht vorstellen, daß diese Anordnung immer ordnungsgemäß befolgt wurde; ja, sie konnte kaum befolgt werden, denn ein in dürren Kiefernwäldern und Heiden brennendes Feuer ist schwer unter Kontrolle zu halten, selbst mit den heutigen Brandbekämpfungsmethoden.

Immerhin, in der Forstordnung wird auch an ein Edikt von 1702 erinnert, in dem bestimmt worden war, daß

„ein jedweder Bauer anstatt eines demselben angewiesenen und abgestämmeten Eichen- oder Büchenbaumes sechs junge Eichen- oder Büchenhester zum Wachstum wieder beförddern, zu solchem Behuf an einem ihm gelegenen und hiezu bequemen Ort Eicheln säen und nachgehends, wann sie aufgeschossen, entweder in den Koppeln oder Hölzungen sie verpflanzen solle".

Zum Bäumepflanzen wurde während des ganzen 18. Jahrhunderts immer wieder aufgefordert, unter anderem von Friedrich dem Großen. In einigen Gegenden pflanzte man Bäume anläßlich der Hochzeit oder der Geburt eines Kindes. Man legte umzäunte Bereiche an, zu denen das Weidevieh und das Wild keinen Zugang hatte, den Eichenkamp etwa, eine Vorform der Baumschule. Dort wuchsen die jungen Bäume aus Eicheln und Bucheckern hervor, und nachher pflanzte man sie in die Wälder, an Feldraine, vor das Haus oder in den Garten. Dabei setzte man häufig gleich ein ganzes Büschel von jungen Eichen oder Buchen in eine Pflanzgrube, damit auch bestimmt eines der jungen Bäumchen zu einem großen Baum würde. Oft wuchs dann aber nicht nur ein Bäumchen empor, sondern es kamen mehrere hoch, die dicht nebeneinander in der Pflanzgrube standen. Sie wuchsen zu einem sehr umfangreichen stammartigen Gebilde zusammen, formten später scheinbar einen großen Baum, der in keinem Fall natürlicherweise so entstanden wäre, sondern eindeutig auf Pflanzung zurückgeht. Diese sogenannten Büschelpflanzungen von Bäumen sind vielerorts gut zu erkennen.

Die Fürsten kümmerten sich oft selbst um die Ausbringung von Baumsaat; Friedrich der Große fragte seine Untergebenen, wie Johann Wilhelm Ludwig Gleim der Nachwelt überliefert hat, ob sie wüßten, wie man Kienäpfel richtig sät!

August der Starke von Sachsen und nach ihm zahlreiche andere Fürsten ließen Bäume, die in Pflanzgärten gezogen worden waren, entlang der Chausseen pflanzen; es entstanden Alleen. Die Anlage der Chausseen war eine absolutistische Idee: Als gut ausgebaute Verkehrswege sollten sie die Residenz mit allen Landesteilen verbinden. Zuvor waren Wege in der Regel unbefestigt gewesen. Das bedeutete, daß zahlreiche Fahrspuren nebeneinander lagen, und die Kutscher immer dann, wenn eine Spur ausgefahren oder vom Regen- oder Schmelzwasser aufgeweicht war, neue Fahrspuren anlegten. Mittelalterliche und frühneuzeitliche Wege waren daher oft bis zu über einhundert Meter breit. Nun aber wurden die Wege befestigt; sie erhielten rechts und links einen Graben, durch den das Wasser abgeleitet wurde, und die Gräben sollten auch verhindern, daß man den Straßenkörper nach Belieben verlassen konnte. Vollends unmöglich gemacht wurde dies durch die beiderseits des Weges stehenden Alleebäume, deren Wurzeln weiteres Wasser aufsaugten und die außerdem den Reisenden auf der Chaussee Schutz vor Hitze, Kälte und Sturm gaben. Dadurch, daß die Straßen nun viel schmaler waren als zuvor, konnte auf den Flächen unmittelbar neben den Chausseen auch eine geregelte landwirtschaftliche oder forstliche Nutzung aufkommen: Allerdings versuchte man zu verhindern, daß dichte Wälder bis an den Rand der Straße vordrangen, und zwar aus Sicherheitsgründen. Schließlich hätten sich im Wald Strolche und Wegelagerer verstecken können!

Im Laufe des 18. Jahrhunderts setzten umfassende Umgestaltungen der Agrarlandschaft ein. Sie betrafen zu einem Teil auch die Wälder. Ein wichtiges Ziel der Agrarreformer war es, die Viehhaltung zu intensivieren. Man legte neuartige Viehweiden an, indem man mehrere Stücke Ackerlandes aneinander „koppelte", und erhielt eingefriedigte Koppeln, auf denen das Vieh nicht mehr wie zuvor unter der Aufsicht eines Hirten weidete. Die Koppel wurde von einem Zaun umgeben oder besser von einer Wallhecke, denn man wollte an Zaunholz sparen; das in der Wallhecke heranwachsende Gesträuch konnte man schon nach wenigen Jahren als zusätzliche Quelle für z. B. Brennstoff nutzen. Auf diese Weise entstanden die Wallheckenlandschaften Westfalens und die Knicklandschaften Schleswig-Holsteins. Das Vieh wurde nun nicht mehr in die Wälder zur Weide getrieben; der nicht mehr von Rindern, Schafen und Ziegen verbissene Wald konnte sich regenerieren. Zwar wurden zahlreiche Hutwälder und Heiden in der Folgezeit zu Acker- und Grünland „melioriert", doch entwickelten sich nach der Herausnahme des Weideviehs aus den Wäldern viele Hutungen zu geschlossenen Holzbeständen weiter.

Es wurden also zahlreiche Grenzen in die Landschaften gezogen, die Straße wurde seitlich begrenzt und immer strikter zwischen den Bereichen der Landwirtschaft und dem Bereich des Waldes unterschieden. Erst im 18. und 19. Jahrhundert wurden also Weide- und Waldland voneinander getrennt, und nur selten blieben Hudelandschaften erhalten: in den Alpen und in einigen anderen Gebirgen, beispielsweise die Wacholderheiden auf der Schwäbischen Alb, die Hochweiden um Feldberg und Schauinsland im Schwarzwald; und auch in einigen Heidegebieten und Hudewäldern Nordwestdeutschlands wurde die Viehbeweidung beibehalten, etwa im Kerngebiet der Lüneburger Heide um Wilsede und Niederhaverbeck und in der Wildeshauser Geest bei Bremen. Auf den Britischen Inseln blieb die alte Form der Weidehaltung auf großflächigen, locker mit Bäumen bestandenen Heiden vielerorts die Regel.

Agrarland und Wald wurden nun auch voneinander getrennte Rechtsbezirke; viele bisher aus Sicht der Landbevölkerung notwendige Formen der Nebennutzungen von Wäldern wie Schweinemast und Streunutzung konnten nun entfallen und von der Grundherrschaft über ihre Forstbediensteten viel wirkungsvoller unterbunden werden. Zwischen Wald und Offenland entwickelte sich ein viel deutlicher definierter Waldrand als in den Zeiten zuvor. Während in einer Hudelandschaft die Gehölzgruppen allerseits offen für das Vieh zugänglich waren, sich also an ihren Rändern keine kleinen Sträucher entwickelten, weil sie

34 Auf den britischen Inseln blieben weite Heideflächen erhalten; sie wurden nicht aufgeforstet (bei Cardiff/Wales).

sofort vom Vieh abgefressen wurden, blieben diese Gewächse nun stehen. Zwar schränkte der Mensch ihr Wachstum ein, weil auf die Konstanz einer Grenze zwischen den Rechtsbereichen Wald und Offenland geachtet wurde, aber der Waldrand mit seinen Blütensträuchern und Wildfrüchten wurde auch geschätzt und geschützt.

Die Aufgabe der Hutweiden stand mit einer anderen tiefgreifenden Veränderung in Verbindung. Allgemein wurde danach gestrebt, gemeinschaftlichen Besitz aufzugeben. Der Hutwald war eine Allmende gewesen; Allmenden wurden nun aufgeteilt, und auf den geteilten Landflächen konnten Viehkoppeln und dichte Wälder entstehen, genauso Ackerland, und es gab Platz für die Ansiedlung weiterer Menschen.

Auch viele Wälder wurden bis zum 18. Jahrhundert gemeinschaftlich bewirtschaftet, vor allem die Wälder in den gemeinsamen Marken, die Markwälder, an denen zahlreiche Markgenossen Anteil hatten. Den Lehren des Liberalismus entsprechend, die im 18. Jahrhundert von Adam Smith und anderen verkündet wurden, sollte gemeinschaftliches Eigentum in Privateigentum überführt werden; die Wälder wurden von Geometern geteilt, nicht von Forstleuten, und einzelne Waldparzellen wurden den Bauern als Bauernwald zur privaten Nutzung übergeben. Viele Waldstücke, die die Bauern zur privaten Nutzung erhielten, wurden allerdings in der Folgezeit nicht als Wald genutzt, sondern zu Ackerland umgebrochen, denn nach wie vor drohten Hungersnöte, und es mußten weitere Ackerflächen geschaffen werden. Auch legte man Viehkoppeln und Wiesen in den ehemaligen Marken an.

Gemeinschaftlicher Waldbesitz wurde in einigen Gegenden seltener aufgeteilt, und zwar dort, wo man französische Waldrechtsformen übernommen hatte, in Baden, in der Rheinpfalz und in Mainfranken; dort kann man an vielen Stellen noch heute die alten Mittelwälder sehen, deren Anlage im Frankreich des 17. und 18. Jahrhunderts stark propagiert worden war und die heute noch im Prinzip so bewirtschaftet werden wie vor Jahrhunderten, indem den einzelnen Markgenossen per Los eine bestimmte Waldparzelle in jedem Jahr neu zugewiesen wird. Allerdings sind auch diese Mittelwälder heute dichter als vor zweihundert Jahren, denn längst ist der Holzbedarf nicht mehr so hoch wie damals.

Insgesamt waren die Rahmenbedingungen für die Entwicklung der Wälder während des 18. Jahrhunderts günstiger geworden, wenngleich die eigentliche Waldfläche noch nicht größer wurde. Immerhin pflanzte man an vielen Stellen Bäume, und die für die Waldentwicklung sehr schädliche Beweidung durch das Vieh wurde abgeschafft.

Die *Germania* des Tacitus wurde im 18. Jahrhundert viel gelesen. Während in der Nachfolge des Oberberghauptmann von Carlowitz die Forstschriftsteller immer wieder auf die Notwendigkeit des Aufforstens unter Zitierung des Tacitus hinwiesen, interessierte sich ein sicher sehr viel größerer Teil der gelehrten Welt des 18. Jahrhunderts für ganz andere Aspekte der *Germania*. Montesquieu hatte aus ihrer Lektüre entnommen, daß zur römischen Zeit freie Menschen in den Wäldern Mitteleuropas gelebt hatten, die sich erfolgreich gegen die Römer hatten behaupten können. Mit seinem Streben nach Freiheit nahm er großen geistigen Einfluß auf die Französische Revolution von 1789, doch seine Gedanken über die Wälder Germaniens wurden in Frankreich natürlich wenig beachtet. In Deutschland hingegen wurden sie intensiv und begeistert rezipiert. Die Deutschen suchten nun in den Wäldern nach ihrer Identität, sie sammelten, was man über die Menschen in den Wäldern wußte, beschäftigten sich mit den Gestalten der Märchen, die nur wenig später die Brüder Grimm systematisch sammelten und aufschrieben; die Grimms gaben auch eine Zeitschrift heraus, in der sie frühe Nachrichten über die Deutschen zusammentrugen, die sie bezeichnenderweise *Altdeutsche Wälder* nannten. Die Gestalten des Waldes wie Hermann der Cherusker oder die Räuber, die ja auch im Walde lebten, wurden zu Hauptfiguren der Dichtung.

Im Jahre 1767 dichtete Friedrich Gottlieb Klopstock die Ode *Der Hügel, und der Hain. Ein Poet, ein Dichter, und ein Barde singen.* In diesem Gedicht treffen der Poet der mediterranen Antike, der Barde aus nordischer Vorzeit und der Dichter der Gegenwart aufeinander. Der Poet will den Dichter für sich gewinnen, dieser erkennt auch wohl die hohe Kunst der antiken Poeterei an, doch der Barde des Vaterlandes „tönet" die Natur „laut ins erschütterte Herz" des Dichters. Er ruft einen „Herminoon" an, also – nach Tacitus – einen Abkömmling des in der Mitte Ur-Germaniens siedelnden Stammes der Herminonen, „der unter den tausendjährigen Eichen einst wandelte, unter deren alterndem Sproß ich wandle". Und der „Barde meines Vaterlands" kommt herbei, „Eichenlaub schattet auf seine glühende Stirn", und er fragt den Poeten: „Was zeigst du dem Ursohn meiner Enkel / Immer noch den stolzen Lorber am Ende deiner Bahn, / Grieche? Soll ihm umsonst von den Haines Höh / Der Eiche Wipfel winken?" Der Dichter wendet sich „Teutoniens Hain" zu, geht an der Leier vorüber, die der Grieche an den Lorbeer lehnte; der Barde dagegen „hat sie gelehnt an den Eichensproß", und „es weht um ihre Saiten, und sie tönet von sich selbst: Vaterland!"

Diese Ode hatte eine ungeheure Wirkung auf Klopstocks Zeitgenossen. 1772 versammelten sich einige junge Dichter, Göttinger Studenten, darunter die Grafen Stolberg, Boie, Voß und Hölty, im Weender Eichenhain bei Göttingen und gründeten den Göttinger Dichterbund oder Hainbund. Dieser Weender Eichenhain war eine alte Hudelandschaft mit weit ausladenden Eichen; die Bäume hatten in die Breite wachsen können und respektable Umfänge erhalten. Sie waren sicherlich alt, wenn auch nicht so alt, daß der germanische Barde schon unter ihren Ästen einst gewandelt wäre. Klopstock war das Vorbild der Hainbund-Dichter, und besonders die Ode, aus der oben zitiert wurde, drang, um es in den Worten der damaligen Zeit zu sagen, laut ins erschütterte Herz der schwärmenden Jünglinge; Freiheit und Vaterland waren ihre Ideale, und beides wurde in der Folgezeit immer wieder in Verbindung mit Eichen gesehen, den „deutschen Eichen", von denen man bald zu sprechen begann. Johann Heinrich Abegg bezog sich darauf bei der Beschreibung seines Besuches in Wörlitz 1797.

Man kannte den Mythos, daß der Missionar Bonifatius im frühen Mittelalter Thors heilige Eiche geschlagen habe, als in Mitteleuropa das Christentum eingeführt werden sollte. Einzelne geheiligte Eichen mögen damals als Überbleibsel heidnischen Kultes stehen geblieben sein, unter ihnen versammelte man sich, hielt Gericht. Auch den Linden wird eine besondere Bedeutung im heidnischen Brauchtum nachgesagt. Es ist aber nicht sicher, daß es wirklich bestimmte botanisch identifizierbare Baumarten waren, an denen sich vor „Urzeiten" die Thingstätten befunden hatten. In der Umwelt des 18. Jahrhunderts gab es kaum alte Linden, sondern lediglich knorrige Eichen, die man vielerorts geschont hatte wegen der Eichelmast oder weil man ihr Bauholz schätzte. Für diejenigen, die sich in den Hainen versammelten, war selbstverständlich, daß es nur die alten Eichen sein konnten, die Symbole von „überkommener" Natur waren und bei denen man den Vorfahren, ihrer Freiheit, der Stärke und der eigenen Identität am nächsten war. Klopstock hat die Eiche vielfach besungen, in *Hermanns Schlacht* von 1769 verglich er das Vaterland mit „der dicksten, schattigsten Eiche, im innersten Hain, der höchsten, ältesten, heiligsten Eiche", und 1774 schrieb er: „Die Eiche war bei unseren Vorfahren mehr als etwas Symbolisches; sie war ein geheiligter Baum, unter dessen Schatten die Götter am liebsten ausruhten."

Die Eichen der Haine, also bizarre Bäume auf ehemals beweideten Flächen, als Symbole der urwüchsigen Natur richtiggehend zu verehren, war etwas sehr Merkwürdiges. Diese Eichen hatten sich nämlich nicht natürlich entwickelt, sondern sie waren unter dem Einfluß der Beweidung und der Schonung für die Mast entstanden; sie waren Elemente der Kulturlandschaft, die gerade zu der Zeit, in der ihre schwärmerische Verehrung einsetzte, ihre Funktion in der Kulturlandschaft verloren hatten. Als man begonnen hatte, Viehkoppeln und Wiesen anzulegen, das Vieh nicht mehr in den Wald zu treiben, bestand keine Veranlassung mehr, den Hudeeichen besonderen Schutz angedeihen zu lassen, aber gerade in diesem Moment entdeckte man ihren gewissermaßen mythologischen Wert.

Aber die Bedeutung der Eichen entwickelte sich weiter. In Frankreich pflanzte man zur Zeit der Revolution von 1789 Eichen als Freiheitsbäume, und dies in großer Zahl; 1792 sollen in Frankreich 60 000 Freiheitsbäume ausgebracht worden sein! Man pflanzte solche Bäume auch in Deutschland, besonders im Westen des Landes, der ja damals unter französischem Einfluß stand, also in der Pfalz und in Westfalen. Aber in Deutschland bekam die Eiche als Freiheitsbaum bald noch eine weitere Bedeutung: Sie wurde als Sinnbild der nationalen Identität auch ein Symbol für die Auflehnung gegen die französische Unterdrückung in der Zeit, als Napoleons Truppen fast ganz Europa beherrschten. Die Stärke und der Freiheitswille des Waldmenschen Hermann, der die Römer mit ihrer Kultur, man könnte auch sagen, mit ihrer Zivilisation und mit ihrem Streben nach Kolonisation, besiegt hatte, wurde immer wieder beschworen, wenn es um die Auflehnung gegen Frankreich ging. Im Jahre 1808 schrieb Heinrich von Kleist, der die Befreiung vom Joch Napoleons nicht mehr erleben sollte, die *Hermannsschlacht*, Hermann will darin „im Schatten einer Wodanseiche" sterben. Weitere Dichter setzten sich mit dem Cherusker auseinander, unter anderem Joseph von Eichendorff 1810 und wenig später Friedrich de la Motte Fouqué – er hatte 1808 in *Der Held des Nordens* Stoff aus der Siegfried-Sage aufgegriffen, also sich mit einer weiteren Gestalt aus den Wäldern Germaniens befaßt.

Wenige Jahre später wurde das Heer Napoleons besiegt; da war es folgerichtig, daß, als König Friedrich Wilhelm III. von Preußen 1813 neue Kriegsauszeichnungen stiftete, auch das Eichenlaub als Symbol Verwendung fand. Der für alle Dienstgrade gestiftete Orden war das Eiserne Kreuz, das nun als besondere Auszeichnung mit Eichenlaub verliehen wurde. Die Eiche war fortan der „Baum der Deutschen". Nicht nur Caspar David Friedrich malte sie immer wieder, zunächst voller Hoffnung, in späteren Jahren fast abgestorben, aber immer noch „heldenhaft" gen Himmel ragend. Man verwendete Eichen und schwarz-rot-goldene Fahnen als Symbole beim Wartburgfest von 1817 und beim Hambacher Fest von 1832, in der Revolution von 1848. Schließlich wurden zur Reichsgründung 1871, danach 1913 zum Gedenken an die Freiheitskriege und zugleich zum 25jährigen Regierungsjubiläum von Kaiser Wilhelm II. zahlreiche Eichen gepflanzt; oft sind sie noch heute Mittelpunkte von Ortschaften.

Für die Aufforstung wählte man in der Regel keine Eichen, sondern Nadelbäume. Man hatte schon seit Jahrhunderten die Erfahrung gemacht, daß das Ausbringen von Nadelholzsaat die besten Erfolge brachte. Dabei ging es nicht nur darum, Umweltschäden einzudämmen, die man kannte, beispielsweise die Bodenerosion; es war auch nicht nur das Prinzip der nachhaltigen Bewirtschaftung von Waldflächen, also das Handeln nach dem Grundsatz, daß nur so viel Holz entnommen werden durfte, wie gleichzeitig nachwuchs. Im frühen 19. Jahrhundert wurden die Neubegründungen von Wald und Staat im Zusammenhang gesehen. Man forstete auf als Maßnahme des mehr oder weniger stillen Widerstandes gegen Frankreich. Friedrich Ludwig Jahn, einer der geistigen Väter der Freiheitsbewegung gegen Frankreich, der heute vor allem als „Turnvater" bekannt ist, forderte, man solle an der Grenze zu Frankreich einen undurchdringlichen Wald pflanzen, man könnte sagen, ihm schwebte ein Vorläufer des Westwalls vor. War es dieser künstlich begründete Fichtenforst, in den Caspar David Friedrich seinen *Chasseur im Walde* hinein malte? Dieses Bild, etwa 1813/14 entstanden, wurde von den Zeitgenossen eindeutig als patriotisch verstanden; und Fichtenwälder nahe der deutsch-französischen Grenze gab es damals natürlicherweise nicht, sondern erst nach dem Beginn der Aufforstung.

Die Aufforstung wurde also auch als nationale Aufgabe verstanden. Sie stand im symbolischen Zusammenhang mit dem Freiheitswillen, worauf die im vorherigen Kapitel zitierten Sätze von Friedrich Heinrich Mayer hinweisen. Seine Aussage, der Anblick zahlreicher Bäume aus der Neuen Welt habe einen Besucher von dort zu dem Ausruf „Amerika!" hingerissen, hat politische Bedeutung, denn Mayer schrieb davon 1790, also wenige Jahre, nachdem die Vereinigten Staaten von Amerika ihre Unabhängigkeit erklärt hatten.

Als nach den Freiheitskriegen gegen Napoleon ein deutscher Staat nicht gebildet und die Freiheit durch Bestrebungen der Restauration beschränkt wurde, erhielten die Aufforstungsbestrebungen neuen Auftrieb. Für die Deutschen war es aus vielen Gründen wichtig, wo immer dies möglich war, Aufforstung zu betreiben, Bäume zu pflanzen. Der Mythos vom Wald war entstanden, der Mythos vom deutschen Wald mit seinen deutschen Eichen, den freien Menschen, die darin lebten (wenn auch nur als Märchen- und Sagengestalten), und in den Freiheitskriegen war die Zahl der „Helden des Waldes" noch vergrößert worden. Theodor Körner fragte in einem sehr populären Gedicht, das er kurz vor seinem Soldatentod 1813 schrieb: „Was zieht dort rasch durch den finstern Wald / Und streift von Bergen zu Bergen?" Dies war das Freikorps, dem Körner angehörte und das kurz vor der Leipziger Völkerschlacht von den Franzosen fast völlig aufgerieben wurde: „Das ist Lützows wilde, verwegene Jagd."

19. Die nachhaltige Bewirtschaftung und die Neuanlage von Wäldern

Hannß Carl von Carlowitz und andere Forstleute, die ökonomisch denken mußten und aus diesem Grund dafür zu sorgen hatten, daß immer genügend Holz für die Verarbeitung der Bodenschätze aus den Bergwerken, zum Salzsieden wie zur Erzschmelze, zur Verfügung stand, sprachen als erste vom Prinzip der Nachhaltigkeit, von der nachhaltigen Bewirtschaftung von Wäldern, die stets anzustreben sei. Dieses Prinzip wurde in den folgenden Jahrhunderten nicht nur zum Credo der deutschen Forstwissenschaft, sondern auch auf den Naturschutz übertragen. War es bei der Formulierung des Nachhaltigkeitsprinzips zunächst um rein ökonomische Belange gegangen, wollte man später den Begriff immer mehr in einem ökologischen Sinne verstanden wissen.

Man hatte erkannt, daß Wälder nicht nur, wie im vorigen Kapitel beschrieben, ideelle Werte darstellten, sondern daß sich Holz auch zu Geld machen ließ. Die Fürsten des 18. Jahrhunderts wollten nicht nur die Versorgung ihrer Salinen und Hüttenbetriebe sicherstellen, sondern auch Holz verkaufen können. Gerade in den deutschen Ländern spielte der Verkauf von Holz an andere Länder eine große Rolle. Der Holzhandel im Zusammenhang mit der Flößerei war eine wichtige Einnahmequelle mitteleuropäischer Fürsten geworden. Weil es vor allem in süddeutschen Gebirgen reichlich Nadelholz gab, das, in Flöße eingebunden, besonders gut schwamm, verdienten vor allem süddeutsche Fürsten am mitteleuropäischen Holzhandel.

Damit nachhaltige Bewirtschaftung von Wäldern überall möglich werden konnte, brauchten die Fürsten gut ausgebildete Forstbeamte. Es ist interessant, daß in genau der gleichen Zeit, in der Klopstock den Wald besang und der Hainbund gegründet wurde, auch die forstliche Ausbildung einsetzte, nämlich um 1770. 1763 eröffnete Hans Dietrich von Zanthier in Wernigerode im Harz die erste forstliche Meisterschule, 1770 wurde die Forstakademie in Berlin gegründet, 1772 die Forstschule auf der Solitude bei Stuttgart. 1780 wurden zum ersten Mal in Göttingen forstliche Vorlesungen gehalten, und 1785 eröffnete Heinrich Cotta seine Meisterschule im thüringischen Zillbach, aus der später die berühmte Forstakademie von Tharandt in Sachsen hervorging.

Die forstliche Ausbildung war von Anfang an sehr vielseitig; der breite Kanon der Fächer, der innerhalb eines forstwissenschaftlichen Studiums gelehrt wurde und wird, bestand schon in der Frühzeit dieses Faches. Heinrich Cotta, der eines der frühen forstwissenschaftlichen Lehrbücher schrieb, unterschied zwischen den Grundlehren und Hauptlehren der Forstwissenschaft. Die Grundlehren waren als propädeutische Fächer Mathematik und Naturwissenschaft, zu der Physik oder Naturlehre, ferner Chemie und Naturgeschichte gehörten. Im Abschnitt „Hauptlehren" behandelte Cotta zuerst den Waldbau, bei dem es einerseits um die Methoden des Anbaus von Holz ging, andererseits um die Methoden der Holzernte, dann die Waldnebennutzungen, beispielsweise Jagd, Gewinnung von Waldstreu, die Waldhut, also die Waldweide, die ja im wesentlichen schon abgeschafft oder in Abschaffung begriffen war, und die Torfgräberei. Es folgte ein Kapitel über den Forstschutz, und zwar den Schutz des Waldes gegen Menschen, wilde Tiere, schädliche Gewächse und gegen Naturereignisse, wobei Cotta vor allem an Schädigungen durch ungünstige Witterung dachte. Das Thema des nächsten Kapitels ist die Forsteinrichtung, in deren Rahmen seit nun mehr als 200 Jahren die Bewirtschaftungsziele von Wäldern immer wieder neu geplant werden; Cotta schrieb einen weiteren Abschnitt über Waldwertberechnung und einen letzten über die Forstverfassung. Schließlich folgten noch Kapitel über „Nebenwissenschaften": über Holztransport, Köhlerei, Gewinnung und Darstellung des Pechs, Sandschollenbau, was wir heute Dünenfestlegung durch Bepflanzung nennen würden, und Forst- und Jagdrecht.

Ein Teil dieser Unterrichtsfächer entwickelte sich aus der Praxis heraus, bei anderen mußten Professoren, die eigentlich andere Fächer vertraten, auf fürstliche Anordnung hin einen „angewandten Unterricht" einführen und organisieren. Unter diesem Einfluß entwickelten sich Fächer wie die Forstbotanik und Forstzoologie, die Forstentomologie, Forstliche Betriebswirtschaft, Forstrecht und bald auch die Forstgeschichte. Forstwissenschaften wurden nicht als komplexes Fach wie beispielsweise Altertumskunde, Kunstgeschichte oder Chemie gelehrt; vielmehr setzte sich dieses Fach immer aus verschiedenartigen Unterrichtsgegenständen zusammen, was anzeigen mag, daß das Fach nicht auf der Universität „erfunden" wurde, sondern außerhalb der Akademien auf staatliche Anordnung oder zumindest Anregung entstand.

Die an den Akademien ausgebildeten und von Staats wegen eingesetzten Forstbediensteten waren Beamte, die neben den Jägern für die Wälder Verantwortung übernahmen. Das Jagdrecht blieb in aller Regel bis zur Revolution von 1848 beim Adel. Als danach mehr und mehr auch die bürgerliche Jagd erlaubt wurde, waren die Förster schon eingesetzt. Sie konnten die Jagdrechte in ihrem Forst erwerben, dies war aber nicht notwendigerweise so. In vielen Fällen erwarb jemand anderes als der jeweilige Förster das Jagdrecht in einem bestimmten Waldbezirk, so daß heute meist sowohl ein Förster als auch ein Jäger für einen Waldbezirk zuständig sind, wobei die forstliche Tätigkeit professionell, die jagdliche oft als Nebenbeschäftigung oder als stets sehr ernst genommenes „Hobby" betrieben wird.

Eine der wichtigsten Aufgaben der nun viel besser ausgebildeten Forstleute bestand darin, die Ablösung der Servituten, der zahlreichen Nebennutzungen in den Wäldern, zu erreichen. Obwohl schon seit dem 18. Jahrhundert viele Hudewälder aufgegeben worden, die Streunutzung und das Harzen von Bäumen zurückgegangen waren, war dieser Prozeß der Trennung von Wald und agrarisch genutztem Offenland im frühen 19. Jahrhundert noch längst nicht abgeschlossen. Die Förster waren bei der Landbevölkerung nicht beliebt, weil sie dafür eintraten, das bisher als Allmende genutzte Land in Forsten zu überführen, in denen jegliche landwirtschaftliche Nutzung zu unterbleiben hatte. Aus der Sicht der Bauern, vor allem der armen Landleute, die nur Vieh, aber kein eigenes Land besaßen, war die Gründung der neuen Forsten auf fürstlichen Befehl eine Herauslösung von Land aus dem bisher agrarisch genutzten Bereich. Der Förster kam oft als Fremder in eine Region, und in ländlichen Gebieten war er oft derjenige Staatsbeamte, der als erster in Erscheinung trat. Natürlich ging der Förster auch streng gegen die Wilderei vor; von gut ausgebildeten Beamten konnte sie effizient bekämpft werden. Auf der anderen Seite entstanden viele Legenden um die Wilderei (beispielsweise in Bayern) gerade in der Zeit, in der die Forstverwaltungen mächtiger wurden: Manche „Wildschützen" wurden zu Märtyrern, die bald nicht nur im bäuerlichen Kreis, sondern auch in der breiten Öffentlichkeit besungen wurden.

Auch wenn einige Forstleute sich dafür einsetzten, wenigstens einige Nebennutzungen beizubehalten, ist der allgemeine Trend der Ablösung der Servituten deutlich. Am Ende wurden sie aber nicht aufgegeben, um die Wälder zu schützen, sondern weil die Nebennutzungen keinen wirschaftlichen Ertrag mehr brachten. Nach der Einführung von Mineraldünger lohnten sich die Streunutzung und das Plaggenhauen in den Wäldern nicht mehr. Die Anlage von gedüngten, ertragreichen Koppelweiden war für die Viehhaltung günstiger als das Eintreiben der Tiere in den Wald und auf die Heiden, wobei man auch noch einen Hirten löhnen mußte. Gerberlohe gewann man nicht mehr in den Wäldern, als synthetische Gerbstoffe auf dem Markt waren, und Harz brauchte man nicht mehr zu gewinnen, als die Petrochemie genügend synthetische Harze entwickelt hatte.

Im Zuge der Trennung von forstlich genutzten Waldflächen und agrarisch genutzten Freiflächen achtete man im allgemeinen darauf, daß die günstigsten Agrarflächen weiterhin landwirtschaftlich bearbeitet wurden. Zu Bereichen des Waldes wurden dagegen immer diejenigen Flächen, auf denen eine agrarische Nutzung schwierig oder nicht lukrativ war. Man forstete steile Hänge auf, flachgründige Bereiche, Dünengelände, das man auf diese Weise festlegte; Wald kam auf ausgepowerte, übernutzte Ödländer, die sich nicht mehr anders nutzen ließen, und er wurde angelegt, wo Bauernhöfe während des 19. Jahrhunderts aufgegeben wurden, weil sie keine ausreichenden Erträge erbrachten, um Mineraldünger zu kaufen und eine Melioration des Landes durchzuführen. Wo das Land nach langer Nutzung noch immer fruchtbar war, blieb es Bauernland. Durch die einsetzende Aufforstung verstärkte sich der landschaftliche Gegensatz zwischen dem Bauernland der Niederungen und Hügelländer und den von Wald bedeckten höheren Bergen.

Lange Zeit hatten sich die Wälder mehr oder weniger unter dem indirekten Einfluß des Menschen herausgebildet. Nun entstanden weithin künstliche Formen von Wald. Zunächst waren im künstlich begründeten Forst die Bäume zweitrangig. Wichtig war seine rechtsverbindliche Definition als Wald. Der Forstwissenschaftler Friedrich von Burgsdorf definierte 1788 einen Wald als „eine ganze dem Holzwuchs gewidmete Erdfläche". Der Wald ist seit der Zeit der einsetzenden Forstwirtschaft also nicht nur die mit Bäumen bestandene Fläche, sondern auch die zum Wachstum von Bäumen lediglich vorgesehene. Burgsdorfs Definition ist erstaunlich, aber vernünftig, denn nur dort, wo festgelegt war, daß Forstflächen entstehen sollten, konnten Wälder aufwachsen; und nach Burgsdorfs Definition gehören auch Kahlschlagflächen zum Wald. Was Wald war, wurde also juristisch festgelegt, und auf den Landkarten wurden alle diejenigen Flächen, die für das Wachstum von Bäumen vorgesehen waren, mit einer Waldsignatur versehen, was aber nicht unbedingt heißen mußte und muß, daß die gesamte so gekennzeichnete Fläche auch tatsächlich Wald war und ist.

Am günstigsten erschien es, daß man neue Forsten in waldfreien Parzellen begründete oder dort, wo man zuvor sämtlichen Baumwuchs abgeholzt hatte. Hier ließ sich das Schachbrettmuster von Schlägen oder Jagen mit den dazwischen verlaufenden Forstwegen am besten anlegen. Auf den Wegebau verwandte man besondere Sorgfalt. Die Wege mußten so gut befestigt werden, daß sie zum Transport des Holzes dauerhaft tauglich waren. Genauso wie bei den Landstraßen war es in älterer Zeit üblich gewesen, immer neue Wegespuren anzulegen, wenn die bisher genutzten nicht mehr befahren werden konnten. Forstwege wurden auf festen Dämmen gebaut, und seitlich wurden sie durch Gräben begrenzt. Oft legte man im Wald auch Alleen an, indem man die Ränder der Wege zuerst mit Bäumen bepflanzte und dann erst die dahinterliegenden Waldabteilungen, was daran zu erkennen ist, daß an den Wegen andere Baumarten stehen als dahinter. Diese Alleen konnten aber auch als Kulissen dienen, die andere, dahinter stehende Bäume verdecken und ein besonders schönes Waldbild vortäuschen sollten.

Was man in die einzelnen Waldabteilungen, Schläge oder Jagen säte oder pflanzte, mußte von Fall zu Fall bei der Forsteinrichtung, bei der institutionalisierten Planung der künftigen Entwicklung in jedem Waldstück, festgelegt werden. In den herrschaftlichen Arboreten hatte man mit dem Anbau verschiedener Holzarten aus vielen Weltteilen Erfahrungen gemacht. Es kamen daher nicht nur einheimische Holzarten in Frage, sondern auch beispielsweise Douglasien, Robinien und Serbische Fichten. Propagiert wurde vor allem die Ausbringung von Fichten, und zwar aus mehreren Gründen. Zum einen sind Fichten raschwüchsige Bäume, die schnell eine möglichst große Menge an hochwertigem Holz hervorzubringen versprachen, das man wirtschaftlich nutzen konnte. Zum anderen konnte Nadelholz gut in Flößen transportiert werden, und man erwartete, daß die Fichte auch auf ungünstigen Böden gut wachsen würde. Nur

35 Fichtenwälder bei Furtwangen im Schwarzwald: Die Fichte kommt in diesem
Gebiet von Natur aus nicht vor. Alle Fichtenwälder sind also künstlich begründet und
stehen dort, wo zuvor andere Wälder abgeholzt worden waren.

auf ganz armen Böden, vor allem auf sandigen Heiden, pflanzte man Kiefern
statt Fichten, deren Holz nicht so hochwertig war, aber das sich auch gut flößen
ließ.

Die Aufforstung mit Fichten wurde besonders in Preußen betrieben. Dieser
mitteleuropäische Flächenstaat reichte nach dem Wiener Kongreß von 1815 von
der Memel bis an den Rhein. Nur in kleinen Teilen Ostpreußens und in Schlesien sowie auf den höchsten Bergen im Harz gab es natürliche Fichtenvorkom-
men in Preußen. Einige wichtige Ströme durchflossen preußisches Gebiet, die als
Flößstrecken von Nadelholz, besonders von Fichtenholz dienten; Fichten (oder
Tannen) waren in den Flößen auf Oder, Elbe und Rhein enthalten. Sicher versprach man sich in Preußen wirtschaftlichen Profit, wenn man als großer
Flächenstaat nun auch Fichten für den Handel per Floß liefern konnte, anstatt
auf die Nadelholzlieferungen aus Oberdeutschland angewiesen zu sein. Auf
diese Weise wurde die Fichte, obwohl sie in Preußen von Natur aus kaum vorkam, zum „Preußenbaum", und die Fichtenaufforstungen, säuberlich in Reih'
und Glied durchgeführt, hat man immer wieder mit in exakter Marschordnung
auftretenden militärischen Verbänden verglichen.

In den neu entstehenden Forsten setzte man die Fichten zu dicht nebeneinander. Schon nach wenigen Jahren mußte man die Waldflächen durchforsten, das

heißt, einzelne Fichten mußten gefällt werden, damit andere optimal in die Höhe wachsen konnten. Die aus den Forsten geschlagenen kleinen Fichten fanden eine besondere Verwendung: Die schönsten von ihnen wurden als Weihnachtsbäume verkauft, seit dem 19. Jahrhundert gehören sie fest zum deutschen bzw. preußischen Weihnachten. Ehemals als Weihnachtsschmuck verwendete immergrüne Pflanzen wie Stechpalme und Mistel kamen aus der Mode; sie kennt man heute nur noch dort als Weihnachtsgrün, wo man nicht oder nicht wesentlich mit Fichten aufforstete, nämlich in Westeuropa.

In den Forsten brachte man entweder Baumsaat aus, oder man pflanzte Bäume, die man zuvor in einer Baumschule gezogen hatte. Das Pflanzen der Bäume hatte Vorteile, weil der Wildbestand auf den zur Aufforstung vorgesehenen Freiflächen besonders hoch war, so daß die jungen Sämlinge häufig vom Wild verbissen wurden. Kamen größere Bäumchen in den Boden, waren sie schon etwas widerstandsfähiger gegen Verbiß. Baumschulen entstanden irgendwo auf der Gemarkung eines Dorfes auf einem ehemaligen Acker oder wurden an zentralen Orten begründet. In Preußen wurde die Anlage von Baumschulen 1821 gefordert. In der Gegend westlich von Hamburg, um Pinneberg und Halstenbek, in Rötha bei Leipzig, in Meckenheim bei Bonn und an vielen anderen Orten entstanden große Baumschulen, in deren Sortimenten es nicht nur Waldbäume, sondern auch Gebüsch für die Bepflanzung von Wallhecken und bürgerlichen Hausgärten gab (und gibt) sowie Obstbäume. Oft entwickelten sich im 19. Jahrhundert aber erst Initialen der großen „Baumschul-Landschaften"; vor allem in der ersten Hälfte des 20. Jahrhunderts wurden viele von ihnen erst zu der heutigen Größe ausgebaut. Alle Orte, in denen Baumschulen entstanden, hatten einen Eisenbahnanschluß, und die Entstehung und der Ausbau der Baumschulen war an den Bahnanschluß gebunden; per Bahn transportierte man die jungen Bäume und Sträucher an ihre Bestimmungsorte.

Bei der Anlage der Forsten mußte man auf vieles achten. Da war nicht nur an Saatgärten und eventuell an eigene Baumschulen zu denken. Man errichtete Forsthäuser für Forstbedienstete, meist am Rand des Waldes oder am Rand der Dörfer, oft in landschaftlich schöner Lage. Ferner mußte an Einrichtungen für die Jagd gedacht werden, diejenige Nebennutzung der Wälder, die sich unter keinen Umständen abschaffen ließ. Es wurden Lichtungen angelegt, auf die das Wild gelockt werden sollte. Dort säte man oft sogar Feldfrüchte an, die zur Fütterung des Wildes dienten, oder es wurden dort Futterkrippen aufgestellt. An den Schneisen im Wald errichtete man Hochsitze, auf denen der Jäger (oder auch der Förster) unbemerkt vom Wild die Tiere beobachten und schießen konnte. Ein Hochsitz muß einige Meter hoch sein, damit die Witterung, also der Geruch des Jägers, nicht an den Boden zu den Tieren gelangt, und es ist natürlich notwendig, daß ein Hochsitz möglichst freie Sicht auf das Wild ermöglicht.

Obwohl die Wälder, die von den Forstverwaltungen begründet wurden, rein künstlich waren, wurden sie sehr bald – wenn auch meist unbewußt – als natür-

36 Ein Wildacker mit Roggen, Hafer und Buchweizen mitten im Wald; er dient der Wildfütterung (bei Grafenhausen im Schwarzwald).

lich aufgefaßt. Wald in Mitteleuropa war die natürliche Landschaft, so meinte man, Wald war und ist Natur, wobei es keine Rolle spielte, welcher Baum in ihm die Vorherrschaft hatte. Schon im 19. Jahrhundert, noch in der Frühzeit der Aufforstung, machte man sich Gedanken über eine möglichst ästhetische Gestaltung der Forsten. Oberforstrat H. Burckhardt veröffentlichte 1855 ein Buch *Säen und Pflanzen nach forstlicher Praxis. Ein Beitrag zur Holzerziehung*, in dem er das Anlegen von Forsten aus den einzelnen Holzarten beschrieb. Das einzige Kapitel, das vom Wald als Ganzem handelt, war das über „Waldverschönerung". Hier wird deutlich, daß die dichterische Verherrlichung des Waldes und seine mythologische Bedeutung immer allgemein bewußt waren. „Die Wälder sind der Länder höchste Zierde", lautet der erste Satz in diesem Kapitel.

„Die lebendigen Monumente der Väter, die stattlichen Bäume, sie haben eine weitere Bedeutung, als bloß Quelle des Geldeinkommens zu sein. – Die Zeit der heiligen Haine ist längst zwar vorüber; aber noch heute senkt der stille erhebende Wald jenen Frieden in das Gemüth des einsamen Waldbesuchers, den ihm das Gewühl der Menschen nicht beut."

Burckhardt empfiehlt die Anlage von „gefälligen Biegungen" der Wege, man soll nicht den Mantel des Waldes mit der Axt aufästen, oder man soll den Waldbestand mit „freundlichem Laubholz" umgeben.

191

„Historisch interessante Punkte, auch wichtige Betriebspunkte zeichne, wo es der Waldbestand erlaubt, durch Pflanzung auffälliger edler Holzarten aus oder erhalte solchen bemerkenswerthen Stätten einige schöne Bäume. Die Ruine, die Felswand beraube nie ganz ihres Baumschmucks, und auf der abzutreibenden Berghöhe erhalte wo möglich einige standhafte Bäume als Wahrzeichen der weiten Umgegend."

Ein Forstmann, der diese und andere Grundsätze bei der Anlage von Wäldern beachtete (und in den heutigen Wäldern kann man tatsächlich sehen, daß viele Forstleute landschaftsästhetisch dachten und handelten), unterschied sich nicht sehr wesentlich vom Gestalter eines (englischen) Landschaftsparks des 19. Jahrhunderts. Dies erkannte Burckhardt auch, wies es allerdings brüsk mit einer Fußnote von sich: „Gartenanlagen u. dgl. gehören nicht in den Wald. Bei den s.g. Forstgärten geht man in der Beziehung nicht selten zu weit und die Künstelei kann zur Quelle des Geldverthuns werden, ohne durch Nutzen oder Schönheit zu befriedigen." Wo allerdings lag die Grenze zwischen ökonomischem Anlegen eines Forstes und der ästhetischen Gestaltung von Landschaft? Aspekte der möglichst schönen Gestaltung von Wäldern spielten auch in der Folgezeit eine große Rolle; Heinrich von Salisch schrieb 1885 ein Lehrbuch der Forstästhetik, von dem bis ins 20. Jahrhundert hinein mehrere Auflagen gedruckt wurden. Interessanterweise sah man also schon im 19. Jahrhundert die kulturelle Bedeutung der neu geschaffenen Wälder, sah, daß sie auch eine Wohlfahrtsfunktion zu erfüllen hatten.

Genauso wie man sich Gedanken über die besten Methoden des Aufforstens, des Säens und Pflanzens von Gehölzen machte, war das Herausfinden der besten Methoden der Holzernte zuerst Gegenstand der praktischen, dann mehr und mehr der wissenschaftlichen Diskussion. Beim Plentern, Blendern oder Femeln werden lediglich Einzelstämme aus den Wäldern herausgeholt. Dieses Verfahren war im frühen 19. Jahrhundert nicht sehr angesehen, weil man dabei immer wieder wertvolles Holz geschlagen hatte, minderwertiges aber im Wald blieb, so daß der Wert des gesamten Waldes abnahm. Man konnte die Plenterung auch regeln, und in dieser Form wurde diese Art der Waldnutzung später günstiger eingeschätzt.

Die Alternative zum Plenterwald war vor allem der Kahlschlagbetrieb, bei dem einzelne Waldabteilungen, die „Schläge", zur gleichen Zeit komplett geschlagen und anschließend wieder aufgeforstet wurden. Um eine natürliche Verjüngung zu fördern, ließ man auf den Kahlschlägen Samenbäume als Überhälter stehen, die man erst dann abholzte, wenn wieder genügend Baumsaat aufgekommen war.

Plenterwald und Kahlschlagbetrieb waren im Grunde genommen schon alte Betriebsformen, über die Wissenschaftler seit der Wende des 18. zum 19. Jahrhundert nachdachten. Eine neue Betriebsform, die damals aufkam, war der Schirmschlag, bei dem man zahlreiche alte Bäume beim Abschlagen einer Wald-

37 Waldarbeiter haben am Schauinsland im Schwarzwald eine Waldparzelle kahl-
geschlagen. Kahlschläge werden immer noch häufig angelegt.

fläche zunächst stehen ließ. Wenn die im Schirm stehenden Überhälter in einem
Samenjahr reichlich Baumsaat produziert hatten, aus der junge Gehölzpflanzen
aufkamen, konnte man auch die alten Bäume auf der Fläche schlagen. Zwischen
diesen extremen Formen des Abtriebs von Wäldern gab es viele Übergangs-
formen, die man ausprobierte, propagierte und ablehnte; die forstliche Literatur
ist voll von Betriebsanweisungen und Erfahrungsberichten.

Bis zur Mitte des 19. Jahrhunderts blieb der Zustand der Wälder insgesamt
schlecht. Denn immer noch war der Bedarf an Holz immens, so daß das Ziel
der nachhaltigen Bewirtschaftung von Wäldern kaum zu erfüllen war. Gerade in
der Zeit der beginnenden Industrialisierung brauchte man sehr viel Holz; die
Menge der zu verhüttenden Erze nahm deutlich zu, die Holznot drohte immer
stärker zu werden. Dann aber ließ in ganz unerwarteter Weise der Druck auf die
Wälder nach. Durch die allgemeine Einführung der Dampfmaschine wurden
neue Energiequellen erschlossen. Im Bergbau trieben Dampfmaschinen die
Bewetterungsanlagen und Fördertürme an, die zum Vortrieb von Stollen in
großen Tiefen unbedingt erforderlich waren. Nun konnte man Steinkohle aus
Hunderten von Metern Tiefe fördern, Braunkohle in riesigen Tagebauen gewinnen, und in Kalisalzgruben Rohstoffe für die Herstellung von Mineraldünger
aus großen Tiefen hervorholen. Daß nun kein wirtschaftlicher Nutzen der Streu-

193

gewinnung und des Plaggenhauens mehr bestand, war schon erwähnt worden. Mit dampfgetriebenen Webstühlen konnte man Baumwolle (und später auch synthetische Fasern) besser verarbeiten als Wolle. Daher verlor die Schafhaltung an wirtschaftlicher Attraktivität, so daß viele bisherige Weideflächen nicht mehr genutzt und als „Ödland" aufgeforstet werden konnten, beispielsweise in der Eifel, im Sauerland und in der Lüneburger Heide. Im sauerländischen Kreis Meschede gab es in der ersten Hälfte des 19. Jahrhunderts zwischen 20 000 und 30 000 Schafe, 1913 nur noch weniger als 10 000 Tiere, und ihre Zahl nahm später noch weiter ab.

Für die Entwicklung der Wälder war aber vor allem entscheidend, daß es nun mineralischen Brennstoff in großer Masse für die Verhüttung von Erzen, für den Betrieb der Dampfmaschinen, für die Heizungen in den Häusern gab: Fossile Kohle ersetzte Holz und Holzkohle. Der ökonomische Druck auf die Wälder ließ nicht überall sofort nach, sondern allgemein erst, als Eisenbahnlinien in ihre Region gebaut worden waren, auf denen Kohle und Mineraldünger transportiert werden konnten. Die Umstellung des Brennstoffs erfolgte dann aber in wenigen Jahren: Bis 1851 verwendete man noch hauptsächlich Holzkohle für die Roheisenproduktion im Oberbergamtsbezirk Dortmund, seit 1860 dagegen nur noch in ganz geringen Mengen; seit 1856 wurden über 90 % der Energiemengen für die Produktion von Roheisen durch Verbrennung von Koks bereitgestellt. Nun wuchsen die Forsten; ihre Ausdehnung wurde immer größer. Von 1864 bis 1939 verdoppelte sich die Fläche der Wälder im Bezirk Lüneburg von 170 000 auf 352 000 Hektar.

Man hat die Forstleute des 19. Jahrhunderts immer wieder kritisiert, weil sie mit Nadelholz und nicht mit Laubholz aufgeforstet haben. Auf den armen Böden, wo die meisten künstlichen Forsten begründet worden waren, wurde durch die schwer zersetzbare Nadelstreu die Versauerung noch verstärkt. Der wirtschaftliche Nutzen vieler Fichtenforsten lag auch nicht so hoch, wie bei ihrer Anlage erwartet worden war. Der Borkenkäfer und andere Schädlinge machten sich in ihnen breit, es kam zu Sturmschäden. Vor allem bestand aber nach einigen Jahrzehnten nicht mehr so viel Bedarf an Fichtenholz, das auf den Weltmarkt ohnehin viel billiger aus der borealen Nadelwaldzone Kanadas, Finnlands und Rußlands geliefert werden konnte als aus Mitteleuropa. Auch wenn man Eisenbahnschwellen, Telegrafenstangen, Grubenholz und Papier brauchte, bestand bald ein Überangebot an Fichtenholz, zumal die Waldflächen ab etwa 1850 stark zugenommen hatten. Auf der anderen Seite muß hervorgehoben werden, daß durch die Begründung künstlicher Wälder die Bodenerosion eingeschränkt und das Bestandesklima positiv beeinflußt wurde. Die kulturelle Leistung der Forstleute des 19. Jahrhunderts verdient daher eine umfassende Würdigung: Weite Teile Mitteleuropas wurden unter ihrem Einfluß wieder zu Waldland. Allerdings war diese Entwicklung nicht allein durch die Forstwissenschaft ausgelöst worden. Die Übernutzung der Wälder ließ nach, als dies aus wirtschaftlicher Sicht

38 Auf dem Weltmarkt wird sehr viel billiges Holz aus der borealen Nadelwaldzone angeboten wie hier bei der Firma Canfor auf Vancouver Island in Kanada.

gegeben war, nämlich als man kaum mehr Holzkohle brauchte und diese durch Stein- und Braunkohle sowie Koks ersetzen konnte. Die Begünstigung der Waldausdehnung ist daher genauso wie das Ende vieler Nebennutzungen in den Wäldern vor allem ökonomisch bedingt und nicht allein durch Forstgesetze bestimmt worden. Im Gegensatz zu anderen Ländern, wo man nicht mehr gebrauchtes Land als Ödland brach liegen ließ, führte man diese Flächen in Mitteleuropa mit der Aufforstung einer neuen Nutzung zu. Für die Entwicklung der landschaftlichen Identität Mitteleuropas wurde dies entscheidend.

Kaum hätte man sich dafür im 18. und vor allem im 19. Jahrhundert so stark interessiert, hätte es nicht ideologische oder mythologische Gründe gegeben, warum der Wald so stark in der Achtung der Menschheit gestiegen war. Interessanterweise konnte die nachhaltige Bewirtschaftung von Wäldern in dem Moment beginnen, in dem viele Wirtschaftszweige die Rohstoffe des Waldes nicht mehr in der Menge brauchten wie zuvor und als der wirtschaftliche Druck auf die Wälder nachgelassen hatte. Holz war nicht mehr der zentral wichtige Brennstoff für viele Wirtschaftszweige; Holz wurde mehr und mehr zum wichtigen Rohstoff für den Bau von Häusern und Möbeln sowie zur Verarbeitung von Papier. Die Industrien, die diese Produkte herstellen, hätten sich seit dem 19. Jahrhundert kaum so gut entwickeln können, wenn Holz noch immer als Brennstoff Bedeutung gehabt hätte.

20. Wälder – draußen in der Welt und vor der Tür

Die Länder der nemoralen Laubwaldzone Europas bekamen allmählich ein immer unterschiedlicheres Aussehen. Das lag vor allem daran, daß der Wald in England, Frankreich, Deutschland und den Nachbarländern verschiedenartig behandelt wurde und mit der Zeit eine jeweils andere kulturelle und landschaftliche Stellung einnahm.

Im Mittelalter hatte sich die Bedeutung des Waldes in den Ländern Mittel- und Westeuropas nur graduell voneinander unterschieden. Überall waren die Wälder in erster Linie abgeholzt worden, vielerorts waren weite Heiden an ihrer Stelle entstanden, auf denen das Vieh graste. Die Heiden waren im Westen Europas von Heidekraut, Glockenheide, Wacholder und Ginster beherrscht, in den Kalkgebirgen weiter im Süden und Osten von Wacholder, Silberdistel und Orchideen, in den Alpen von den Alpenrosen. Wald und Heide waren überall Begriffe für Gegenden, die außerhalb der Gemarkungen lagen. In jedem Land Europas kannte man „seine" spezifischen Waldmenschen und wilden Waldwesen, die im Wald und auf der Heide zu Hause waren, und das bedeutete: außerhalb der Zivilisation.

In der frühen Neuzeit setzten erste divergierende Entwicklungen ein. Besonders radikal holzte man die Wälder in England ab, wo die Bevölkerung stark anwuchs und wo die Beweidung eine große Rolle spielte. Nur wenige Forsten blieben als geschlossene Wälder erhalten, beispielsweise New Forest im Süden Englands oder Sherwood Forest bei Nottingham, die Heimat des legendären Robin Hood. Im zentralistisch organisierten Frankreich hatte man das Problem des Holzmangels bereits im 17. Jahrhundert erkannt und war unter Colbert dagegen vorgegangen, indem vielerorts Mittelwälder aufgebaut wurden; diese lieferten sowohl Brennholz als auch Bauholz. In Deutschland gab es sehr viel mehr Forstflächen als in den westlich angrenzenden Ländern. Jeder Landesherr brauchte schließlich seinen Forst. Das damalige Deutschland war aus diesem Grund das am stärksten bewaldete Gebiet weit und breit geblieben, sieht man von den Ländern Nord- und Nordosteuropas ab, wo vielerorts die Rodungen erst in der frühen Neuzeit einsetzten.

Diese Unterschiede verstärkten sich durch die Aufforstungen. Im ohnehin waldreichsten Gebiet Mittel- und Westeuropas wuchsen nun noch zusätzlich weitere Wälder empor. Sie grenzten die Siedlungen voneinander ab, umgaben von nun an die agrarisch genutzten Innenbereiche der Dörfer vollständig, und bald konnte man von vielen Orten aus den Nachbarort nicht mehr sehen. Anders in Frankreich und England: auch heute noch kann man dort die Landschaften weiträumig überblicken. Die Außenbereiche der Markungen sind dort vielfach Heideflächen geblieben, oder es gibt gar keinen Außenbereich, weil alles Land agrarisch genutzt wird, wie beispielsweise in der Champagne.

Die Geschwindigkeit der Aufforstungen in Deutschland war ziemlich hoch; die Landschaften veränderten sich rasch. Zunächst lag dies daran, daß ein wichtiger Kunde, der bis zum Beginn des 19. Jahrhunderts aus Mitteleuropa mit Holz versorgt worden war, plötzlich wegfiel: Napoleon unterband durch die Kontinentalsperre von 1807 jeglichen Handel zwischen dem europäischen Kontinent und England. Dies traf alle Seiten hart und hatte auch tiefgreifende Konsequenzen für die Entwicklung des Holzhandels und der Wälder.

In England bestand gerade in der Anfangsphase der Industrialisierung großer Bedarf an Holz, etwa zum Ausbau der Bergwerks-Stollen, der nun nicht mehr durch Ankauf von geflößtem Holz aus Mitteleuropa gedeckt werden konnte. Die englische Wirtschaft mußte sich neu orientieren, und man versuchte, anderswo Holz zu bekommen: in den Kolonien. Zu Beginn des 19. Jahrhunderts hatte man nur ungenaue Vorstellungen von den überseeischen Wäldern. Gerade erst hatte die geographische und biologische Erforschung dieser Ökosysteme begonnen, beispielsweise durch James Cook und den ihn begleitenden Georg Forster oder durch Alexander von Humboldt. Kaum wußte man, welche Baumarten in den Wäldern Amerikas, Asiens und Afrikas vorkamen, noch viel ungenauere Vorstellungen bestanden über deren geographische Verbreitung. Es ist aber bezeichnend für den Beginn der Nutzung dieser Wälder, daß man nur Listen von Pflanzenarten, deren Beschreibung und die Kategorisierung der Landschaften kannte, bevor man sie auszubeuten begann. Die Einteilung der Landschaften, etwa so wie Alexander von Humboldt sie bei der berühmten Beschreibung der Höhenstufen des Chimborazo versuchte, hatte einer Gegend ihre entrückte Erhabenheit genommen; ihre Nutzung konnte beginnen.

Im 19. Jahrhundert setzte vor allem die Abholzung der tropischen Regenwälder in der englischen Kolonie Indien ein. Auch aus Nordamerika kam viel Holz nach England. Dort waren die Vereinigten Staaten von Amerika gegründet worden und hatten ihre Unabhängigkeit von England erreicht. In den ersten Jahren des 19. Jahrhunderts begann man, verstärkt Holz aus den Nordoststaaten Nordamerikas nach Europa zu exportieren, vor allem nach England. Auch in Südafrika, Australien und Neuseeland wurden die Wälder zurückgedrängt, dort aber vor allem, weil im englischen Kolonialreich Plantagen angelegt wurden, deren Produkte wie das Holz über die Ozeane nach England gebracht wurden. Im Lauf der Zeit entstanden nicht nur Plantagen aus einjährigen Pflanzen, sondern auch aus Holzgewächsen. Man baute Kaffee, Tee, Obst, Südfrüchte, Maulbeerbäume (für die Seidengewinnung), Gummibäume, Bambus und vieles andere an.

Nach Ende der Kontinentalsperre war der Interkontinentalhandel der Engländer etabliert. Die Engländer agierten nun vor allem als weltweite Handelsherren mit weitem Horizont. Dies wirkte sich auch auf den europäischen Markt aus. Holz aus Mitteleuropa nahmen sie nicht mehr in dem starken Umfang ab wie ehedem. Holz für England kam nun vor allem aus den Tropen, aus Nordamerika und ferner aus Rußland und Fennoskandien, aus dem borealen Nadelwaldgürtel Europas, wo für die englischen Großkunden weiträumige Abholzung der Wälder einsetzte, besonders an den flößbaren Flüssen.

Aus tropischen Baumriesen baute man in England die größten hölzernen Schiffe aller Zeiten. Sie erreichten in der Mitte des 19. Jahrhunderts eine Länge von beinahe 100 Metern. Später konstruierten die Engländer als erste Schiffsrümpfe aus Metall für noch größere Ozeanschiffe.

Handelsprodukte, die die Engländer aus Übersee herbei transportierten, drängten auch auf die mitteleuropäischen Märkte. In den neu entstandenen englischen Industriebetrieben ließen sich viele Produkte billiger und in größerer Menge herstellen als in den Manufakturen auf dem Kontinent. Als sich die Industrialisierungswelle im 19. Jahrhundert auch in andere Länder Europas ausbreitete, geschah dies nach englischem Vorbild. Viele Zweige des alten Waldgewerbes kamen zum Erliegen. Edelmetalle wurden in Mitteleuropa kaum noch abgebaut, weil man sie aus anderen Kontinenten in viel größerer Menge herbeibringen konnte; man brauchte in Europa kein Holz mehr, um das Erz zu schmelzen. Der Bedarf an Holzkohle sank beträchtlich, Glashütten verschwanden, mit der Zeit auch kleine Papiermühlen. Es kam zu wirtschaftlichen Krisen in Mitteleuropa, vor allem in denjenigen Regionen, in denen sich zuvor das Waldgewerbe entwickelt hatte und die nun fernab der industriellen Zentren lagen, unter anderem im Erzgebirge, in der Oberpfalz, im Schwarzwald, in Schlesien und in den Alpen. Viele Menschen, die von ihrem Gewerbe nicht mehr leben konnten, verließen ihre Heimat. Die einen zogen in die boomenden Industrieregionen, beispielsweise in das Ruhrgebiet, die anderen wanderten nach Amerika aus. Die verlassenen Siedelflächen überließ man nicht sich selbst; dort wurde aufgeforstet.

Wer in der Heimat blieb, mußte sich ein neues Gewerbe suchen. Im 19. Jahrhundert wandten sich viele der Holzschnitzerei und dem Holz verarbeitenden Gewerbe zu. Oberammergauer Bildschnitzkunst, Berchtesgadener und Erzgebirgisches Holzspielzeug, Tiroler Krippen und hölzerne Uhren aus dem Schwarzwald wurden weltweit bekannt. Typisch ist die Geschichte der Schwarzwälder Kuckucksuhr aus Holz: Es gab sie schon im 18. und frühen 19. Jahrhundert. In großen Mengen wurde sie aber erst in der 2. Hälfte des 19. Jahrhunderts hergestellt, und zwar nach einem Entwurf von Friedrich Eisenlohr, einem Professor für Architektur aus Karlsruhe. Wann er das heute weltbekannte Äußere der Cuckoo-Clocks entwarf, ist leicht zu ermitteln: Er hatte nämlich in der Mitte des Jahrhunderts sowohl die Bahnwärterhäuschen an der badischen Rheintalbahn entworfen als auch die Häuschen der Kuckucksuhren. Beide Entwürfe unterschieden sich nicht wesentlich voneinander. Weil die Rheintalbahn in den

39 Ein erzgebirgischer Reifendreher bei der Arbeit; aus dem gedrechselten Reifen werden anschließend die einzelnen Tiere wie Tortenstücke herausgeschnitten.

Jahren nach 1850 gebaut wurde, weiß man, daß in dieser Zeit auch die Massenproduktion der Kuckucksuhren einsetzte. Sie heißen unter Insidern daher Bahnhäusle-Uhren.

Alle Holzwaren aus Mitteleuropa wurden und werden in kleinen Familienbetrieben oder in Manufakturen alter Prägung hergestellt, an denen die Spuren von Industrialisierung und Automatisierung bis heute weitgehend vorbeigingen. Einmalig auf der Welt ist die Art und Weise der Herstellung erzgebirgischer Reifentiere, die in der Zeit um 1800 erfunden und im Lauf des 19. Jahrhunderts zu großer Perfektion entwickelt wurde. Dabei wird zuerst ein Holzreifen gedrechselt, der dann in Scheiben geschnitten wird. Jede Scheibe zeigt das charakteristische Profil einer Tierart; das Spielzeugtier wird anschließend mit dem Schnitzmesser noch etwas bearbeitet und dann bemalt, wobei sich die ganze Schnitzerfamilie an der Arbeit beteiligte: Einer drehte den Reifen, der nächste zerschnitt ihn, ein weiterer schnitzte, andere Familienmitglieder bemalten die Figuren, stellten sie zum Trocknen auf; schließlich sorgten weitere tätige Hände für das Verpacken. Auf diese Weise konnten große Stückzahlen von Spielzeugtieren hergestellt werden.

Diese Holzwaren fertigte man natürlich aus heimischem Holz, wie man überhaupt überall im Holz verarbeitenden Gewerbe in Deutschland und seinen Nachbarländern vor allem auf einheimische Holzarten zurückgriff und nur

199

wenig Importholz verwendete. In Adalbert Stifters Roman *Nachsommer,* 1857 erstmals erschienen, werden die kunstvollen Möbel des Freiherrn von Risach, des Gastfreundes, beschrieben, die aus dem Mittelalter stammen und nun aufwendig restauriert werden. Da ist ein aus Lindenholz geschnitzter Schreibschrein mit wertvollen Einlegearbeiten, für die ausschließlich heimische Hölzer verwendet wurden: Ahorn, Nußbaum, Erle und Rosenholz. Andere Schreine sind aus Eichenholz verfertigt. In der Werkstatt wird ein Tisch aus dem 16. Jahrhundert restauriert, in großen Teilen völlig neu geschreinert. Dabei finden Rosenholz, Ahorn und Buchsbaum Verwendung sowie Hölzer, die man in der frühen Neuzeit wie im 19. Jahrhundert aus dem Südosten nach Österreich importieren konnte, dorthin, wo der Roman spielt: Sandelholz, Ebenholz und Holz von türkischer Hasel.

Die detaillierten Schilderungen Stifters werfen ein bezeichnendes Licht auf die Möbel des Biedermeier: Man verwendete überwiegend Hölzer aus Mitteleuropa, und man knüpfte an ältere Handwerkstraditionen an.

Ganz andere Möbel verfertigte und besaß man in England, auch in Frankreich. In den Ländern, die schon in der ersten Hälfte des 19. Jahrhunderts Kolonien in den Tropen hatten, griff man mehr und mehr auf Tropenholz zurück, das eine andere Maserung als Holz aus den gemäßigten Breiten zeigt: Tropenholz hat keine Jahresringe, weil tropische Bäume das ganze Jahr hindurch wachsen können und keine Wachstumspause einlegen. Mahagoni- und Teakholz wurden zu den typischen Werkstoffen für englische Möbel.

Als sich in den Ländern West- und Mitteleuropas als Folge der Industrialisierung das Bürgertum entwickelte, bekam es in vieler Hinsicht divergierende Kulissen. Da unterschieden sich nicht nur die Häuser und das Mobiliar – je nachdem, welche Holzarten zur Verfügung standen und verarbeitet wurden. Da bekam auch der Wald unterschiedliche Bedeutung. Wie verschieden die bürgerliche Perspektive in England (und damit auch in Amerika) von der in Deutschland wurde, läßt sich an dem „Waldmenschen" des Bürgertums zeigen, der im 19. Jahrhundert kreiert wurde: am Weihnachtsmann. Santa Claus und Father Christmas kommen aus den tief verschneiten Wäldern des Nordens, aus dem borealen Nadelwaldgürtel, mit den Tieren, die für diese Region symbolische Bedeutung haben, mit Rentieren und Elchen, die ihre Schlitten ziehen. Sie kommen aus der Region, aus der Engländer und Amerikaner einen großen Teil ihres Holzes bezogen, aus Skandinavien und Kanada.

Der deutsche Weihnachtsmann kommt natürlich auch aus dem Wald, doch eigentlich nicht auf dem Rentierschlitten vom „Nordpol", sondern zu Fuß „von drauß' vom Walde", wie es in einem Gedicht von Theodor Storm heißt. Dieser Wald lag direkt vor der Haustür, es war der künstlich begründete Wald, der durch Aufforstung entstanden war, vor allem der Fichtenwald, denn aus dem kam ja auch der „Tannenbaum" in den bürgerlichen Haushalt. Und die Kinder wurden mit dem Holzspielzeug aus den Waldgebirgen beschenkt, etwa so, wie

40 Weite Wälder, die zum Teil noch wirklich unberührt sind, prägen das Bild der borealen Nadelwaldzone Eurasiens und Amerikas (nördlich von Peterborough in Ontario/Kanada).

es in einem der ältesten deutschen Kinderbücher, in *König Nußknacker und der arme Reinhold* von Heinrich Hoffmann demonstriert wird; dieses Buch war seit der Mitte des 19. Jahrhunderts sehr verbreitet und beliebt. Besonders die ein wenig abgelegenen und daher den Horizont begrenzenden Gebiete, aus denen die Krippenfiguren und das Holzspielzeug kamen, wurden zu „Weihnachtsland-schaften", nämlich die Alpen und das Erzgebirge. Viel Schnee, einsame Wälder, Weihnachtsbäume, geschnitzte Krippenfiguren, erzgebirgische Weihnachtspyra-miden und Reifentiere: All das wurde zu den typischen, weltbekannten Attribu-ten der deutschen Weihnacht.

Im englischen Sprachraum war der Wald weit entfernt, und er war unbestrit-ten immer der wilde Wald, wenn auch vielleicht nicht immer der Urwald geblie-ben, der noch nie vom Menschen beeinflußt worden war. Er war nicht nur die nördliche Heimat des Santa Claus; es gab auch andere „richtige" Wälder urtümlichen Gepräges, etwa den Regenwald, in dem Rudyard Kiplings *Dschun-gelbuch* spielt: Genauso wie der boreale Nadelwald, aus dem Father Christmas kam, wurde der Dschungel Indiens von den Engländern zur gleichen Zeit inten-siv genutzt. In Amerika, wo man mit großer Geschwindigkeit Gebiete koloni-sierte, in denen zuvor nur nomadisierende Indianer ohne feste Siedlungen gelebt hatten, stellte man letzte Reste unkolonisierten Waldlandes unter Schutz, die

41 Auch tropische Palmenbestände gelten als „Natur". Wälder wie dieser hier sind aber auch schon durch lange Nutzung überprägt (bei Baracoa/Kuba).

Nationalparks von Yosemite und Yellowstone. Diese Gegenden hielt man für urtümlich; man übersah, daß auch sie schon durch den Einfluß der indianischen Urbevölkerung verändert worden waren. Die Wälder von Yosemite und Yellowstone sind keine Urwälder, sondern Wälder in einer unkolonisierten Gegend.

Für die letzten „Wilden", die Indianer Nordamerikas, legte man Reservate an. Das Seltsame an diesem Vorgehen: nun wurde nicht mehr die Zivilisation mit einem Zaun versehen, sondern die unkolonisierte Wildnis! Der Zaun umgab die Nationalparks genauso wie die Reservate.

Anders war es im deutschen Sprachraum. Natürlich setzte man sich auch hier mit fernen Wildnissen und den dort lebenden wilden Menschen auseinander; Karl May schrieb Bücher über Bücher darüber, ohne die Wildnisse je gesehen zu haben. Aber man hielt nun auch die einige Jahrzehnte zuvor begründeten Wälder für Natur. Man hatte den Auftrag, den man aus den Werken des Tacitus abgeleitet hatte, nun erfüllt, man war dabei, die unermeßlichen Wälder Germaniens wiederherzustellen, die Heimat von Hermann dem Cherusker. Man bemerkte nicht, daß nun Wälder aus Fichten und anderen Bäumen emporwuchsen, die es zuvor noch nie dort gegeben hatte, und übersah, daß viele Fichten in Reih' und Glied gepflanzt waren; man bemerkte auch nicht, daß man noch Jahrzehnte nach der Aufforstung am Waldboden die Spuren von ehemaligen Äckern, Bewässerungsgräben der Wiesen, von Felderterrassen und Mauern von

202

Feldrainen, vielleicht sogar die Grundmauern von Bauernhäusern oder Ruinen von Kirchen sah. Niemand zweifelte daran: Wald, die Heimat des Wildes, ist gleichbedeutend mit Natur. Die Waldwesen aus Märchen und Sagen lebten nun nicht mehr nur in den eigentlichen Wildnissen, sondern auch in den neu begründeten Wäldern; viele Waldarbeiterhütten wurden in der Phantasie zu Hexenhäuschen im Walde!

Dies alles entsprang aber nicht nur der Phantasie der Märchen erzählenden Großmutter am Spinnrad und der Kinder, die ihr zuhörten. Seltsamerweise kann man sie auch in wissenschaftlichen Publikationen finden: In vielen Gegenden, so auch südöstlich von München, gibt es Dörfer, die von annähernd runden Feldflur-Flächen umgeben sind. Außerhalb der Feldfluren befindet sich heute Fichtenforst. Betrachtet man nur das Kartenbild, meint man, diese Dörfer lägen in der Mitte von „Rodungsinseln", die im Mittelalter in den Wald geschlagen wurden. Das stimmt nicht, denn die Fichtenwälder in der Umgebung der Dörfer wurden erst im 19. Jahrhundert künstlich begründet. Am Waldboden sind die Überreste mittelalterlicher Äcker und Wegespuren zu erkennen, die anzeigen, daß nicht nur die „Rodungsinseln", sondern auch die Waldländer, die sie heute umgeben, einst waldfrei gewesen sind. Die Spuren von Äckern sind weit verbreitet und lassen erkennen, daß es in dieser Gegend im Mittelalter überhaupt keinen Wald gegeben haben dürfte. In der Neuzeit, vor allem im 19. Jahrhundert, reduzierte man das Ausmaß der Feldfluren um die Dörfer und gab den Ackerbau auf entfernten Flächen auf, weil sich dank Mineraldünger auf den verbleibenden Feldflächen viel höhere Erträge erzielen ließen als auf den größeren Fluren in früherer Zeit. Das Erscheinungsbild der heutigen Landschaft ist somit nicht dadurch entstanden, daß große Wälder gerodet wurden und Dörfer mit ihren Feldern inmitten von „Rodungsinseln" entstanden. Vielmehr wurden die Ausdehnungen der Fluren reduziert und Flächen aufgeforstet. Aus dem Kartenbild läßt sich ableiten, daß Flurreduktionen stattfanden, aber nicht, daß Rodungsinseln angelegt wurden!

Die Aufforstung war vor dem Hintergrund einer nationalen Idee begonnen worden, was bald nicht mehr jeder realisierte, oder aus wirtschaftlichen Erwägungen, die vielfach nicht den gewünschten Erfolg brachten. Viele Menschen waren aber bald – und das ist bis heute so geblieben! – davon überzeugt, daß mit dem Wald Natur vor ihrer Haustür entstand oder entstanden war. Die Landschaften wurden durch die Aufforstungen nuancenreicher, es wechselten Wald, Feld, Wiese und Weide miteinander ab. In dieser abwechslungsreichen Landschaft konnte sich das Wild gut vermehren, vor allem wurden die Lebensbedingungen für Rehe ideal: Es gab genügend Wälder, in denen sich die Tiere verstecken konnten, und genügend Äcker, auf denen die Tiere Nahrung fanden.

Der Wald verhinderte die Bodenerosion, wirkte sich positiv auf den Grundwasserspiegel aus und filterte die Luft, war aber nicht Inbegriff von Natur, als den ihn die Deutschen immer wieder so gerne gesehen hätten; dies ist der

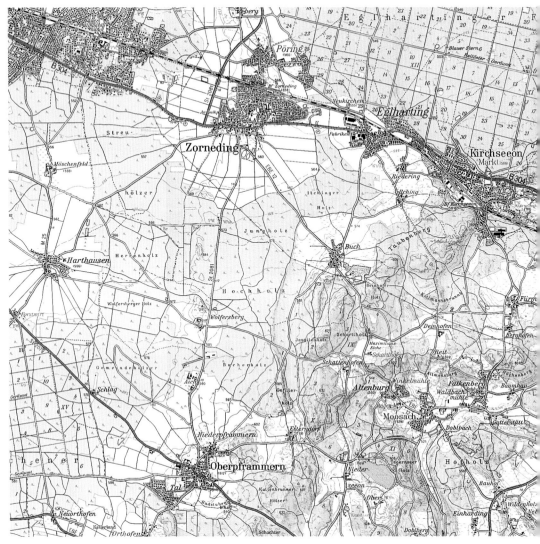

42 Ausschnitt aus der Topographischen Karte 1:50000 L 7936 Grafing bei München: Scheinbar liegen die Ortschaften inmitten von Rodungsinseln. Doch sind die Wälder in der Umgebung der Dörfer alle künstlich begründet worden: Fichten stehen auf ehemaligen Agrarflächen, deren Bewirtschaftung sich nicht mehr lohnt. Die Ortschaften befinden sich daher eigentlich in einem Gebiet von Ackerflur-Reduktionen.

43 Wo Wälder beseitigt wurden und anschließend nicht aufgeforstet wurde, kommt es zu Erosionserscheinungen, zum Beispiel in Südfrankreich.

grundsätzliche Irrtum, dem man in Deutschland im Verhältnis zum Wald immer wieder erlegen ist – bis auf den heutigen Tag.

Bäume wurden nicht nur in den Wäldern gepflanzt, sondern auch in der Nähe der Siedlungen. Besonders in den Niederlanden, in Deutschland, in Italien und anderen Ländern am Mittelmeer entstanden zunächst kleine, dann immer größere Obstplantagen. Viele Dörfer in Mitteleuropa wurden richtiggehend eingebettet in Gürtel aus Obstbäumen. Dieses uns heute so vertraute Bild des „traditionellen" Dorfes ist nicht alt; die meisten Pflanzungen von Obstbäumen stammen aus dem 19. oder gar erst aus dem 20. Jahrhundert. Von hier kam das meiste Obst, das in den Städten verkauft wurde, bis der Import von Südfrüchten aus den größer gewordenen Plantagen des Südens die Supermärkte überschwemmte.

Die Perspektive von Menschen, die in allseits von Bäumen und Wäldern umgebenen Siedlungen aufwachsen, ist natürlich anders geprägt als diejenige von Menschen, deren Blick nicht durch Wälder begrenzt wird. Man kann darüber spekulieren, ob dies dazu beitrug, daß sich die naturkundlich interessierten Menschen in Deutschland im 19. Jahrhundert der Inventarisation von Natur vor ihrer Haustür zuwandten. Man sammelte Pflanzen, Tiere, Steine, beschrieb sie und legte Inventarlisten von Pflanzen- und Tierarten an, die man im Umkreis des Heimatortes gefunden hatte. In der abwechslungsreichen Landschaft des 19. Jahrhunderts fanden die Naturkundigen besonders viele verschiedene Arten von Pflanzen und Tieren, und ihre Inventarlisten waren in den meisten Gegenden die ältesten, auf ihnen war der Artenreichtum an Lebewesen einigermaßen vollständig verzeichnet.

Selbstverständlich entwickelten sich die west- und mitteleuropäischen Länder nicht vollständig isoliert voneinander, geistige Strömungen wurden ausgetauscht. Albert von Sachsen-Coburg und Gotha wurde 1840 Prinzgemahl der englischen Königin Victoria; er brachte den Brauch mit auf die Insel, einen Weihnachtsbaum aufzurichten. Queen Victoria liebte den „Christmas tree" später sehr. Herzog Ferdinand Philipp von Orleans, der französische Thronerbe, heiratete 1837 Helene von Mecklenburg-Schwerin; auch für sie wurde zu Weihnachten ein Baum geschmückt. Nun gab es auch in England und Frankreich Weihnachtsbäume. Über den Holzhandel mit England kamen Mahagoni- und Teakholzmöbel vor allem in die norddeutschen Hafenstädte. Ein Unterschied aber blieb: aufgeforstet wurde nur in Deutschland und in seinen Nachbarländern, nicht aber in Frankreich und England. Und nur in Deutschland entstanden neue Wälder, die sogleich für wilde Natur gehalten wurden und in die die wilden Wesen, von der Hexe bis zum Weihnachtsmann, „einzogen".

21. Der Wald als Streitobjekt verschiedener Interessen und im „totalen Staat"

Im 19. und frühen 20. Jahrhundert wuchsen die künstlich begründeten Wälder besonders schnell. Dies war beabsichtigt, denn man hatte ja gerade deswegen vor allem Fichten und Kiefern zum Aufforsten verwendet, weil sie besonders raschwüchsig waren. Immer neue Flächen wurden bepflanzt, und holzte man ältere Wälder ab, wurden möglichst rasch Fichten und Kiefern auf den kahlen Schlägen ausgebracht. Auch alte Bauernwälder, Niederwälder, Mittelwälder, Hauberge, Hudewälder und Heiden wurden in Fichten- und Kiefernforsten überführt.

In Literatur, Kunst und Musik verherrlichte man weiterhin den Wald: Richard Wagner schrieb seine monumentalen Musikdramen, von denen viele ohne die Kulisse des Waldes nicht denkbar wären; in diesen Opern ließ er Sagengestalten auftreten, die gewissermaßen „Nachkommen" der Waldmenschen aus den Märchen, Sagen und Mythen sind.

In der gleichen Zeit vollzog sich die Industrielle Revolution. Die Städte dehnten sich aus, dazu die Fabriken; Eisenbahnen und Straßen wurden gebaut, später Kanäle und Stauseen, dann Flughäfen. Immer wieder geschah es, daß erst wenige Jahre oder Jahrzehnte zuvor begründete Forsten zu Gunsten der Ausdehnung von Städten, Verkehrs- und Industrieanlagen wieder beseitigt werden mußten.

Es entwickelte sich eine Polarität zwischen den urbanen Zentren und den Erholungslandschaften. Beliebte Erholungslandschaften waren in den meisten Ländern die Meeresküsten, an ihnen entstanden die Seebäder; wo es keine Meere gab, fuhr man an die Ufer der Seen. In England besuchte man die zahlreichen Gärten der Schlösser und die öffentlichen Parks. Die Städter kamen auch in immer größerer Zahl aufs Land, um sich zu erholen und um die reine Luft der Wälder zu atmen. In Frankreich setzte die Masseninvasion der Erholungsuchenden in den Wald von Fontainebleau ein. Besonders viele Wälder, die als Ziele für Städter attraktiv waren, gab es in Mitteleuropa. In den Waldgebirgen wurden Kurhotels und Jugendherbergen gebaut. Die Gebäude, von außen dank hölzerner Fassaden als Bestandteile der Wälder kenntlich, standen vielerorts in erst Jahrzehnte zuvor begründeten Wäldern: in Grindelwald, Berchtesgaden, Mittenwald, Oberstdorf und Badgastein in den Alpen, in Sankt Blasien, Titisee und Freudenstadt im Schwarzwald, in Braunlage und Sankt Andreasberg im Harz. Die Bauden im Erzgebirge, im Riesengebirge und anderen Bergländern wurden zu Ferienheimen ausgebaut und erweitert. Die Bäder im Gebirge, wie

Wildbad, Baden-Baden, Karlsbad und Marienbad, suchte man nicht nur wegen ihrer heilsamen Quellen oder wegen des sich dort etablierenden gesellschaftlichen Lebens auf, sondern auch wegen ihrer Nähe zum Wald. Menschen aus den Städten wanderten von Ort zu Ort, was in Mitteleuropa stets einer Wanderung von Wald zu Wald, durch abwechslungsreiche Gegenden gleichkam. Beim Betrachten der Landschaft entwickelte man eine Art von Abstufung zwischen eher „Natürlichem" und eher „Kultürlichem". „Kultur" sah man in den Siedlungen, sie wirkte auf jeden Fall auch prägend auf die Äcker ein. Schon „natürlicher" waren die Wiesen mit ihren bunten Blumen und die Viehweiden, am „natürlichsten" aber der Wald: Dort war der Einfluß menschlichen Wirkens nicht auf den ersten Blick zu erkennen, und hier lebten die „wilden Tiere", die man mit etwas Glück auch zu sehen bekam.

Die Menschen aus der Stadt beobachteten das, was sie auf dem Land sahen, verstanden aber vieles nicht, sondern das „Land" mit seiner „Natur" wurde mit idealistischen Vorstellungen umgeben. Funktionale Zusammenhänge in der Landschaft, wie sie zwischen Siedlungen, Ackerland, Wiesen und Weiden sowie dem Wald bestehen, erschlossen und erschließen sich nicht auf den ersten Blick. Man muß dies wissen, wenn man die Ideen verstehen will, die vor allem in der Zeit um 1900 entwickelt wurden, als man das Land um die Städte herum „entdeckte". Das Wandern in der Natur, das Wandern im Wald wurde allgemein als Beglückung empfunden.

1913 fand eine berühmte Zusammenkunft der sogenannten Jugendbewegung auf dem Hohen Meißner bei Kassel statt. Man gedachte der hundert Jahre zurückliegenden Völkerschlacht bei Leipzig und knüpfte an die Tradition der revolutionären Treffen im 19. Jahrhundert an, des Wartburgfestes und des Hambacher Festes. Der Philosoph Ludwig Klages hielt seine programmatische Rede *Mensch und Erde,* in der er auf den Untergang der Natur im Zeitalter der Industrie verwies; er zitierte Dichter, die zu Anfang des 19. Jahrhunderts die Waldarmut beklagt hatten, beispielsweise Achim von Arnim, und er stellte fest, daß sich im Verhältnis zum Wald und zur Natur immer noch nichts geändert habe, noch immer gab es zu wenige Wälder. Dabei übersah Klages, daß im 19. Jahrhundert sehr wohl neue Wälder entstanden waren; die Waldfläche nahm ja nicht ab, sondern zu, weil stetig aufgeforstet wurde! Allerdings: die neuen Forsten wirkten auf die Menschen des 20. Jahrhunderts nicht mehr überzeugend. Klages zitierte Konrad Guenther, dessen Buch *Der Naturschutz* drei Jahre zuvor erschienen war. Guenther gab einen Gesamtüberblick eines Anliegens, das vor ihm schon andere vertreten hatten, vor allem der Berliner Musiklehrer Ernst Rudorff, der als geistiger Vater des Naturschutzes in Deutschland galt.

Bei Guenther ist zu lesen: „Wie wenig anmutend ist aber gerade der Anblick von durchsichtigen, unterholzlosen Wäldern, in denen womöglich noch die Bäume nach der Schnur gepflanzt sind und nun in geraden Linien und in wohlgemessenen Abständen wie ein Regiment Soldaten dastehen!" Kaum Wild halte sich in den neuen Forsten auf, die Vögel mieden diese Kunstwälder, sie seien arm an Pflanzen- und vor allem Tierarten. Mit heutigen Worten gesagt: die Biodiversität der Forsten war gering. Diese Wälder waren für Guenther, der sich besonders mit der Tierwelt befaßte, nicht die „richtigen"; nur andere Wälder verdienten den Schutz, nämlich lichte Wälder, in denen eine vielfältige Tierwelt zu finden war. Sein idealer, schutzbedürftiger Wald war der Hudewald:

„Im Oldenburgischen sind die letzten Reste eines Hudewaldes noch heute erhalten, und immer noch darf der Bauer zwischen den Stämmen sein schwarz-weißes Vieh weiden lassen. In den Pfingsttagen 1909 machte ich mich auf, um das eigenartige ‚Naturdenkmal' zu studieren. (…) Bald hatte ich den ‚Hasbruch' erreicht, und als ich durch das Holz wanderte, erblickte ich schon von weitem die braunen Massen der gewaltigen, Jahrtausende alten Eichen. (…) Zwischen den Eichen stehen weit zahlreichere und ebenfalls uralte Hainbuchen. (…) Der Hasbrucher Wald ist ein Denkmal aus altgermanischer Zeit, und er erzählt mehr von dem Leben unserer Altvordern als Wälle und Mauern. Und schön muß es in Deutschland gewesen sein, als solcher Hudewald weit und breit sich aus-dehnte und zwischen den hohen Stämmen kraftstrotzende Gestalten mit ihren Rindern einherzogen."

Guenther hielt den Hasbruch also für einen Urwald, einen Überrest aus der Zeit von Hermann dem Cherusker, der aus bekannten Gründen immer wieder erwähnt wurde, und das taten auch viele nach ihm. Guenther beschrieb zwar, daß das Vieh im Hudewald weidete, er merkte aber nicht, daß das Weidevieh die Zusammensetzung dieses Waldes über sehr lange Zeit beeinflußt hatte; er bemerkte nicht die Spuren des Schneitelns an den Bäumen im Hasbruch, er sah nicht, daß viele der Baumriesen aus Büschelpflanzungen, also aus mehreren Eicheln hervorgegangen waren, die zusammen in eine Pflanzgrube gelegt wor-den waren; er überschätzte das Alter der Bäume total (sie waren keineswegs 3000 Jahre oder „weit über 1000 Jahre" alt, sondern allenfalls einige Jahrhun-derte). Vor allem die Hainbuchen hatten kein so hohes Alter, weil sie erst nach dem Rückgang der bäuerlichen Nutzung im 19. Jahrhundert respektable Höhen erreichen konnten. Zweifellos hatte dieser Hudewald aber ästhetischen Reiz, der zum Schwärmen verleitete, und zweifellos konnte man eine große Vielfalt an Pflanzen, besonders aber an Tieren darin finden. Dies und eigentlich weni-ger das überhaupt nicht überprüfte Alter und die „Natürlichkeit" waren für Guenther Argumente genug, einen solchen Wald Urwald zu nennen und seinen Schutz zu fordern; seinen Zeitgenossen und Generationen von weiteren Natur-schützern des 20. Jahrhunderts war dieses einleuchtend. Man war gegen arten-arme Buchenwälder. Die Eichen überwucherten die Buchen, was Guenther im Hasbruch beobachtete, vor allem aber lehnte man Fichten- und Kiefernforsten ab; Heiden und lichte Hudewälder, die in Deutschland immer seltener geworden waren, weil sie nicht mehr in traditioneller Weise genutzt wurden, sollten unter Naturschutz gestellt werden. Hinter dieses Ziel konnte sich die Forstwirtschaft

44 Caspar David Friedrich, *Der einsame Baum* (1823).

nicht stellen. Sie vertrat ja seit dem 18. Jahrhundert das Prinzip der nachhaltigen Nutzung, bei der nur höchstens so viel Holz den Wäldern entnommen wurde, wie nachwachsen konnte. Dieses Prinzip wandte sich gerade gegen den Erhalt ausgepowerter Landschaften, wie es Hude- und Niederwälder, ja erst recht die Heiden waren: Hier war über Jahrhunderte derart intensiv Holz entnommen worden, daß Bäume nicht mehr hochkamen, und was emporsproß, wurde vom Vieh abgebissen. Es kam in der Folgezeit immer wieder zu Konflikten zwischen Forstleuten und Naturschützern. Wer war nun der richtige Naturschützer, derjenige, der den Wald (wieder, wenn auch nicht in ursprünglicher Form) aufbaute und pflegte, oder der, der ein für urtümlich gehaltenes Landschaftsbild mit seiner hohen Biodiversität erhalten wollte? Die Naturschutzbewegung kannte aber noch einen anderen, viel schlimmeren Feind: den Jäger, der die Tiere tötete, die man doch schützen wollte. Allerdings begegneten sich die Interessen von Naturschützern und Jägern, wenn es um den Erhalt lichter Wälder ging: Dort waren die meisten Tiere zu finden.

Am Beginn des 20. hielt man gerne Rückschau auf die Zeit zu Anfang des 19. Jahrhunderts. Konrad Guenther erwähnte Maler des 19. Jahrhunderts, die

angeblich einen früheren Zustand von Wäldern gemalt hatten, der nun wiederhergestellt werden sollte: „Die meisten Menschen stellen sich denn auch den alt-
germanischen Urwald in der Weise vor, wie ihn Schwind und Vogel in ihren ent-
zückenden Märchenbildern gezeichnet haben, oder wie er auf der Bühne im
zweiten Akt von ‚Siegfried' dargestellt wird." Später begriff man vor allem die
Bilder von Caspar David Friedrich als angebliche Dokumente für einen Zustand
von Natürlichkeit in früherer Zeit. In dem Bildband *Deutsche Naturschutz-
Gebiete* von Hans Wolfgang Behm und Justus Böttcher aus den dreißiger Jahren
wurden diese Bilder neben damals aktuelle Fotografien gestellt. Sie sollten zeigen, „wie sich die deutsche Landschaft im Laufe der letzten hundert Jahre einschneidend verändert hat", wie es im Vorwort des Bandes heißt. Im ersten Kapitel des Buches, „Vormarsch zum Naturschutz" überschrieben, ist gleich zu
Beginn *Der einsame Baum* von Caspar David Friedrich abgebildet, eine der einzeln stehenden Eichen im Riesengebirge. Blättert man eine Seite weiter, erblickt
man eine Fotografie mit der Legende: „Hasbruch (Oldbg.): Wie ein Riesendrachen liegt der mächtige Stamm der gefallenen ‚dicken Eiche' auf dem moosigen
Waldboden". Eine der alten Eichen aus dem Gebiet, das Guenther Jahrzehnte
zuvor so stark beeindruckt hatte, war nun altersschwach in sich zusammenge-
stürzt. Die „Botschaft" war klar: die alten germanischen Eichen starben; es galt,
die alten Eichen zu schützen! Sie waren ja, folgt man Guenther und anderen,
besonders charakteristisch für „Natur", obwohl sie, wie schon erwähnt, viel
eher die Spuren von Kultur an sich trugen. Diese Spuren von Kultur an einer
Hudeeiche kann man auch, wenn man dies will, an der Eiche Friedrichs sehen;
auch sie ist kein „natürlich" gewachsener Baum.

Alternde Bäume in Wäldern und Heiden, die vom Menschen stark genutzt
worden waren, übten auf viele Menschen, besonders aber auf die Naturschützer
einen hohen ästhetischen Reiz aus. Man hielt sie für urtümlich und die Landschaften, in denen sie zu finden waren, für besonders schützenswert: Vor allem
die Hudewälder, Heidelandschaften wie die 1911 zum Naturschutzpark dekla-
rierte Lüneburger Heide um den Wilseder Berg, die Wacholderheiden der Kalk-
gebirge und die Hochheiden der Gebirge wurden in der Folgezeit unter Naturschutz gestellt, obwohl sie nicht auf natürlichem Weg entstanden waren.

Walther Schoenichen, zunächst Leiter der Staatlichen Stelle für Naturdenkmalpflege in Preußen, später der Reichsstelle für Naturschutz in Berlin, veröffentlichte im Jahr 1934 sein Buch *Urwaldwildnis in deutschen Landen. Bilder
vom Kampf des deutschen Menschen mit der Urlandschaft*. Der Zeitgeist bran-
det dem Leser hier mit kämpferischer Macht entgegen:

„In der Wildnis reckenhafter Baumgestalten hat sich der heldische Geist ger-
manischer Krieger immer aufs neue gestählt und gefestigt. Eine gehärtete Rasse
wuchs hier heran – Geschlechter von Führern, bestimmt und befähigt, die
Geschicke der Welt zu leiten. In hartem Kampfe mit dem Walde schuf sich der
deutsche Mensch, mit zäher Entschlossenheit vorwärtsdringend, seinen Lebens-

45 Dieses Bild aus dem Hasbruch bei Oldenburg wurde in dem Buch *Deutsche Naturschutz-Gebiete* von Hans Wolfgang Behm und Justus Böttcher der Abbildung 44 gegenübergestellt. Die Originalbildunterschrift dazu lautet: „Wie ein Riesendrachen liegt der mächtige Stamm der gefallenen ‚dicken Eiche‘ auf dem moosigen Waldboden".

raum. (…) Hier will uns der deutsche Wald mit seinen kühn in den Raum sich emporreckenden Säulen, mit seinen siegfriedhaften Heldengestalten erscheinen wie ein Sinnbild für das Dritte Reich deutscher Nation."

Die Worte ab „Sinnbild" wurden übrigens durch Fettdruck hervorgehoben.

Die von Schoenichen präsentierte „Urwaldwildnis" verdient diesen Namen größenteils nicht; abgebildet sind ästhetisch reizvolle Baumgestalten, die aber nicht auf den immer wieder hervorgehobenen „Kampf" zurückgehen, sondern auf menschliche Nutzung. Nicht der „Kampf mit den Gewalten des nordischen Klimas verleiht der Baumwelt phantastische Wuchsform", sondern die Bäume auf der Borker Heide in Ostpreußen erhielten ihr bizarres Aussehen nach langer Niederwaldnutzung. Die „Vielarmausstreckende, kronenbreite, uralte Buche" auf der Insel Vilm bei Rügen ist ein Baumgebilde, das aus einer Büschelpflanzung von Dutzenden von Buchensetzlingen hervorging. Die Hudebuche im Vogelsberg gibt keineswegs „Kunde von längst entschwundener Urwald-Herrlichkeit"; sie zeigt vielmehr Spuren von Viehverbiß. Die „kampfesharte(n) Wetterfichten" sind nicht die „Vorposten des Waldes im Hochgebirge", sondern die letzten Bäume, die die lange Alm-Beweidung überdauerten. Und da ist noch die eine „einsame Arve" auf dem Schachen bei Garmisch-Partenkirchen; sie „hält Wacht in erhabener Hochgebirgswelt", laut Schoenichen; doch steht dieser Baum alleine auf einer Alm, im Urwald würde er niemals derart isoliert in die Höhe wachsen.

Der „Kampf des Waldes" wird mit militärischem Kampf verglichen („Wie schwärmende Schützenketten marschieren Wacholderbüsche auf in Reih und Glied", „Nebel umwallen die Vorposten des Waldes an den Flanken des Gebirges", „Fichte und Bergahorn vereinigen sich zu treuer Kameradschaft am nebelfeuchten Bergeshang"). Man kann sagen, daß dieses Milieu bezeichnend war für die Feldhauptquartiere, in denen sich Adolf Hitler während des Zweiten Weltkrieges aufhielt: „Felsennest", „Wolfsschlucht", „Wehrwolf", „Berghof", „Adlerhorst" und „Wolfschanze". In der Nähe der „Wolfschanze" lag das Hauptquartier „Mauerwald" des Oberkommandos des Heeres.

Schon bald nach Hitlers Machtergreifung befaßten sich die Nationalsozialisten intensiv mit Naturschutzgedanken. Dies hatte nicht nur seinen Grund in der oben schon angesprochenen Perversion des Mythos vom Wald. Hermann Göring und andere Führergestalten der Nationalsozialisten waren leidenschaftliche Jäger, erwarben oder bauten Jagdhäuser in der Schorfheide bei Berlin und im Duvenstedter Brook bei Hamburg, am besten mitten im Naturschutzgebiet, wo man reichlich Hirsche jagen konnte. Im Duvenstedter Brook wurden die mächtigsten Hirsche des Reiches mit rekordverdächtigen Zahlen der Enden ihrer Geweihe „gesammelt"; auch die heutigen Nachfahren aus diesem „Lebensborn für Hirsche" haben gewaltige Geweihe.

Aber nicht nur der Mythos und der Jagdeifer brachte die Nationalsozialisten dazu, sich über den Naturschutz so intensive Gedanken zu machen. Wichtige Impulse dafür stammten von forstlicher Seite. Arnold Freiherr von Vietinghoff-Riesch beschrieb in *Naturschutz. Eine nationalpolitische Kulturaufgabe*, seiner Tharandter Habilitationsschrift von 1936, wie verschiedene Phasen der Waldnutzung sich im Lauf der Geschichte aneinander reihten. Seiner Meinung nach folgte auf Phasen der Waldnutzung, erst ohne, dann mit Nachhaltigkeitsprinzip, letztendlich die Zeit der „Erhaltung der Naturkraft in ihrer Totalität als Gemeinschaftsträger. Phase des totalen Staates". Vietinghoff beschrieb das Anliegen dieser neuen Zeit wie folgt:

„Der Wald wird als Lebensgemeinschaft grundsätzlich erkannt, deren tierische Elemente ebensowenig zu entbehren sind wie die pflanzlichen. Wo die Gemeinschaft nicht besteht, muß sie wieder aufgebaut werden, d.h., es muß entweder der Natur die Möglichkeit des Aufstieges aus sich selbst zur ausgeglichenen und sich selbst erhaltenden Gemeinschaft gegeben werden, oder der Mensch muß abkürzend diesen organischen Prozeß selbst vollenden helfen. Aufgabe der Forstpolitik wird es letzten Endes sein, darüber zu wachen, daß Forstwirtschaft Erhaltung der Naturkräfte bedeutet, in dem gleichen, nur noch vollständigeren Sinne wie im vorhergehenden Stadium – Erhaltung der Bodenkraft. Der Boden kann nicht allein als Garant der Produktivität und Selbstregulierung gelten, dazu ist nur die Natur beinahe schon in ihrer mystischen Eigenschaft als qualitas occulta bestimmt. Mit seiner Forderung der Erhaltung der Naturkraft steht der totale Nationalstaat im scharfen Widerspruch zum liberalistischen Staate mit seinem Dogma von der nachhaltigsten und vorteilhaftesten Nutzung, seinem Zuschnitt auf das Rentenproblem, seiner Verkennung des Waldes als bloßer Produktionsquelle und seinem Glauben an die Anwendbarkeit mathematischer Formeln und nationalökonomischer Theorien auf dessen überzeitlichen Organismus. Der totale Nationalstaat steht aber in gleicher Abwehr gegen die naturabgewandte Nutzungstheorie des russischen Sowjetstaates."

Es ging also darum, im „totalen Staat" den Gegensatz zwischen Forstwirtschaft und Naturschutz zu überwinden, einen weitgehend natürlichen Wald „herzustellen", der sich dann auch noch optimal nutzen ließ. Es ist klar, daß nur ein „totaler Staat" dieses „Ideal" verwirklichen kann, von dem heute nicht mehr die Rede ist, ganz im Unterschied zu der idealistischen Forderung nach „Überwindung des Gegensatzes zwischen Ökonomie und Ökologie", wobei denjenigen, die heute davon sprechen, eigentlich klar sein müßte, daß nur ein totalitäres Regime einen solchen scheinbaren Kompromiß herbeiführen könnte.

Forderungen, wie sie Vietinghoff formulierte, hatten fatale Folgen. Sie erlaubten es dem „totalen Staat" nämlich, vom Prinzip der nachhaltigen Bewirtschaftung von Wäldern abzuweichen. Diese Wirtschaftsphase war ja nun überwunden. Man konnte nach Willkür verfahren, was auch geschah, denn der Einschlag in die Wälder war in der Zeit des Dritten Reiches besonders hoch, weil Autarkie in der Holzversorgung angestrebt wurde; der Holzverbrauch wurde zusätzlich dadurch erhöht, daß Holz mehr und mehr in der Petrochemie als Rohstoff verwendet wurde oder im „Holzvergaser", dem mit Holz betriebenen Kraftfahrzeug.

Vietinghoff schrieb in seinem Buch, daß zunächst der Naturzustand der Wälder erkannt werden müßte. Der Mensch sollte nachhelfen, wenn das Ziel der Herstellung naturnaher Nutzwälder verwirklicht werden sollte; hier hatte die Landespflege anzusetzen, eine Disziplin, die sich seit den dreißiger Jahren in Kontinuität zu entwickeln begann.

Für Vietinghoff und andere war klar, daß vor allem mit pflanzensoziologischen Methoden die Natürlichkeit der Wälder erfaßt werden sollte:

„Es ist unsere tiefste Überzeugung, daß die Pflanzensoziologie als Wegbereiterin einer neuen Naturvollkommenheit, eines umfassend und neugeschauten Naturschutzes eine hohe Bestimmung zu lösen hat. Diese Wissenschaft weist uns ja den Weg, den jede Pflanzengesellschaft entwicklungsmäßig bis zu ihrem Vollendungsstadium (Klimax) nimmt; sie gibt damit auch die Diagnose für den Natürlichkeitswert eines jeden Waldbildes. Ohne ihre Hilfsstellung könnte sich die Forstpolitik niemals unterfangen, Trägerin des Naturschutzgedankens zu werden, da sie Gefahr laufen könnte, die Propagierung eines in Unwirklichkeiten befangenen Naturschutzes als eigenste Aufgabe anzusehen. Eine frühere Kenntnis pflanzensoziologischer Gesetze hätte unendlich viele Fehlschläge der Wirtschaft verhüten können. Die Pflanzensoziologie ist daher die natürliche Verbündete des Naturschutzes und somit der Forstpolitik, sie besitzt den Schlüssel für die Beurteilung menschlicher Eingriffe in das vegetative Waldleben."

Und:

„Es ist ernste Sorge zu tragen, daß diese Rückkehr zum deutschen Walde auf pflanzensoziologisch durchdachte Weise erfolgt. Sicherheiten müssen auch dafür gegeben werden, daß überall dort, wo der Grundstein für diese Schöpfung gelegt ist, auch die spätere Behandlung des Waldbildes im Sinne ihrer Schöpfer gewährleistet wird; handelt es sich doch diesmal nicht um eine jener Formungen des Waldes, wie wir sie aus der Theorie heraus kennen, sondern um den Ausdruck des transwirtschaftlichen Gestaltungswillens eines in entscheidender Kulturphase stehenden Volkes. Für dieses Volk ist der Ausdruck ‚Lebensraum‘ bestimmend geworden, und es verlangt, daß er auch maßgebend werde für ein Gebiet, das, wie der Wald, aufs engste mit seinem Erleben verbunden ist."

Der Wald, der Vietinghoff hier vorschwebte, sollte die dauerhafte Kulisse für das „Tausendjährige Reich" werden. Die Pflanzensoziologie, mit deren Methoden der Grad der Natürlichkeit von Waldbildern erkannt werden sollte, wurde von ihm allerdings weit überschätzt. Die Methode, vor allem von dem in Montpellier lehrenden Schweizer Josias Braun-Blanquet entwickelt und in Deutschland damals unter anderem von Reinhold Tüxen betrieben, führt zu einer klaren Erfassung und Typisierung von Vegetation. Darin liegt die eigentliche Stärke pflanzensoziologischer Untersuchungen. Wenn man daraus allerdings den Grad der Natürlichkeit von Vegetation ableiten will, stützt man sich auf Annahmen und nicht auf eine naturwissenschaftlich exakte Argumentation. Man kann freilich den Klimaxzustand von Vegetation darstellen und kartieren, sollte sich aber darüber im klaren sein, daß dies ein Modell ist, das sich nicht in die Praxis umsetzen läßt. Vor allem besteht keine Berechtigung, das, was man mit pflanzensoziologischen Methoden im Gelände erkannt hat, für stabil anzusehen; denn dieses Resultat berücksichtigt die Dynamik nicht, die natürlicherweise in Ökosystemen herrscht. Weder sind die Wälder dauerhaft, noch kann man davon ausgehen, daß das, was man aktuell in der Umwelt erkennen kann, ein „Endzustand" von Vegetation ist. Wer wüßte dies?

In den dreißiger Jahren und auch noch später wurden verschiedene Typen von Buchenwäldern und Eichen-Hainbuchen-Wäldern für „natürliche" Klimaxwälder gehalten; unter Berücksichtigung moderner Resultate der Vegetationsgeschichte muß aber klar sein, daß sowohl viele Buchenwälder als auch fast alle Eichen-Hainbuchen-Wälder Mitteleuropas nicht im eigentlichen Sinne natürlich, sondern im Verlauf der unterschiedlich starken Einwirkung des Menschen erst entstanden sind oder sich zu einem aktuell beobachtbaren Bild entwickelt haben.

Die Machthaber im Dritten Reich hatten also mit dem Wald eine geeignete Kulisse für ihren „Idealstaat" gefunden und propagierten den Kompromiß zwischen Ökologie und Ökonomie unter staatlicher, d.h. totalitärer Führung. Das scheinbare Eintreten für den Schutz der Lebenswelt brachte ihnen Sympathiepunkte, und das war auch beabsichtigt. Gleich in den ersten Jahren des „Dritten Reiches" wurden mehrere Gesetze erlassen, die sich mit Wäldern befaßten: das Reichsgesetz gegen Waldverwüstung vom 18. Januar 1934, das Reichsjagdgesetz vom 3. Juli 1934, das forstliche Artgesetz von 1934, das die Verwendung von standortfremdem Saatgut zur Neubegründung von Wäldern untersagte, der Erlaß des Reichsforstmeisters vom 18. Mai 1935 gegen Reklame im Wald, das Reichsnaturschutzgesetz vom 26. Juni 1935, die Verordnung zur Durchführung des Gesetzes vom 31. Oktober 1935 und die Naturschutzverordnung (Verordnung zum Schutze der wildwachsenden Pflanzen und der nichtjagdbaren wildlebenden Tiere) vom 18. März 1936. Die oberste Forstbehörde, der auch die Reichsstelle für Naturschutz in Berlin zugeordnet war, wurde 1934 das Reichsforstamt, ein wichtiges Amt, was schon daraus klar wird, daß es den Rang eines Reichsministeriums erhielt. Es unterstand dem Reichsforst- und -jägermeister Hermann Göring. In den folgenden Jahren wurden viele Gebiete unter Naturschutz gestellt.

Auch das Reichsjagdgesetz wurde als Natur schützendes Gesetz aufgefaßt. Justus Böttcher schrieb damals dazu:

„Auch das Reichsjagdgesetz ergänzt den Naturschutz, indem es die bedrohten Tag- und Nachtraubvögel wie auch andere Tierarten (z.B. Robben, Steinmarder, Iltisse) zu ‚jagdbaren Tieren' erklärt. Während unsere Eulenarten bisher wahllos vernichtet werden konnten, ist das jetzt nicht mehr möglich, da nur ein zugelassener Weidmann das Recht besitzt, irgendein Tier abzuschießen. Daß Tiere wie Robben, Edelmarder, Fischadler, Bussarde und Möwen bestimmte Schonzeiten besitzen, bringt deutlich den Willen zum Ausdruck, dem Aussterben energisch vorzubeugen."

Es wurden also nicht nur die zuvor gegensätzlichen Interessen der Forstleute und Naturschützer gebündelt, auch die Interessen der Jäger wurden den „großen gemeinsamen Zielen" untergeordnet. Nicht erwähnt wurde freilich, daß dem „totalen Staat" nun Mittel in die Hände gegeben waren, die Bejagung von viel mehr Tierarten als zuvor zu regeln. Das Jagdrecht durften nur noch „natürliche" Personen erwerben, nicht mehr Gemeinschaften mehrerer Personen. Damit war es nicht mehr erlaubt, daß Gruppen von Bauern eine Jagd veranstalteten; dies mußte unter Führung der Person geschehen, die das Jagdrecht besaß – oder diese privilegierte Person ging allein auf die Jagd. Den Jägern unter den Nationalsozialisten, vor allem Hermann Göring, war ein ungetrübtes, vielseitiges Jagdvergnügen gegönnt, und zwar ganz legal.

Als in den dreißiger Jahren große Bauprojekte in Angriff genommen wurden, bekam die Pflanzensoziologie genau den Auftrag zugeteilt, von dem Freiherr von Vietinghoff-Riesch und andere gesprochen hatten: Vor dem Bau der Auto-bahnen und von Industrieanlagen, auch vor Umgestaltungen des Reichspartei-tagsgeländes in Nürnberg und in Auschwitz (wußte man, wofür man da arbeitete?) kartierten Pflanzensoziologen das Terrain und ermittelten als darauf aufbauende Interpretation die Klimaxvegetation oder „potentielle natürliche Vegetation (PNV)", die als Kulisse neben Straße und Fabrik zu entstehen hatte. Der Mensch sollte nachhelfen, wenn irgendwo die natürliche Waldgemeinschaft nicht bestand und wieder aufgebaut werden mußte. Damit hatte sich, wie der Reichslandschaftsanwalt Alwin Seifert 1934 schrieb,

„die Autobahn, im ersten Gedanken ein Schrecken jedem Naturfreund, (...) als kürzerer Weg zu echter Natur erwiesen als die alte Reichs- oder Landstraße. (...) Der Erhaltung und Wiederherstellung echter Natur dient auch die Bepflanzung der neuen Straßen. (...) Eine Straße aber muß Bäume haben, wenn anders sie eine deutsche Straße sein soll. Denn zu allem, was deutschem Wesen nahesteht, gehören Baum und Busch. (...) Wiederherstellung des ursprünglichen Reichtums und der einstigen Mannigfaltigkeit ist das biologische Ziel."

Und Fritz Bayerlein malte dazu ein Bild: *So soll die Autobahn München–Salzburg an der Ausfahrt von München in 75 Jahren aussehen.*

Ein paar Jahre später, 1938, schrieb Seifert einen weiteren Aufsatz zum Thema und überschrieb ihn *Reichsautobahn im Wald*. Seifert begann mit einer Darstellung der Rodungen und fuhr fort:

„Daß ein ähnliches Unheil unserm Lebensraum erspart blieb, ist in erster Linie dem Umstand zu verdanken, daß der deutsche Mensch im Wald nicht nur eine Quelle und Möglichkeit augenblicklichen Nutzens sieht, sondern daß er ihm seelisch verbunden ist, wie er auch im Baum den Freund sieht von Urbeginn her. Das Volkslied ist ein getreuer Spiegel dieser Seelenhaltung, und selbst im Märchen, der Urzeiterinnerung, ist der Wald nicht nur der finstere Tann, in dem die Kinder sich verirren; er ist auch der bergende Schutz, in dessen Schatten die blaue Blume blüht, dieses ewige Sinnbild deutschen Sehnens. (...) Ein unzerstörbares Erbgut tut sich kund in der Tatsache, daß diese Liebe zum Wald allen Enttäuschungen standhält, die der im 19. Jahrhundert an seine Stelle getretene Forst jeder Erwartung eines wahren Waldbildes urtümlicher Kraft und Schönheit, ja auch nur des einer bescheidenen Lieblichkeit bereitet. Wir wissen ja kaum noch, was ein richtiger Wald ist. (...) Wenn wir nun heute, durchaus einem solch eingeborenen Herzensdrang folgend, auch mit den Kraftfahrbahnen in den Wald gehen und es fragt uns jemand, ob wir uns von so einem dürren Kiefernstangenholz jemals Waldesherrlichkeit erwarteten, so können wir antworten, daß wir ja nicht für heute und morgen, sondern für Jahrhunderte bauen. In diesen kommenden Jahrhunderten aber, die nicht mehr zum Zeitalter einer kurzsichtig rechnenden Wirtschaft und einer ihr hörigen Technik gehören, sondern zu dem eben jetzt anbrechenden Zeitalter des Lebendigen, wird an die Stelle gleichförmiger öder Forste wieder ein lebendiger Mischwald treten."

46 *So soll die Autobahn München–Salzburg an der Ausfahrt von München in 75 Jahren aussehen.* Gemälde von Fritz Bayerlein (1934).

Damit genug der Zitate, mit denen klar belegt werden soll, worum es in der Zeit des Dritten Reiches ging: Nach dem Zeitalter der Forsten sollte nun die Ära der ewigen Wälder anbrechen. Wie zu Beginn des 20. Jahrhunderts übersah Seifert, daß die meisten Forsten ja nicht an die Stelle anderer Waldtypen getreten, sondern neu entstanden waren. Aber Objektivität war hier ohnehin von geringer Bedeutung, viel wichtiger war zu zeigen, daß sich die staatspolitischen und ideologischen Ziele der Nationalsozialisten in einer entsprechenden Entwicklung der Natur spiegelten.

Die Autobahnen wurden tatsächlich nach den hier wiedergegebenen Prinzipien bepflanzt, was man an vielen Stellen noch sehen kann. Dort, wo man sich in den dreißiger Jahren die von Natur gegebene Existenz eines Buchenwaldes vorstellte, stehen inzwischen hohe Buchen rechts und links der Straße oder auch auf dem Mittelstreifen; dort, wo Eichen-Hainbuchen-Wälder von Natur aus vorzukommen schienen, stehen heute Eichen und Hainbuchen. Kiefern pflanzte man in der Mark Brandenburg, Birken in Moorgebieten. Erst während des Zweiten Weltkrieges wurde dann explizit geschrieben, daß es beim Bepflanzen von Straßen und Industrieanlagen auch um deren Tarnung ging. Heinrich Friedrich Wiepking-Jürgensmann veröffentlichte in seiner ideologisch belasteten Landschaftsfibel von 1942 Beispiele dafür, wie man Straßen so bepflanzte, daß man ihren Verlauf von oben, also aus der Luft, nicht erkennen konnte. Nach diesen Prinzipien wurde die „Wolfschanze" tatsächlich versteckt, sogar unter

Verwendung von künstlichen Bäumen. Industriebetriebe, vor allem Munitionsfabriken, wurden in Waldgebiete verlegt, so z.B. in den Hildesheimer Wald und nach Geretsried bei Wolfratshausen.

Während des Krieges tat sich ein weites Tätigkeitsfeld für diejenigen auf, die Wälder wieder herstellen wollten. Herbert Hesmer klagte 1941 in seiner Schrift *Der Wald im Weichsel- und Wartheraum* an, wie enorm die Polen die alten deutschen Wälder geschädigt und abgeholzt hätten, denn „Waldvernichtung ist stets eine Begleiterscheinung polnischen Regimes gewesen." Wußte der Verfasser nicht, daß in Deutschland seit 1934 bereits mehr Holz eingeschlagen wurde als nachwachsen konnte? Auf alle Fälle war dies ein weiteres brauchbares Element in der aggressiven, antipolnischen Agitation.

Man baute die Wälder keineswegs für Jahrhunderte. Viele Bäume an der Autobahn sind längst wegen Altersschwäche eingegangen und von den Autobahnämtern entfernt worden. Autoabgase und Streusalz trugen ihr Quentchen dazu bei, daß die damals gepflanzten Bäume kein hohes Alter erreichten; sie waren nämlich für eine Pflanzung direkt an der Autobahn gar nicht geeignet. Und dann blieb es auch nicht bei der geringen Verkehrsdichte, die Fritz Bayerlein 1934 auf seinem Autobahnbild darstellte. Bei der Verbreiterung der Autobahnen wurden viele der in den dreißiger und vierziger Jahren (oder auch später noch) gepflanzten Bäume Opfer der Säge.

Hier soll nun allerdings nicht gegen eine Bepflanzung von Straßenböschungen und der Umgebung von Industriebetrieben eingetreten werden. Natürlich ist es gut, Baum und Strauch einzusetzen, um den Boden zu festigen und um die Luft zu reinigen, auch dazu, häßliche Strukturen zu verstecken. Hierfür eignen sich aber in vielen Fällen Gehölze besser, die nicht Bestandteil des wie auch immer gearteten Klimaxwaldes sind. Was prinzipiell abzulehnen ist: man kann nicht davon ausgehen, daß ein aktuelles Erscheinungsbild von Vegetation ein Endzustand ist oder daß sich dieser Endzustand unzweifelhaft erschließen läßt. Man kann davon vielleicht eine Modellvorstellung gewinnen, nicht aber das Modell – als ewigen Wald für das tausendjährige Reich – in die Gegend pflanzen – und dann auch noch ausgerechnet neben die Autobahnen! Dies hat nichts mit Biologie zu tun, sondern ist Ausdruck einer totalitären Ideologie; gerade aus den Forschungsresultaten der Vegetationsgeschichte wird klar, daß der Wald niemals während der letzten Jahrtausende über lange Zeit ein konstantes Aussehen behielt. Schon allein deshalb ist das Bild bzw. das Modell vom „ewigen Wald" ebenso falsch wie abstrus und daher abzulehnen.

Nach 1945 hat man oft mit gleichen Prinzipien gearbeitet, wenn auch ohne eine vergleichbare ideologische Verbrämung. Aber wie sollte sich etwas ändern? Nach dem Zweiten Weltkrieg hielten sich viele Gesetze, wenn auch teilweise als Landesgesetze oder in veränderter Form, viele Ziele bestanden jedoch weiterhin. Es läßt sich kaum bestreiten, daß sich die Vorstellungen, von denen in diesem Kapitel die Rede war, aus der Geschichte eines „Mythos vom Wald" ableiten lassen.

22. Das Waldsterben

Nach dem Zweiten Weltkrieg stellte man in Deutschland rasch fest, daß das Prinzip der nachhaltigen Bewirtschaftung von Wäldern während der Zeit des Dritten Reiches außer Kraft gesetzt worden war; im Streben nach Autarkie hatte man den Wäldern viel zu viel Holz entnommen. In den Jahren nach dem Krieg konnte von allgemeiner nachhaltiger Bewirtschaftung der Wälder ebenfalls keine Rede sein. Nicht nur in Deutschland, sondern auch in vielen benachbarten Ländern war die Infrastruktur weitgehend zerstört. Das komplizierte Verteilungsnetz, über das Kohle und anderes Heizmaterial zuvor verbreitet worden war, funktionierte noch nicht wieder. Die Menschen, die in den extrem kalten Wintern der Nachkriegszeit keine Kohle bekommen konnten, gingen in die Wälder und trieben Raubbau – wie in längst vergangenen Zeiten. Alte Handelsbeziehungen, über die Holz aus Erzeugerländern in Abnehmerländer kam, waren zerschlagen. In Europa unterband der neu entstandene Eiserne Vorhang den Holzexport aus dem Osten; ein Handelsweg mußte neu aufgebaut werden, was mehrere Jahre beanspruchte. Zunächst aber war auch der Holzbedarf der Sowjetunion, in deren Gebiet die waldreichsten Regionen Europas lagen, enorm hoch; auch sie war auf die Einfuhr von Holz angewiesen. Schweden und Norwegen brauchten ebenfalls in den Nachkriegsjahren mehr Holz als zu anderen Zeiten.

Bei dem allgemeinen Holzmangel in Europa war es verständlich, daß sich die europäischen Siegermächte des Zweiten Weltkrieges zunächst am Holz der Besiegten schadlos hielten. Die Finnen wurden gezwungen, Holz in die Sowjetunion zu liefern. Die Franzosen holzten in ihrer Besatzungszone in Deutschland große Wälder ab und brachten das Holz nach Frankreich. Auch die Engländer planten, in ihrer Besatzungszone die Wälder abzuholzen, um ihren Holzbedarf zu decken.

Es gelang, die Engländer von diesem Vorhaben abzubringen. Sehr rasch, schon in den Jahren 1946 und 1947, wurden von den deutschen Forstverwaltungen und Wissenschaftlern Argumente für den Erhalt der Wälder zusammengetragen. Man betonte die große Bedeutung des Waldes für den Wasserhaushalt: Aus einem Waldgebiet fließt das Wasser gleichmäßiger ab, der Wald verhindert den Bodenabtrag und allzu große Hochwasserspitzen, durch gleichmäßige Abgabe von Wasser an die Bäche und Flüsse ist gewährleistet, daß auch in Trockenperioden genügend Wasser stromabwärts läuft. Nur bei relativ gleichmäßiger Wasserführung der Bäche und Flüsse kann kontinuierlich aus Wasserkraft Strom gewonnen werden. Die Talsperren müssen von Wäldern umgeben sein, denn sie verhindern die Einspülung von Schlamm in die künstlichen Seen. Schnee- und Geröll-Lawinen im Gebirge fangen sich in den Schutzwäldern. Der Wald stabilisiert das Klima und erfüllt zahlreiche Wohlfahrtsfunktionen. So zeigte sich: würde man Deutschlands Wälder beseitigen, wäre der Aufbau einer modernen industriellen Infrastruktur in Mitteleuropa nur unter großen Schwierigkeiten möglich. Daß diese ideologiefreien Gedanken schon so bald nach Kriegsende und noch im allgemeinen Chaos der Nachkriegszeit in klarer Form gesammelt waren, zeigt, daß während des Dritten Reiches in den Forstbehörden und Forstämtern keineswegs nur über den Aufbau von „endzeitlichen" Wäldern nachgedacht worden war; Deutschlands Forstwissenschaft funktionierte trotz totalitärer Herrschaft, Krieg und Nachkriegswirren noch immer hervorragend.

Inwieweit die in Deutschland gesammelten Begründungen für den Erhalt der Wälder die Engländer (und mit ihnen die US-Amerikaner) direkt beeinflußten, ist im einzelnen nicht nachweisbar. Auf jeden Fall: nach anfänglicher Ungewißheit, ob Mitteleuropa eine Industrieregion bleiben oder Deutschland in den Status eines reinen Agrarlandes überführt werden sollte, wie es im Morgenthau-Plan vorgeschlagen worden war, galt ab Mitte 1947 eine andere Direktive. Die Amerikaner hatten nun Interesse am Wiederaufbau der westeuropäischen Industrie; es ging ihnen um die „Eindämmung" des kommunistischen Ostblocks durch die Stärkung der westeuropäischen Länder. Keineswegs sollte an der Nahtstelle zum Eisernen Vorhang, in Deutschland, ein ökologisches Chaos entstehen: Deutschlands Wälder blieben vor großen Rodungen bewahrt. Im Marshall-Plan bzw. dem Europäischen Wiederaufbauprogramm, durch das die Wiederherstellung der wirtschaftlichen Infrastruktur in Westeuropa gefördert wurde, konnten unter anderem Rohstoffe aus den USA bezogen werden; aus den Wäldern Nordamerikas wurden die wieder entstehenden europäischen Holzmärkte beliefert.

Nun lagen die Wälder Westdeutschlands vor einer der jahrzehntelang undurchlässigsten Grenzen der Welt. Auch in Ostdeutschland wurde der Wald weithin geschont; man hatte kein allzu großes wirtschaftliches Interesse an ihm, weil die Holzvorräte in anderen Ländern des Ostblocks größer waren als diejenigen der DDR.

Der Bedarf an Holz in Europa war noch immer sehr groß. Viele Bauern, die für die Modernisierung ihrer landwirtschaftlichen Betriebe Geräte anschaffen wollten, konnten der Versuchung nicht widerstehen, ihre privaten Wälder abzuholzen, um durch Holzverkauf das dafür nötige Kapital zu bekommen. Doch trotz der „Franzosenhiebe" nach 1945 und der „Traktorenhiebe" durch die bäuerlichen Waldbesitzer nahmen die Waldflächen und die Holzmengen in Mitteleuropa durch erneute Aufforstungen zu. Die Bestätigung dafür findet man, wenn man Fotografien von Landschaften aus den fünfziger Jahren mit denen aus heutiger Zeit vergleicht: Viele damalige Aussichtspunkte sind heute zugewachsen. Die Schwarzwaldhochstraße, die man vor einigen Jahrzehnten noch als „Aussichtsstraße" gebaut hatte und jahrzehntelang als solche schätzte, führt heute durch dichten Wald; selbst von vielen Parkplätzen aus kann man nicht mehr in die Oberrheinebene hinunter sehen.

Der Holzhandel in Europa kam wieder in Gang: Holz gelangte aus Skandinavien und Finnland nach Mitteleuropa, die osteuropäischen Staaten verkauften Holz gegen Devisen, Holz kam aus Nordamerika und aus den tropischen Regenwäldern, und auch in Mitteleuropa ließen sich immer größere Holzvorräte nutzen – selbst unter der Vorgabe der Nachhaltigkeit, die längst nicht überall erfüllt war, wo man Holz für den Weltmarkt gewann. Die intensive Aufforstung, die die Deutschen und ihre Nachbarn jahrzehntelang betrieben hatten, zog Forstfachleute aus vielen Ländern an; die deutsche, schweizerische und österreichische Forstwirtschaft galt als beispielhaft. Deutsche, Schweizer und österreichische Forstwissenschaftler halfen beim Aufbau von Forstverwaltungen und von Wäldern in anderen europäischen Ländern und in der Dritten Welt. Experten aus aller Welt besuchten die Forsthochschulen im Westen wie im Osten Deutschlands, sie kamen nach Freiburg, München, Göttingen und Hamburg genauso wie nach Tharandt bei Dresden.

Doch es traten auch neue Schwierigkeiten in den mitteleuropäischen Wäldern auf, die ja zum größten Teil künstlich begründet waren. Viele dieser Wälder wurden nun zum ersten Mal alt.

Es gab immer mehr Probleme mit dem Befall durch Schädlinge. Bereits gegen Ende des 19. Jahrhunderts hatte es Schädlings-Kalamitäten großen Ausmaßes in Wäldern gegeben. Bekannt wurde der Befall durch Nonnenraupen im Ebersberger Forst bei München in den Jahren 1889 bis 1891. Damals wurden große Teile des künstlich begründeten Waldes kahl gefressen, und neue Bäume mußten gesät oder gepflanzt werden. Die Gefahr, daß Laubbäume von Maikäfern abgefressen oder Fichtenbestände durch den Buchdrucker zerstört werden, ist besonders groß, wenn künstliche Bestände aus nur wenigen Gehölzarten bestehen. Es ist klar, daß sich in einem Reinbestand von Fichten der Buchdrucker besonders stark vermehren kann. Denn der Käfer findet beste Vermehrungsmöglichkeiten, wo reichlich Nahrung für ihn bzw. für seine Larven zur Verfügung steht. Außer Fichten befällt er auch einige Kiefernarten, Lärchen und Tannen, andere Bäume aber nicht. Wie viele andere Insekten, die nur an einer einzigen Pflanzenart fressen, ist er nahezu „monophag". In einem Mischbestand aus verschiedenen Gehölzen kann der Buchdrucker sich nicht so gut ausbreiten; dort gibt es weniger Nahrung für ihn. In Kiefernbeständen machten sich mehr und mehr die Insekten breit, sich ausschließlich oder überwiegend von Kiefern ernähren, in Eichenbeständen traten diejenigen Insekten vermehrt auf, die die Eiche schädigen. Monophage Insekten mußten und müssen gezielt bekämpft werden, was besonders kompliziert ist, weil man andere Insekten nicht vernichten will, die die natürlichen Feinde der „unerwünschten" Tiere sind und sich von ihnen ernähren. Man kann also nicht mit unspezifischen Insektengiften operieren, die beispielsweise die

Häutung aller Insekten unterbinden. Diese Gifte würden sowohl den Buchdrucker als auch seine natürlichen Feinde vernichten. Heute fängt man Buchdrucker und andere monophage Insekten in speziellen Fallen, die mit den artspezifischen Sexuallockstoffen gefüllt sind; man kann die Lockstoffe vieler Insektenarten inzwischen synthetisch herstellen. Diese Form des Pflanzenschutzes ist unbedingt erforderlich, will man aus nur einer Pflanzenart aufgebaute Forsten auf Dauer vor einer Massenvermehrung des Buchdruckers bewahren.

Weitere Gefahren drohten den alt werdenden Forsten durch Sturmkatastrophen, deren Auswirkungen immer gewaltiger wurden. Dies muß nicht daran liegen, daß die Witterungsbedingungen extremer wurden und starke Stürme häufiger, sondern die künstlich begründeten Fichtenbestände werden mit zunehmendem Alter immer anfälliger gegen Stürme. Das liegt zum einen daran, daß die Bäume mit der Zeit immer höher werden, zum anderen an der Art und Weise, wie Fichten wachsen. Diese Bäume haben flache Tellerwurzeln. Wenn die Stämme der Fichten im Wind schwanken, werden auch die Wurzelteller in Bewegung gesetzt. Dadurch verfestigen die Wurzeln ihren Untergrund und stampfen ihn platt, wachsen aber auch nicht genügend in ihn hinein, weil die Kontakte zwischen den Wurzeln und dem Untergrund durch die Auf- und Abbewegungen der Wurzelpartien immer wieder abreißen. Werden die Bäume in sehr starke Schwankungen versetzt, können die Wurzelteller sie nicht mehr halten: Die Fichten fallen um. Weil die Kontakte zwischen Wurzelteller und Untergrund bei den dicht nebeneinanderstehenden, gleich alten Fichten schlecht sind, kann eine fallende Fichte gleich auch ihre Nachbarn mit zu Boden reißen. Auf diese Weise entstehen bei Stürmen ganze Schneisen in den Fichtenforsten, oder es können sogar ganze Bestände zerstört werden, etwa so, wie es im Herbst 1972 in Norddeutschland und im Frühjahr 1990 in Süddeutschland geschah. Stünden die Fichten in Mischbeständen, würden sie vielleicht auch vom Sturm entwurzelt; dann aber fallen nur einzelne Bäume um, denn die komplette Zerstörung eines ganzen Bestandes wird durch andere Bäume mit Pfahlwurzeln verhindert, die tiefer in den Boden hineinreichen.

Besonders den Fichtenbeständen droht immer wieder Gefahr durch Schneebruch oder durch Eisregen. Schneebruch schädigt Fichtenbestände im Gebirge besonders stark, die aus Saatgut oder Jungpflanzen von Fichtensorten begründet wurden, die große Schneelasten nicht tragen können. Nur solche Fichtensorten können, wie man inzwischen weiß, für die Begründung von Beständen in schneereichen Gebieten verwendet werden, die schlanke, spitzkronige Wuchsformen ausbilden. Eisregen tritt immer wieder in Gebieten auf, in denen sich warme und kalte Luftmassen mischen, vor allem in Gebirgen Mitteleuropas. Die Regentropfen frieren an den Bäumen fest und drücken ihre Kronen in die Tiefe, wenn sie nicht so stabil sind, daß sie eine extreme Belastung ertragen können. Eisregen oder gefrierender Regen ist besonders gefährlich für frei stehende Bäume in lichten Beständen.

47 Abgestorbene Fichten am Feldberg/Schwarzwald. Die Bäume können durch den „Sauren Regen" geschädigt worden sein; sie wurden dann vom Borkenkäfer befallen.

In trockenen, heißen Sommern kam es vermehrt zu Waldbränden, 1976 in der Südheide und 1992 in Brandenburg. Waldbrände gefährden vor allem Kiefernbestände. Kommen die Kiefern in Mischbeständen mit Eichen oder Robinien vor, können sich die Flammen nicht so stark ausbreiten wie in Reinkulturen der Kiefer.

In Waldbeständen, die durch Windwurf, Schneebruch, Eisregen oder Waldbrände bereits geschädigt sind, kann sich ein Insektenbefall verheerend auswirken. Der Buchdrucker dringt besonders in solche Fichtenbestände ein, in denen Stürme oder Schnee bereits gewütet haben. Gerade in den alt werdenden Monokulturen ist es wichtig, die Bestände intensiv zu durchforsten. Ist ein Baum durch Witterung oder Insektenbefall geschädigt, muß er sofort aus dem Bestand entfernt werden, wenn man den gesamten Forst vor einem großen Schaden bewahren will. Solange die Holzpreise hoch liegen und Holz in großen Mengen zum Heizen verwendet oder an Papierfabriken geliefert werden kann, kann sich die Durchforstung geschädigter Bestände und die Entfernung von Einzelbäumen auch in finanzieller Hinsicht lohnen.

Stabilere Verhältnisse im Wald entstehen durch den Aufbau von Mischbeständen. In den Forsten Norddeutschlands, die durch die Sturmkatastrophe vom 13. November 1972 zerstört worden waren, versuchte man, nach Abräumen des Sturmholzes gemischte Forsten zu begründen, in denen nicht mehr so viele Fichten und Kiefern stehen sollten, dafür mehr Eichen und Douglasien.

Im Naturschutz hatte man sich nach dem Zweiten Weltkrieg weniger mit Wäldern befaßt, sondern sich besonders solchen Flächen zugewandt, auf denen die extensive landwirtschaftliche Nutzung aufgegeben wurde. Nach der Bildung der Europäischen Gemeinschaft war es nicht mehr rentabel, viele Hudewälder, Heiden und Magerrasen noch von Schafen beweiden zu lassen. Viele dieser nicht mehr genutzten Flächen wurden aufgeforstet – zum Mißfallen der Naturschützer. Immer mehr stellte sich heraus, daß durch Aufforstungen und durch Meliorationen in landwirtschaftlich genutzten Gebieten Pflanzen- und Tierarten verschwanden oder erheblich seltener wurden. Zum Beweis dafür dienten die schriftlichen Aufzeichnungen über das Vorkommen bestimmter Pflanzen- und Tierarten, die seit dem 19. Jahrhundert in großer Zahl und penibel geführt worden waren. Über selten gewordene Pflanzen und Tiere klärten schließlich die „Roten Listen" auf, die für viele Gebiete erschienen sind oder noch erscheinen werden. Auf ihre Interpretation wird im Abschlußkapitel noch eingegangen.

Erneut kam es zu Konflikten zwischen Förstern und Naturschützern über die richtige „Natur". Den Naturschützern gelang es in vielen Fällen, eine Aufforstung von Heiden und Magerrasen durch Unterschutzstellung der Flächen zu verhindern; andernorts wurden Fichten zwischen Wacholderbüsche, Silberdisteln und Orchideen gepflanzt, die die typischen Heidegewächse mit der Zeit überwucherten und verdrängten.

48 Aufforstung einer ehemaligen Heidefläche bei Balzhausen im Schwarzwald. Heidekraut und Wacholder hielten sich nur in der Schneise der Stromleitung. Seitwärts der Leitung wurden sie von den gepflanzten Fichten überwuchert.

Erst allmählich wandten sich die Naturschützer wieder verstärkt dem Wald als Schutzobjekt zu. Wichtige Impulse dazu gaben die Forstverwaltungen in der Bundesrepublik Deutschland im Europäischen Naturschutzjahr 1970. Damals beschloß man, bestimmte Waldparzellen aus der Nutzung zu nehmen, um in Zukunft beobachten zu können, wie sich diese Wälder ohne Eingriffe des Menschen weiter entwickeln würden. Solche Wälder, in denen jegliche Nutzung durch den Menschen unterbleiben sollte, hatte man vereinzelt schon in früherer Zeit ausgewählt. Nun wurde ihre Anzahl stark vergrößert. Man nannte sie Bannwälder, Naturwälder, Naturwaldreservate, Naturwaldparzellen oder Naturwaldzellen, und hielt sie, dem Titel eines von der Landesforstverwaltung in Baden-Württemberg herausgebrachten Buches folgend, für „Urwald von morgen". Zur gleichen Zeit begann auch die Einrichtung von Nationalparks in deutschen Waldgebieten, zuerst im Bayerischen Wald, später auch bei Berchtesgaden.

Die Waldschutzgebiete, in denen keine forstliche Nutzung mehr stattfindet, sind interessante Forschungsobjekte, und sie werden dies auch in Zukunft sein; weil umgestürzte Bäume in ihnen belassen werden, erhalten die „Naturwälder" bald ein bizarres Aussehen, das für Besucher spektakulär ist. Sie werden daher mehr und mehr zu Fremdenverkehrsattraktionen. Auch wenn diese Wälder mit der Zeit immer „wilder" aussehen werden, so sind sie doch keine echten Wildnisse oder Urwälder. Denn viele Jahrhunderte oder Jahrtausende hat der Mensch ihre Entwicklung beeinflußt: Auch in vielen „Urwäldern von morgen" sieht man die Spuren ehemaligen Ackerbaus, in vielen Beständen sind Baumarten heimisch gemacht worden, die sich ohne den Einfluß des Menschen an Ort und Stelle mutmaßlich nicht ausgebreitet hätten; selbstverständlich ist das Artengefüge durch lang andauernde Nutzung verschoben worden, und der Boden ist durch den mit der Nutzung verbundenen Nährstoffentzug verarmt. Die mitteleuropäischen Nationalparks und Bannwälder *sind* daher keine Urwälder wie diejenigen Bestände in anderen Kontinenten, die noch nie abgeholzt wurden; und sie ähneln noch nicht einmal den Wäldern von Yellowstone und Yosemite, in denen vor ihrer Unterschutzstellung lediglich eine Nutzung durch nicht ortsansässige Indianer erfolgt war, die der Nutzung durch den prähistorischen Menschen in Mitteleuropa geähnelt haben mag. Strenggenommen sind also auch die Wälder von Yellowstone und Yosemite keine „Urwälder", aber sie verdienen diese Bezeichnung eher als Wälder in Mitteleuropa, die allesamt nicht nur durch prähistorische, sondern auch durch ortsfeste historische Besiedlung beeinflußt sind. In ihnen wurde intensiv Holz genutzt, Vieh geweidet, Streunutzung fand statt, und „ortsfremde" Pflanzenarten wie die Fichte wurden künstlich eingebracht. Es ist möglich, daß sich nach Beendigung der Nutzungsphase nun mehr und mehr vom Menschen nicht mehr beeinflußte Prozesse in diesen Wäldern abspielen werden, so daß die sich entwickelnden Bestände in Zukunft mehr und mehr das Prädikat „natürlich" verdienen werden, doch niemals wird dies ohne Abstriche der Fall sein: Baumarten wie Buche und Fichte werden sich

49 Auf einem Foto von Peter Weller (um 1900), das die Marienhütte bei Eiserfeld, Kreis Siegen, zeigt, ist deutlich zu erkennen, daß im Umkreis der Hütte kaum Bäume hochkamen, weil einerseits von den Rauchgasen eine starke Schädigung ausging, andererseits intensive Holznutzung stattgefunden hatte.

aus Beständen, in denen sie einmal vom Menschen eingebracht sind, kaum je einmal wieder durch natürliche Regulation entfernen lassen.

Naturschützer waren zur Stelle, als Waldbestände für Großprojekte von Industrie und Technik abgeholzt werden sollten oder wurden. Sie protestierten gegen die Beseitigung von Wäldern vor dem Baubeginn von Atomanlagen in Gorleben und Wackersdorf; erhebliche Proteste gab es – vor allem wegen der damit verbundenen Waldzerstörung – gegen den Bau der Startbahn West am Frankfurter Flughafen. Grüne Parteien, die zuerst in Deutschland und einigen seiner Nachbarländer entstanden, waren die politischen „Sammelbecken" für die Natur- und Umweltschützer.

Gewaltigen Zulauf bekamen die Umweltschutzparteien um 1980; in den folgenden Jahren zogen sie in viele Parlamente ein, und unter ihrem Druck entstanden in vielen Ländern Umweltschutzministerien. Der Anlaß dafür war – nach sich konkret oder nur scheinbar abzeichnenden Versorgungskrisen, die der „Club of Rome" prophezeite – nun eine bedrohliche Katastrophe, die vor der Haustür zu erkennen war: das „Tannensterben", aus dem bald ein „Waldsterben" wurde. Man sprach auch von „neuartigen Waldschäden".

Dabei waren die Waldschäden, die man zuerst bei der Tanne, dann bei anderen Baumarten diagnostizierte, keineswegs neu. Seit dem 19. Jahrhundert wußte man, daß Bäume durch Rauch geschädigt werden; in der Nähe von Erzaufbereitungsanlagen im Harz, Erzgebirge oder Siegerland starben die Bäume ab. Schon damals regte man an, die Schornsteine zu erhöhen und die Schadstoffe in größere Höhen zu emittieren, doch war man sich von Anfang an darüber im klaren, daß dies zu einer weiteren Verbreitung der Schadstoffe und zu einer Schädigung von Bäumen in einem größeren Gebiet führen würde. Daß dies mutmaßlich bereits eingetreten war, bemerkte man um 1980. In den Jahren zuvor schon mehrten sich Hinweise auf Schädigungen bei Tannen im Schwarzwald und anderen Gebirgen, die man sich zunächst nicht erklären konnte; seit 1979 lag es auf der Hand: Der Saure Regen, in dem die Industrie-Emissionen wieder auf die Erde zurückfielen, schien die Wälder zu zerstören. In Illustrierten und Magazinen wurde alsbald der Untergang der Wälder prophezeit. Eilends entwickelte man Schätzverfahren, mit denen objektiv die Zu- oder Abnahme der Walderkrankung gemessen werden sollte. Detailgetreue Fotos zeigten die Zustände gesunder und geschädigter Bäume; an diesen Bildern wurden die Augen der Schätzer geschult, die den Zustand des Waldes ermitteln sollten. Von Jahr zu Jahr waren die Schätzer besser ausgebildet, und man muß den Eindruck haben, daß allein durch ihre bessere Schulung die als geschädigt deklarierten Flächen zugenommen haben.

Inzwischen weiß man, daß das Ende des Waldes nicht gekommen ist. Vielmehr stellt sich heraus, daß gerade in den Jahren, in denen das Waldsterben entdeckt wurde, viele Bäume besonders gute Zuwachsleistungen erbrachten. Waren sie also wirklich sterbenskrank? Heinz Ellenberg, jahrzehntelang einer der führenden Ökologen in Deutschland, bemängelte vor allem die „Objektivität" des Schätzverfahrens für den Zustand der Wälder. Denn da waren Bilder von Waldzuständen zu sehen, die nicht in einer Zeitreihe am gleichen Baum aufgenommen worden waren, sondern bei Bäumen, die auf unterschiedlichen Standorten wuchsen. Selbstverständlich haben Bäume auf günstigen Standorten mehr Blätter und Nadeln als solche auf ungünstigen. Auch wurde vor der Einführung des Schätzverfahrens nicht geklärt, ob die geschädigten Bäume nicht nur deswegen so krank aussahen, weil sie auf einem ungünstigen Standort wuchsen, in Wirklichkeit also ihrem Milieu entsprechend gesund waren.

Abgesehen davon: es konnte bis heute nicht geklärt werden, inwieweit Emissionen der Industrie an den Baumschäden in großen Regionen beteiligt waren und sind. Es wurden und werden viele verschiedene Ursachen für die „neuartigen Waldschäden" ins Gespräch gebracht. Möglicherweise wirkten die sauren Depositionen aus den Niederschlägen direkt auf Nadeln und Blätter ein. Oder sie machten sich vor allem im Boden bemerkbar, weil sie unmittelbar die Wurzeln der Bäume schädigten oder zur Verlagerung von bestimmten chemischen Elementen führten, die dann zur Ernährung der Bäume nicht mehr zur Verfügung standen. Oder es wurde zu viel toxisches Aluminium freigesetzt. Oder es breiteten sich Viren in den Bäumen aus, die die Versorgung mit Wasser und Nährstoffen in den Pflanzen beeinträchtigten. Möglicherweise bestand auch kein Zusammenhang zwischen sauren Depositionen und der Virusinfektion. Vielleicht lösten auch einzelne oder alle diese Ursachen gemeinsam die „komplexe Erkrankung" der Wälder aus, was im ganzen gesehen wohl am wahrscheinlichsten ist.

Ellenberg bekannte, daß viele Ökologen längst wußten, daß das Waldsterben in der prognostizierten Form nicht eintrat, doch schwiegen sie darüber. Das Phänomen Waldsterben hatte nämlich weite Teile der Bevölkerung Deutschlands tief schockiert und Politiker zum Handeln genötigt. Es wurden große Anstrengungen unternommen, die Luft zu reinigen. Bestimmte Industrie-Emissionen wurden stark reduziert, man vermied die allzu intensive Verwendung von schwefelhaltiger Braunkohle, verfügte den Einbau von Rauchgasentschwefelungsanlagen und Katalysatoren in Kraftwerksschlote und Kraftfahrzeuge, verbot verbleites Benzin und senkte die Emissionen von Hausbrandanlagen. Die Luft wurde nicht nur in Deutschland, wo der Schock über das Sterben der Wälder besonders tief saß, sondern auch in vielen anderen Industrieländern meßbar erheblich sauberer. „Ökologie" wurde zu einem populären Anliegen und ökologische Forschung im Zusammenhang mit der Waldschadensforschung ganz erheblich ausgebaut. Dies alles ist zweifellos positiv zu bewerten; jede Pressemeldung über das Waldsterben gab Anlaß zum Handeln und begünstigte ökologische Forschungsprojekte. Bei der Luftreinhaltung und anderen Umweltschutzmaßnahmen entwickelte sich Deutschland bald zu einer weltweit führenden Nation. Auch in anderen Industriestaaten dachte man verstärkt über den Schutz der Umwelt und die Reinhaltung der Luft nach, ergriff Maßnahmen, die sich oft an den Vorbildern der Deutschen orientierten, und man begann, auf internationaler Ebene über die Zukunft des Planeten nachzudenken. Daher war klar: aus politischen Gründen und im Interesse der Zukunft der Menschheit war es opportun, das Ausmaß des Waldsterbens nicht kleiner zu reden, als es zu sein schien.

Wenn Ökologen heute bekennen, sie hätten gewußt, daß das Waldsterben nicht den gleichen Umfang hatte und hat, wie es berichtet worden war, könnte ökologische Forschung in Mißkredit kommen. Dies ist aber gefährlich, denn gerade die Waldschadensforschung, die durch das „Phänomen Waldsterben" in Gang kam, hat wesentliche Zusammenhänge in Waldökosystemen aufgedeckt. Und es sind noch längst nicht alle relevanten Forschungsfragen in Angriff genommen worden.

Vor allem hat man über langfristige Änderungen und über die Dynamik in Ökosystemen bisher viel zu wenig nachgedacht, was im Abschlußkapitel noch näher erläutert werden soll. Nur soviel hier noch speziell zum Phänomen Waldsterben: die in vielen Illustrierten und Zeitungen während der achtziger Jahre

50 Der Feldsee und der Feldberg im 19. Jahrhundert (nach einer Zeichnung von R. Höfle). Es ist deutlich zu erkennen, daß unterhalb und oberhalb der Karwand nur wenige Bäume stehen.

gezeigten sterbenden Wälder am Mummelsee und Feldsee im Schwarzwald wuchsen an Plätzen, wo im 19. Jahrhundert kein Baum stand. Dies läßt sich bei der Betrachtung von Ansichtenwerken des 19. Jahrhunderts klar erschließen. Die absterbenden Bäume an den steilen Karwänden der Schwarzwaldseen konnte man besonders gut fotografieren; das allgemeine Sterben von seit Urzeiten bestehenden Wäldern ließ sich aber nicht zeigen. Vielmehr wurden die Bäume, die seit dem 19. Jahrhundert an einem ungünstigen Standort, nämlich in großer Höhe über einer Felswand gepflanzt worden waren, nun alt, und vielleicht starben sie eines „natürlichen Todes". Überhaupt muß man daran denken, daß in der zweiten Hälfte des 20. Jahrhunderts viele der Bäume alterten, die im 19. Jahrhundert in Aufforstungsflächen gesetzt worden waren. Zum ersten Mal gab es in den künstlich begründeten Wäldern viele alte Bäume, und es ist klar, daß sich Schädigungen und Phänomene des Absterbens an ihnen gehäuft zeigten. Wendet man Schätzverfahren für den Grad des Waldsterbens an diesen Bäumen kritiklos an, dann muß das in die Irre führen. Viele künstliche Wälder aus dem 19. Jahrhundert stehen auf ausgepowerten Böden der Außenfluren von Siedlungen, auf ehemaligen Heideflächen, die bis zum 19. Jahrhun-

51 Die Karwand am Feldsee mit dem Feldberg 1997. Hier stehen viele Bäume, die ein Waldsterben anzeigen können. Im 19. Jahrhundert wuchsen hier nur sehr wenige Bäume, die keineswegs „gesünder" aussahen als die heutigen.

dert intensiv beweidet worden waren, auf denen man Streunutzung betrieb oder sogar Plaggen stach, die also zur Zeit der Aufforstung schon relativ arm an Mineralstoffen waren. Auf den armen Böden der Außenfluren konnte man besonders gut mit Fichten und Kiefern aufforsten, die aber in vielen Gegenden natürlicherweise auf den Forstflächen gar nicht vorkommen würden. Das Waldsterben betraf also weithin Bestände, die nicht natürlich waren, die auf verarmten Böden begründet waren und in denen nun vermehrt Bäume alterten.

Alte oder sterbende Bäume in den Wäldern fallen nicht auf, wenn sie sofort aus den Beständen entfernt werden. Doch wurde und wird gerade in einer Zeit, in der die Bestände intensiv durchforstet werden müßten, das Personal vieler Forstverwaltungen verkleinert, so daß zahlreiche der eigentlich notwendigen Durchforstungsmaßnahmen nicht in Angriff genommen werden können. Alternde und sterbende Bäume bleiben in den Wäldern, der Buchdrucker vermehrt sich in ihnen und befällt vermehrt auch andere Bäume.

Von einer ganz wesentlichen Folge der Diskussion um das Waldsterben war bisher noch nicht die Rede: Man dachte nun auch verstärkt über das rigorose Abholzen des tropischen Regenwaldes im Amazonas-Gebiet, in Afrika und Südostasien nach. Es muß nicht nur darum gehen, große Waldbereiche in diesen Gebieten als Typen von Ökosystemen zu bewahren, in denen viele Pflanzen- und Tierarten vom Aussterben bedroht sind. In diesen Wäldern ist auch sehr viel Kohlenstoff gespeichert, der in Form des Treibhausgases Kohlendioxid das globale Klima beeinflussen würde, wenn man sämtliche Regenwälder abholzt und das Holz verbrennt. Überblickt man dieses Abholzungsproblem in historischer Sicht, so wird klar, daß die Wälder in den Tropen bisher nur von einer nicht ortsfest siedelnden Bevölkerung beeinflußt wurden. Die Abholzung dieser Wälder steht zunächst einmal im Zusammenhang mit Kolonisation, der Begründung von festen staatlichen Strukturen, die sich in einem nur von nicht ortsfest siedelnden Menschen beeinflußten Ökosystem nicht etablieren lassen. Wenn feste Siedelflächen geschaffen sind, hört das Abholzen nicht auf; dies war im Mittelalter in Europa nicht anders! Läßt sich durch Abholzen außerdem noch ein auswärtiger Holzmarkt beliefern, wird man dieses natürlich tun: Gerade in den Entwicklungs- und Schwellenländern der Tropen benötigt man dringend Devisen. Will man das weitere Abholzen tropischer Regenwälder und anderer großer Waldgebiete der Erde, also das wirklich weiträumige Sterben von Wäldern verhindern, muß man den Holzmarkt neu strukturieren. Vor allem aber wäre das Phänomen der Kolonisation grundlegend neu zu überdenken. Müssen sich staatliche Strukturen durch den Prozeß der Kolonisation, das heißt, durch die Etablierung fester Siedlungsstrukturen, wirklich überallhin ausbreiten?

23. Von der Waldgeschichte zur Zukunft des Waldes

Die Waldgeschichte verlief zunächst rein natürlich bedingt, ohne den Einfluß des Menschen, später wurde die Entwicklung der Wälder mehr und mehr von Menschen, also kulturell beeinflußt.

Zunächst lebten Menschen in den Waldgebieten, die keine festen Wohnplätze besaßen. Spätere Siedlungen bestanden nur für einige Jahre oder Jahrzehnte; sie wurden gegründet und wieder aufgegeben. Die Menschen rodeten Waldparzellen, aber es entstanden daneben, auf verlassenen Siedelflächen, neue Wälder, wenn auch vielleicht mit anderer Baumarten-Zusammensetzung. Als die Menschen dazu übergingen, immer wieder an gleicher Stelle Holz zu gewinnen, veränderten sie die Wälder in anderer Weise. Diese intensivere Zerstörung von Wäldern konnte im Zusammenhang mit der Gewinnung, Ausbeutung und Verarbeitung von Bodenschätzen stehen; viel stärker verbreitet trat sie in Verbindung mit der Kolonisation auf, die sich von den Zentren der Staaten in periphere Räume hin ausbreitete. Im Zuge der Kolonisation entstanden feste Siedel- und Nutzungsstrukturen; die Menschen, die die Landschaft besiedelten und nutzten, entschieden sich, einige Bereiche in ihrer Umgebung kontinuierlich für Landwirtschaft zu verwenden, in anderen Bereichen permanent Wälder zu exploitieren. Neue Wälder konnten in den kolonisierten Bereichen in aller Regel nicht mehr emporwachsen. Kolonisation ist ein Phänomen, das offenbar nicht an- oder aufzuhalten war, vielleicht auch nicht aufzuhalten ist. Nach und nach wurden nach innen und nach außen kolonisierend immer mehr Gebiete in die staatlich kontrollierten Zivilisationen eingefügt. Für die Geschichte der Wälder bedeutete dies: in immer mehr Regionen wurden Wälder zurückgedrängt, die teils echte Urwälder waren, teils aber auch Wälder, die aus Sekundärsukzessionen nach Aufgabe der Siedlungsflächen von nicht ortsfest lebenden Menschen hervorgegangen und zu Natur aus zweiter Hand geworden waren. Kolonisation und die damit verbundene Ausbreitung staatlicher Strukturen führten zu einer Vermehrung der Bevölkerung, zur Bildung von städtischen Zentren, die von außen her versorgt werden mußten: Die Abholzung der Wälder beschleunigte sich. Allmählich kam es – als Gegenbewegung – zum Schutzbestreben für Wälder, die, wie man erkannte, eine unverzichtbare Basis für das Leben der Menschen waren. Aus dem Bestreben für nachhaltige Bewirtschaftung der Wälder heraus wurden die Forstverwaltungen etabliert, die nicht nur fortan die Wälder pflegten, sondern auch damit begannen, sie systematisch wieder aufzubauen: Künstliche Forsten entstanden. Sie gehören zur gestalteten Umwelt des Menschen wie Siedlungen, Agrarflächen, Dorfteiche und Straßen. In Deutschland errichtete man künstliche Wälder auch unter dem Einfluß einer nationalen Idee, eines Mythos vom Wald. Die neu aufwachsenden Wälder wurden mehr oder weniger explizit als Natur empfunden, sie waren es aber nicht; vielmehr waren sie Bestandteil der von menschlicher Kultur gestalteten Landschaft, der Kulturlandschaft.

Die hier nochmals kurz skizzierten Entwicklungen spielten sich nicht überall auf der Welt zur gleichen Zeit ab, sondern im Zusammenhang mit der vorrückenden Zivilisation, und sie liefen nicht alle in der angegebenen Reihenfolge ab. Besonders frühzeitig begannen sie in den alten Kulturzentren, beispielsweise in Mesopotamien. Und in vielen Bereichen der tropischen Regenwälder wird erst heute eine im Zusammenhang mit Kolonisation stehende großflächige Rodung durchgeführt. Während die oben dargestellte Reihenfolge der Entwicklungen in Vorderasien, in den Mittelmeerländern, aber auch in weiten Teilen Westeuropas und Nordamerikas auf dem Stadium der Entwaldung nach der Kolonisation mit allen ihren Auswirkungen stehenblieb, entwickelte man bisher vor allem in Mitteleuropa Maßnahmen dagegen und forstete aus der Nutzung genommene Landschaftsparzellen auf.

Rodungen in bisher natürlich gewachsenen Wäldern sind vom Prinzip her nicht das gleiche wie in künstlich begründeten Forsten. Waldrodungen haben prinzipiell andere Auswirkungen, je nachdem ob sie durch gleichzeitige Sekundärsukzessionen oder Aufforstungen kompensiert werden oder ob dies nicht geschieht, die Waldfläche also insgesamt vermindert wird. Aus diesem Grund sind die Waldrodungen, die heute in den Tropen durchgeführt werden, mit Rodungen in den aufgeforsteten Flächen Mitteleuropas grundsätzlich nicht zu vergleichen.

Von Zeit zu Zeit bedeutete „Wald" immer wieder etwas anderes. Seine Zusammensetzung wandelte sich, und mehr und mehr prägte der Mensch selbst, was er und seine Zeitgenossen einerseits und seine Nachfahren andererseits als Wald empfinden sollten. Weil die Wälder der Erde nicht alle nach dem gleichen Prinzip behandelt werden, unterscheiden sie sich auch dadurch, nicht nur weil verschiedene Baumarten in ihnen vorkommen. Für die einen ist „Wald" der aufgeforstete, künstliche Bestand, für den anderen der „echte Urwald", für wieder andere der vom Vieh beweidete Hudewald.

Schriftliche Quellen, aus denen die Historiker gemeinhin das Geschichtsbild konstruieren, erweisen sich als zu ungenau für eine Rekonstruktion der oben skizzierten und in diesem Buch dargestellten Abfolge von Stadien der Waldentwicklung. Bis in jüngste Zeit unterscheiden schriftliche Aufzeichnungen nur zwischen Wald und Nicht-Wald, zwischen wilden Urwäldern und gerodeten und kultivierten Flächen, zwischen Garten und Wildnis. Genauso, wie es in der Natur keine klaren Grenzen zwischen Wald und Nicht-Wald gibt, so wird diese Kategorisierung in zeitlicher Hinsicht den wahren Verhältnissen nicht gerecht.

Eine Zusammenschau von Resultaten der historischen Wissenschaften, der archäologischen Quellen und der Ergebnisse der Vegetationsgeschichte erlaubt ein feineres Bild. Wenn es also darum gehen soll, in der akademischen Lehre, in der Forschung und für die Allgemeinheit den Wandel der Wälder im Lauf der Zeit darzustellen, sollte man sich nicht mit der Interpretation schriftlicher Quellen, der Forsturkunden, Landkarten usw., zufriedengeben. Der Rahmen müßte hier weiter gespannt werden; Resultate der Vor- und Frühgeschichte, der Paläobotanik und der Vegetationsgeschichte müßten stärker berücksichtigt werden, weil damit größere Zeitabschnitte überblickt werden können, in denen sich entscheidende Wandlungen der Wälder abspielten.

Wie einseitig die Berücksichtigung von Schriftquellen allein sein kann, zeigt sich an der Rezeption des Satzes über die Wildheit der Wälder Germaniens bei Tacitus. Für Tacitus gab es nur den Unterschied zwischen dem Kulturland, das heißt, dem kolonisierten Land, am Mittelmeer und der Wildnis, dem Wald außerhalb des Imperium Romanum. Er erkannte den Charakter der angeblichen Wildnis Germaniens nicht, doch wurde jahrtausendelang der Satz des Tacitus als Nachweis zitiert, in Germanien habe es dichte Wälder gegeben.

Diese, wenn auch nicht ganz falsche, so doch ungenaue Ansicht hat zumindest seit dem 18. Jahrhundert das Verhältnis der Deutschen zum Wald geprägt. Die Deutung und Mißdeutung dieser Textstelle führte zum Aufkommen des eigentümlichen Wald-Mythos in Deutschland; dadurch wurde sowohl die Wirtschaft als auch die Landschaft Mitteleuropas nachhaltig verändert und gestaltet. Ob diese Entwicklung letztlich „falsch" oder „richtig" war, läßt sich so leicht nicht sagen, und dies muß auch nicht entschieden werden. Sie entsprang einer falschen Interpretation einer Textstelle und prägte nicht über natürliche, sondern durch kulturelle Prozesse weite Teile Europas. Es ist zweifellos positiv zu bewerten, daß Wälder wieder aufgebaut wurden und damit ein Modell für die pflegliche Behandlung der Umwelt entstand, das in weiten Bereichen der Welt nachgeahmt wird oder nachgeahmt werden sollte: Wälder stabilisieren die Umwelt, das Klima, den Wasserhaushalt usw. Doch darf auch nicht übersehen werden, daß der typisch deutsche Mythos vom Wald in Übersteigerung zur Ideologie der Nationalsozialisten gehörte.

Man muß sich vor weiteren einseitigen Interpretationen schriftlicher Quellen hüten. Heute gibt es den „Mythos" von der „guten alten Zeit" des 19. und frühen 20. Jahrhunderts. Damals wurden erstmals detaillierte schriftliche Aufzeichnungen über den Zustand der Umwelt des Menschen angefertigt. Vergleicht man die heutigen Verhältnisse mit denen, die damals dokumentiert wurden, wird man mit einem grundlegenden Wandel unserer Lebenswelt konfrontiert. Natur- und Umweltschützer stellen fest, daß viele Tier- und Pflanzenarten seit dem frühen 20. Jahrhundert erheblich seltener geworden, einzelne sogar ganz verschwunden oder ausgestorben sind; damit im Zusammenhang steht ein Rückgang der Anzahl von Lebensräumen im ländlichen Bereich. Dies hat keineswegs etwas mit einer Aufgabe nachhaltiger Nutzung zu tun, sondern eher im Gegenteil mit der Aufgabe von „ausplündernder Nutzung". Als die ersten genauen Inventarlisten von Tier- und Pflanzenarten entstanden, lagen sehr viele Nutzungsbereiche nebeneinander: Es gab damals intensiv bewirtschaftetes Agrarland kleinbäuerlicher Struktur neben Großschlägen von Gutshöfen und Großbauern auf guten Böden, aber auch kleine Äcker auf steinigem, flachgründigem Boden, außerdem bewässerte Wiesen und Obstgärten. In den Außenbereichen der Fluren lagen gepflegte Viehweiden neben extensiv genutzten Viehtriften, Heiden und Magerrasen. Es gab mehr Hudewälder als heute. Im Bereich des Waldes waren viele Nieder- und Mittelwälder vorhanden, einzelne alte und andererseits künstlich begründete junge Forsten. In diesen verschiedenen Lebensräumen kamen sehr zahlreiche Arten von Lebewesen vor, die unterschiedliche Standortansprüche hatten und haben. In Heiden, Magerrasen, Hude-, Nieder- und anderen bäuerlich genutzten lichten Wäldern waren die Böden durch Übernutzung verarmt; deshalb wuchsen hier Pflanzen, die mit einem geringen Nährstoffangebot im Boden auskamen, während anspruchsvollere Gewächse nicht Fuß fassen konnten und die schwächeren Konkurrenten verdrängten. Als man dazu überging, durch Mineraldüngung oder Aufforstung eine insgesamt nachhaltigere Nutzung in Außenfluren zu beginnen, verschwanden die Gewächse der armen Böden. Fanden sie in der Landschaft des 19. Jahrhunderts geeigneten Lebensraum, so war dies ein Zeichen für nicht nachhaltige Nutzung der Landschaft, für Ausplünderung der Ressourcen durch Nährstoffentzug. Wenn heute davon gesprochen wird, man müsse nachhaltige Landschaftsnutzung betreiben, um gerade den Pflanzen verarmter Böden ein Überleben zu ermöglichen, so ist dies die Perversion eines Begriffs und eines Prinzips, das sich in der Forstwirtschaft bewährt hat! Trotzdem sollte man die Lebensgrundlagen von Pflanzen in Lebensräumen erhalten, die seit dem 19. Jahrhundert zurückgedrängt werden. Dies muß nur mit dem richtigen Argument geschehen: Nicht Naturschutz, sondern die Erhaltung der gewachsenen Identität der Landschaft sichert den Bestand dieser Lebensräume.

Es muß klar sein: weder waren die Wälder, die in der *Germania* des Tacitus beschrieben wurden, wirklich wild, noch war die Landnutzung des 19. Jahrhunderts insgesamt nachhaltig!

Aufbauend auf den historischen Entwicklungen blickt man gern in die Zukunft; macht man sich Gedanken um die Zukunft der Wälder, möchte man gern eine möglichst „natürliche" Entwicklung der Wälder fördern. Doch in der Realität gibt es auch hier sehr unterschiedliche Auffassungen.

Von forstlicher Seite wird stets das Prinzip der nachhaltigen Bewirtschaftung von Wäldern angestrebt. Den Wäldern soll nie mehr Holz entnommen werden, als zugleich nachwachsen kann. Die Forstverwaltungen sind ferner dazu angehalten, möglichst rentabel bzw. wirtschaftlich zu arbeiten. Mehr und mehr kommt man ab vom reinen Altersklassenwald, der aus nur einer einzigen Baum-

52 Der Jäger möchte die Landschaft weit überblicken können; im dichten Wald kann man nur sehr schwer jagen.

art besteht und zur Holzernte kahl geschlagen wird, und baut gemischte Bestände auf, denen nur Einzelstämme entnommen werden; dies geschieht nach mehreren Verfahren, etwa nach dem Ende des 19. Jahrhunderts und zu Beginn des 20. Jahrhunderts entwickelten Dauerwaldprinzip, das der Kammerherr von Kalitsch in Bärenthoren bei Magdeburg propagierte und das Alfred Möller später wissenschaftlich beschrieb. Im nachhaltig bewirtschafteten Dauerwald wird der Boden gepflegt; es darf nur wenig Wild in einem solchen Wald stehen, so daß die Bäume des Waldes nur selten verbissen werden. Ähnliche Ansichten über einen modernen Aufbau von Wäldern entwarfen beispielsweise August und Heinrich Bier im Forst Sauen in Brandenburg und Förster in großen Privatwäldern; seit einigen Jahren setzt sich dieser Umbau von Wäldern auch unter dem Einfluß staatlicher Forstverwaltungen durch.

Jäger wünschen sich einen anderen Wald. Der Wald der Jäger muß vielfältige Lebensräume aufweisen; neben Dickungen sollte es dort lichte Partien geben mit einem reichen Nahrungsangebot an verschiedenen Kräutern, Gräsern, Büschen und jungen Bäumen, an denen das Wild äsen kann. Im Wald werden von den Jägern Wildäcker angelegt und Wildfütterungsstellen betreut, was von manchen Förstern nicht gutgeheißen wird. Für jagdliche Zwecke müssen in den Wäldern Hochsitze und Schneisen vorhanden sein, damit das Wild genau beobachtet und geschossen werden kann. „Der Jäger ist auch Heger"; es kommt dem Jäger darauf an, möglichst große Wildbestände aufzubauen, damit nachhaltig (hier sei dieses Wort ganz bewußt verwendet!) Jagdbeute zur Verfügung steht.

Spaziergänger und Wanderer freuen sich über abwechslungsreiche Landschaftsbilder im Wald. Ihnen sind Altersklassenwälder weniger lieb als abwechslungsreich aufgebaute Bestände; besonders schätzen sie, wenn es im Wald vielfältige Lebensräume gibt, und wenn man während eines Waldspazierganges viel Wild sieht, ist man von der „Natürlichkeit" des durchwanderten Waldes besonders begeistert.

Auch die Naturschützer haben ein Interesse an möglichst abwechslungsreich aufgebauten Beständen, garantieren jene doch die größte Biodiversität. Gibt es einen vielfältigen Wechsel zwischen dichten und lichten Beständen, leben auch die meisten Tier- und Pflanzenarten im Wald. Aus diesem Grund wird von vielen Naturschützern immer wieder der Charakter eines lichten Hudewaldes als Ideal dargestellt, wie es schon Konrad Guenther zu Beginn des 20. Jahrhunderts tat. Um das Ideal des lichten Waldes zu verwirklichen, wird von einigen Naturschützern das Aussetzen von großen Säugetieren vorgeschlagen, beispielsweise von wilden Rindern.

Die Interessen der einzelnen „Parteien" treffen sich in verschiedenen Punkten. Der „ideale Wald" für viele Jäger, Wanderer und Naturschützer sieht ziemlich ähnlich aus, doch wird die Tätigkeit des Jägers von allen anderen zunächst einmal abgelehnt, es sei denn, es wird offensichtlich, daß nur Tiere gejagt werden, die in Überzahl vertreten sind. Viele Naturschützer fordern deshalb heute – gemeinsam mit den Förstern übrigens – einen vermehrten Abschuß von Rehen, denn diese heute häufigen Tiere fressen die zarten jungen Triebe von Laubbäumen und Weißtannen ab, die heute vermehrt in die Wälder eingebracht werden sollen, damit der aus Fichtenmonokulturen bestehende Altersklassenwald durch abwechslungsreichere Bestände abgelöst werden kann.

Auf der Suche nach der „richtigen" Art und Weise der Behandlung von Wäldern und der „richtigen Natur" wird von den verschiedenen Interessenten immer wieder die Waldgeschichte bemüht. Für viele der im Wald erwünschten Maßnahmen läßt sich eine Begründung aus dem Hut zaubern. Es gab schließlich Phasen der Waldgeschichte, in denen viele Baumarten in Europa natürlicherweise vorkamen, die heute als Exoten in die Wälder eingebracht werden. Aber ist dies ein Freibrief für den „Anbau" exotischer Gehölze in Mitteleuropa? Es gab Zeiten, in denen große Säugetiere in Europa heimisch waren und die Wälder sich deswegen vielleicht nicht völlig schließen konnten, so daß auf relativ lichten Plätzen viele verschiedene Arten von Kräutern wachsen konnten. Kann man aber mit dieser Begründung das Aussetzen von großen Säugetieren in Mitteleuropas Wälder fordern? Läßt sich aus vegetationsgeschichtlichen Untersuchungen ableiten, ob Buchen-, Eichen-, Fichten- oder nochmals ganz andere

Wälder an einer bestimmten Lokalität die einzig natürlichen sind, deren Anbau forciert werden müßte?

Wenn Wald- und Vegetationsgeschichte hier zu einer Antwort gezwungen werden, findet ein Mißbrauch ihrer Experten und Resultate statt. Denn die zentrale Aussage der Waldgeschichte ist es nicht, auf einen konkreten und stabilen Zustand der Natürlichkeit hinzuweisen, sondern darauf, daß die natürliche Entwicklung von Ökosystemen wie dem Wald auf Wandel und Dynamik beruht. Es ist also von Natur aus kein Zustand im Wald langfristig stabil; es herrscht ein ewiger, aber langsam verlaufender Wechsel der Waldbilder. Diese Dynamik hängt nicht nur mit sich wandelnden klimatischen Einflüssen zusammen oder damit, daß der Mensch sein Verhältnis zum Wald und seine Nutzungsstrategie mehrfach veränderte. Dynamik im Wald besteht allein schon, weil die Bäume wachsen und absterben, Sukzessionen stattfinden, die Wuchsgebiete von Baumarten größer werden und die Areale anderer Pflanzen in ihrer Ausdehnung begrenzt werden, weil Waldbrände und natürliche Sturmwürfe vorkommen, weil es auch natürlicherweise zu zeitweiligen Vermehrungen bestimmter Tierarten kommen kann, die dann wieder für längere Zeit kaum auftreten. Veränderungen des Klimas und des menschlichen Einflusses verstärken die Dynamik der Entwicklung von Ökosystemen lediglich, sie lösen sie nicht allein aus.

Innerhalb des ewigen Wandels des Ökosystems Wald wurden die Entwicklungen in den letzten Jahrtausenden in zunehmender Intensität von den Strategien der menschlichen Nutzung mitbestimmt, so daß sich in vielen Fällen nicht genau entscheiden läßt, welche Entwicklung natürlich und welche nicht natürlich ablief, das heißt vom Menschen hervorgerufen oder begünstigt wurde.

Ein natürlicher Prozeß blieb dabei grundsätzlich stets das Phänomen des Wandels der Ökosysteme. Die Betrachtung der Waldgeschichte lehrt uns, daß wir auch das heutige Erscheinungsbild von Wald nicht als stabil oder gar als das letzte erreichbare deuten dürfen, sondern es ist – wie die früheren Stadien auch – nur ein Durchgangsstadium der Waldentwicklung hin zu einem vielleicht heute noch völlig unbekannten Bild, das genauso als natürlich aufgefaßt werden muß wie jedes andere Stadium der Waldgeschichte zuvor. Theoretisch möglich ist die Entwicklung mehrerer verschiedener Waldbilder. Eine einzige „potentielle natürliche Vegetation" oder einen einzigen „Klimaxwald", der dauerhaft stabil bleibt, kann es real nicht geben, sondern allenfalls in der Theorie bzw. in einem Modell; vielmehr sind real mehrere Möglichkeiten der zukünftigen Entwicklung von Wäldern denkbar, und beim Nachdenken darüber ist auf jeden Fall die Dynamik zu berücksichtigen.

In diesem Buch wurde eine allgemeine Übersicht zur Geschichte des Waldes gegeben. Dabei konnte nicht immer darauf hingewiesen werden, daß sich trotz genereller Züge die Entwicklungen von Gegend zu Gegend verschieden abspielten. Die Unterschiede in der Entwicklung, die ihre Ursache in klimatischen

53 Spaziergänger und Wanderer wünschen sich abwechslungsreiche Waldbilder mit knorrigen Bäumen und Lichtungen (Arenbachtal im Schönbuch bei Stuttgart).

Bedingungen, im Standort der Wälder oder in ihrer geographischen Lage gehabt haben können, führten zur Ausprägung landschaftlicher Unterschiede, die heute zu beobachten sind. Hierauf nahm der Mensch Einfluß, der in einigen Gegenden bereits vor mehr als 7000 Jahren, in anderen erst seit weniger als einem Jahrtausend Wälder rodete und unbewußt oder bewußt die Landschaft und ihre Ökosysteme zu gestalten begann.

Alle diese Entwicklungen prägten die Identität der Wälder und der Gegenden, in die sie eingebettet sind. Zu dieser landschaftlichen Identität tragen zahlreiche natürliche und kulturelle Prozesse bei. Alle zusammen formten Wälder, Acker- und Grünland, die Siedlungen, Wege und Straßen, Magerrasen, Heideflächen, Hudewälder und verschiedene Typen von bäuerlich genutzten Wäldern wie die Niederwälder, aber auch Gärten und Parks. Alle diese Elemente zusammen machen die Identität einer Landschaft aus. Zu ihr tragen aber auch die einzelnen Tier- und Pflanzenarten bei, die darin beheimatet sind.

Diese landschaftliche Identität aber kann nur geschützt werden, indem berücksichtigt wird, daß sie in dynamische Entwicklungsprozesse eingebunden ist. Die Dynamik ist aber ein natürlicher Prozeß; beispielsweise sind die Sukzessionen natürliche Vorgänge, die auf nicht mehr genutzten Heideflächen zur Waldentstehung führen. Wird diese natürliche Dynamik verhindert, ist dies unnatürlich oder kulturell bedingt. Kann es denn „Natur" sein, wenn Landschaftspflegetrupps alljährlich aufkommenden Birken- und Kiefernanflug aus den Magerrasenflächen reißen oder wenn man Niederwälder „managt", indem sie alle paar Jahre auf den Stock gesetzt werden?

Es ist unbestritten, daß Waldtypen, die durch frühere Nutzung ein bestimmtes Aussehen erhalten haben, genauso wie Heide und Magerrasen Güter sind, die es zu schützen gilt. Viele Pflanzen- und Tierarten, die nur in diesen ehemals extensiv genutzten Gebieten vorkommen, müssen ebenfalls unter Schutz gestellt sein. Aber man muß dieses mit den richtigen Argumenten tun. Schutz verdient hier weniger die „Natur" als die in Dynamik gewachsene Identität von Landschaften mit ihren charakteristischen Tier- und Pflanzenarten.

Wie die Identität einzelner Landschaften zustande kam, ist erst viel zu ungenau erforscht. Landschaftliche Identität muß einerseits durch Inventarisation des aktuellen Erscheinungsbildes von Flora und Fauna, der Geologie und der Böden, aber auch der Siedlungen und der agrarischen und forstlichen Tätigkeiten untersucht werden, andererseits durch die genaue Erfassung der Geschichte von Wäldern im speziellen und von Landschaften im allgemeinen.

Auf der Basis dieser Inventarisation und auf der Basis wirtschaftlicher Überlegungen sollte dann nicht der reichlich idealistische „Kompromiß zwischen Ökologie und Ökonomie" hergestellt werden. Sondern man sollte überlegen, wo es die gewachsene Struktur zu schützen gilt, etwa dadurch, daß eine traditionelle extensive Nutzung mit staatlicher Unterstützung beibehalten und wo nach wirtschaftlichen Gesichtspunkten verfahren werden sollte.

Ohne eine gründliche Inventarisation der Entstehung landschaftlicher Identität läuft man Gefahr, beim Schutz von Landschaften idealistischen Zielen nachzuhängen, die das Geschützte lediglich in einen neuen Zustand überführt, der zuvor nie da war: Niederwälder schützt man nicht durch den Erhalt von gespenstisch aussehenden Hainbuchen, sondern indem man sie alle paar Jahre schlägt, so daß neue Stockausschläge in die Höhe wachsen können!

Bisher von der Tätigkeit des Menschen beeinflußte Ökosysteme können nicht in jedem Fall abrupt „der Natur überlassen werden", indem man sich möglichst nicht mehr um sie kümmert. Dadurch wird landschaftliche Identität zerstört. Wenn man Waldgebiete, in denen jahrhundertelang Nutzung betrieben und die Ausbreitung der Fichte gefördert wurde, in die „freie Wildbahn" entläßt, darf man sich nicht wundern, wenn ein Waldschädling wie der Buchdrucker gerade in ihnen unbarmherzig zuschlägt.

Wie also wird es weitergehen mit den vom Buchdrucker befallenen Wäldern im Nationalpark Bayerischer Wald und anderswo? Wird sich auf den abgestorbenen und umgestürzten Fichten ein neuer Wald entwickeln? Und wird es dieser Wald sein, der dann mit mehr Berechtigung „Urwald von morgen" genannt werden kann? Eines Tages wird auch dies in einer Geschichte des Waldes beschrieben werden können als ein Ereignis, das die Identität einzelner Gebiete prägte, das aber ihren ewigen, von Natur aus bestehenden Wandel nicht unterbrach.

Literaturverzeichnis

Allgemeine Literatur

Bode, W. und M. von Hohnhorst, Waldwende. Vom Försterwald zum Naturwald. 3. Auflage, München 1995.

Ellenberg, H., Vegetation Mitteleuropas mit den Alpen. Fünfte, stark veränderte und verbesserte Auflage, Stuttgart 1996.

Firbas, F., Waldgeschichte Mitteleuropas nördlich der Alpen. Band I: Jena 1949, Band II: Jena 1952.

Grimm, J. und W., Deutsches Wörterbuch. Leipzig 1854 ff.; Nachdruck München 1984.

Hasel, K., Forstgeschichte. Ein Grundriß für Studium und Praxis. Hamburg, Berlin 1985.

Herkendell, J., und J. Pretzsch (Hrsg.), Die Wälder der Erde. Bestandsaufnahme und Perspektiven. München 1995.

Jacob, F., E. J. Jäger und E. Ohmann, Kompendium der Botanik. Stuttgart, New York 1981.

Küster, H., Geschichte der Landschaft in Mitteleuropa. München 1995.

Küster, H., Sieben Phasen der Nutzung mitteleuropäischer Wälder. Alt-Thüringen 30, 1996, 55–69.

Lanius, K., Die Erde im Wandel. Heidelberg, Berlin, Oxford 1995.

Mayer, H., Waldbau auf soziologisch-ökologischer Grundlage. 2. Auflage, Stuttgart, New York 1980.

Pott, R., Farbatlas Waldlandschaften. Ausgewählte Waldtypen und Waldgesellschaften unter dem Einfluß des Menschen. Stuttgart 1993.

Pott, R. und J. Hüppe, Die Hudelandschaften Nordwestdeutschlands. Münster 1991.

Schama, S., Der Traum von der Wildnis. Natur als Imagination. München 1996.

Sitte, P., H. Ziegler, F. Ehrendorfer und A. Bresinsky, Lehrbuch der Botanik für Hochschulen, begründet von Eduard Strasburger und anderen. 33., neubearbeitete Auflage, Stuttgart, Jena, New York 1991.

Straka, H., Pollen- und Sporenkunde. Eine Einführung in die Palynologie. Grundbegriffe der modernen Biologie 13, Stuttgart 1975.

Spezielle Literatur

1. Die ersten Bäume, die ersten Wälder

Albrecht, G. und P. Wollkopf, Rentierjäger und frühe Bauern. Konstanz 1990.

Gothan, W., Das frühere Pflanzenkleid des deutschen Bodens. Berlin 1939.

Mägdefrau, K., Paläobiologie der Pflanzen. Vierte, neubearbeitete Auflage. Stuttgart 1968.

Rahmann, H., Die Entstehung des Lebendigen. Stuttgart 1972.

Vogellehner, D., Rekonstruktion permokarbonischer Vegetationstypen auf der Nord- und Südhalbkugel. In: O. Wilmanns und R. Tüxen (Hrsg.), Werden und Vergehen von Pflanzengesellschaften. Berichte der Internationalen Symposien der Internationalen Vereinigung für Vegetationskunde. Vaduz 1979, 5–20.

2. Die Entstehung von Nadel- und Laubwäldern

Albrecht, G. und P. Wollkopf, Rentierjäger und frühe Bauern. Konstanz 1990.

Gothan, W., Das frühere Pflanzenkleid des deutschen Bodens. Berlin 1939.

Mädler, K., Die geologische Verbreitung von Sporen und Pollen in der Deutschen Trias. Beihefte zum Geologischen Jahrbuch 65, Hannover 1964.

Mägdefrau, K., Paläobiologie der Pflanzen. Vierte, neubearbeitete Auflage, Stuttgart 1968.

Schubert, K., Neue Untersuchungen über Bau und Leben der Bernsteinkiefern [Pinus succinifera (Conw.) emend.]. Beihefte zum Geologischen Jahrbuch 45, Hannover 1961.

3. Der Wald im Eiszeitalter

Albrecht, G. und P. Wollkopf, Rentierjäger und frühe Bauern. Konstanz 1990.

Frenzel, B., Die Klimaschwankungen des Eiszeitalters. Braunschweig 1967.

Frenzel, B., Grundzüge der pleistozänen Vegetationsgeschichte Nord-Eurasiens. Erdwissenschaftliche Forschung 1, Wiesbaden 1968.

Küster, H., Auswirkungen von Klimaschwankungen und menschlicher Landschaftsnutzung auf die Arealverschiebung von Pflanzen und die Ausbildung mitteleuropäischer Wälder. Forstwissenschaftliches Centralblatt 115, 1996, 301–320 (mit Hinweisen auf weitere Literatur).

Lang, G., Quartäre Vegetationsgeschichte Europas. Methoden und Ergebnisse. Jena, Stuttgart, New York 1994.

Lindner, K., Geschichte des deutschen Weidwerks I. Die Jagd der Vorzeit. Berlin, Leipzig 1937.

Mägdefrau, K., Paläobiologie der Pflanzen. Vierte, neubearbeitete Auflage, Stuttgart 1968.

4. Wälder im Spätglazial

Albrecht, G. und P. Wollkopf, Rentierjäger und frühe Bauern. Konstanz 1990.

Koenigswald, W. von und J. Hahn, Jagdtiere und Jäger der Eiszeit. Fossilien und Bildwerke. Stuttgart 1981.

Küster, H., Auswirkungen von Klimaschwankungen und menschlicher Landschaftsnutzung auf die Arealverschiebung von Pflanzen und die Ausbildung mitteleuropäischer Wälder. Forstwissenschaftliches Centralblatt 115, 1996, 301–320 (mit Hinweisen auf weitere Literatur).

Lang, G., Quartäre Vegetationsgeschichte Europas. Methoden und Ergebnisse. Jena, Stuttgart, New York 1994.

5.Der Wald und seine Grenzen

Küster, H., Auswirkungen von Klimaschwankungen und menschlicher Landschaftsnutzung auf die Arealverschiebung von Pflanzen und die Ausbildung mitteleuropäischer Wälder. Forstwissenschaftliches Centralblatt 115, 1996, 301–320 (mit Hinweisen auf weitere Literatur).

6. Verschiedene Waldtypen entstehen

Küster, H., Gedanken zur Entstehung von Waldtypen in Süddeutschland. Berichte der Reinhold-Tüxen-Gesellschaft 2, 1990, 25–43 (mit Hinweisen auf weitere Literatur).

Küster, H., Die Entstehung von Vegetationsgrenzen zwischen dem östlichen und dem westlichen Mitteleuropa während des Postglazials. In: A. Lang, H. Parzinger und H. Küster, Kulturen zwischen Ost und West. Das Ost-West-Verhältnis in vor- und frühgeschichtlicher Zeit und sein Einfluß auf Werden und Wandel des Kulturraums Mitteleuropa. Berlin 1993, 473–492 (mit Hinweisen auf weitere Literatur).

Küster, H., Auswirkungen von Klimaschwankungen und menschlicher Landschaftsnutzung auf die Arealverschiebung von Pflanzen und die Ausbildung mitteleuropäischer Wälder. Forstwissenschaftliches Centralblatt 115, 1996, 301–320 (mit Hinweisen auf weitere Literatur).

7. Die ersten Ackerbaukulturen und die ersten Waldrodungen

Hörner, G., Die Waldvölker. Versuch einer vergleichenden Anthropogeographie. Gotha 1927.

Küster, H., Indo-European and Finno-Ugric cultures and languages from the perspectives of biology and environmental history. Im Druck (Oulu 1998).

8. Holz als universeller Rohstoff in der „Holzzeit"

Groenman-van Waateringe, W., Hecken im westeuropäischen Frühneolithikum. Berichten van de Rijksdienst voor het Oudheidkundig Bodemonderzoek 20–21, 1970/71, 295–299.

Iversen, J., Landnam i Danmarks Stenalder. Danmarks Geologiske Undersøgelse II, 66, København 1941.

Kreuz, A. M., Die ersten Bauern Mitteleuropas. Eine archäobotanische Untersuchung zu Umwelt und Landwirtschaft der ältesten Bandkeramik. Analecta Praehistorica Leidensia 22, Leiden 1990.

Peglar, S., The mid-Holocene Ulmus decline at Diss Mere, Norfolk, UK: a year-by-year pollen stratigraphy from annual laminations. The Holocene 3(1), 1993, 1–13.

Schweingruber, F. H., Prähistorisches Holz. Die Bedeutung von Holzfunden aus Mitteleuropa für die Lösung archäologischer und vegetationskundlicher Probleme. Academica Helvetica 2, Bern, Stuttgart 1976.

Siedlungen der Steinzeit: Haus, Festung und Kult. Mit einer Einführung von Jens Lüning. Spektrum der Wissenschaft: Verständliche Forschung. Heidelberg 1989.

Troels-Smith, J., Ivy, mistletoe and elm. Climate indicators, fodder plants. Danmarks Geologiske Undersøgelse IV,4(4), København 1960.

9. Und wieder schließen sich Wälder

Küster, H., Die Entstehung von Vegetationsgrenzen zwischen dem östlichen und dem westlichen Mitteleuropa während des Postglazials. In: A. Lang, H. Parzinger und H. Küster,

Kulturen zwischen Ost und West. Das Ost-West-Verhältnis in vor- und frühgeschichtlicher Zeit und sein Einfluß auf Werden und Wandel des Kulturraums Mitteleuropa. Berlin 1993, 473–492 (mit Hinweisen auf weitere Literatur).

Küster, H., Auswirkungen von Klimaschwankungen und menschlicher Landschaftsnutzung auf die Arealverschiebung von Pflanzen und die Ausbildung mitteleuropäischer Wälder. Forstwissenschaftliches Centralblatt 115, 1996, 301–320 (mit Hinweisen auf weitere Literatur).

Küster, H., Auswirkungen prähistorischen Siedelns auf die Geschichte der Wälder. Im Druck (Regensburg 1998; mit Hinweisen auf weitere Literatur).

Pott, R., Nacheiszeitliche Entwicklung des Buchenareals und der mitteleuropäischen Buchenwaldgesellschaften – Anforderungen an den Buchenwald-Naturschutz aus vegetationskundlicher Sicht. Naturschutzzentrum Nordrhein-Westfalen, Seminarberichte 12, 1992, 6–18.

10. Die „schaurigen Wälder" des Tacitus

Küster, H., The economic use of Abies wood as timber in Central Europe during Roman times. Vegetation History and Archaeobotany 3, 1994, 25–32.

Tacitus, Germania. Lateinisch und Deutsch. Übersetzt, erläutert und mit einem Nachwort herausgegeben von M. Fuhrmann. Stuttgart 1972.

11. Stadtgründungen, Waldrodungen, Baumpflanzungen

Fickendey, E., Der Ölbaum in Kleinasien. Leipzig 1922.

Zohary, D. und M. Hopf, Domestication of Plants in the Old World. Oxford 1988.

12. Der Wald der mittelalterlichen Dörfer – 13. Der Wald der Grundherrschaft – 14. Die Wälder der Städte

Antes, K., Die pfälzischen Haingeraiden. Dissertation Freiburg im Breisgau 1933.

Bärthel, E.-V., Der Stadtwald Breisach. 700 Jahre Waldgeschichte in der Aue des Oberrheins. Stuttgart 1965.

Becker, A., Der Siegerländer Hauberg. Vergangenheit, Gegenwart und Zukunft einer Waldwirtschaftsform. Kreuztal 1991.

Blüchel, K.G., Die Jagd. Köln 1996.

Engel, F., Das Rodungsrecht der Hagensiedlungen. Quellen zur Entwicklungsgeschichte der spätmittelalterlichen Kolonisationsbewegung. Hildesheim 1949.

Epperlein, S., Waldnutzung, Waldstreitigkeiten und Waldschutz in Deutschland im hohen Mittelalter. 2. Hälfte 11. Jahrhundert bis ausgehendes 14. Jahrhundert. Stuttgart 1993.

Grossmann, H., Die Waldweide in der Schweiz. Dissertation Zürich 1927.

Grüneklee, H.-G., Der Remscheider Wald im Wandel der Zeiten. Ein Beitrag zur Forstgeschichte Remscheids. Remscheid o.J.

Gusmann, W., Wald- und Siedlungsfläche Südhannovers und angrenzender Gebiete etwa im 5. Jhdt. n. Chr. Hildesheim, Leipzig 1928.

Hachenberg, F., 2000 Jahre Waldwirtschaft am Mittelrhein. Koblenz 1992.

Heering, W., Bäume und Wälder Schleswig-Holsteins. Ein Beitrag zur Natur- und Kulturgeschichte der Provinz. Kiel 1906.

Herrmann, E., Reichsforsten und Rodungsausbau im Umland von Weißem Main und Trebgast. Bayreuth 1985.

Hornstein, F. von, Wald und Mensch. Waldgeschichte des Alpenvorlandes Deutschlands, Österreichs und der Schweiz. Ravensburg 1951, Reprint 1984.

Jäger, H., Zur Entstehung der heutigen großen Forsten in Deutschland. Berichte zur Deutschen Landeskunde 13, 1954, 156–171.

Jäger, H., Wildtierpopulationen, Umweltveränderung und anthropogene Eingriffe. Würzburger Geographische Arbeiten 87, Würzburg 1993, 491–501.

Kalähne, M., Die Entwicklung des Waldes auf dem Nordkranz der Inselkerne von Rügen. Gotha 1954.

Koehnemann, F.-F., Wandel der Waldfunktionen am Beispiel des Heidelberger Stadtwaldes. In: B. Kirchgässner und J. B. Schultis, Wald, Garten und Park. Vom Funktionswandel der Natur für die Stadt. Sigmaringen 1993, 105–116.

Kolp, O., Die nordöstliche Heide Mecklenburgs. Rostocker Heide, Gelbensander Forst, Forst Alte Heide, Ribnitzer Forst. Berlin 1957.

Kühnel, H., Forstkultur im Mittelalter. Die Anfänge der Laubholz- und Nadelwald-Saat. In: U. Lindgren (Hrsg.), Europäische Technik im Mittelalter. 800 bis 1400. Tradition und Innovation. Berlin, 2. Auflage 1997, 121–123.

Lindner, K., Geschichte des deutschen Weidwerks II. Die Jagd im frühen Mittelalter. Berlin 1940.

Lorenz, S., Wald und Stadt im Mittelalter. Aspekte einer historischen Ökologie. In: B. Kirchgässner und J. B. Schultis, Wald, Garten und Park. Vom Funktionswandel der Natur für die Stadt. Sigmaringen 1993, 25–34.

Mager, F., Der Wald in Altpreußen als Wirtschaftsraum. Köln, Graz 1960.

Pott, R., Vegetationsgeschichtliche und pflanzensoziologische Untersuchungen zur Niederwaldwirtschaft in Westfalen. Münster 1985.

Pott, R., Die Haubergswirtschaft im Siegerland. Vegetationsgeschichte, extensive Holz- und Landnutzungen in Niederwaldgebieten des Südwestfälischen Berglandes. Siegen 1990.

Raumolin, J. (Hrsg.), Special Issue on Swidden Cultivation. Suomen Antropologi 12(4), Helsinki 1987.

Schade, G., Untersuchungen zur Forstgeschichte des alten Amtes Winsen an der Luhe. Dissertation Göttingen/Hann.-Münden 1960.

Schlüter, O., Wald, Sumpf und Siedelungsland in Altpreußen vor der Ordenszeit. Halle (Saale) 1921.

Schmithüsen, J., Der Niederwald des linksrheinischen Schiefergebirges. Ein Beitrag zur Geographie der rheinischen Kulturlandschaft. Bonn 1934.

Schubert, E., Der Wald: wirtschaftliche Grundlage der spätmittelalterlichen Stadt. In: B. Herrmann, Mensch und Umwelt im Mittelalter. Stuttgart 1986, 257–274.

Siewert, G., Waldbedeckung und Siedlungsdichte der Lüneburger Heide im Mittelalter. Hannover 1920.

Wobst, A., Der Markwald. Geschichte, Rechtsverhältnisse, wirtschaftliche und soziale Bedeutung der deutschrechtlichen Gemeinschaftswaldungen in der Bundesrepublik Deutschland. Stuttgart 1971.

Zender, A., Die Arten und Formen des Waldes im engeren Rhein-Main-Gebiet. Frankfurt 1933.

15. Flößerei und Trift – Holz als Handelsprodukt

Delfs, J., Die Flößerei im Stromgebiet der Weser. Bremen-Horn 1952.

Delfs, J., Die Flößerei in Deutschland und ihre Bedeutung für die Volks- und Forstwirtschaft. In: H.-W. Keweloh, Flößerei in Deutschland. Stuttgart 1985, 34–54.

Ebeling, D., Der Holländer-Holzhandel in den Rheinlanden. Zu den Handelsbeziehungen zwischen den Niederlanden und Deutschland im 17. und 18. Jahrhundert. Stuttgart 1992.

Ellmers, D., Flößerei in Vorgeschichte, Römerzeit und Mittelalter. In: H.-W. Keweloh, Flößerei in Deutschland. Stuttgart 1985, 12–33.

Hasel, K., Herrenwies und Hundsbach. Ein Beitrag zur forstlichen Erschließung des nördlichen Schwarzwalds. Leipzig 1944.

John, G. H., Die Elbflößerei in Sachsen. Dissertation Leipzig 1934.

Keweloh, H.-W., Vom Baum zum „schwimmenden Dorf". Der Bau von Flößen. In: H.-W. Keweloh, Flößerei in Deutschland. Stuttgart 1985, 55–77.

Keweloh, H.-W., Die Floßfahrt und ihre Technik. In: H.-W. Keweloh, Flößerei in Deutschland. Stuttgart 1985, 78–110.

Koller, E., Die Holztrift im Salzkammergut. Linz 1954.

Renner, E., Entstehung und Entwicklung der Murgflößerei bis zum Dreißigjährigen Kriege. Dissertation Freiburg im Breisgau 1928.

Scheifele, M., Als die Wälder auf Reisen gingen. Wald – Holz – Flößerei in der Wirtschaftsgeschichte des Enz-Nagold-Gebietes. Karlsruhe 1996.

16. Das Gewerbe im Wald

Demattio, H., Die großräumige wirtschaftliche Erschließung und Nutzung abgelegener Waldgebiet im ausgehenden Spätmittelalter und zu Beginn der Neuzeit. Die Errichtung sogenannter Saigerhütten im südöstlichen Thüringer Wald und ihre Folgen für die Forstwirtschaft. In: E. Gundermann und R. Beck, Forum Forstgeschichte. Ergebnisse des Arbeitskreises Forstgeschichte in Bayern 1996. Forstliche Forschungsberichte München 161, Freising 1997, 1–17.

Dietz, B., Vom spätmittelalterlichen Handwerk zur industriellen Produktionsweise: der Aufstieg des bergischen Papiergewerbes (16. bis 19. Jahrhundert). Zeitschrift des Bergischen Geschichtsvereins 93, 1987/88 (1989), 81–131.

Fehn, H., Waldhufendörfer im hinteren Bayerischen Wald. Mitteilungen und Jahresberichte der Geographischen Gesellschaft Nürnberg 6, 1937, 5–61.

Grünn, H., Die Pecher. Volkskunde aus dem Lebenskreis des Waldes. Wien, München 1960.

Hachenberg, F., 2000 Jahre Waldwirtschaft am Mittelrhein. Koblenz 1992.

Hill, W. H., A. F. Hill und A. E. Hill, Antonio Stradivari. Der Meister des Geigenbaus. Aus dem Englischen übertragen von K. Küster. Stuttgart 1987.

Hillebrecht, M.-L., Die Relikte der Holzkohlewirtschaft als Indikatoren für Waldnutzung und Waldentwicklung. Untersuchungen an Beispielen aus Südniedersachsen. Göttinger Geographische Abhandlungen 79, Göttingen 1982.

Jahr, W., Die sächsische Sägeindustrie und ihre Standortbedingungen. Abhandlungen des wirtschaftswissenschaftlichen Seminars zu Jena 18(3), Jena 1927.

Johann, E., Geschichte der Waldnutzung in Kärnten unter dem Einfluß der Berg-, Hütten- und Hammerwerke. Archiv für vaterländische Geschichte und Topographie 63, Klagenfurt 1968.

Kalähne, M., Die Entwicklung des Waldes auf dem Nordkranz der Inselkerne von Rügen. Gotha 1954.

Klages, H., Die Entwicklung der Kulturlandschaft im ehemaligen Fürstentum Blankenburg. Historisch-geographische Untersuchungen über das Werk des Oberjägermeisters Johann Georg von Langen im Harz. Forschungen zur Deutschen Landeskunde 170, Bad Godesberg 1968.

Klose, H., Über Waldbienenzucht in Lithauen und einigen Nachbargebieten. In: E. Stechow, Beiträge zur Natur- und Kulturgeschichte Lithauens und angrenzender Gebiete. Abhandlungen der mathematisch-naturwissenschaftlichen Abteilung der Bayerischen Akademie der Wissenschaften Supplement-Band 9. Abhandlung. München 1925, 343–406, Abb. 1-36.

Klose, H., Über die Waldbienenwirtschaft in der früheren Provinz Westpreußen. Beiträge zur Naturdenkmalpflege 14(4), 1931, 295–360.

Köstler, J., Geschichte des Waldes in Altbayern. München 1934.

Linnard, W., Welsh Woods and Forests: History and Utilization. Cardiff 1982.

Mager, F., Der Wald in Altpreußen als Wirtschaftsraum. Köln, Graz 1960.

Riehl, G., Die Forstwirtschaft im Oberharzer Bergbaugebiet von der Mitte des 17. bis zum Ausgang des 19. Jahrhunderts. Aus dem Walde 15, Hannover 1968.

Voss, R., Slawische Teersiederei im frühen Mittelalter. In: Alt-Thüringen 30, 1996, 185–208.

Wimmer, A. F., Die Sägeindustrie im Berchtesgadener Land. Eine Strukturuntersuchung. Dissertation München 1969.

17. Der Garten in der Wildnis

Die hier zitierten Texte stammen aus: H. und U. Küster, Garten und Wildnis. Landschaft im 18. Jahrhundert. München 1997. Ferner sei, mit Hinweisen auf weitere Literatur, verwiesen auf: H. Küster, Italienische Gärten. In: H. Sarkowicz, Die Geschichte der Gärten und Parks. Frankfurt, Leipzig 1998, 134–151.

18. Bäume und eine nationale Idee werden gepflanzt

Fischer, H., Dichter-Wald. Zeitsprünge durch Silvanien. In: B. Weyergraf, Waldungen. Die Deutschen und ihr Wald. Berlin 1987, 13–25.

Harten, H.-C. und E., Die Versöhnung mit der Natur. Gärten, Freiheitsbäume, republikanische Wälder, heilige Berge und Tugendparks in der Französischen Revolution. Reinbek bei Hamburg 1989.

Hürlimann, A., Die Eiche, heiliger Baum deutscher Nation. In: B. Weyergraf, Waldungen. Die Deutschen und ihr Wald. Berlin 1987, 62–68.

Klopstock, F. G., Oden. Auswahl und Nachwort von K. L. Schneider. Stuttgart 1966.

Küster, H. und U., Garten und Wildnis. Landschaft im 18. Jahrhundert. München 1997.

Tacitus, Germania. Lateinisch und Deutsch. Übersetzt, erläutert und mit einem Nachwort herausgegeben von M. Fuhrmann. Stuttgart 1972.

Weyergraf, B., Deutsche Wälder. In: B. Weyergraf, Waldungen. Die Deutschen und ihr Wald. Berlin 1987, 6–12.

19. Die nachhaltige Bewirtschaftung und die Neuanlage von Wäldern

Arbeitskreis Forstliche Landespflege (Hrsg.), Waldlandschaftspflege. Hinweise und Empfehlungen für Gestaltung und Pflege des Waldes in der Landschaft. Landsberg am Lech 1991.

Brüggemann, G., Die holsteinische Baumschulenlandschaft. Schriften des Geographischen Instituts der Universität Kiel 14(4), Kiel 1953.

Burckhardt, H., Säen und Pflanzen nach forstlicher Praxis. Ein Beitrag zur Holzerziehung. Hannover 1855.

Cotta, H., Grundriß der Forstwissenschaft. 3. Auflage, Dresden und Leipzig 1843.

Kronfeld, E. M., Der Weihnachtsbaum. Botanik und Geschichte des Weihnachtsgrüns. Seine Beziehungen zu Volksglauben, Mythos, Kulturgeschichte, Sage, Sitte und Dichtung. Oldenburg und Leipzig o. J.

Küster, H. und U., Garten und Wildnis. Landschaft im 18. Jahrhundert. München 1997.

Salisch, H. von, Forstästhetik. 3. Auflage, Berlin 1911.

Schneider, C., Der Weihnachtsbaum und seine Heimat, das Elsaß. Zweite, durchgesehene und erweiterte Auflage, Dornach 1977.

Selter, B., Waldnutzung und ländliche Gesellschaft. Landwirtschaftlicher „Nährwald" und neue Holzökonomie im Sauerland des 18. und 19. Jahrhunderts. Forschungen zur Regionalgeschichte 13, Paderborn 1995.

Sins, G., Die Baumschulen des Rheinlandes mit besonderer Betonung der Verhältnisse in Meckenheim. Arbeiten zur Rheinischen Landeskunde 4, Bonn 1953.

Wenzel, I., Ödlandentstehung und Wiederaufforstung in der Zentraleifel. Arbeiten zur Rheinischen Landeskunde 18, Bonn 1962.

20. Wälder – draußen in der Welt und vor der Tür

Bachmann, M., Holzspielzeug aus dem Erzgebirge. Dresden 1984.

Buchholz, E., Die Waldwirtschaft und Holzindustrie der Sowjetunion. München, Bonn, Wien 1961.

Kahlert, H., 300 Jahre Schwarzwälder Uhrenindustrie. Gernsbach 1986.

Kronfeld, E. M., Der Weihnachtsbaum. Botanik und Geschichte des Weihnachtsgrüns. Seine Beziehungen zu Volksglauben, Mythos, Kulturgeschichte, Sage, Sitte und Dichtung. Oldenburg und Leipzig o. J.

Schmithüsen, J., Vor- und Frühgeschichte der Biogeographie. Biogeographica 20, Saarbrücken 1985.

Schneider, C., Der Weihnachtsbaum und seine Heimat, das Elsaß. Zweite, durchgesehene und erweiterte Auflage, Dornach 1977.

Schwarz, K., Archäologisch-topographische Studien zur Geschichte frühmittelalterlicher Fernwege und Ackerfluren. Materialhefte zur Bayerischen Vorgeschichte A 45, Kallmünz 1989.

Stifter, A., Der Nachsommer. München 1949.

Thürauf, G., Endmoränengebiet in Großstadtnähe östlich von München. In: H. Fehn u. a., Topographischer Atlas Bayern. München 1968, 246–247.

21. Der Wald als Streitobjekt verschiedener Interessen und im „totalen Staat"

Behm, H.W. und J. Böttcher, Deutsche Naturschutzgebiete. Weimar o.J.

Diesel, E., Wald und Mensch im technischen Zeitalter. Deutsches Museum. Abhandlungen und Berichte 7(2), Berlin 1935.

Guenther, K., Der Naturschutz. Freiburg i. Br. 1910.

Hesmer, H., Der Wald im Weichsel- und Wartheraum. Hannover 1941.

Hoffmann, P., Widerstand, Staatsstreich, Attentat. Der Kampf der Opposition gegen Hitler. München 1969.

Klages, L., Mensch und Erde. Sieben Abhandlungen. Dritte, erweiterte Auflage, Jena 1929.

Schoenichen, W., Urwaldwildnis in deutschen Landen. Bilder vom Kampf des deutschen Menschen mit der Urlandschaft. Neudamm 1934.

Seifert, A., Im Zeitalter des Lebendigen. Natur, Heimat, Technik. Dresden und Planegg vor München 1941.

Tüxen, R., Aus der Arbeitsstelle für theoretische und angewandte Pflanzensoziologie der Tierärztlichen Hochschule Hannover. Ein Tätigkeitsbericht. Jahresbericht der Naturhistorischen Gesellschaft zu Hannover 92/93, 1942, 65–85.

Vietinghoff-Riesch, A. Freiherr von, Naturschutz. Eine nationalpolitische Kulturaufgabe. Neudamm 1936.

Wiepking-Jürgensmann, H. F., Die Landschaftsfibel. Berlin 1942.

22. Das Waldsterben

Albrecht, L., Grundlagen, Ziele und Methodik der waldökologischen Forschung in Naturwaldreservaten. Naturwaldreservate in Bayern 1, München 1990.

Bode, K. und andere, Dokumentation der Sturmkatastrophe vom 13. November 1972. Teil IV: Die Walderneuerung in den sturmgeschädigten Forsten. Aus dem Walde 30, Hannover 1979.

Dieterich, H., S. Müller und G. Schlenker, Urwald von morgen. Bannwaldgebiete der Landesforstverwaltung Baden-Württemberg. Stuttgart 1970.

Ell, R. und H.-J. Luhmann, Von den Schwierigkeiten der Entdeckung des Waldsterbens in Deutschland. Man sieht nur, was man versteht oder: Schäden ohne Ursache und Ursachen ohne Schäden. Forstarchiv 67, 1996, 103–107.

Ellenberg, H., Lokale bis regionale Waldschäden sind Realitäten, das allgemeine Waldsterben blieb ein Konstrukt. Verhandlungen der Gesellschaft für Ökologie 26, 1996, 49–52.

Köstler, J., Geschichte des Waldes in Altbayern. München 1934.

Lamprecht, H., D. Göttsche, G. Jahn und K. Peik, Naturwaldreservate in Niedersachsen. Aus dem Walde 23, Hannover 1974.

Speer, J., Wald und Forstwirtschaft in der Industriegesellschaft. München 1960.

Waldverwüstung und Wasserhaushalt. Ergebnisse der Tagung des Naturhistorischen Vereins der Rheinlande und Westfalens am 30. April 1947 in Bonn. Dechseniana 103, Bonn 1948.

Bildquellen

Abb. 1: © 1991 The Field Museum, Chicago; Foto: John Weinstein, Inv.-Nr.: GEO-85637c

Abb. 2, 14, 16, 17, 20, 31, 35, 37, 38, 40, 41, 43, 52: Karl-Heinz Raach, Merzhausen

Abb. 3: aus H. Albrecht und P. Wollkopf, Rentierjäger und frühe Bauern. Konstanzer Museumsjournal 1990; © Städtische Museen Konstanz – Rosgartenmuseum

Abb. 4: aus H. Küster, Geschichte der Landschaft in Mitteleuropa; © H. Fleischmann Kartographisches Institut München

Abb. 5, 6, 7, 8, 9, 10, 11, 12, 15, 18, 19, 21, 23, 25, 27, 28, 29, 32, 33, 34, 36, 39, 47, 48, 51, 53: Hansjörg Küster, Hannover

Abb. 13: aus R. Pott, Farbatlas Waldlandschaften. Ulmer Verlag, Stuttgart 1993

Abb. 22: aus K. Blüchel, Die Jagd. Könemann Verlagsgesellschaft, Köln 1996

Abb. 24: Scala Istituto Fotografico Editoriale, Florenz

Abb. 26: Westfälisches Landesmuseum für Kunst und Kulturgeschichte Münster

Abb. 30: Münchner Stadtmuseum, Inv.-Nr.: IId/207

Abb. 42: Kartengrundlage: Topographische Karte 1:50000, Blatt L 7936; Wiedergabe mit Genehmigung des Bayerischen Landesvermessungsamtes München, Nr. 2090/98

Abb. 44: Archiv für Kunst und Geschichte, Berlin

Abb. 45, 50: aus H. W. Behm und J. Böttcher, Deutsche Naturschutz-Gebiete. Weimar o. J.; mit freundlicher Genehmigung des Alexander Duncker Verlages, München

Abb. 46: aus A. Seifert, Im Zeitalter des Lebendigen. Natur, Heimat, Technik. Dresden und Planegg vor München 1941

Abb. 49: aus W. Ranke und G. Korff, Hauberg und Eisen, München 1980; mit freundlicher Genehmigung des Schirmer/Mosel Verlages, München

Register

256

Anzeigen

Natur- und Kulturwissenschaften bei C.H. Beck

Hansjörg Küster / Ulf Küster (Hrsg.)
Garten und Wildnis
Landschaft im 18. Jahrhundert
1997. 366 Seiten mit 11 Abbildungen im Text. Leinen
Bibliothek des 18. Jahrhunderts

Hansjörg Küster
Geschichte der Landschaft in Mitteleuropa
Von der Eiszeit bis zur Gegenwart
19. Tausend. 1996. 424 Seiten mit 211 Farbabbildungen,
Grafiken und Karten. Leinen

Josef Herkendell / Jürgen Pretzsch (Hrsg.)
Die Wälder der Erde
Bestandsaufnahme und Perspektiven
1995. 340 Seiten mit 18 Abbildungen und 16 Tabellen. Paperback
Beck'sche Reihe Band 1127

Wilhelm Bode / Martin von Hohnhorst
Waldwende
Vom Försterwald zum Naturwald
3. Auflage. 1995. 199 Seiten mit 30 Abbildungen und einer Tabelle.
Paperback. Beck'sche Reihe Band 1024

Werner Bätzing
Die Alpen
Entstehung und Gefährdung einer europäischen Kulturlandschaft
1991. 287 Seiten mit 42 Abbildungen und 21 Karten. Gebunden

Werner Bätzing
Kleines Alpen-Lexikon
Umwelt, Wirtschaft, Kultur
1997. 320 Seiten mit 16 Karten und einer Tabelle. Paperback
Beck'sche Reihe Band 1205

Horst Johannes Tümmers
Der Rhein
Ein europäischer Fluß und seine Geschichte
1994. 479 Seiten mit 65 Abbildungen. Leinen

Natur- und Kulturwissenschaften bei C.H.Beck

Klaus Michael Meyer-Abich
Praktische Naturphilosophie
Erinnerung an einen vergessenen Traum
1997. 520 Seiten mit 3 Abbildungen. Leinen

Klaus Michael Meyer-Abich
Vom Baum der Erkenntnis zum Baum des Lebens
Ganzheitliches Denken der Natur in Wissenschaft und Wirtschaft
Von Klaus Michael Meyer-Abich, Gerhard Scherborn, Franz-Theo Gottwald,
Hans Werner Ingensiep, Michael Drieschner, Zeyde-Margreth Erdmann
1997. 470 Seiten. Leinen

Herrad Schenk (Hrsg.)
Vom einfachen Leben
Glückssuche zwischen Überfluß und Askese
Nachdruck der 1. Auflage 1997. 296 Seiten mit 8 Abbildungen. Gebunden

Gartenlob
Ein kulturgeschichtliches Lesebuch
Mit einem Nachwort von Wolfgang Beck
1997. 349 Seiten. Paperback
Beck'sche Reihe Band 1163

Tijs Goldschmidt
Darwins Traumsee
Nachrichten von meiner Forschungsreise nach Afrika
Aus dem Niederländischen von Janneke Panders
Nachdruck 1997. 349 Seiten mit 27 Abbildungen. Gebunden

Wilhelm Bode/Elisabeth Emmert
Jagdwende
Vom Edelhobby zum ökologischen Handwerk
1998. 318 Seiten mit 55 Abbildungen und Tabellen. Paperback
Beck'sche Reihe Band 1242

Josef H. Reichholf
Comeback der Biber
Ökologische Überraschungen
1993. 232 Seiten mit 20 Abbildungen. Gebunden